LES FEMMES DE L'OMBRE

DU MÊME AUTEUR

Les Hommes du président. Les chefs d'État et leurs services secrets, Perrin, 2018.
Les Maîtres de l'espionnage, Perrin, 2017.
Paris la Rouge, capitale mondiale des révolutionnaires et des terroristes, Perrin, 2016.
Histoire mondiale des services secrets, Perrin, 2015 (coll. « Tempus », 2016).
Le Siècle des quatre empereurs. Sun Yat-sen, Chiang Kai-shek, Mao Zedong, Deng Xiaoping, Perrin, 2014.
Archimède 1968, JC Lattès, 2012.
La Saga des Hachémites. La tragédie du Moyen-Orient 1909-1999, Stock, 2009 (Perrin, coll. « Tempus », 2012).
Le Réseau Bucéphale, Seuil, 2006.
OAS. Histoire d'une guerre franco-française, Seuil, 2002.
André Malraux 1901-1976. Le roman d'un flambeur, Hachette Littératures, 2001.
L'Arme de la désinformation. Les multinationales américaines en guerre contre l'Europe, Grasset, 1999.
OAS. Histoire d'une organisation secrète, Fayard, 1986.

En collaboration avec Roger Faligot

Kang Sheng. Le maître espion de Mao, Perrin, coll. « Tempus », 2014.
L'Hermine rouge de Shanghai, Les Portes du large, 2005.
Le Marché du diable, Fayard, 1995.
Histoire mondiale du renseignement, t. 1 et 2, Robert Laffont, 1993 et 1994.
Éminences grises, Fayard, 1992.
As-tu vu Cremet ?, Fayard, 1991.
Le Croissant et la Croix gammée, Albin Michel, 1990.
Les Résistants. De la guerre de l'ombre aux allées du pouvoir 1944-1989, Fayard, 1989.
Kang Sheng et les services secrets chinois, Robert Laffont, 1987.
Porno Business, Fayard, 1987.
KGB objectif Pretoria, PM Favre, 1986.
Service B, Fayard, 1985.
Au cœur de l'État l'espionnage, Autrement, 1983.
Euskadi la spirale, JL Lesfargues, 1982.

En collaboration avec Roger Faligot et Jean Guisnel

Histoire politique des services secrets français de la Seconde Guerre mondiale à nos jours, La Découverte, 2012 (« La Découverte Poche », 2013).

Rémi Kauffer

LES FEMMES DE L'OMBRE

L'histoire occultée des espionnes

PERRIN

12, avenue d'Italie
75013 Paris
Tél. : 01 44 16 09 00
Fax : 01 44 16 09 01

ISBN : 978-2-262-07731-0
Dépôt légal : octobre 2019

Mise en pages : Nord Compo

À Françoise et à Julia

Introduction

« Que de haine elle distille ! Là, immobile, et les yeux ardents et fixes dans son appartement désert, comme les éclats de ses rugissements sourds, qui parfois s'échappent avec sa respiration du fond de sa poitrine, accompagnent bien le bruit de la houle qui monte, gronde, mugit et vient se briser, comme un désespoir éternel et impuissant, contre les rochers sur lesquels est bâti ce château sombre et orgueilleux ! Comme, à la lueur des éclairs que sa colère orageuse fait briller dans son esprit, elle conçoit, contre Mme Bonacieux, contre Buckingham, et surtout contre d'Artagnan, de magnifiques projets de vengeance, perdus dans les lointains de l'avenir. »

Ce morceau de bravoure, vous l'avez déjà reconnu : un passage des *Trois Mousquetaires*, le chef-d'œuvre d'Alexandre Dumas. Quelques lignes pour révéler l'âme perverse de Milady de Winter, voleuse marquée sur l'épaule d'une infamante fleur de lys, aventurière, espionne du cardinal de Richelieu. La femme maléfique dans toute son horreur.

Morceau de bravoure, dis-je. Mais alors, que penser de ceux-là ?

« Mata Hari se leva et se contempla d'un œil critique dans la grande psyché qui occupait un coin de son boudoir [...]. Elle défit son déshabillé de mousseline. Ses seins comme deux beaux fruits apparurent. La maternité avait laissé intacte la noble courbe du ventre, la taille pouvait encore tenir dans des mains assemblées d'honnête homme, les hanches formaient un doux berceau où les amoureux aimaient toujours reposer leur tête ; les jambes longues avec le mollet haut et la cheville fine avaient encore vingt ans. » Et plus loin : « Elle se parfuma avec les mélanges de senteur dont elle ne confiait les secrets à personne ; de très anciens secrets venus, disait-elle, du fond des Indes et qui recelaient des vertus aphrodisiaques [...]. La gaine de satin noir, incrusté de dentelles de Chantilly, faisait jaillir ses seins comme des fruits d'albâtre, dont les fraises pointaient à travers les dentelles de la chemise. Le jupon était fait de bandes alternées de dentelles noir et rose qui mettaient savamment en valeur les mystères de sa féminité. »

Aux antipodes du français flamboyant de Dumas, nous voici désormais dans un fascicule de la collection « La Vie amoureuse », mini-roman de gare à trois sous, ou plus exactement à 100 francs de 1958, soit 20 centimes de nos euros. Il est signé Guy de Bellet. Voici comment, entre réalité et fiction à base de fantasmes sexuels, entre Milady la démoniaque et Mata Hari la concupiscente, s'est forgée aux yeux du grand public l'image de la femme espionne.

À bien mauvais escient, disons-le d'entrée. À tort puisque le destin fictif de Milady ne traduit guère la réalité vécue des femmes officiers ou agents de renseignements. Et pas plus la trajectoire de Margarita Geetruida Zelle alias « Mata Hari ». Manipulée par deux services secrets, voire trois, avant d'être sacrifiée par l'un d'entre eux pour des raisons tenant plus au moral des poilus des tranchées qu'à une efficacité quasi inexistante sur le terrain, cette espionne de série B ne méritait certes pas d'être statufiée *post mortem* comme le prototype de l'agente de haut niveau.

Nous reparlerons de Milady et de Mata Hari. Reste que leur mort sous l'épée du bourreau de Lille chez Alexandre Dumas ou sous les balles du peloton d'exécution de Vincennes en 1917 dans l'histoire réelle a forgé deux stéréotypes aussi tenaces que, côté masculin, le mythe de James Bond. À l'instar de la Dalila biblique arrachant à Samson le secret d'une force tout entière contenue dans son abondante chevelure, la femme espionne est séductrice, tentatrice. Cruelle, vicieuse, vénéneuse, dissimulée, elle mériterait, sous-entendu, un sort tragique.

Parfois il est vrai, quoique rarement de nos jours, ce peut être le contraire : la patriote quasi virginale au service de la liberté portée au pinacle par les alliés vainqueurs de la Grande Guerre en total contraste avec « Fräulein Doktor », la tortionnaire germanique aux bas noirs, aux cheveux blonds, au long fume-cigarette. La lumière d'un côté, l'ombre de l'autre.

Dans une guerre civile, fratricide par nature, de quel côté se trouve l'ombre et de quel côté la lumière ? De 1642 à 1646, l'affrontement meurtrier entre royalistes partisans de Charles Ier et républicains rangés autour d'Oliver Cromwell a rendu les Anglais conscients du potentiel féminin en matière de renseignements. D'où ces termes de *she-intelligence* ou *female-intelligence* forgés par eux dès le XVIIe siècle et qui nous paraissent si modernes.

Pour autant, les idées reçues n'ont pas disparu, au contraire. Certains peuvent les exprimer avec un certain souci d'équilibre teinté de paternalisme, à l'image de Robert Boucard, ancien commissaire de la marine devenu, dans l'entre-deux-guerres, l'un des auteurs les plus prolifiques de documents sur les services secrets. Voici ce qu'il écrit dans *Les Femmes et l'espionnage*, un livre paru en 1932 :

« Comme nous allons le constater, le "sexe faible" a apporté à l'histoire de l'espionnage une contribution des plus appréciables et y a inscrit des pages où parfois le piquant le dispute à l'invraisemblable. Une femme normalement douée peut, à l'égal de l'homme, devenir un parfait détective : la finesse de son esprit, sa souplesse naturelle jointe à l'influence non négligeable de son charme doivent même lui assurer une incontestable supériorité sur ses émules masculins.

L'espionnage exige, toutefois, en dehors de ces qualités, une force de résistance, une endurance physique qui, au milieu des fatigues et des dangers incessants du métier, semblent handicaper la femme ; mais la subtilité de son observation, sa puissance déductive et l'habileté avec laquelle elle sait s'insinuer dans les milieux les plus méfaits contrebalancent victorieusement son apparente infériorité. »

D'autres préfèrent en revanche chausser carrément leurs gros croquenots : « Chez les femmes, le succès, ou l'insuccès de leur mission dépend plus ou moins de leur état général, entièrement régi par le monde de leurs émotions, qui changent souvent comme l'on sait. Elles sont aussi, particulièrement si elles sont intelligentes – ce que l'on suppose chez un agent – la plupart du temps plus ambitieuses et donc plus obstinées que les hommes ; ce qui ne tourne pas toujours à leur avantage. »

Du moins est-ce ce qu'affirmera en août 1971 Gert Buchheit, un spécialiste des services secrets longtemps considéré comme le porte-voix du général Gehlen, le fondateur du *Bundesnachrichtendienst,* la DGSE ouest-allemande. Des propos extraits de son article « La femme dans l'espionnage » paru dans le numéro 14 d'une revue spécialisée, *Espionnage Actualité*. De quoi habiller les *she-intelligencers* non seulement pour l'hiver, mais pour les trois autres saisons aussi.

Parfois reprise par les féministes, une autre vulgate assure que ce n'est que très récemment que les responsables des services de renseignements, masculins dans leur écrasante majorité, auraient enfin ouvert les yeux, réalisant les aptitudes féminines dans le domaine de l'espionnage. Rien de plus faux là encore. Non seulement, on le verra, les filles d'Ève ont joué de longue date un rôle de premier plan dans les affaires secrètes d'État, ainsi que le montrent des exemples solidement documentés remontant au XVIIe siècle, mais la Première Guerre mondiale les vit entrer de plain-pied, et en grand nombre, dans la guerre secrète du renseignement.

Engagement massif suivi, il est vrai, d'un rapide « retour à la normale » qui poussa la plupart d'entre elles à regagner leurs foyers. Engagement massif pendant le second conflit mondial aussi, suivi, là encore, d'un « retour à la normale » aux lendemains de la Libération : les deux phénomènes allaient se reproduire l'un après l'autre, et dans le même ordre.

Les rapports entre le sexe dit « faible » par convention ou préjugé et les services secrets sont en effet des plus complexes. En témoigne le chevauchement entre réalité historique et littérature sur lequel s'ouvrira le corps du présent ouvrage…

1

Les dames du roi

Doit-on considérer comme pure fiction littéraire le personnage de Milady de Winter alias « Anne de Breuil », alias « la comtesse de la Fère », alias « Lady Clarik », alias « la comtesse de Winter », alias « la baronne de Sheffield » ? Ce personnage tout en noirceur a-t-il existé ailleurs que dans les pages des *Trois Mousquetaires* comme produit de l'imagination il est vrai fertile d'Alexandre Dumas et de son bras droit de l'époque, le sieur Auguste Maquet ?

Oui, dans la mesure où la mise en scène des méfaits et des gestes de cette « espionne-du-cardinal-de-Richelieu » demeure l'apanage des deux complices d'alors : Maquet pour les recherches historiques, et Dumas pour son incomparable plume.

Richelieu, parlons-en puisque son nom vient de sortir d'un chapeau bien différent de la mitre cardinalice : celui de ministre de Louis XIII. Un grand serviteur de l'État qui, au sein de son très efficace service secret, employait beaucoup plus volontiers des messieurs que des dames. Dans son cas précis, il s'agissait de religieux : capucins pour une bonne part, mais oratoriens aussi, voire jésuites quelquefois. Des réseaux masculins en froc et en soutane d'envergure européenne actionnés par François Le Clerc du Tremblay dit le « père Joseph », figure de l'ombre teintée de mysticisme qui devait léguer à notre langue le terme d'« éminence grise ». Pour autant, le Cardinal disposait d'informatrices parmi les demoiselles d'honneur d'Anne d'Autriche, l'épouse de Louis XIII. Françoise de Chémerault pour ne citer qu'elle.

Alors élucubration la trame des *Trois Mousquetaires* ? Invention le personnage de Milady ? Pas tout à fait peut-être puisque les Mémoires de François de La Rochefoucauld, publiés en 1665, font état d'un vol de ferrets de diamants. De quoi faire dresser les oreilles des lecteurs de Dumas. Offertes par Louis XIII à Anne d'Autriche, ces pièces rares auraient été dérobées par une intrigante au duc de Buckingham, lui-même favori de Sa Majesté Charles Ier, roi d'Angleterre depuis 1625 mais, comme sa grand-mère Marie Stuart, écossais.

La voleuse de ferrets

Cette affaire se serait déroulée à Londres. Si La Rochefoucauld la présente comme certaine, il n'avance ni date, ni preuve, ni détails précis à l'appui. Faut-il le croire sur parole ? Assurant que la voleuse de bijoux œuvrait, par jalousie, au service de Richelieu, voici en tout cas ce qu'il relate : « La comtesse de Carlille, qui avait tant d'intérêt à l'observer [le duc de Buckingham], s'aperçut qu'il affectait de porter des ferrets qu'elle ne connaissait pas ; elle ne douta point que la reine [Anne d'Autriche] ne les lui eût donnés ; mais, pour en être encore plus assurée, elle prit le temps, à un bal, d'entretenir le duc de Bouquinquan [Buckingham selon La Rochefoucauld, peu familier de la langue anglaise, mais il n'en avait guère besoin, les aristocrates de toute l'Europe parlant alors le français] et de lui couper les ferrets dans le dessein de les envoyer au Cardinal. Le duc de Bouquinquan s'aperçut le soir de ce qu'il avait perdu, et jugeant d'abord que la comtesse de Carlille avait pris les ferrets, il appréhenda les effets de sa jalousie, et qu'elle ne fût capable de les remettre entre les mains du Cardinal pour perdre la Reine. Dans cette extrémité, il dépêcha à l'instant même un ordre de fermer tous les ports d'Angleterre. »

Suit le récit des événements repris, mais avec infiniment plus de souffle, par Dumas. Celui de la confection express d'autres ferrets par le joaillier de Buckingham, point de départ d'une course-poursuite effrénée entre Londres et Paris. Son objectif : faire parvenir les deux exemplaires manquants à Anne d'Autriche, de sorte qu'elle les remplace avant que Louis XIII, alerté par le sournois Richelieu, ne puisse constater leur absence et s'en formaliser.

Une équipée tout à la gloire de D'Artagnan. Suivons ce fougueux cavalier, garant de la discrétion des amours extra-conjugales supposées de la reine. Surgissant de la nuit à la vitesse éclair d'un Zorro à fleurs de lys, il bénéficie, nous fait comprendre Dumas, de la logistique des services secrets anglais. Une infrastructure présentée comme remarquablement conséquente sur le sol de France : « D'Artagnan fendit la foule, s'avança vers l'hôte et prononça le mot *Forward*. À l'instant même, l'hôte lui fit signe de le suivre, sortit avec lui par une porte qui donnait dans la cour, le conduisit à l'écurie où l'attendait un cheval tout sellé et lui demanda s'il avait besoin de quelque autre chose [...]. Quatre heures plus tard, il était à Neufchâtel. Il suivit strictement les instructions reçues ; à Neufchâtel comme à Saint-Valery, il trouve une monture toute sellée et qui l'attendait ; il voulut transporter les pistolets de la selle qu'il venait de quitter à la selle qu'il allait prendre : les fontes étaient garnies de pistolets pareils [...]. D'Artagnan fit signe de la tête que non, et repartit à fond de train. À Écouis, la même scène se répéta ; il trouva un hôte aussi prévenant frais et reposé ; il laissa son adresse comme il l'avait fait et repartit du même train pour Pontoise. À Pontoise, il changea une dernière fois de monture, et à neuf heures, il entrait au grand galop dans la cour de l'hôtel de M. de Tréville. Il avait fait près de soixante lieues en douze heures. »

Échevelé, romanesque, dumasien en un mot. Mais quid des preuves historiques d'une telle odyssée ? Quid de l'anecdote narrée par La Rochefoucauld ? À bien la relire, un patronyme s'y glisse, conférant une once de crédibilité aux propos du distingué mémorialiste.

Ce nom, c'est celui de la comtesse de Carlisle, estropié par La Rochefoucauld en « Carlille ». Or cette aventurière-aristocrate anglaise a bel et bien existé, fût-ce sans connexion spécifique avec Richelieu. Et pour le coup, elle s'avéra une *she-intelligencer* de haut niveau à défaut d'avoir été la meurtrière et empoisonneuse Milady née sous la plume de Dumas comme contrepoint diabolico-féminin aux trois – et bientôt quatre – mousquetaires. Ainsi avertis, posons-nous la question : qui était au juste cette « Carlille » dont La Rochefoucauld ne semble pas savoir grand-chose ?

Fausse Milady mais vraie agente secrète

Fille du duc de Northumberland, Lucy Percy, née en 1599, épouse à l'âge de 18 ans l'Écossais James Hay, veuf plus vieux qu'elle de deux décennies ou presque. À la cour d'Angleterre, cette beauté ne tarde pas à faire des ravages. Autour de 1619, elle devient même la maîtresse de Buckingham. Modèle d'esthétique masculine selon les canons de l'époque, le duc est aussi, et surtout, un arriviste dont les scrupules sautent moins aux yeux que ses voyantes tenues vestimentaires.

Si le royal favori porte beau, c'est moralement qu'il a ses inélégances. Ainsi confie-t-il au comte de Carlisle des missions diplomatiques propres à l'éloigner de Londres, autrement dit de sa jeune épouse. La complaisance sans faille de l'Écossais envers le favori lui vaut en retour une montée hiérarchique rapide. Enseignante de littérature anglaise à l'université de Leiden, Nadine Akkerman a travaillé archives en main sur les *female-intelligencers* du XVIIe siècle en Grande-Bretagne. À propos de la connivence entre le couple Carlisle et Buckingham, elle parle de prostitution mondaine : c'est ma foi vrai[1].

Progression hiérarchique accélérée, disait-on. Et comment ! Hay se range par exemple au sein de l'équipe de diplomates venus à Paris au printemps 1624 négocier les épousailles du prince de Galles, Charles Stuart, avec Henriette-Marie de France, fille d'Henri IV et sœur de Louis XIII. Un mariage qui pourrait frayer la voie à un autre, plus politique encore : l'alliance entre la couronne de France et celle d'Angleterre contre leur rivale espagnole.

C'est l'année suivante, dans les jardins de l'archevêché d'Amiens, que Buckingham, toujours aussi présomptueux, croira malin de faire le joli cœur auprès d'Anne d'Autriche, la reine de France. Fille de Philippe II d'Espagne, cette jeune souveraine a 24 ans quand l'Anglais en affiche neuf de plus. Un flirt de mauvais aloi, et de surcroît infructueux, qui, transformé abusivement par Dumas en émoi partagé, fournira la trame des *Trois Mousquetaires*.

---

1. Nadine Akkerman, *Invisible Agents. Women and Espionage in Seventeenth-Century Britain*, Oxford University Press, 2018.

C'est dans ce contexte, toujours, qu'une belle conspiratrice possédée par la fâcheuse manie de jouer en permanence contre les intérêts français, leur préférant ceux de la couronne d'Espagne, Marie de Rohan, veuve de l'ancien favori de Louis XIII décédé en décembre 1621, le duc de Luynes, et remariée avec Charles de Lorraine, aurait poussé Buckingham dans la voie de la drague balourde dans l'espoir de torpiller l'entente franco-anglaise en gestation.

Dame d'honneur d'Anne d'Autriche, Marie était, de fait, on ne peut mieux placée pour pareille manœuvre. Un facteur qui, nonobstant la haine farouche que la dame de Rohan portait à Richelieu, pourrait lui valoir une place dans la liste des modèles de Milady de Winter. À la rigueur très grande malgré tout, qualité dont cette dame, perdue dans la forêt de ses propres intrigues, se montrait fort dépourvue et pas seulement quand la bise était venue...

De fait, Marie de Rohan ne n'arrêta pas en si mauvais chemin, volant de complot contre Richelieu en conspiration contre Mazarin, qu'elle ne portait guère plus dans son cœur de séductrice intelligente mais à l'esprit retors. Elle rendit son dernier souffle en août 1679, peu avant d'entrer dans sa quatre-vingtième année, preuve qu'au fond elle ne dirigeait pas si mal sa barque. De là à en faire l'espionne du siècle... Quant au mariage de Henriette-Marie et du prince de Galles, il eut finalement lieu à Notre-Dame de Paris le 1er mai 1625. En grande pompe et en présence du comte, mais aussi, semble-t-il, de la comtesse de Carlisle.

Dès l'année suivante, Buckingham se débrouille pour introduire sa maîtresse dans l'entourage d'Henriette-Marie à Londres. Un bon moyen, croit-il, d'espionner la reine française d'Angleterre. L'affaire tourne néanmoins court, l'altesse royale ayant eu vent d'un projet du favori aussi peu reluisant que de coutume : mettre la comtesse de Carlisle dans le lit de l'ex-prince de Galles devenu Charles Ier, histoire de renforcer son influence sur le trône par le biais d'un ménage à trois dont il conserverait le contrôle.

Contrôle ou pas, l'influence de Buckingham auprès du roi d'Angleterre ne cesse de croître au grand dam de Richelieu, défenseur des intérêts de la couronne de France qui n'apprécie guère le secours anglais aux protestants de La Rochelle. Tout péril a cependant une fin. Brutale en l'occurrence : à l'issue d'une tentative malheureuse de débarquement dans l'île de Ré, le favori sera poignardé à mort en août 1628 à Portsmouth par un puritain fanatique,

John Felton. Un crime dans lequel Lady Carlisle ne fut impliquée en rien alors que Dumas, convaincu en tout machisme littéraire qu'on aurait le droit de violer l'Histoire à condition de lui faire de beaux enfants, fera comme on sait de Milady son instigatrice.

Buckingham disparu, la reine Henriette-Marie gagne en influence sur son royal époux. Parallèlement, deux hommes montent au sein du conseil privé de Sa Majesté. Ancien chef de l'opposition aux Communes amadoué par son anoblissement, le premier s'appelle Thomas Wentworth. Comte de Strafford, il se trouve être parallèlement... le conseiller juridique de Lady Carlisle pour les biens dont elle a hérité en Irlande après le décès de son mari en 1636 ! Le second n'est autre que Thomas Laud, archevêque de Londres. La dure répression que ce tandem exerce au nom du roi pousse de nombreux rigoristes religieux à quitter l'Angleterre pour le Nouveau Monde.

Le Long Parlement

Au nom de l'unité théologique de son royaume, Charles Ier, encouragé par Henriette-Marie, entend à présent imposer un *Prayer Book* commun à l'Église d'Écosse et à celle d'Angleterre. En découleront en 1639 et 1640 les guerres des Trois Royaumes : Angleterre, Écosse et Irlande. Elles vont déboucher sur le traité de Ripon d'octobre 1640 entre le roi et les Écossais.

Pour mener coup sur coup ces deux conflits, Charles, dont les caisses sont vides, a dû faire convoquer le Parlement par Wentworth. L'objectif : quémander des crédits. Autant dire que le rapport de force avec les Communes s'est détérioré en sa défaveur. De ce déséquilibre surgit un premier bras de fer entre le roi et le Parlement, dissous après trois semaines d'exercice seulement pour cause de refus des exigences financières de Sa Majesté. Réunie la même année, une cinquième assemblée, dite dans l'histoire anglaise Long Parlement, liste dès 1641 les actes illégaux reprochés au souverain, manifestant ainsi la claire volonté d'en limiter les pouvoirs. La preuve : décision est prise de traduire Laud et Wentworth devant les Communes. On accuse en particulier le comte de Strafford d'avoir conçu « un projet en vue de faire passer l'armée d'Irlande en Écosse et de là en Angleterre pour ainsi réduire ce royaume à merci ».

Un des parlementaires mène l'accusation tambour battant. Nul autre que John Pym, membre éminent de… la cohorte des soupirants de Lady Carlisle ! Virtuose du trapèze, cette désormais quadragénaire joue en effet un double jeu particulièrement complexe. Côté cour, elle fait parvenir en France la correspondance secrète de la reine Henriette-Marie, dont elle est devenue à la fois la femme de confiance et l'agent de liaison après l'assassinat de Buckingham. De même qu'elle entretient des liens épistolaires codés avec sa propre sœur Dorothy Percy, épouse du comte de Leicester, Robert Sidney, ambassadeur du clan Stuart à Paris. Mais côté jardin, ou plutôt Communes, la fausse Milady avertit Pym que le roi, sorti de ses gonds, entend le destituer ainsi que quatre autres personnalités d'opposition.

Bien entendu, Mister Pym se rebiffe. Il déclare avoir reçu « des informations confidentielles de la comtesse de Carlisle l'avertissant que lui et ses quatre collègues parlementaires risquent d'être arrêtés dans la journée ». Craignant les représailles des Communes, le roi prend alors ses quartiers à Oxford, au nord-ouest de Londres.

Voilà la fausse Milady cataloguée « agente du Parlement », but probable de sa subtile manœuvre. Toujours est-il qu'en mai 1641 on découvrira en sens inverse cette lettre de Wentworth dont elle était sans doute la destinataire : « Madame, encore que bien du nouveau soit maintenant venu au jour, ce que l'on veut n'est cependant pas douteux ; c'est pourquoi il vous faut trouver deux mille livres en grande urgence ; vous pouvez le faire sans danger si le secret en est bien gardé : souvenez-vous de notre commun serment d'abattre l'hydre aux cent têtes [le Parlement ?] et de détruire l'engeance du démon avant qu'ils y pensent et qu'ils se méfient. Brûlez cette lettre aussitôt reçue : votre récompense est au ciel. »

Autant qu'on puisse déterminer de façon certaine la loyauté ultime d'un agent double, il semble bien que celle de Lucy Percy, comtesse de Carlisle, allait à la cause du roi. Les révélations publiques de Pym, puritain de choc en même temps qu'amoureux transi, lui auront servi de sauf-conduit pour mieux naviguer au sein des milieux parlementaires.

Chapeau, madame l'artiste ! Reste qu'avec la guerre civile qui vient, il va falloir redoubler d'astuce. Heureusement pour elle, Carlisle n'en manque pas…

Les espionnes de la Couronne

La guerre éclate en 1642. Une lutte féroce qui va opposer les royalistes, ou « cavaliers », aux « têtes rondes », tenants du Parlement férus, comme Pym, de puritanisme anglican. Cheveux longs d'aristocrates trop sûrs d'eux contre crânes rasés de rigoristes bourgeois tenaces. Se distingue dans ce combat, côté Parlement, un gentilhomme campagnard, député de Cambridge. Oliver Cromwell a levé sur ses deniers personnels une troupe de choc particulièrement sensible à son intransigeance politique et à son puritanisme religieux, les « Côtes de fer ».

En juillet 1644, les « têtes rondes » et leurs alliés écossais battent à Marston Moor l'armée royaliste, commandée par Robert de Bavière, dit le prince Rupert. Créateur de la très disciplinée *New Model Army*, Oliver Cromwell devient le chef des forces parlementaires. Lesquelles remportent un nouveau succès en juin 1645 à Naseby.

Au bout du compte, Charles Ier, vaincu, sera livré en février 1647 aux envoyés du Parlement par ses anciens alliés écossais. Cromwell, à l'ascendant sur les Communes bien établi désormais, ne sait pas trop quoi faire de ce souverain captif mais non officiellement déchu. Aussi se contente-t-il de le faire transférer dans un premier temps à Holdenby House, à quelque 150 kilomètres au nord de Londres, puis à Hampton Court, au sud-est de la capitale, où il sera traité avec les plus grands égards. On lui accordera par exemple l'autorisation de visiter ses enfants... parfois gardés par Lady Carlisle, décidément de toutes les intrigues !

Avant d'être interné entre novembre 1647 et septembre 1648 sur l'île de Wight, le roi se verra ballotté de détention provisoire en détention provisoire de façon à limiter les risques de cavale organisée.

De son côté, Henriette-Marie est parvenue à exfiltrer à l'été 1646 leur fils adolescent, le prince Charles, en France. Là, les conseillers de la reine, dont le propre frère de Lady Carlisle, Algernon Percy, ont constitué autour d'elle une faction dite « groupe du Louvre » que d'aucuns, et pas seulement parmi les « têtes rondes », soupçonnent de vouloir restaurer le catholicisme en Angleterre.

Les seuls contacts du roi avec le monde extérieur ? Une poignée de *she-intelligencers* issues de l'aristocratie. Et pour travailler clandestinement avec elles, deux hommes de confiance seulement : le page de l'escalier privé Sir Henry Firebrace (alias « D » dans le code secret du roi) et le capitaine Silus Titus, « tête ronde » repentie (alias « W »).

Les projets d'évasion de Charles Ier seront coordonnés par sa maîtresse Jane Whorwood, alias « N » puis « Hélène ». Cadette d'une décennie du royal détenu, cette fille d'Ève a perdu son père, William Ryder, à l'âge de 4 ans. Sa mère s'est remariée avec James Maxwell, un membre de l'entourage du futur roi alors prince de Galles. Maxwell qui, en sordide manœuvrier, a conclu dès 1634 pour des raisons d'argent une union arrangée de Jane avec Drome Whorwood. Or, en dépit de ses bonnes manières apparentes, Whorwood, gentilhomme du comté d'Oxford, n'est rien d'autre qu'une brute épaisse qui martyrisera sa jeune épouse avant de l'abandonner neuf ans plus tard pour se mettre en ménage avec une servante de sa mère.

« Grande et bien faite, rousse et le visage rond marqué de la petite vérole », Jane fut, rapportera non sans admiration le royaliste Anthony Wood, « plus loyale envers le roi Charles au temps de sa misère qu'aucune femme en Angleterre ». Loin de la briser, le traitement à base de coups et d'humiliations infligé par Drome Whorwood l'a en effet dotée d'un caractère d'acier. Outre les collectes d'espèces sonnantes et trébuchantes auxquelles cette battante procède avec autant d'ardeur que d'efficacité, elle maintient le contact avec l'ancien secrétaire d'État Sir Edward Nicholas, lequel fait, entre autres, office de patron des services secrets monarchistes. L'assiste dans ce domaine son épouse, Jane Jaye, qui signe ses messages cryptés « Mrs Winnifet ». Du travail en famille.

Travail en famille de même quand Jane Whorwood mobilise sa demi-sœur, Elizabeth Maxwell, et son beau-frère William Hamilton, tout récent comte de Lanark. Elle correspond avec ces deux parents sous le nom de code « 409 », les Lanark maintenant de leur côté un contact épistolaire crypté avec l'incontournable Lady Carlisle.

En mai 1647, alors que le roi était encore détenu à Holdenby House, Jane recrutait, en tant que devin censé prédire les chances d'évasion de Charles mais aussi en tant qu'agent de renseignements, un astrologue célèbre, William Lilly. Comme les gens de théâtre, les cartomanciens, voyants, magiciens et autres variétés d'émules de Merlin l'Enchanteur bénéficiaient alors du privilège de se mouvoir dans les hautes sphères, d'y laisser traîner leurs oreilles et, pourquoi pas, de les influencer dans tel ou tel sens. Une forme d'action psychologique souvent payante. En une occasion au moins, Lilly fournira par-dessus le marché à Jane Whorwood de l'acide et une scie destinés à un énième projet de cavale, elle-même se procurant des limes.

Si les astrologues jouissent d'une appréciable liberté de mouvement, les dames de l'aristocratie pas moins. Dans l'état d'esprit de l'époque, le « sexe faible » ne serait composé que d'écervelées prisonnières de leurs émotions, donc incapables de raisonnements politiques ou stratégiques…

Tentatives d'évasion

Qui sous-estime la gente féminine s'en méfie d'autant moins. À cette règle-là, les « têtes rondes » et autres puritains ne font pas exception. Si Jane Whorwood, dont les liens avec le roi sont connus, n'a pas accès à sa personne (sauf une fois par ruse en août 1648 au château de Carrisbrooke, dans l'île de Wight), d'autres dames seront autorisées par courtoisie à le rencontrer dans ses différentes prisons. De quoi faire d'elles dans un premier temps des agents de liaison mais surtout, dans un deuxième, des officiers de renseignements apportant nouvelles de l'extérieur et plans d'évasion.

Tel sera le cas de la responsable en chef de la blanchisserie royale, Elizabeth Wheeler, admirablement bien placée pour faire circuler la correspondance secrète entre le roi et Firebrace. Le cas aussi de Katherine Howard alias « K », Lady d'Aubigny. Elle va faire parvenir à Charles Ier quantité de messages cryptés relatifs aux négociations royales secrètes avec les Écossais. Celles-ci ont fini par aboutir à l'accord de janvier 1648, hélas réduit à néant dès le mois d'août suivant, quand la *New Model Army* écrasera les Écossais à Preston.

Privilège inouï autant qu'incompréhensible : en décembre 1648, Lady d'Aubigny obtiendra la permission de convier le roi captif à souper dans le Surrey au domicile de son nouvel époux

James Livingstone, vicomte de Newburg. Charles se trouvait alors en cours de transfert entre l'île de Wight, où divers projets d'évasion par voie maritime ourdis par Jane Whorwood avaient échoué, et sa nouvelle prison, la forteresse de Hurst dans le Hampshire.

Entre deux mets fins, pourquoi ne pas improviser un plan d'évasion ? Arguant de l'épuisement de sa monture, le roi sollicite du commandant de son escorte, le major général Thomas Harrison, l'autorisation d'en changer. Les Newburg ont prévu le coursier le plus rapide de toute la région, capable de semer allègrement ses poursuivants « têtes rondes ». Or si Harrison accepte bien l'échange, il fournira lui-même par prudence le cheval de rechange : une carne quelconque sans pointe de vitesse particulière.

Se sachant menacée, Lady d'Aubigny tentera par la suite de se réfugier à l'ambassade de France à Londres où, après un premier refus, on finira par la remettre aux commissaires du Parlement qui l'interneront une année durant. Cette fidèle parmi les fidèles mourra peu après à La Haye, victime d'un surmenage sans doute consécutif à la tension du travail clandestin.

La méfiance du major général Harrison envers les Newburg faisait écho à celle, passée, du capitaine Abbott, chef de la garde à Holdenby House, qui, déjouant les tentatives de subornation d'une autre conjurée monarchiste, Lady Mary Cave, l'avait confondue au moment où elle s'apprêtait à glisser dans les mains du roi un message crypté. S'ils partageaient les préjugés de leur époque, les serviteurs du Parlement n'étaient pas tous des idiots, loin de là. On en verra quelques autres preuves un peu plus loin.

Dans cet étrange ballet féminin, une agente royaliste de haut niveau social peut en cacher une autre. Voyez Isabella Rich, fille du comte de Holland, Henry Rich, autrefois ami intime de feu le duc de Buckingham qu'il accompagnait en France lors du fâcheux épisode des avances à Anne d'Autriche. Épouse de Sir James Thynne, Isabella communique directement sous l'alias « agent 148 » avec Sir Edward Nicholas, cryptant leurs messages selon un chiffre commun.

Pardon de feuilleter ainsi le Bottin mondain de l'époque, mais, on l'a dit, les agents secrets royalistes étaient avant tout des agentes secrètes. Et parmi elles bien entendu Lady Carlisle, car nous ne l'avons pas perdue de vue, loin s'en faut. Tout lui est en effet bon pour que nul ne l'oublie.

Le tableau qu'en a brossé en 1637 le peintre flamand Anthony Van Dyck nous montre des yeux pétillants de malice et un sourire entendu. La jeune femme gravit une marche en écartant de la main droite un rideau grenat, comme si elle s'apprêtait à pénétrer dans on ne sait quel univers mystérieux.

Or c'est le cas. Son double jeu entre royalistes et parlementaires lui attire la méfiance symétrique des deux camps. À la veille de la guerre civile déjà, elle fréquentait aussi bien Oxford, quartier général de Charles Ier, que Londres, capitale des parlementaires. Les premiers la soupçonnaient de leur fournir, par les soins de Pym, des renseignements falsifiés mais n'en continuaient pas moins à fréquenter sa demeure londonienne de Little Salisbury House.

Quant au roi, qui la connaît sous le pseudonyme de « E » ou le numéro « 457 », il changera lui-même plusieurs fois d'avis à propos de cette étrange paroissienne. « Pour tout ce qui concerne le secret, n'accordez pas confiance à "E" », écrit-il en avril 1648 à Firebrace depuis l'île de Wight. Mais peu après, il envoie un son de cloche contradictoire à Titus : « Je suppose que "457" me veut désormais du bien. » Le souverain déchu continue d'ailleurs à lui faire parvenir des messages cryptés.

Espère-t-il négocier avec le Parlement par l'intermédiaire de cette agente double ? C'est fort possible, l'étau cromwellien, assez lâche au début, se faisant plus pressant. Après la victoire des « têtes rondes » contre les Écossais à Preston, le leader des forces parlementaires se sent de moins en moins tenu de respecter l'intégrité physique et morale du roi. Une évolution qui le conduira bientôt à faire condamner ce dernier à mort et à établir une république, le Commonwealth, dont il se fera nommer lord-protecteur. Dictateur en termes moins élégants.

Cette démarche passe par la décapitation de Charles Ier. Elle suppose aussi la mise hors d'état de fonctionner des réseaux royalistes clandestins. Du pur boulot de contre-espionnage…

2

L'escouade féminine du Parlement

De pair avec une guerre anglo-écossaise, le bras de fer de la dynastie des Stuarts avec Cromwell et le Parlement s'est donc transformé en guerre civile. Débauche de cruauté dans les deux camps, autrement dit : propagande, ruses, fidélités parfois douteuses, trahisons, doublonnages, espionnage.

La saison I de ce conflit s'achève, on vient de le voir, par la mise à mort du roi déchu en janvier 1649 à Whitehall. Une transgression historique de première grandeur : bien avant les Français, les Anglais décapitent leur souverain. Pour gagner cette première manche, les cromwelliens se sont dotés eux aussi de services spéciaux.

La nouvelle cible du bureau d'*Intelligence* du Conseil d'État sera logiquement le fils du roi décapité. Toujours en exil après sa tentative de retour de 1651 conclue par une défaite militaire à Worcester, Charles II, déjà roi d'Écosse en principe, persiste en effet à revendiquer le trône d'Angleterre. Sa mère Henriette-Marie l'appuie de tout son entregent à la cour de France. Rappelons au passage, histoire de donner la mesure de cette influence, que l'ex-reine d'Angleterre n'est autre que la sœur de Louis XIII, décédé en 1643, et la tante de Louis XIV, trop jeune pour régner mais dont la mère, Anne d'Autriche, flanquée de Mazarin, assume tant bien que mal la régence au milieu des turbulences intestines de la Fronde.

Chargé dès la fin 1647 par ses amis parlementaires du *business of Intelligence*, Thomas Scott n'est devenu le chef officiel du bureau secret qu'en juillet 1649. À charge pour lui de tisser une toile d'informateurs à l'intérieur du Royaume-Uni mais aussi à Paris. Nombre de conspirateurs royalistes exilés s'y pressent en effet autour d'Henriette-Marie, de Charles et du « groupe du Louvre ». D'autres cités européennes sont également visées par ce programme international d'espionnage cromwellien comme Anvers, Bruges, Dantzig, Genève, Hambourg, La Hague, Madrid ou Rome. Gand pas moins, où Mary Knatchbull, mère supérieure de l'abbaye bénédictine anglaise, sert de relais aux filières royalistes. Une lady de plus dans le combat clandestin contre le Parlement...

En 1653, c'est un fin juriste déjà secrétaire du Conseil d'État, John Thurloe, qui va prendre la direction de l'*Intelligence*. Deux ans plus tard, Cromwell, désormais lord-protecteur du Commonwealth, désigne celui qu'il considère à juste titre comme un maître espion à la direction générale des postes. Un emplacement clé pour l'interception et le décryptage des courriers par la « Chambre noire » qu'anime le plus grand mathématicien anglais de l'époque, John Wallis. Grâce à elle, Thurloe va étendre et professionnaliser les réseaux hérités de son prédécesseur.

Point capital pour ce qui concerne l'emploi des filles d'Ève dans les services secrets, les parlementaires se montrent plus réservés que leurs adversaires royalistes. Par puritanisme d'abord – avec ces sorcières, sait-on jamais ? Parce que les espionnes du Commonwealth œuvrent dans le but d'en tirer des avantages pécuniaires ensuite, et non pour la seule gloire du Parlement. Un intéressement jugé peu honorable à Whitehall. Or souvent issues de milieux populaires désargentés, ces femmes ont-elles le choix ?

En cela, les agentes secrètes de Thurloe diffèrent de leurs adversaires royalistes, *she-intelligencers* militantes dont la motivation reste avant tout politique. De par leur naissance, les Carlisle, Aubigny, Whorwood, Knatchbull, Thynne, Jane Nicholas et autre ladies-espionnes ont largement de quoi assurer leur subsistance matérielle. Opérant de concert avec des hommes du même milieu nobiliaire, leurs familles respectives se connaissent de longue date. Assez pour instaurer un certain entre-soi, à peine troublé de temps à autre par quelque intrigue ou jalousie amoureuse. C'est que même militant(e)s, les hommes restent des hommes, et les femmes, des femmes.

Les informatrices du Commonwealth, elles, travaillent pour des parlementaires d'origine surtout bourgeoise. Des puritains qui flairent une odeur de soufre en toute personne du sexe féminin. Ce préjugé, ni Scott ni Thurloe, pragmatiques avant tout, ne le partagent, mais ils se sont vus contraints d'en tenir compte. Ainsi Thurloe rangera-t-il par prudence les agentes des services secrets dans la rubrique *Nurses* (infirmières, garde-malades) de ses livres de comptes méticuleusement tenus à jour. Eussent-elles été cataloguées « agentes de renseignements » que d'aucuns, parmi les vérificateurs parlementaires, n'auraient pas manqué de humer derrière cette qualification quelque parfum de faveurs sexuelles alors qu'il s'agissait seulement d'infiltration et de contre-espionnage au sein des cercles royalistes.

Cette espèce de « lutte des classes » au sein de l'espionnage et du contre-espionnage féminin anglais de l'époque, aristocrates de l'ombre contre agentes secrètes issues des classes populaires, n'est pas sans conséquences pratiques, guerre civile oblige...

Le contre-espionnage des Communes

Susan Bowen apparaît dans les annales du Conseil d'État à l'été 1650. À cette date, en récompense de son rôle de *female-intelligencer* au service de la cause parlementaire, une somme de 10 livres est en effet accordée à cette femme dont nous ignorons beaucoup, sa date et son lieu de naissance en particulier. Deux autres versements analogues interviendront en sa faveur jusqu'à l'émergence de Thurloe à partir de 1653. Suite aux démarches du colonel Mackworth, du major général Skippon et d'autres officiers du nouveau régime soulignant à quel point Mrs Bowen a « rendu un service de qualité à l'État par diverses découvertes », un système de pension régulière de 3 shillings par semaine est en effet instauré pour elle en sus d'un versement exceptionnel compris entre 20 et 40 livres. Versement qui ne sera d'ailleurs effectué dans un premier temps qu'à hauteur de 20 livres, entraînant force protestations écrites de la dame.

Ce recours à une rémunération régulière vise à éviter que, manquant de loyauté envers leur employeur, des espion(ne)s trop chichement payé(e)s n'en viennent à passer moyennant finance au service des royalistes qu'on les charge de surveiller, démarche qui ferait d'eux des agent(e)s doubles. Autre possibilité guère plus engageante pour leurs employeurs du Conseil d'État : le risque qu'ils (elles) fournissent à l'*Intelligence* des renseignements fantaisistes histoire de « justifier » sans peine excessive d'une activité si mal rétribuée.

D'un autre côté, estime Thurloe, des informateurs rémunérés à l'excès ont tendance à s'endormir, leur paie tombant de manière régulière dans l'escarcelle. Autant les tenir en rênes courtes : assez d'argent et assez régulièrement pour vivre et opérer avec zèle, mais jamais trop afin d'éviter tout laisser-aller. Un mode de pensée assez voisin de la pingrerie coutumière aux puritains, même si le chef de l'*Intelligence*, contrairement à la majorité des cromwelliens, ne considère pas ses agents, hommes ou femmes, comme de vulgaires mercenaires. En bon patron de service secret, un des meilleurs de l'histoire anglaise, cet ancien secrétaire des commissaires du Parlement sait que le métier d'agent de renseignements n'est pas aussi facile que le croient les profanes. Qu'il comporte même une sacrée dose de dangers : le salaire versé dans ces circonstances troubles se trouve en effet parfois être celui de la peur...

La rémunération des *she-intelligencers* du Parlement leur est servie par le trésorier d'Ely House, un hôpital. Par souci de discrétion sans doute, mais aussi parce qu'un tel mode de versement confère quelque crédit à la qualification de *Nurses* indiquée sur les livres de comptes de Thurloe. Parmi ces agentes salariées, Elizabeth Alkin. Depuis 1645 dans son cas, ce qui fait d'elle une pionnière de la professionnalisation du renseignement parlementaire.

De prime abord, ses officiers traitants ont considéré cette inconnue venue faire acte de volontariat dans l'*Intelligence* comme une vulgaire revendeuse d'informations collectées autrefois par son mari, Francis Alkin, pendu pour espionnage par les royalistes à Oxford (les risques de ce métier dont on parlait plus haut). Veuve, financièrement aux abois, Elizabeth finira néanmoins par leur prouver sa valeur en tant qu'informatrice. Avec il est vrai l'aide des royalistes eux-mêmes. Ces derniers la dénonceront en effet avec rage dans leur bulletin le *Mercurius Pragmaticus*, traitant en toute élégance cette femme de « vieille pute » dotée d'un « nez aussi grêlé que celui de ses maîtres ». On ne peut pas être plus *gentlemen*, mais les monarchistes, soyons-en sûrs, l'auraient prise à partie de façon plus courtoise si elle avait affiché, comme eux, plusieurs quartiers de noblesse...

La réponse de la bergère du bureau secret aux bergers du *Mercurius Pragmaticus* ne tarde pas. Sans se laisser démonter par ce tombereau d'insultes, Alkin va prendre la plume à son tour. Pour inonder les Communes de courriers demandant une meilleure reconnaissance financière, certes. Mais aussi pour se livrer à de la contre-propagande écrite antiroyaliste sous le pseudonyme de « Parliament Joan ». Pas seule probablement, car à demi illettrée, manque d'éducation oblige. Mais non sans efficience...

Peu après son arrivée à la tête du bureau secret de l'*Intelligence*, Thurloe missionnera au surplus cette agente hors pair dans les principaux ports du royaume. Sous prétexte d'y soigner les marins et les soldats blessés au service de la cause parlementaire, accréditant en quelque sorte son label officiel de *Nurse*, il y a gros à parier que « Parliament Joan », opératrice de terrain multi-usages, poursuivait ainsi, quoique de manière un peu différente, son travail de chasseuse des taupes de Charles Ier puis de son héritier Charles II.

À première vue, l'expérience d'Appoline Hunt ressemble à celle de sa « consœur » en contre-espionnage. Dans une lettre du 14 novembre 1656 à Thomas Strangeways, un officier cromwellien, cette femme délurée a en effet offert ses services secrets tout en se présentant comme une lady. Les parlementaires les plus endurcis conservant beaucoup de respect envers qui vient de l'aristocratie, c'est assez astucieux. La missive est signée « Appoline Hall », mais s'il rend aussitôt compte à Thurloe, le capitaine Strangeways s'avoue bien vite saisi par le doute. On a, croit-il, affaire à une vulgaire escroquerie.

Appoline assure-t-elle qu'un tunnel serait en cours de construction à partir d'une mine de charbon de manière à permettre l'investissement du château de Tynemouth par les royalistes ? Fournit-elle une liste de vingt noms de contributeurs supposés à la cause de Charles II ? L'officier peine à la croire. À raison, car l'enquête démontrera sous peu que la dame a soutiré de l'argent à son mari, William Churchey ; que le malheureux a ensuite été jeté en prison à cause des dettes de son épouse ; et que par-dessus le marché celle-ci s'apprêtait à filer à l'étranger, plus précisément en Flandre, avec son amant !

Arnaque au renseignement, cela arrive. Les impostures aussi...

Diana, chasseresse d'impostures

Parmi les agentes du bureau secret, Diana Stewart, épouse Jennens, mérite un traitement particulier. Par une contre-enquête en archives particulièrement fouillée, Nadine Akkerman a reconstitué son parcours sinueux. D'âge inconnu, Diana, femme d'imagination et de ressources, fait irruption vers 1653 dans les milieux royalistes exilés en Belgique. À Anvers très précisément. L'accompagne son mari d'au moins une décennie plus âgé qu'elle, qui se présente comme son cousin Sir William Gennings d'Essex, un noble fuyant la répression parlementaire. Elle-même serait fille d'un ancien soldat anglais de l'armée espagnole, soi-disant épouse d'un noble appelé à la rejoindre sous peu. Et bref, il s'agirait de gens méritant l'aide matérielle des partisans de Charles II.

À ce stade, le couple agit-il pour l'*Intelligence* aux fins d'infiltration chez l'adversaire ? Pas du tout : on a affaire à des escrocs cherchant à profiter financièrement des largesses – relatives mais palpables tout de même – des royalistes. Des petits malins doués de suffisamment d'entregent pour faire croire à leurs aristocrates d'interlocuteurs qu'ils appartiendraient au même milieu qu'eux.

Et ça marche ! Après dix-huit mois passés à Anvers, Diana et son vrai mari/faux cousin se voient introduits dans le petit monde monarchiste de Bruxelles par deux comploteurs abusés, le colonel Robert Phelips et surtout son épouse Agneta, avec laquelle Diana a partagé quatre mois durant le même logement. Agneta mal récompensée de sa sollicitude puisqu'il semble que le colonel l'ait vite délaissée, préférant les charmes de la nouvelle venue tandis que le soi-disant cousin feignait bien entendu de ne rien remarquer…

Robert Phelips étant la cheville ouvrière des liaisons de l'émigration entre les réseaux royalistes en Angleterre, ce vaudeville digne de Labiche cède bientôt la place à une très sérieuse affaire d'espionnage. Si l'on considère l'exil comme une « institution qui transforme inévitablement un homme en fou » (Karl Marx *dixit*, mais bien après), et les confidences sur l'oreiller, toujours dangereuses pour les imprudents qui s'y livrent, Diana se trouve bientôt détentrice d'informations secrètes sur le fonctionnement des réseaux monarchistes. Pour ne citer que la plus brûlante d'entre elles : ce projet d'assassinat de Cromwell auquel Phelips doit prêter plusieurs de ses hommes et dont le relais londonien sera un certain Hall, tailleur catholique récemment sorti de prison.

Nous sommes à l'été 1655. Craignant de se voir repérée à Bruxelles tant les meilleures escroqueries ont une fin, Diana se porte volontaire pour regagner l'Angleterre dans le cadre du projet d'assassinat. Sage décision de sa part puisqu'un courrier du 15 juin de George Gorin, comte de Norwich et principal associé de Phelips, à Edward Nicholas établit que le jeu de l'intrigante a été découvert. En l'occurrence par Philippa Mohun, une royaliste moins naïve que la malheureuse Agneta Phelips. À preuve la grêle d'injures que déversent sur la tête de Mohun les cromwelliens faute de pouvoir la passer à tabac ! Pendant des insultes anti-Bowen du *Mercurius Pragmaticus*, leur misogynie vaut à coup sûr tous les brevets d'efficacité aux yeux de ses employeurs du bureau secret...

Avant que sa fausse identité ne soit définitivement percée à jour (nous ne sommes pas à l'époque des téléphones cellulaires et d'Internet et les nouvelles mettent tout de même un certain temps à circuler), Diana l'aventurière traverse donc la Manche. Elle va naviguer à partir de Dunkerque sur le même voilier qu'un noyau de comploteurs acharnés à la perte du lord-protecteur : le colonel Richard Talbott, le capitaine Robert Dungan, un certain Skinner et un Irlandais dont le nom n'est pas parvenu jusqu'à nous.

Particulièrement inquiet des intrigues d'une nouvelle société secrète royaliste, le *Seal Knot* (« Nœud cacheté », en référence au sceau en forme de nœud marin en relief utilisé par les comploteurs pour sceller leurs courriers cryptés) qui espère soulever l'ouest de l'Angleterre contre le régime, le contre-espionnage de Thurloe veille au grain. Londres sait pour l'heure peu de chose sur ce mystérieux *Seal Knot*. Tout renseignement en provenance de l'émigration royaliste est donc bienvenu.

Une fois à Londres, Diana Stewart prend ses quartiers dans une auberge voisine du logement de Hall, le tailleur. Et là que se passe-t-il ? Soit un travail de repérage efficace de l'*Intelligence* suivi d'une arrestation en bonne et due forme, soit une reddition spontanée de sa part dans l'intention de monnayer les renseignements dont elle dispose. Le fait est qu'entre les mains de bureau secret de Thurloe, il ne reste plus à Diana qu'à passer aux aveux. Surtout qu'ayant intercepté et décrypté le message d'avertissement de Norwich à Edward Nicholas du 15 juin, les enquêteurs de l'*Intelligence* savent pertinemment à qui ils ont affaire : une intrigante au point névralgique des réseaux royalistes.

Mesurant l'étendue des connexions de leur détenue chez l'adversaire, à eux désormais de presser l'orange Stewart. Ils ne vont pas s'en priver. Emprisonné à la tour de Londres, le colonel Phelips fera partie des premières victimes de son ex-maîtresse. Si le cœur a ses raisons, l'espionnage a aussi les siennes qui ne font pas forcément… bon ménage avec.

Susan Hyde, morte sous la torture

Comme son frère cadet Edward, futur comte de Clarendon, Susan Hyde appartient au *Seal Knot*. Lequel s'oppose donc au « groupe du Louvre » sur la nécessité de revitaliser l'alliance avec les Écossais : une perspective que l'entourage d'Henriette-Marie de France voit d'un œil favorable, contrairement aux conjurés du « Nœud cacheté », persuadés qu'il s'agirait là d'une sorte de trahison envers l'Angleterre.

Installé à Paris, Edward Hyde correspond avec sa sœur, restée en Angleterre sous le pseudonyme de « Mr D'Esmond ». De son côté, Susan signe alternativement « SH », ses initiales, « Mistress Simburbe » ou « Mistress Saint Barbe ». Le malheur pour eux c'est que, depuis juin 1653 au moins, soit six mois avant la constitution du *Seal Knot*, leurs missives sont interceptées par la Chambre noire du bureau secret.

À force de précautions pourtant, Susan croit avoir brouillé les pistes. Sa correspondance transite par un intermédiaire londonien du nom d'Anthony Hinton. Pharmacien de son état, membre de la Royal Society of Apothecaries, Hinton fait porter les lettres à leurs destinataires par les employés de son officine. De banals courriers professionnels, croient-ils. Moins naïf, l'un d'entre eux a tout de même établi des contacts avec l'*Intelligence*, de sorte qu'en septembre 1653 Hinton est arrêté.

On trouve dans ses papiers une lettre de Susan Hyde. Placé au secret à la prison de Lambeth, l'apothicaire finit par craquer. Il écrit à Thurloe, demandant à le rencontrer. Son interrogatoire révèle comment, depuis quatre ans, la dame Hyde use de son officine comme plaque tournante. Avouant avoir agi moyennant finance bien plus que par conviction, Hinton dévoile d'autres noms et quantité de pseudonymes de membres du *Seal Knot*. Ainsi le bureau secret apprend-il que Bridget Earle, l'épouse de l'aumônier privé de Charles Stuart, voyage fréquemment entre Londres et Anvers, ce qui fait d'elle une agente de liaison doublée d'une agente de renseignements.

Le réseau Hyde puisait ses membres parmi le personnel de santé : médecins, nurses et pharmaciens. Trois officiers arrêtent Susan. Tirée de son lit, ses affaires sont passées au crible. Hurlant qu'on veut la tuer, la jeune femme se voit transférée à son tour à la prison de Lambeth. Soit que le lord-protecteur nourrisse quelque vindicte personnelle contre son frère (alors qu'Edward Hyde jouait les ambassadeurs du clan Stuart à Madrid, l'agent de Cromwell en Espagne, Anthony Ascham, a été tué en septembre 1649 par des spadassins royalistes), soit que le « Nœud cacheté » apparaisse comme un danger pressant, soit que les deux facteurs en viennent à se combiner, la voilà soumise à des traitements singulièrement durs, brutalisée, torturée même.

Lâchez des geôliers mâles dénués de respect humain sur une proie féminine en leur donnant toute latitude pour la faire craquer et vous pouvez être certain qu'ils vont se déchaîner contre elle. De fait, la malheureuse royaliste ne tarde pas à succomber. Elle avait semble-t-il déjà perdu la raison, défaillance qui a pu contribuer à la rage de bourreaux exaspérés de ne pouvoir lui arracher des aveux cohérents. Reste qu'un pareil traitement infligé à une dame liée à l'aristocratie fait plutôt figure d'exception que de règle. Aujourd'hui encore, nous n'en connaissons pas les raisons.

Le retour de Lady Carlisle

Tiens, revoilà Lady Carlisle. Elle aussi, le bureau secret l'a arrêtée dès 1651. Mais bien que cette conspiratrice-née se soit livrée à ce double jeu qui aurait pu irriter plus encore ses geôliers parlementaires, elle ne connaîtra pas un destin aussi cruel que Susan Hyde. Condamnée à trois ans d'emprisonnement pour trahison au profit de la cause monarchiste, la désormais toute jeune quinquagénaire parviendra à déjouer la vigilance de ses gardiens de la tour de Londres. Pas pour prendre la clé des champs, certes, mais en faisant parvenir à l'extérieur des messages cryptés *via* quelque agent dont l'identité demeure cependant inconnue de nous. Un compère masculin victime de son pouvoir d'attraction sexuelle à l'image de Felton, le puritain dupe de Milady de Winter qui, dans *Les Trois Mousquetaires*, finira par planter son couteau dans la poitrine du duc de Buckingham ? Va savoir.

Seule certitude : Lady Carlisle mourra en novembre 1660, dans sa soixante et unième année. Ainsi aura-t-elle successivement appris la mort d'Oliver Cromwell en septembre 1658 ; le remplacement très temporaire du lord-protecteur défunt par son propre fils Richard Cromwell ; le retour tout aussi éphémère de Thomas Scott à la tête des services secrets ; le coup de force du général George Monck venu d'Écosse à la tête de ses troupes mettre fin à l'expérience du Commonwealth en février 1660 ; puis, fin de la guerre civile, le retour triomphal du roi Charles II à Londres le 29 mai suivant, jour de son trentième anniversaire.

Le destin a tranché en faveur d'une monarchie qui, en Angleterre, ne sera plus jamais sérieusement contestée. Usée par des années de clandestinité, de double jeu et d'emprisonnement, Lady Carlisle peut expirer la conscience tranquille. Dans son rôle de femme de l'ombre, elle aura bien servi la cause victorieuse.

À quelques heures de rendre son dernier souffle, qu'aurait pensé Lucy Percy si elle avait pu se voir en modèle de Milady de Winter, un des personnages de roman historique les plus connus au monde ?

Rien de plus important que la littérature, surtout quand elle vient interférer avec l'Histoire…

3

Femme de lettres, femme de cour

Le martyre de sa sœur Susan, morte, on l'a vu au chapitre précédent, entre les mains des bourreaux du Commonwealth, confère une sorte d'auréole à Edward Hyde, principal ministre de Charles II en sa qualité de Lord Chancelier. Par contraste, une série de cabales vont lui faire perdre l'oreille du roi. D'autant que Hyde, honnête mais entier, multiplie les sarcasmes à l'encontre de Barbara Palmers, comtesse de Castlemaine, grande favorite d'un souverain très consommateur de femmes.

Monte en parallèle l'étoile de Henry Bennett, baron Arlington. Non content de conspirer la perte de Hyde avec Lady Castlemaine, cet ancien ambassadeur du roi à Madrid détient déjà la haute main sur la politique étrangère anglaise. Une diplomatie mise à mal par la guerre avec les Pays-Bas, fruit d'une concurrence sans merci entre les deux États pour la suprématie navale.

En juin 1667 intervient justement un désastre. Remontant la Tamise, les vaisseaux de l'amiral néerlandais Michiel de Ruyter capturent trois navires de haut bord dont, symbole des symboles, le HMS *Royal Charles*. Une dizaine d'unités de moindre tonnage passent en même temps sous pavillon des Provinces-Unies. Avec ce « raid de Medway », la Navy vient de connaître l'humiliation la plus cuisante de toute son existence. De quoi rendre les Londoniens furieux. La foule brise à coups de caillou les vitres de la demeure de Hyde, précipitant la disgrâce du Lord Chancelier. Le baron Arlington pose alors avec succès en homme de la situation.

Un an avant le désastre de Medway, Arlington et son secrétaire, Joseph Williamson, avaient initié une manœuvre visant à

« retourner » William Scott, officier anglais des services de renseignements néerlandais mais aussi, et surtout, fils de l'ancien patron du bureau secret de Cromwell condamné à mort et exécuté en octobre 1660 pour régicide. Cette opération de contre-espionnage « offensif » (l'art de recruter un agent au sein des services secrets adverses) reposait sur les épaules d'une femme. Une femme de lettres qui plus est...

La filière néerlandaise

Née en décembre 1640 sous le nom de famille probable de Johnson (l'état civil de l'époque n'était guère précis pour les gens de basse et moyenne extraction), Aphra Behn émigre en 1663 au Surinam, alors Guyane néerlandaise. Les raisons de son départ d'Angleterre nous sont inconnues. C'est dans cette lointaine colonie des Provinces-Unies qu'elle va connaître la future « cible » de l'*Intelligence*, William Scott, ancien juriste d'Oxford et de Cambridge alors adjoint du gouverneur local.

Connaître, de quelle façon ? Biblique selon toute probabilité, donc au lit. Exclu en 1657 de son poste de faveur à la direction des postes anglaises (on le suspectait... d'espionnage au profit des royalistes), Scott a survécu un temps avec sa mère de subsides accordés par Cromwell. Après la mort du lord-protecteur, le jeune homme a rallié les Provinces-Unies pour en devenir un fonctionnaire colonial d'abord, un officier de renseignements ensuite. Quelle meilleure revanche contre l'ingrate Angleterre qui a méconnu ses immenses mérites et si mal récompensé ceux de son père ?

Pendant leur séjour au Surinam de 1663-1664, Aphra et William s'affichaient volontiers au bras l'un de l'autre. Leurs amis les surnommaient d'ailleurs Astréa et Céladon – une allusion aux héros de *L'Astrée*, le roman d'amour du Français Honoré d'Urfé qui, à l'aube du XVIIe siècle, fit se pâmer toutes les cours d'Europe.

Que se passe-t-il ensuite ? Une séparation dont nous ignorons la cause. Seule certitude : en 1664, la jeune femme retourne en Angleterre tandis que Scott regagne les Provinces-Unies. Il y œuvre désormais pour le service secret de Jan de Witt, Grand Pensionnaire, soit le plus haut poste de dirigeant dans la

République hollandaise. Ce, sous les ordres d'un autre transfuge anglais aux Provinces-Unies, le colonel Joseph Bampfield, chef du Bampfield's Dutch Regiment, où Scott à grade de lieutenant.

Un contentieux d'origine familiale oppose pourtant les deux hommes. Emprisonné en 1660 dès le retour du roi Charles II à Londres, le père de William et ex-chef de l'*Intelligence* sous Cromwell, Thomas Scott, tenta en effet de sauver sa peau en livrant les noms des personnalités de l'émigration royaliste « tamponnées » comme agents doubles par le bureau secret. Dont Bampfield, justement.

Dans une première vie fidèle à la Couronne, le colonel fut, en 1647, un des deux organisateurs de l'évasion de James Stuart, frère et futur successeur de Charles II sur le trône d'Angleterre, puis de son transfert par mer en Hollande. Sa partenaire dans cette exfiltration n'était autre que l'élue de son cœur Anne Murray, 24 ans, cousine de l'ancien précepteur de Charles Ier et ex-demoiselle d'honneur de la reine Henriette-Marie. Anne avec laquelle Bampfield devait convoler. En 1648 ou 1649 aux Pays-Bas semble-t-il, mais la date n'est pas certaine.

Sur le coup, l'évasion de James Stuart valut au colonel la confiance des royalistes. Cette confiance que l'étrange colonel allait trahir par la suite, livrant sans vergogne au bureau secret les détails d'un énième soulèvement en Écosse. Ce Janus jouait du reste deux doubles jeux simultanés. Suspect depuis 1653 aux yeux des monarchistes, Bampfield cachait à Anne, côté amour, un mariage précédent ! Écœurée par tant de duplicité, la *female-intelligencer* royaliste met fin à leur union en 1654. S'être jetée d'un même mouvement dans les bras d'un traître à la cause et dans ceux d'un bigame lui est insupportable ! Elle rompt donc puis, en mars 1656, épouse Sir James Halkett, veuf royaliste au-dessus de tout soupçon, lui.

Plus encore que ses déboires amoureux, son activité clandestine d'autrefois ronge Lady Halkett comme une souillure. Qu'a-t-elle dû faire dans sa période d'espionnage pour mériter pareil déchirement intime ? Nous l'ignorons, mais elle tient à s'en délivrer. Dix ans plus tard, par souci d'exorcisme, la dame se jette en effet dans l'écriture d'un texte très personnel juxtaposant à mots couverts sa trajectoire d'agente et sa liaison avec Bampfield. Une docu-fiction cryptée à dessein, de sorte qu'elle seule pouvait y distinguer ce qui relevait de la vérité et ce qui appartenait à la fiction. Or pudibonds et obsédés par le besoin d'estomper le passé d'espionne de leur aïeule jugé indigne d'une lady, ses héritiers arracheront un certain nombre de pages du manuscrit.

Légué à la British Library, ce texte expurgé va être publié en 1875 sous le titre *Halkett, autobiographie*. Une œuvre littéraire de grande qualité trop longtemps méconnue. Minorant son volet « espionnage » soit par ignorance des réalités de l'action clandestine, soit par souci puritain des belles-lettres, certains critiques la compareront à celles de Walter Scott, de Jane Austen ou encore de Daniel Defoe (en son temps « l'espion politique le plus entreprenant que l'on puisse trouver » selon le mot de son employeur du début du XVIIIe siècle, Sidney Godolphin, Premier Lord du Trésor).

Ne nous étonnons pas de voir ainsi les trajectoires d'agents secrets se croiser et se recroiser : comme ils opèrent au sein du même univers de clandestinité, il arrive fréquemment qu'ils en restent en quelque sorte captifs. Ce qui surprend un peu, mais pas tant que ça en Angleterre, c'est la présence dans cette boucle de l'ombre de deux femmes de lettres éminentes : Anne Murray donc, et Aphra Behn pour en revenir à elle...

Nom de code : « Astréa »

En juillet 1666, Aphra, copiste de talent à une époque où la calligraphie constituait un élément indissociable de la littérature, se voit donc missionnée à Anvers par le service secret d'Arlington. C'est Thomas Killigrew, auteur dramatique déjà connu avant la guerre civile et ancien ambassadeur de Charles II dans la république de Venise, qui a attiré l'attention sur la jeune femme. Et pour cause : lui aussi travaille pour Arlington...

Depuis deux ans, Aphra vit avec son mari, le marchand John Behn. Toutefois, eu égard aux sentiments qui l'ont unie à William Scott au Surinam, elle paraît la mieux placée pour renouer avec l'adjoint du traître Bampfield. Autrement dit pour réussir là où un autre émissaire de l'*Intelligence*, le marchand anglais d'Amsterdam Thomas Corney, a échoué dans les grandes largeurs. Croyant suborner Scott, c'est le contraire qui s'est produit : non content de lui refiler des informations tronquées, le fils du régicide l'a vendu en 1665 au service de renseignements de De Witt. Lequel a si maltraité le malheureux qu'une fois passé aux aveux puis remis en liberté, il voue une haine tenace à son délateur.

De quoi compliquer la tâche déjà difficile d'Aphra Behn, surveillée comme l'huile sur le feu par Corney, qui, redevenu un informateur d'Arlington après sa libération, ne cesse d'expédier d'Amsterdam à Londres des courriers pour la dénigrer. Autant de mises en garde transmises par Jerome Nipho alias « Hieronymus », l'agent de liaison que Thomas Pettigrew a également affecté à Aphra, et qui sympathise avec elle au point de lui révéler la teneur de ces messages.

Voilà la branche belgo-hollandaise de l'*Intelligence* à hue et à dia. Corney dénonce Behn comme inefficace, voyante et dangereuse ; basée à Anvers, la jeune femme lui rend la politesse dans ses rapports quasi quotidiens à Londres. Elle aurait, assurera-t-elle par la suite, averti Williamson et Arlington des préparatifs du « raid de Medway ». Cette agente pleine de ressources disposait-elle de sources de renseignement personnelles ? Même si les noms et qualités de ses informateurs ne nous sont pas parvenus, la suite des événements le suggère. Fréquentée par de nombreux Hollandais, l'auberge anversoise La Rose noble, dont l'espionne fit son quartier général, a pu voir émerger diverses confidences et indiscrétions.

Dès son arrivée en Flandre, Aphra écrit une lettre à Scott dans sa garnison hollandaise de Hertogenbosh (Bois-le-Duc), lui demandant de venir la rencontrer à Anvers. L'ancien amant s'exécute, ce qui atteste d'un véritable attachement. Évitant La Rose noble, la dame de l'*Intelligence* loue un coche qui lui permettra de s'entretenir sans témoin avec la « cible ». Laquelle accepte le principe d'une deuxième rencontre. Or celle-ci ne pourra avoir lieu, le fils du régicide refusant de revenir en Flandre – trop dangereux pour un officier néerlandais – et Behn étant incapable de franchir la frontière avec la Hollande – trop périlleux pour une Anglaise dans ce contexte de guerre.

Une fois suffit à vrai dire pour faire la religion d'Aphra. Partagé entre la peur de se voir démasqué par le colonel Bampfield, auquel l'unissent les liens de détestation que l'on sait, et la crainte de tomber entre les mains de Corney, dont il mesure la soif de vengeance, Scott ne prendra jamais le risque de se mouiller en tant qu'agent double.

Dans ses rapports à Londres, la belle lui donne le nom de code de « Céladon », elle-même s'abritant derrière le pseudonyme « Astréa », références explicites à leur passé commun au Surinam ! Nécessité fait alors loi, d'autant que le pécule que lui a confié son mentor Pettigrew tend à s'épuiser. Du coup, la femme de lettres qui sommeillait dans la copiste passionnée de romans et de pièces de théâtre s'éveille. L'exégète des archives d'Arlington à laquelle s'est livrée Nadine Akkerman montre qu'Aphra Behn, prenant en compte des renseignements venus d'autres sources, les a purement et simplement attribués à Scott dans ses courriers à Londres. Un « espio-bidonnage » où sa verve littéraire et son sens de la dissimulation vont faire merveille. La future dramaturge fait en quelque sorte œuvre subversive, brodant de faux renseignements attribués à Scott à partir d'informations recueillies ailleurs. Un travail de création littéraire, de paradoxe et de mystification qui ne pourra toutefois se prolonger au-delà d'octobre 1666. À cette date, Londres apprend en effet par Corney que Scott est emprisonné pour trahison à La Hague. Son unique contact avec Aphra à Anvers l'a-t-il fait repérer par ses employeurs néerlandais ? Nous n'en savons rien, de même que nous ignorons si l'espionne a conçu quelque mauvaise conscience d'avoir peut-être causé la chute de son ex-amant.

La mission de la jeune mystificatrice ne s'en poursuit pas moins jusqu'à son rappel à Londres en avril 1667. Satisfaits malgré tout de son travail sur le continent, Arlington et Williamson lui rendent sa liberté. Elle va pouvoir sacrifier à sa vocation profonde : la littérature. En 1670, on crée à Londres la première des seize pièces d'Aphra Behn données de son vivant, *The Forced Marriage* (« Le Mariage forcé »).

Comme le hasard fait bien les choses : 1670, c'est justement l'année du début de la mission de Louise de Keroual à la cour d'Angleterre...

Louise de Keroual, Bretonne de charme

En novembre 1988, quand l'auteur s'y est rendu pour les besoins d'un article à paraître dans *Ouest-France*, le manoir de Keroual, à 10 kilomètres de Brest, dégageait encore, bien qu'en ruine, une véritable aura. Nulle âme qui vive ici, à deux pas de Guilers. Silence d'automne au milieu des chênes. Un décor non pas arthurien – ce serait à la fois anachronique et exagéré –, mais saisissant tout de même tant il semblait nimbé de mystère à travers la brume épaisse.

L'histoire qui va suivre n'est pas moins surprenante. Elle commence en cet endroit neuf ans après la naissance d'Aphra Behn. Voit le jour le 6 septembre 1649 Louise-Renée Pen-an-Coet de Keroual, fille d'un soldat de petite noblesse qui a connu son heure de gloire pendant ce cauchemar européen conclu l'année précédente par les traités de Westphalie : la guerre de Trente Ans. L'enfant grandit dans le cocon familial, puis effectue ses études au couvent de Lesvenen où une de ses tantes par alliance est religieuse. Comme la chrysalide devient papillon, elle se transforme en une très belle adolescente, airs innocents, yeux noirs, épaisse chevelure sombre, joues de velours. Sentant la nature à l'œuvre, sa mère expédie Louise à Paris chez sa belle-sœur, maîtresse en titre de François de Bourbon-Vendôme, cousin de Louis XIV, duc de Beaufort et, pardon du peu, grand maître de la Navigation du royaume de France.

Plus âgé de deux décennies que la petite Bretonne si gracieuse, ce célibataire ne tarde pas à lui faire partager sa couche, évinçant la trop naïve tante. Promis, juré : il fera de Louise une dame d'honneur de Henriette d'Orléans, fille de Henriette-Marie d'Angleterre et sœur du roi Charles II, toujours régnant à Londres.

Beaufort s'avère-t-il meilleur amant que soldat ? On l'espère pour Louise, tant, du point de vue militaire, les capacités du grand maître de la Navigation avoisinent le zéro pointé. Pour se débarrasser d'un cousin encombrant, c'est pourtant ce piteux chef de guerre que Louis XIV envoie combattre les Ottomans. Vexé de n'avoir pu tenir parole envers sa Bretonne de maîtresse en l'introduisant à la Cour, incapable par-dessus le marché de vivre sans elle, Beaufort l'intègre alors dans sa suite, déguisée en page selon certains, en moussaillon selon d'autres.

Petit mousse, le vent te pousse. Un vent mauvais puisque Beaufort disparaît au combat contre les Turcs le 29 juin 1669 lors d'une sortie de la garnison de Candie, en Crète. Disparaît au sens propre du terme puisque son corps ne sera pas retrouvé sur le champ de bataille. Un petit marquis remarque alors la détresse de Louise, sa beauté, surtout. Il ramène sa protégée de Crète et l'introduit à la cour du Roi-Soleil. Pour de bon cette fois puisque la voilà dame d'honneur de Henriette d'Orléans, que l'exotisme des aventures de cette Bretonne de charme séduit comme d'ailleurs toute la Cour.

« C'est la plus belle fille de France ! » se serait exclamé le monarque à la vue de la jeune femme. Une beauté que, partagé entre sa favorite officielle Françoise-Louise de La Baume Le Blanc, duchesse de La Vallière, et son officieuse, Anaïs de Montespan, Louis XIV se contentera, une fois n'est pas coutume, d'honorer sur le seul plan verbal. Or, dans la mentalité du temps, Louise aurait sans nul doute accepté de bonne grâce une relation avec le souverain.

Cela ne manque pas de susciter quantité de commentaires, souvent fielleux. « Quoi qu'il en soit, Mademoiselle de Keroual, c'est ainsi qu'on nommait la fille d'honneur de Madame, après être restée quelque temps à la Cour, sans que Sa Majesté jetât les yeux sur elle, autrement qu'on les jette souvent sur une belle personne dont on convient de la beauté, sans en devenir amoureux, Mademoiselle de Keroual, dis-je, voyant que tous ses désirs n'avaient point leur effet, commençait déjà à s'ennuyer de sa condition, quand le roi crut qu'il ne devait point chercher d'autre qu'elle, pour l'aposter auprès du roi d'Angleterre », écrira ainsi d'Artagnan, histoire de montrer dans quel contexte le Roi-Soleil devait effectivement confier une mission d'importance à la belle Bretonne.

D'Artagnan, mais lequel ? Pas le véritable Charles de Batz, comte de Montesquiou, seigneur d'Artagnan, qui remplit lui aussi moult missions secrètes pour Louis XIV en qualité non pas d'espion, mais d'officier de mousquetaires, ces forces spéciales de l'Ancien Régime chargées à la fois des assauts de forteresses (Batz mourra d'ailleurs en 1673 lors du siège de Maastricht) et de certaines tâches de basse police politique (il sera responsable de la surveillance du mystérieux « Masque de fer »). Pas d'Artagnan le vrai donc, mais Gatien Courtilz de Sandras, auteur en 1700 de *Mémoires de monsieur d'Artagnan, capitaine lieutenant de la première Compagnie des Mousquetaires du Roi contenant quantité de choses particulières & secrètes qui se sont passées sous le règne de Louis le Grand.* Un texte apocryphe pas très fiable quoique offrant par-ci par-là quelques échos diffus de vérité. Dumas s'en est inspiré pour *Les Trois Mousquetaires* ainsi qu'il l'a fait, comme on l'a vu, avec les Mémoires de La Rochefoucauld.

Louise a probablement lu Courtilz de Sandras sans qu'on sache si son livre l'a fait sourire ou si elle en a pris ombrage, cette agente de haut vol s'imposant, mission accomplie, un silence absolu jusqu'à sa mort en novembre 1734, à l'âge de 85 ans.

Quelle mission au fait ? Rien moins que devenir les yeux et les oreilles du Roi-Soleil à la cour de Charles II d'Angleterre. Et il faut bien dire que Louise s'en acquittera à merveille...

Les yeux et les oreilles du Roi-Soleil

Tout commence par une manœuvre de haute diplomatie secrète. En mai 1670, Louis XIV envoie Henriette d'Orléans en Angleterre rencontrer son frère au château de Douvres. L'émissaire est bien choisi : Charles II aime en effet beaucoup Henriette, qu'il appelle « Minette » et n'a plus revue depuis neuf ans.

Un roi d'Angleterre aux abois, les caisses de son État vides et le Parlement rétif une fois de plus à les remplir. Or la tragique expérience de son père a convaincu le monarque que pour renflouer ses finances si mal en point il faudrait quelque chose de plus intelligent qu'un bras de fer avec les Communes. C'est justement cette autre chose que « Minette » apporte. À savoir un projet de traité négocié dans le plus grand secret entre le très corrompu baron Arlington, toujours en grâce, et l'ambassadeur de France à Londres, Charles de Croissy[1].

Considéré comme infâme par l'histoire anglaise, et on peut la comprendre, le traité de Douvres, rédigé en français, fait en quelque sorte de Charles le pensionné de Louis XIV. Moyen-

1. Croissy était le frère cadet de Jean-Baptiste Colbert, lequel devait son poste de surintendant des Finances au limogeage de son prédécesseur Nicolas Fouquet, arrêté en septembre 1661 sur ordre du Roi-Soleil. Par le vrai d'Artagnan, toujours...

nant finance, le roi d'Angleterre s'engage en effet à rétablir à terme dans son royaume le catholicisme auquel son homologue de France est très attaché : « Sa Majesté de Grande-Bretagne qui n'a plus rien à cœur (après le repos de sa conscience) que d'affermir celuy que la douceur de son gouvernement a procuré à ses sujets a cru que le meilleur moyen [...] serait d'estre assuré en cas de besoin de l'assistance de Sa Majesté très-chrestienne [Louis XIV], laquelle voulant [...] contribuer au bon succès d'un destin si glorieux [...] a promis et promet de donner à cet effet au seigneur roy [...] la somme de deux millions de livres tournois. »

Pâle figure de monarque, Charles II ne méritait pas le sacrifice des agents et agentes royalistes en guerre secrète contre les cromwelliens pour le placer sur son trône ! S'enfonçant dans la soumission, il s'engage à faire alliance avec Louis XIV contre les Provinces-Unies et à soutenir les droits éventuels du Roi-Soleil sur la couronne d'Espagne. Mesure de prudence tout de même : pour éviter la compromission directe des deux souverains, leur traité, qui a vocation à rester secret, sera paraphé côté anglais par Arlington, principal secrétaire d'État, ainsi que par trois membres du Conseil royal privé dont Lord Thomas Clifford, et côté français par le seul Croissy.

Loin d'être un imbécile, M. l'ambassadeur a justement repéré l'émoi de Charles II à la vue de Louise de Keroual, qui accompagnait « Minette ». Or, à peine a-t-il le temps de coucher un rapport sur le papier pour en référer à Versailles qu'un drame survient : sur la route du retour, Henriette d'Orléans meurt d'une péritonite. Passé la période de deuil, Louis XIV prend connaissance du courrier de Croissy. Sous son règne, le renseignement militaire incombe à Louvois, secrétaire à la Guerre, tandis que le monarque se réserve l'espionnage politique. L'idée lui vient d'expédier Louise à la cour d'Angleterre, profitant de son charme, qu'il apprécie toujours autant fût-ce en simple admirateur. Sa feuille de route : vérifier la sincérité de Charles II et surveiller la bonne application du traité secret par la partie anglaise.

C'est chose bientôt faite. Tellement bien faite que Louise, espionne du royaume de France et dame d'honneur de l'épouse de Charles II, Catherine de Bragance, ne tarde pas à supplanter dans le lit du roi d'Angleterre la favorite du jour, l'actrice de théâtre Nell Gwyn. Agente disciplinée, celle que les Anglais surnomment avec une insolence pleine d'amertume « Mrs Carewell » (« Madame prend-bien-soin ») opère en bonne intelligence avec Croissy. Intelligence, c'est le cas de le dire puisque nous voici dans le vif du sujet. À l'ambassadeur le soin de faire parvenir à Versailles les précieux renseignements que la belle ne cesse de collecter sur l'oreiller, mais aussi ailleurs, car loin de se résumer à un objet sexuel, Louise se trouve être une fine mouche au sens politique acéré.

Espionnage à ciel ouvert

Ne cachant à personne l'objet de sa mission, la jeune femme a choisi un mode d'espionnage « à ciel ouvert ». Une fausse naïveté suffisante pour qu'on la prenne pour une ravissante idiote incapable de garder un secret alors qu'il s'agit du contraire : une femme de tête qui, fidèle aux consignes du Roi-Soleil, n'en finit pas de découvrir les secrets anglais les mieux gardés tout en influençant son amant dans le sens des intérêts français.

Relisons Mme de Sévigné. Elle n'a de cesse de discréditer celle que le roi d'Angleterre a nommée duchesse de Portsmouth, mère au surplus depuis juillet 1672 de Charles Lennox, lointain aïeul de feu la princesse de Galles, Diana Spencer dite « Lady Di ». Mais n'en fait pas moins son éloge involontaire dans cette lettre où perce une bonne dose de jalousie : « Pour l'Angleterre, Keroual n'a été trompée sur rien ; elle avait envie d'être la maîtresse du roi, elle l'est. Il couche quasi toutes les nuits avec elle, à la vue de toute la cour ; elle a un fils qui vient d'être reconnu et à qui on a donné deux duchés. Elle amasse des trésors et se fait redouter et respecter. »

Cette attaque ne suffit d'ailleurs pas à épuiser l'agressivité de la grande épistolière envers l'agente secrète de Louis XIV. Étalant le mépris de la grande noblesse pour la petite, elle se gausse des prétentions de Louise à faire croire qu'elle serait de haute naissance au lieu de provenir de la petite aristocratie. Et de prêter à l'ex-favorite Nell Gwyn, hors d'elle depuis que le roi d'Angleterre lui préfère la Bretonne, ces mots cinglants : « Puisqu'elle est de si grande qualité, pourquoi s'est-elle faite putain ? »

Pourquoi, nous le savons : pour servir la couronne de France. À la mort de Charles II en 1685, Louise, disgraciée, regagne d'ailleurs Versailles et sa Bretagne natale. Reconnaissant des éminents services secrets rendus, Louis XIV, après l'avoir faite duchesse d'Aubigny, a beau la pensionner, la dame brûle la vie par les deux bouts. Elle prend des amants (de son choix désormais), dépense sans compter pour eux comme pour elle. Tant et si bien qu'après avoir vendu le manoir familial de Guilers, Louise de Keroual finit sa vie à Paris quasi ruinée quoique sans remords et sans regrets.

Son épitaphe, c'est d'une certaine manière un pamphlet anonyme qui la dira. Circulant à Londres en 1690, en voici quelques lignes révélatrices : « Si Charles II a agi d'une manière si peu conforme aux intérêts de plusieurs États étrangers, mais encore de ses propres États, ce fut la duchesse de Portsmouth qui l'y porta, par l'amour qu'elle lui avait inspiré par ses ruses, et par le pouvoir qu'elle avait sur son esprit. »

Rien de plus exact. Techniquement parlant, Louise de Keroual ne fut en effet pas seulement une agente de renseignements de haut niveau, mais dans le même temps une agente d'influence hors pair. Un double satisfecit que l'histoire des services secrets, très pointilleuse, accorde assez chichement aux hommes. Et plus chichement encore aux filles d'Ève, vous vous en seriez douté…

4

Les dames de l'Ancien Monde et celles du Nouveau

À l'occasion du siège de Limbourg, en Flandre, le mousquetaire « Saint-Aubin » se fait remarquer par sa vaillance. C'est seulement au moment de sa mort que l'on s'apercevra qu'il s'agissait d'une femme, Christine de Meyrac !

Le chevalier Balthazar combat, lui, dans les rangs des dragons lors de la prise de Lille en 1667. Sous-lieutenant en 1676, le voilà blessé au sein quinze ans plus tard lors du siège de Mons. Et là, plus question de cacher le sexe du « chevalier », qui s'appelle en réalité Geneviève Prémoy et que Louis XIV, épaté, décore de l'ordre de Saint-Louis tout en la maintenant au service. Philis de La Tour du Pin vit à la même époque une expérience analogue ; elle sera également décorée par le Roi-Soleil.

Ces trois combattantes ont su conserver longtemps le secret de leur sexe. Rien n'indique pour autant qu'elles aient appartenu aux services de renseignements. Doit-on en conclure que sous les règnes de Louis XIV, de Louis XV ou de leurs homologues européens peu de figures féminines se seraient impliquées dans l'espionnage ?

C'est globalement vrai dans le renseignement militaire, apanage des ingénieurs pour ce qui concerne la défense et le siège des places fortes ; des officiers de hussards ou de dragons (hommes même s'il y a pu y avoir quelques très rares exceptions) pour les reconnaissances profondes en territoire ennemi ; des commis au fourrage ; des marchands bénéficiant d'une couverture professionnelle lors de leurs déplacements.

La guerre dite « en dentelles » parce qu'on y recherchait paradoxalement une forme d'élégance fut avant tout histoire d'hommes. Si des filles d'Ève ont opéré dans ce cadre comme c'est probable, on n'en trouve guère trace dans les archives. Femmes invisibles ? Sans doute leurs performances en tant qu'agentes secrètes n'intéressaient-elles pas au-delà de leurs résultats pratiques immédiats.

Pour le renseignement politique et diplomatique, le tableau n'apparaît pas sensiblement différent. Louise de Keroual semble, là encore, avoir constitué beaucoup plus l'exception que la règle. Comme au temps de Richelieu et de son « éminence grise », les ecclésiastiques hommes de l'ombre, au contraire, resteront très actifs[1].

Le chevalier d'Éon

Une figure du « Secret du Roi », le service de renseignements personnel de Louis XV puis de Louis XVI, défraya certes un temps la chronique des cours européennes : né en octobre 1728 à Tonnerre, en Bourgogne, le chevalier Charles Louis d'Éon de Beaumont, bretteur avéré et probable maître chanteur aux dépens de sa commanditaire la monarchie française, était-il une femme ou un homme travesti ? Certains voulurent voir en lui un de ces espions déguisés en femme pour mieux passer inaperçus dont parlait Aristote. D'autres le contraire : une femme prenant les atours d'un homme. Le suspense est toutefois éventé de nos jours : très présent sur le théâtre de la guerre du renseignement que ce soit en Russie ou en Angleterre, cet officier de dragons à l'identité sexuelle peu prononcée et parfois indécise, d'où la confusion qui l'entourait, appartenait bel et bien au sexe masculin. En revanche, on ne lui connut ni appétits hétérosexuels, ni goûts homosexuels d'ailleurs, l'acte de chair le concernant

1. Le recours aux religieux pour la diplomatie secrète et l'espionnage français n'a pas cessé après le décès du père Joseph en 1638 ou celui de Richelieu en 1642. Ambassadeur de France auprès de l'Empire ottoman de 1679 à sa mort en 1685, le comte Gabriel de Guilleragues usera d'un jésuite, le père Bennier, pour ses rendez-vous et comme boîte aux lettres. Pour ses envois de courriers chiffrés, son homologue de Varsovie à la même époque, l'ambassadeur Duvernay-Boucault, très étroitement surveillé, emploiera un autre membre de la Compagnie de Jésus, le père Cartier.

semble-t-il peu, voire pas. Le chevalier souffrait sans doute d'une maladie génétique, le syndrome de Klinefelter. Une anomalie à mettre en parallèle avec, deux siècles plus tard, l'extraordinaire destinée de Lawrence d'Arabie, praticien d'élite de la guérilla et écrivain tout aussi remarquable pour qui sa propre sexualité, masculine mais peu accentuée là encore, constitua une source de doutes et de tourments tandis qu'elle reste pour nous une espèce de mystère.

Guère de visibilité féminine dans ce domaine, donc. Aussi machiste que l'Ancien Régime, la Révolution française s'est bien gardée d'attribuer plus de responsabilités aux femmes. L'Empire, pas vraiment plus. Ou alors par raccroc comme dans le cas de Félicité de Genlis, femme de lettres, ancienne maîtresse du duc d'Orléans et préceptrice de son fils Louis-Philippe, qui fut l'une des informatrices politiques de Napoléon[2].

Ce qui n'empêche pas le général prussien Karl von Decker, compatriote et contemporain de Clausewitz, d'écrire comme une sorte d'hommage dans un texte consacré en 1822 à la « petite guerre » (le terme de l'époque pour guérilla) : « Un secret qui ne peut se savoir ni par les femmes, ni par les hommes d'Église ne se révélera probablement jamais. »

C'était faire preuve de pragmatisme, car en effet les femmes continuaient d'œuvrer. Dans l'ombre mais parfois aussi en pleine lumière...

Les amours contrariées de Lady Stanhope

Fille du comte Charles Stanhope, Hester Stanhope est, par sa mère, la nièce de William Pitt le Jeune, Premier ministre conservateur de Sa Majesté à plusieurs reprises au tout début du XIXe siècle et, comme son prédécesseur de père à ce poste,

2. Bizarrerie administrativo-machiste : sous Napoléon Ier, les Légion d'honneur accordées à des femmes ne leur ouvraient pas les portes de l'ordre, même si elles conservaient le droit de porter leur décoration et de s'en prévaloir publiquement. Ce fut, en particulier, le cas d'Angélique Brulon née Duchemin. Pour venger son mari, cette cantinière s'engage en 1792 au 42e de ligne. Sergent-major, la voilà gravement blessée au siège de Calvi. Mutée aux Invalides, elle est nommée sous-lieutenant en 1822. Le 10 août 1851 enfin, cette survivante devient la première femme membre à titre officiel de l'ordre de la Légion d'honneur.

William Pitt l'Ancien, adversaire implacable de l'impérialisme continental français sous la Révolution comme sous Napoléon. Née en mars 1776, Hester s'occupe, à partir de 1803, de la maisonnée de son oncle jusqu'à ce qu'une déception sentimentale la pousse, quittant l'Angleterre, à visiter le Proche-Orient.

Exploratrice et archéologue, Lady Stanhope appartient à la race de ces dames de l'aristocratie anglaise qui, n'ayant jamais froid aux yeux, jouent avec brio les agentes secrètes de la Couronne en même temps qu'elles voyagent pour leur plaisir personnel. On le verra plus loin, d'autres de la même trempe la suivront dans cette voie à l'image de Gertrude Bell (*cf.* chap. 9, p. 126). Refusant de porter le voile, Hester se déguise en homme turc, moyen comme un autre de gommer sa féminité. Vivant parmi les Arabes et apprenant leur langue, elle s'installe un temps au Liban, à Sidon, d'où partirent autrefois les marchands phéniciens fondateurs de Carthage.

Douée d'une imagination fertile, Lady Stanhope recherchera aussi, mais en vain, un prétendu trésor déposé sous les ruines de la mosquée d'Ashkelon. Une énième occasion de se rendre utile à l'*Intelligence*, toujours prête à mobiliser les personnalités les plus excentriques, en particulier quand elles sont apparentées au clan Pitt. Hester, qui s'est autoproclamée en toute modestie « reine de Tadmor » (Palmyre, en Syrie), ne dépare donc en aucun cas l'impressionnante collection des dames du renseignement de Sa Majesté.

C'est en 1812 chez le patron de l'*Intelligence* au Caire que cette femme de caractère, et à moult égards cette caractérielle, va faire la connaissance du Français Vincent-Yves Boutin, un officier technicien comme Napoléon les apprécie en matière de renseignement. Né en janvier 1772 au Loroux-Bottereau, commune de la région nantaise, ce chef de bataillon du génie militaire se voit désigné en 1808 pour une mission spéciale en Algérie. Napoléon envisage en effet un débarquement propre à réduire à merci la piraterie barbaresque, toujours aussi ravageuse en Méditerranée. L'Empereur ayant exigé, pour le repérage des lieux, un officier « qui fût un peu officier de marine et un peu ingénieur de terre », le chef de bataillon Boutin a paru à ses supérieurs le meilleur choix. Non sans raison, car en sus de ses compétences de technicien, le Nantais se trouve être un véritable caméléon, habile à se fondre dans le paysage.

Le 24 mai 1808, le visage orné d'une barbe drue, le voilà qui débarque en civil à Alger sous prétexte d'une visite familiale à son prétendu cousin le consul de France. Et qui, vêtu à l'orientale, papier et crayon en main, arpente méthodiquement la zone côtière, effectuant des relevés topographiques très précis, car, on avait oublié de le mentionner, c'est aussi un excellent dessinateur. Jusqu'au mois de juillet du moins, où le dey va décréter *persona non grata* l'agent napoléonien accusé de violer sans la moindre gêne les règlements de la régence ottomane interdisant de tels déplacements aux infidèles.

Après de multiples mésaventures – capture de son navire le *Requin* par la Royal Navy au large de Monaco, emprisonnement à Malte, évasion sous un faux nom par la Turquie –, Boutin parvient en France le 29 octobre. Ses plans jetés à l'eau par prudence lors de l'abordage du *Requin*, ce spécialiste doté d'une formidable mémoire visuelle les reconstitue de tête en une quinzaine de jours de labeur acharné. Relevés topographiques, tableau politique et démographique de la régence d'Alger, inventaire détaillé de ses systèmes de défense, rien ne manque. Même pas cet excellent conseil : la France ne fera rien de durable et de valable au Maghreb si elle « ne respecte pas scrupuleusement les mœurs et usages du pays ».

Un travail de renseignement digne des plus grands éloges. Quoique satisfait, l'Empereur abandonne cependant le projet d'équipée algérienne. Subsistent tout de même dans les cartons du ministère de la Guerre les judicieuses préconisations de Boutin au cas où : il faut un corps expéditionnaire de 30 000 à 40 000 hommes à débarquer en mai-juin à Sidi-Ferruch. Tellement judicieuses qu'elles seront appliquées point par point en 1830 par les marins de l'amiral Victor Duperré et les 37 000 soldats du comte Louis de Bourmont à la conquête de l'Algérie. Et avec succès.

Au moment où la trajectoire de Vincent-Yves Boutin rencontre au Caire celle d'Hester Stanhope, agente secrète de Sa Majesté le roi d'Angleterre, le chef de bataillon du génie, agent secret aussi mais de Sa Majesté l'empereur des Français, opère, lui, sous couverture d'agent commercial épris d'archéologie. Or entre « amateurs de monuments anciens », la nièce de Pitt tombe raide dingue de son collègue et concurrent en espionnage français, sentiment amoureux qui ne semble pas avoir été partagé.

Prise d'une véritable fièvre épistolaire, sinon d'une fièvre tout court, la nièce de Pitt va dès lors entretenir une abondante correspondance avec l'objet de ses désirs. Pour parler affaires de cœur c'est entendu, mais aussi pour presser Boutin de questions sur les projets de Napoléon à l'égard de l'émir Ibn Saoud le Grand, chef de la maison des Saoud, qui, associée depuis 1744 au prédicateur ultra-rigoriste de l'islam sunnite, Mohammed ibn Abd al-Wahhab, s'est taillée un fief dans le nord de l'Arabie. Des projets qui inquiètent beaucoup Londres, où l'on a peut-être appris le traité d'alliance avec la France conclu le 12 novembre 1811 par l'émir grâce à un autre agent secret de Napoléon, Jules de Lascaris. Aux termes de ce texte, les troupes françaises pourraient en effet traverser la région d'Arabie aux mains des wahhabites pour frapper les Anglais…

En dépit de sa fougue, la nièce de William Pitt ne tire pas grand-chose de l'agent secret napoléonien élu de son cœur. D'autant moins longtemps que le malheureux est assassiné en août 1815 au Liban lors d'une mission de reconnaissance – pardon, de recherche de vieilles pierres – dans le djebel Ansarieh, autrement dit en plein fief des Alaouites, groupe chiite minoritaire dont est issue, rappelons-le, la dynastie des dictateurs syriens du XXe et du début du XXIe siècle, Hafez al-Assad le père et Bachar al-Assad le fils.

Pour venger son amour disparu, Lady Stanhope persuade alors les pachas ottomans d'Acre et de Tripoli de mener une sanglante expédition punitive : trois villages incendiés et entre 60 et 300 Alaouites mis à mort ! Récupérant à cette occasion les effets personnels de Boutin, elle les renvoie à sa famille dans le pays nantais. Au frère du disparu qui déplore ce massacre tout à fait contraire aux principes familiaux (dans l'enfance, Vincent-Yves Boutin a vu son pays natal du Loroux-Bottereau razzié et incendié par les troupes républicaines), elle répondra sans se troubler : « Il ne fallait pas, dans des circonstances pareilles, se laisser accabler par la sensibilité […]. Comme votre frère, je vois toujours les choses en grand. »

En grand c'est certain, mais que penser d'une pareille cruauté dans la vengeance ?

S'achève sur cet étrange éloge funèbre une demi-romance inachevée entre agent et agente de services secrets rivaux. Mais jusqu'à sa mort en juin 1839, la « reine de Tadmor » continuera de mener de front sa double carrière d'officier de renseignements de terrain pour la couronne d'Angleterre et d'exploratrice pour son bon plaisir.

C'est cependant loin d'Europe, en Amérique, que le rôle des femmes dans les services de renseignements se développe.

Les she-intelligencers *du Nouveau Monde*

Au cours de la guerre d'Indépendance contre l'Angleterre déjà, des figures féminines ont émergé dans ce que l'on appelle le Nouveau Monde. Une floraison de soutiens à la cause des indépendantistes, les *insurgents*. Parmi ces militantes gonflées à bloc, Lydia Darragh. Cette mère de famille quaker de Philadelphie voit son logement réquisitionné par les Anglais, lesquels y installent rien de moins que l'état-major du général William Howe. Or Lydia a peu de motifs d'apprécier les « habits rouges », ces soldats de Sa Majesté qui ont déjà fait tant de dégâts dans l'Irlande qui l'a vue naître en 1729.

En bref, rarement endroit fut aussi mal choisi que sa demeure. Même s'ils évitent de le clamer sur tous les toits, la dame, son mari William et leurs cinq enfants sont en effet de chauds partisans des *insurgents*. Comment agir contre l'occupant ? En laissant traîner les oreilles familiales, peut-être, et en rassemblant toutes les informations ainsi interceptées. William se charge d'en recopier la synthèse sur de petits morceaux de papier fin que Lydia, excellente couturière, insère à l'intérieur de boutons très larges à la mode de l'époque qu'elle fixe sur les vêtements de son fils adolescent. Particulièrement débrouillard, John Darragh, 14 ans seulement, gagne alors en douce le camp de Whitemarsh où est cantonné son frère aîné, Charles, lieutenant au 2e régiment de Pennsylvanie, une unité de l'Armée continentale du général indépendantiste George Washington. Instruit de leur importance, le jeune officier transmet sans attendre les précieux renseignements à son chef.

Et ce n'est qu'un début ! Le 2 décembre 1777, à la tombée du jour, Lydia et William Darragh, toujours cloîtrés dans la maison familiale de Philadelphie, sont fermement priés par les occupants de rester dans leur chambre. Aucun doute : ces maudits Anglais s'apprêtent à tenir une réunion de leur haut état-major. Toute curiosité éveillée, la *female-intelligencer* se faufile donc dans une petite pièce voisine, collant une oreille à la mince cloison. Les bribes de conversation qu'elle intercepte lui donnent la certitude qu'une offensive surprise anglaise est en préparation dans les quarante-huit heures à venir.

Le temps presse, mais comment avertir Washington ? « Je m'en charge », décrète Lydia. Tôt le lendemain matin, notre Irlando-Américaine quitte la maisonnée un grand sac de jute vide sous le bras. Aux habits rouges de garde qui l'interrogent, elle affirme partir chercher de la farine au moulin. Mais la voilà qui quitte subrepticement le périmètre tenu par les troupes anglaises, gagnant la Rising Sun Tavern toute proche qu'elle sait servir de lieu de rendez-vous aux *insurgents*. Remontant toute une chaîne de complicités, Lydia se trouve bientôt face à un officier de l'Armée continentale, le colonel Craig. Averti des plans adverses par ce subordonné, Washington manœuvre de telle sorte que le *Blitzkrieg* de Howe se réduise à un coup d'épée dans l'eau. Tant mieux pour les *insurgents* car l'Armée continentale était si fragile que les habits rouges l'auraient facilement détruite. Et merci aux Darragh père, mère et fils.

L'indépendance acquise et la paix revenue, les jeunes États-Unis n'ont cependant plus guère besoin d'espionnes. Les filles d'Ève disparaissent donc des rôles de leurs services secrets, d'ailleurs tout à fait embryonnaires. Et comme en Angleterre deux siècles plus tôt au temps des *female-intelligencers* royalistes ou cromwelliennes, c'est une nouvelle guerre civile qui va les faire ressurgir...

Les tribulations de « Beth-la-dingue »

Pendant la guerre de Sécession, les deux camps en lutte redécouvrent en effet l'intérêt des agentes de renseignements. Les voici de retour sur la scène secrète. Elizabeth Van Lew par exemple. En principe, Miss Lizzie, quadragénaire, a tout pour se transformer en mouture plus âgée de Scarlett O'Hara, la beauté sudiste d'*Autant en emporte le vent*. Sauf qu'à la mort de son père, personnalité aisée de Richmond, capitale de la Virginie et bientôt du Sud tout entier, elle a pris sur elle de libérer les neuf familles d'esclaves que sa famille possédait.

Plutôt voyant pour une future espionne, cet abolitionnisme militant qui fait scandale dans le petit monde des planteurs ? Oui, mais du coup, quand éclate la guerre civile, personne ne s'étonne qu'Elizabeth rende de fréquentes visites aux détenus nordistes de la prison voisine dont elle soigne les blessures : c'est bien le genre d'une « amoureuse des nègres » ! Non seulement l'excentrique que l'on surnomme *Crazy Bet'* (« Beth-la-dingue ») trahit la solidarité de classe des grandes familles propriétaires d'esclaves, mais, en plus, elle va jusqu'à trahir le bon vieux Sud.

La soi-disant « foldingue » n'est en effet rien d'autre que cette fine mouche qui s'en va collecter auprès des tuniques bleues blessées quantité de renseignements militaires : effectifs, matériels, techniques, moral. Toutes choses qu'en soldats disciplinés ils se sont bien gardés de fournir lors de leur interrogatoire par l'embryon de service secret militaire sudiste.

Ignorante de la chose militaire comme toutes les filles de la haute société du Sud mieux rompues aux bonnes manières, Elizabeth tâtonne un peu au début. Mais que croyez-vous ? Sa motivation est telle qu'elle va s'adapter. Transformant sa demeure en plaque tournante, elle s'emploie avec succès à monter un réseau. Assez pour faire parvenir, c'est l'objectif, des renseignements de premier choix à l'état-major d'Ulysses Grant, le commandant en chef nordiste.

Au sortir de la grande maison à colonnade de « Beth-la-dingue », ses rapports, parfois glissés à l'intérieur d'œufs spécialement évidés, sont acheminés par des serviteurs noirs à la petite maison que les Van Lew possèdent au sud de Richmond. Avant d'atterrir au quartier général nordiste, ils transiteront par quatre autres lieux d'étape bien sécurisés.

Sous le pseudonyme de « Miss Eliza Jones », notre *female-intelligencer* varie en outre les plaisirs quand elle expédie d'autres documents par la poste à son soi-disant « oncle James Jones » habitant de Norfolk, une ville de Virginie tenue par les nordistes. Aux yeux de la censure, la teneur de ces lettres n'a rien que de familial et d'insignifiant. Sauf qu'entre les lignes elles fourmillent d'informations cryptées écrites à l'encre sympathique. Et pour cause : le brave « oncle Jones » s'appelle en réalité Benjamin Butler, général dans l'armée du Nord.

Elizabeth veille au grain. Le haut du creux des chenets de la cheminée de sa chambre à coucher lui sert de planque pour les documents tandis qu'elle dissimule la grille de cryptage dont l'ont dotée ses correspondants nordistes au fond de l'écrin de sa montre de gousset. Bien sûr, compte tenu de ses sympathies affichées pour la cause nordiste, la demeure familiale n'aurait pas dû échapper à une perquisition en règle. Mais tout de même, c'est une Van Lew. De toute façon, elle a trouvé la parade en hébergeant un officier sudiste sans logement, le capitaine Gibbs. Impossible pour ce malheureux gentleman de faire fi de la courtoisie la plus élémentaire en mettant sous surveillance la dame qui le loge !

Dès l'éclatement de la guerre de Sécession, « Beth-la-dingue », prévoyante, a rappelé à Richmond une de ses anciennes esclaves affranchies, Mary Elizabeth Bowser, qui suivait grâce à elle des études dans une ville du Nord. Coup de maîtresse, la chef de réseau parvient à introduire cette jeune Noire remarquablement intelligente parmi la domesticité du président sudiste Jefferson Davis. Bien préparée à cette mission, Mary joue à dessein les illettrées. Comme nul ne s'en méfie, préjugés racistes aidant, elle va faire ample moisson d'informations confidentielles dûment transmises aux nordistes.

Au fur et à mesure que les tuniques bleues progressent vers Richmond, les liaisons avec elles se font plus faciles. La légende assure qu'à la fin Elizabeth Van Lew faisait parvenir à Grant des fleurs non fanées avec les journaux de la veille. Soucieux de la survie de son espionne favorite, le général missionnera un détachement pour la protéger ainsi que sa maison aux premières heures de la prise de la capitale sudiste. Peu après, on le verra se rendre sur place afin de remercier directement la *female-intelligencer*. La légende assure, là encore, que « Beth-la-dingue », imperturbable, aurait invité le commandant en chef vainqueur à prendre le thé sous le portique à colonnes de la demeure. Elle s'éteindra en septembre 1900, peu avant de fêter son quatre-vingt-deuxième anniversaire, âge respectable pour une ancienne espionne. Harriet Tubman, elle, atteindra les quatre-vingt-onze printemps...

Harriet, super-agente Action

Esclave née en 1822 et mariée en 1844 à un Noir affranchi, John Tubman, Araminta Ross a bien entendu choisi le camp nordiste. Les maîtres de la jeune femme la soumettaient à des tabassages réguliers – frappée à la tête, elle sera à deux doigts de la trépanation. Dès sa fugue, cette battante prend une première revanche en adhérant à une société secrète abolitionniste. Organisatrice d'une filière d'évasion de ses frères esclaves, la voici aux premières heures de la guerre civile infirmière et cuisinière dans l'armée de l'Union.

Deux « métiers de femmes » ? Araminta ne s'en contente pas. Elle prend contact avec David Hunter, ce général pour qui les Noirs affranchis doivent recouvrer leur pleine liberté. Tout nordiste qu'il soit, son camarade Benjamin Butler les mobilisait, lui, de force et sans salaire, condition servile assez voisine de leur état précédent.

« Je suis volontaire pour toutes les missions », annonce crânement la jeune femme, qui se fait maintenant appeler Harriet. Émule féminine de Fregoli, capable de se faufiler sous divers déguisements derrière les lignes sudistes, elle se métamorphose sous peu en une éclaireuse très appréciée. À l'heure de monter des raids en profondeur sur les arrières ennemis, cette agente Action courageuse et expérimentée (imaginez le sort qui serait dévolu à une ex-esclave noire en cas de capture par les sudistes) ne tarde pas en effet à devenir la star de l'unité de reconnaissance du colonel James Montgomery. Pour la prise de Jackson, en Floride, tout particulièrement, où son rôle va s'avérer capital. Et c'est encore Harriet Tubman qui, le 2 juin 1863, va commander en personne l'assaut surprise qui permettra de libérer d'un coup 750 de ses frères de couleur.

Élargissant, la guerre finie, son combat de la libération des Noirs à l'émancipation des filles d'Ève, on la verra, toujours aussi déterminée, dans les rangs des « suffragettes », partisanes du droit de vote pour le sexe dit « faible ». Morte en 1913 à la veille de la Première Guerre mondiale, Harriet Tubman ne verra toutefois jamais le couronnement de son militantisme : les Américaines ne gagneront le droit de vote qu'en 1919, un an après les Anglaises et... vingt-cinq avant les Françaises.

On dirait le Sud

Le rôle de *female-intelligencer* ne concerne pas uniquement les nordistes. Leurs homologues sudistes s'y mettent, elles aussi, et de bon cœur.

Prenez Isabelle Boyd dite « Belle » par sa famille mais bientôt surnommée par tout le vieux Sud la « Cléopâtre de la guerre de Sécession ». Elle n'a que 17 ans le 4 juillet 1861, *Independance Day* où des soldats du Nord font irruption dans la demeure familiale de Martinsburg, en Virginie. En ce début de guerre civile, les habits bleus entendent réquisitionner le lieu. D'après la version que la jeune sudiste donnera beaucoup plus tard dans ses Mémoires peut-être enjolivés, les soudards auraient brutalisé sa mère au point que, folle de rage, Belle abat de plusieurs balles le sous-officier qui les commandait. Son jeune âge et les tendres liens qui l'unissent sous peu à son geôlier, le capitaine Daniel Kelly, lui évitant la condamnation, l'adolescente déménage alors pour s'installer chez sa tante à Front Royal.

Fameuses déjà dans l'histoire américaine, les aventures picaresques de Lydia Darragh et de sa famille auraient dû servir de leçon aux nordistes. Or reproduisant l'erreur commise autrefois par les habits rouges, les officiers de l'état-major du général James Shields réquisitionnent la maison. Le soir, racontera la *she-intelligencer*, ils tiennent réunion autour de leur chef dans la salle du rez-de-chaussée. « Belle » n'hésite pas : elle fait sauter une lame du parquet de la pièce du dessus. Quand les conférences d'état-major ennemies commencent, elle se poste à l'étage supérieur, tout ouïe. À peine les échanges de hauts gradés ennemis prennent-ils fin que la jeune rebelle se faufile hors de la maison et, selon ses dires, enfourche un cheval pour galoper jusqu'aux avant-postes sudistes, à une vingtaine de kilomètres de Front Royal. Certains de ses messages continueront par la suite de parvenir aux confédérés par l'intermédiaire... de son esclave noire, Elisa Hopewell.

Les défenses de la ville se dégarnissant, Belle en avertit l'état-major sudiste *via* son contact, le colonel Turner Ashby. Ce sera le prélude à la victoire des habits gris du général Thomas « Stonewall » Jackson le 23 mai 1862.

Démasquée en juillet 1862, transférée à la Old Capital Prison de Washington, libérée le 29 août faute de preuves présentables devant un tribunal, l'agente secrète du Sud est arrêtée à nouveau un an plus tard, au moment où elle remettait un courrier crypté à un agent provocateur du contre-espionnage nordiste. Malade de la typhoïde, elle bénéficie toutefois dès décembre 1863 d'une libération sanitaire.

Gagnant alors Richmond, le président sudiste Jefferson Davis (celui-là même que l'agente secrète noire Mary Bowser espionne pour le compte de son ancienne maîtresse Elizabeth Van Lew) la charge dès le printemps suivant de porter un message secret en Angleterre. Bien qu'arrêtée une nouvelle fois en cours de route et emprisonnée au Canada, Belle Boyd pourra mener à bien sa mission. Deux ans plus tard, c'est d'ailleurs en Angleterre qu'elle épousera l'officier de marine nordiste qui l'a interceptée, le lieutenant Sam Wilde Hardinge, et écrira ses Mémoires dont la fiabilité n'est pas en tout point certaine, *Belle Boyd in Camp and Prison*.

À la mort de Hardinge deux ans plus tard, Belle embrasse le métier de comédienne pour lequel elle est visiblement très douée, son expérience antérieure en témoigne. Elle se produit en Angleterre d'abord puis, à partir de novembre 1869, date de son retour, aux États-Unis. Elle y remportera de grands succès à Saint Louis puis à New York. Deux fois remariée encore, cette femme décidément très libre par rapport à la morale du Sud conservateur qu'elle a si vigoureusement défendu décède à 56 ans d'une crise cardiaque.

Les vieux espions ne meurent jamais, dit-on. Manière de parler, car leur destin peut s'avérer tragique. Et on ne parle pas de celui des espionnes...

« Rose la rebelle »

Autre héroïne des services secrets du Sud, « Rose la rebelle ». Née en 1813 ou 1814 sous le nom de Rose O'Neal, cette fille de planteur épouse en 1835 Robert Greenhow, juriste et haut fonctionnaire bien introduit dans la haute société de Washington. Veuve, elle n'en continue pas moins à se passionner pour la politique, fréquentant assidûment le gratin de la capitale. Proche, voire très proche, du sénateur de la Caroline du Sud John Calhoun qu'elle a soigné alors qu'il était très malade, Rose va exercer une vraie influence pendant le mandat de James Buchanan, quinzième président des États-Unis venu de Pennsylvanie. Dès 1861, quand Buchanan cède la Maison-Blanche à l'abolitionniste militant Abraham Lincoln, elle ne décolère pas : « Je suis une femme du Sud née avec du sang révolutionnaire dans les veines ! »

Une prise de position ou on ne s'y connaît pas. Pour autant, elle ne quitte pas sa maison en briques rouges de la capitale fédérale, nouant au contraire des relations plus intéressées que platoniques avec l'élu du Massachusetts Henry Wilson. Nul autre que le président de la Commission des affaires militaires du Sénat : comme le hasard amoureux fait bien les choses ! Ce qui n'empêche pas la rebelle de poursuivre sa liaison avec le capitaine Thomas Jordan, qui, comme elle, travaille secrètement pour la cause des confédérés.

Au début de l'été 1861, incapable peut-être de supporter ce double jeu en amour et en espionnage, Jordan choisit de se battre à visage découvert. Quittant Washington, il revêt l'uniforme gris des sudistes pour se voir promu colonel dans les services de renseignements du général Pierre-Gustave Toutan de Beauregard, commandant des forces confédérées qui se regroupent vers le fleuve Potomac, menaçant la capitale.

Avant de se séparer, les deux amants ont pris la précaution de bâtir une filière qui va leur permettre d'échanger des messages cryptés selon une grille convenue à l'avance. Elle passe par des maisons conspiratives et traverse le Potomac grâce à des employés du bac complices. Des médecins amis transportent les documents à l'intérieur de serviettes en cuir que la mentalité de l'époque protège des fouilles. On appellera cette voie particulière la « Doctor Line ». Le destinataire de ces informations est le colonel Turner Ashby.

Le 16 juillet, George Donellen, un émissaire de Beauregard, vient frapper à la porte de Rose, dans la Seizième Avenue : « Je viens de la part de *Mr Rayford*, de Virginie. » Du talon de sa botte, l'inconnu extrait un message crypté : « Faites confiance au porteur. » Rassérénée, Rose lui confie un schéma indiquant les itinéraires des troupes nordistes du général Irvin McDowell, commandant de l'armée de Washington, qui marchent à la rencontre de Beauregard. À deux autres reprises, la *female-intelligencer* va ainsi faire parvenir en temps et en heure des renseignements précis de nature à favoriser la défaite de McDowell à Bull Run.

Un succès sudiste qu'elle portera par la suite à son seul crédit alors qu'on le sait, l'espionnage, quelle que soit son efficacité, ne constitue jamais l'unique motif des victoires ou des échecs.

Même les *female-intelligencers* les plus douées ont parfois besoin d'encouragements. Sur ordre de ses supérieurs, le colonel Jordan a d'ailleurs caressé la Belle dans le sens du poil, faisant passer à son ancienne maîtresse ce satisfecit écrit : « Notre Président et notre Général m'ont ordonné de vous remercier. La Confédération a désormais une dette envers vous. »

Démasquée par Pinkerton

De fait, Rose se multiplie tant et si bien, collectant par exemple des verbatims de réunions du cabinet de guerre de l'Union, que le regard d'Allan Pinkerton se porte bientôt vers elle. Un regard plutôt acéré : sous le nom de « Major E. J. Allen », Pinkerton dirige en effet le service de renseignements et de contre-espionnage du général George McClellan, commandant de l'armée nordiste du Potomac. Ancien observateur pendant la guerre franco-anglaise contre l'Empire russe en Crimée, cet officier du génie est en effet l'un des rares gradés des deux camps à comprendre les questions de renseignement. D'où la confiance qu'il accorde à Pinkerton, détective privé d'origine écossaise déjà paré du titre flatteur mais pas immérité de « l'Œil », et bientôt fondateur de l'agence d'enquêtes qui portera son nom.

Ses soupçons se précisant, Pinkerton met sous étroite surveillance la maison de la Seizième Avenue. Si étroite qu'habitué à payer de sa personne depuis une enfance à la dure dans les rues de Glasgow, le chasseur de taupes assure lui-même une partie du travail. L'occasion, en juillet 1861, de repérer malgré une pluie très drue l'étrange visiteur nocturne de la veuve. Battant en toute discrétion le rappel de ses adjoints, Pinkerton leur grimpe carrément sur le dos pour braquer de l'extérieur son œil inquisiteur à l'étage. Et que voit-il ? Rien d'autre qu'un jeune capitaine de la prévôté nordiste bien connu de lui penché sur une carte des défenses de Washington avec la maîtresse des lieux dont il conclura à certains gestes qu'elle se trouve probablement être aussi sa maîtresse tout court.

Emprisonnée elle aussi à Old Capital Prison en janvier 1862, « Rose la rebelle » bénéficie d'un échange de prisonniers en mai 1862. Célébrée comme une sorte d'héroïne nationale à Richmond, Jefferson Davies l'envoie l'année suivante pour une tournée de propagande en Europe. Elle y rencontre Napoléon III et la reine Victoria puis, mission accomplie, décide de regagner le Vieux Sud en août 1864 à bord d'un forceur de blocus anglais. Manque de chance, le 1er octobre le *Condor* qui la transporte est intercepté par un vaisseau de guerre nordiste, l'USS *Niphon*. De peur d'être reprise une nouvelle fois, la rebelle tente de s'enfuir à bord d'une embarcation de fortune qui chavire et coule. Elle périra noyée, tragique rappel que l'espionnage reste un métier à haut risque.

5

Marianne prépare la Revanche

Avant de périr en mer, Belle Boyd la malchanceuse fit donc un tabac à Paris comme à Londres. Justement, le grand curseur de l'espionnage est en train de revenir vers la Vieille Europe. La défaite française de 1870 face à la Prusse n'a pas apaisé la tension entre les deux pays. Elle persiste au contraire, opposant l'Empire allemand unifié par le chancelier Bismarck à une IIIe République naissante dont l'objectif, chacun le comprend, sera de préparer la Revanche avec un grand « R ».

Cet état d'esprit vengeur a ses conséquences : de chaque côté du Rhin on s'épie, on s'espionne. Dans cette guerre silencieuse, la Section de statistiques et de reconnaissances militaires (SSRM), euphémisme français officiel pour « service de renseignements » depuis 1871, et la Sûreté générale, qui assume la partie judiciaire et répressive du contre-espionnage, montent au créneau du secret contre le *Nachrichtenbüro*, le bureau de renseignements de l'armée impériale, et le *Central-Nachrichtenbüro*, qui dépend, lui, du ministère des Affaires étrangères.

Né en mai 1819, le père fondateur du *Central-Nachrichtenbüro*, Wilhelm Stieber, s'est d'abord révélé comme un habile policier infiltrant en 1850 un groupe d'intellectuels révolutionnaires allemands en exil où se distinguait déjà un certain Karl Marx. À la fin des années 1870, en proie aux souffrances de la goutte, ce flic d'élite a pris sa retraite. Non sans léguer à ses successeurs deux axes de travail.

Le premier, c'est l'espionnage de masse, qui consiste à noyer l'adversaire sous une foule d'agents si dense qu'il ne pourra jamais les repérer tous. Et le deuxième, le recours aux femmes chaque fois que possible même si cela peut choquer la morale conservatrice prussienne.

L'atout charme, pourquoi pas ? C'est là qu'intervient Lucie von Kaulla. Une des dernières décisions de Stieber avant son départ en retraite est d'envoyer à Paris cette agente secrète du *Central-Nachrichtenbüro*. La mission de la sémillante baronne née en 1840 : renouer avec le général français Ernest Courtot de Cissey, vice-président du Conseil des ministres et ministre de la Guerre à quatre reprises entre 1871 et 1876. Lucie von Kaulla a connu l'officier français, son aîné de trente ans, en 1870, quand il était prisonnier de guerre en Allemagne. Et disons que, nonobstant leur appartenance à deux pays ennemis et leur différence d'âge, monsieur et madame ont sympathisé. Libéré, Cissey regagnera la France pour s'y livrer avec la même ardeur à une tâche moins agréable mais particulièrement meurtrière : la répression sanglante de la Commune de Paris dont il sera l'un des principaux protagonistes.

Neveu de feu le maréchal Davout, le haut gradé, ravi de la réapparition de la baronne, fait à nouveau d'elle sa maîtresse. Plus exactement, c'est elle qui va faire de lui son dupe. Au sortir des réunions du Conseil des ministres, Cissey rend de fréquentes visites à la dame de cœur et de corps, plus attentif aux charmes qu'elle lui livre sans réticence qu'à son porte-documents, bourré de papiers officiels et abandonné en toute négligence dans le salon où un agent allemand s'empresse d'en recopier les pièces les plus marquantes.

Le manège, si l'on ose dire, prend toutefois fin en 1880. Cissey est en effet appréhendé sous l'inculpation de complicité d'espionnage. Blanchi du chef de trahison par l'enquête, le trop galant général sera tout de même convaincu d'avoir dilapidé les fonds secrets de son ministère. Démissionnaire forcé, il va mourir en 1882, six mois après Stieber.

Et la baronne von Kaulla ? Expulsée bien sûr. Il se trouve que l'espionne allemande était juive. De quoi contribuer à l'atmosphère d'antisémitisme si pesante quand éclatera, deux décennies plus tard, l'affaire Dreyfus...

Une femme de ménage à l'origine de l'affaire Dreyfus

L'armée française de la fin du XIXe siècle n'utilisant pratiquement que des messieurs, y compris au sein de ses secrétariats, les services de renseignements français, avant tout militaires, ne sont pas moins masculins. La Section de statistiques ne rechigne cependant pas tout à fait à mobiliser des agentes. Ainsi Mme Ismert, épouse de l'ancien commissaire spécial (les Renseignements généraux du temps) de Pagny-sur-Moselle, arrêtée en 1893 pour espionnage par la police allemande puis libérée, l'Allemagne de Guillaume II ne ressemblant tout de même guère à celle de Hitler.

Plus épineux encore pour la SSRM sera le cas de Marie Forêt, dite « Mlle Millecamps ». Née en 1847, cette marchande d'objets de piété – ça ne s'invente pas – participe activement à la surveillance du personnel diplomatique allemand à Paris. Son officier traitant dans cette tâche de contre-espionnage au service de la France s'appelle Brücker. Or il n'est autre qu'un des deux concierges de l'ambassade allemande du 78, rue de Lille ! En principe sujet du Kaiser puisque alsacien, Brücker camoufle son activité d'espionnage pour le compte des Français derrière de grandes déclarations de loyalisme germanique.

Brouillée avec ce mentor dans des conditions imprécises, Marie Forêt se voit condamner sur ces entrefaites à cinq ans de prison pour espionnage en faveur de l'Allemagne lors d'un procès tenu à huis clos en janvier 1894. Elle a été « retournée » par les hommes du Kaiser comme on dit en termes de métier. Le malheur, c'est que le journal *Le Temps*, trop bien informé, se fait l'écho de l'affaire. Feutré jusque-là, le scandale devient public. Pour ses employeurs de l'ambassade, pas d'autre solution du coup que de licencier Brücker alors qu'ils espéraient sans doute le « retourner » lui aussi.

Embarras rue de Lille : qui pour remplacer l'Alsacien, les services diplomatiques ayant malgré tout besoin de personnel germanophone ? Le choix se porte sur Marie Bastian. Alsacienne elle aussi, cette dame née Caudron gardera occasionnellement la loge. Quand l'attaché militaire adjoint, le baron Süsskind, célibataire endurci, va tomber malade, elle ira le soigner à domicile (en tout bien tout honneur, l'auteur ne sous-entendant aucune relation sexuelle ou sentimentale entre eux). Lors des réceptions, elle servira de même à table en qualité d'extra.

Cette femme à tout faire l'est encore plus que les Allemands ne l'imaginent, car vous l'avez deviné, elle travaille en réalité pour le renseignement français. Lors de son entretien d'embauche, Marie Bastian a en effet omis de déclarer que son époux, menuisier de son état, porta autrefois l'uniforme de garde républicain. Un détail qui n'a pas échappé au commandant de la garde. Lequel, dûment tuyauté par la SSRM, a convoqué son ancien subordonné pour faire appel à son patriotisme. Quel beau geste si, par amour de la France, Mme Bastian acceptait de surveiller les faits et gestes de ces messieurs de l'ambassade !

Marie recevra de la Section de statistiques un nom de code : « Auguste ». Comment s'étonner dès lors de l'attention soutenue que la concierge alsacienne porte au courrier des diplomates du Reich quand son homologue masculin de la loge, un Allemand plus enclin à l'alcoolisme qu'à la vigilance, s'en va boire un coup au bistrot du coin ? De son omniprésence ? De son empressement à rendre service à tout le monde ? Des bonnes relations qu'elle entretient avec Maria von Schwartzkoppen, la fille de l'attaché militaire Maximilien von Schwartzkoppen ? Frayer avec tout un chacun, meilleur moyen d'en savoir toujours plus : c'est le b.a.-ba de l'agent secret comme de l'agente secrète.

Modernisme oblige, l'ambassade dispose d'un système de chauffage central au lieu de poêles répartis entre les différentes pièces comme cela reste encore très souvent le cas dans les immeubles parisiens. Ainsi incombe-t-il à *Frau* Bastian de vider les corbeilles à papier, puis d'incinérer leur contenu dans l'unique chaudière du lieu. À cette époque, on s'en souvient, les dames portent des corsets qui moulent leur taille entre les aisselles et les hanches. C'est roulés à l'intérieur de ces sous-vêtements que Marie alias « Auguste » exfiltre de l'ambassade les documents récupérés dans les corbeilles et réputés détruits par le feu. La Section de statistiques baptise ce procédé d'extraction la « Voie ordinaire ».

Une voie pas toujours royale au demeurant, car l'attaché militaire adjoint à la santé fragile dont on a parlé plus haut (soit dit en passant, les Français vont louer l'appartement situé à l'étage supérieur du sien pour écouter ses conversations) en vient à flairer la supercherie. Un jour, flanqué par un attaché d'ambassade, le baron Süsskind s'empare de Marie. Au culot, les deux compères esquissent une fouille corporelle.

Bonne intuition mais mauvaise méthode, car l'Alsacienne, pas si bête, se met à pousser des cris d'orfraie laissant à penser qu'elle serait victime d'une agression sexuelle ! Scandale rue de Lille si, attirée par le tumulte, sa protectrice Maria von Schwartzkoppen survenait : une tentative de viol en pleine ambassade, pensez ! Paralysés par l'astucieuse réaction de l'agente de la SSRM, nos deux Allemands, un tantinet morveux, se voient contraints de lâcher leur proie.

Un incident fâcheux que la décence comme la prudence les obligent à étouffer. Tant mieux pour la SSRM, que commande depuis 1891 le lieutenant-colonel Jean Sandherr assisté depuis deux ans par le commandant Joseph Henry, car du coup, « Auguste » bénéficie d'une sorte d'immunité. Non seulement garde-t-elle son emploi, mais, par-dessus le marché, elle conservera aussi ses fonctions habituelles (sauf, sans doute, les visites au domicile du fragile Süsskind les jours de maladie, mais, nous le savons, il n'y a là qu'un demi-mal, le lieu étant bientôt sous surveillance). Et parmi ces fonctions : l'incinération des documents jetés aux poubelles, toujours.

Même si les attachés militaires ne sont rien d'autre que des sortes d'espions reconnus officiellement par le pays qui les accueille, le supérieur hiérarchique de Süsskind, l'attaché militaire Maximilien von Schwartzkoppen toujours, apparaît comme un drôle de pistolet. Par exemple, pourquoi cet homme à femmes, ancien élève de la très sélective Kriegsakademie muté par la suite à la section française du Haut État-Major impérial et déjà en poste à Paris entre 1882 et 1885, jette-t-il sans aucune précaution dans sa corbeille à papier des doubles de lettres, des notes à peine froissées ainsi que des courriers mi-professionnels, mi-érotiques à l'adresse de son homologue italien, le lieutenant-colonel Alessandro Panizzardi, laissant supposer que tous deux seraient liés par un lien charnel autant qu'associés dans une entreprise de partage des renseignements ? Par imprudence, peut-être, à moins que ses soupçons envers Marie Bastian éveillés, cet officier expérimenté entende se servir de la « Voie ordinaire » pour intoxiquer la SSRM en lui fournissant clé en main des renseignements bidon.

De son côté, quel jeu joue le Français Marie Charles Ferdinand Walsin-Esterházy, commandant d'infanterie bambocheur notoirement pourri de dettes mais aussi ancien de la SSRM, quand il se présente rue de Lille pour offrir moyennant finance ses services à Schwartzkoppen ? Trahit-il son pays contre espèces sonnantes et trébuchantes ou Sandherr le téléguide-t-il dans le but de désinformer l'attaché militaire du Kaiser ? Les Français, qui travaillent dans le secret le plus absolu à la mise au point de l'arme maîtresse de leur artillerie de campagne, le fameux canon de 75 si efficace aux jours de la Grande Guerre, ont de fait grand intérêt à ce que les Allemands continuent à se polariser sur une autre pièce tricolore moins prometteuse, le 120 mm.

Si manœuvre d'intox il y eut, ce qui n'est en rien prouvé, le dossier de l'affaire Dreyfus constitué par le Service de renseignements (le nouveau nom de la SSRM après 1899) ayant été détruit en 1940 au moment de la percée nazie, son application aura péché par excès de subtilité. Dans la mesure où la « Voie ordinaire » révélait aux plus aveugles l'existence d'un Français traître (Walsin-Esterházy en l'occurrence), une enquête de contre-espionnage devenait inévitable sous peine de risquer de voir la Section de statistiques accusée de grave négligence le jour où d'autres qu'elle auraient découvert le pot aux roses.

Il n'est pas impossible que dans l'espoir de brouiller les cartes, Sandherr, antisémite avéré pris dans ses propres filets, ait délibérément mis en cause le capitaine d'artillerie juif Alfred Dreyfus. Pas impossible non plus que Joseph Henry, esprit limité, ait poursuivi le capitaine de sa vindicte par fidélité absurde, par haine, voire par manque d'imagination. Véritable « toutou » de Sandherr, n'ira-t-il pas, après le départ de la SSRM de son lieutenant-colonel de chef en juillet 1895 pour cause de paralysie musculaire générale, jusqu'à confectionner un faux document accablant le malheureux Dreyfus ? Ce « faux patriotique » [*sic*] dont s'émouvra le remplaçant de l'Alsacien et alsacien lui-même, le lieutenant-colonel Marie-Georges Picquart, limogé par la haute hiérarchie de l'armée en 1897 car persuadé à juste titre de l'innocence du capitaine. Le tout avant que Henry ne se tranche la gorge dans sa cellule le 31 août 1898 – exécution déguisée en suicide diront certains, mais où sont les preuves ?

Notre seule certitude à propos du drame qui déchirera pendant dix ans la société française au point de n'être plus désigné que comme « l'Affaire » tout court, sans autre précision, c'est qu'il va réveiller un antisémitisme féroce. Ce qui n'est pas moins clair, c'est qu'amorcé par le travail de contre-espionnage au cœur de l'ambassade allemande d'une femme, Marie Bastian, il devait ruiner l'existence d'un innocent, le capitaine Alfred Dreyfus, réhabilité en 1906 seulement après avoir touché le fond de l'abîme et du désespoir.

Un an plus tard, c'est une tout autre affaire d'espionnage qui éclate à Toulon, mais sans conséquences aussi graves que la fracture du pays heureusement...

« Lison », pousse-au-crime

C'est vrai qu'elle est superbe du haut de ses 25 ans, Marie-Louise Welsch dite « Lison ». Des cheveux noirs, un décolleté vertigineux, un regard à damner un saint. Et à cause des yeux de la belle justement, l'enseigne de vaisseau Charles-Benjamin Ullmo s'approche de l'enfer plus que du paradis.

Entré dans la Marine nationale à 16 ans, reçu cinquième à l'École navale, cheveux frisés, nez aquilin, l'officier a le même âge que sa maîtresse. En neuf ans de service, il a le temps de contracter la déplorable habitude de « tirer sur le bambou », autrement dit de fumer l'opium. Affecté en 1903 à l'escadre de la Méditerranée comme commandant en second du contre-torpilleur la *Carabine* dont le port d'attache est Toulon, Ullmo a fait la connaissance, et bientôt la conquête, de « Lison » lors de bamboches nocturnes entre salons, salles de jeu et fumeries.

Une maîtresse exigeante au plan financier. L'héritage paternel du jeune officier de marine ne tarde d'ailleurs pas à y passer : robes somptueuses, parures princières et même acquisition d'une villa dans le quartier du Mourillon. Rien n'est trop beau pour la belle, rien ne la comble qui ne soit dispendieux, onéreux, désastreux, rien ne l'agace plus que les gens qui comptent leurs sous. Trop de goûts de luxe pour la modeste solde d'un enseigne de vaisseau. À ce jeu, les réserves du jeune officier s'épuisent. C'était inévitable. Ce qui l'est moins, c'est la démarche qu'effectue celui-ci à l'été 1907. Retirant du coffre-fort de son commandant absent les codes de l'escadre, il les photographie. C'est qu'il a son idée en tête, Ullmo : solliciter une permission et se rendre incognito à Bruxelles pour un tête-à-tête avec l'attaché militaire du Kaiser dans la capitale belge. « Trop cher pour ce que ça vaut, tranche l'Allemand, aussi méfiant qu'économe. Nous ne sommes pas intéressés. »

Une tentative de trahison pour des nèfles ! Désemparé, c'est le cas de le dire pour un marin, l'enseigne de vaisseau pourrait détruire les clichés et leurs tirages et reprendre, ni vu ni connu, son poste à bord de la *Carabine*. Sauf que ça ne résoudrait pas le problème « Lison » ! Charles-Benjamin sait pertinemment que la jeune femme, fort peu scrupuleuse, a déjà d'autres amants en tête, peut-être même dans son lit, et qu'elle le quittera le jour où il commencera à réduire leur budget.

Fou de jalousie et perdant tout sang-froid, le traître maladroit échafaude un projet absurde : faire chanter le ministre de la Marine ! Passant à l'acte ou, plus exactement, se jetant à la mer sans bouée, il lui adresse une lettre anonyme au siège du ministère, rue Royale. Sous peine de livraison du code à une puissance étrangère, Gaston Thomson devra verser à son correspondant inconnu une forte somme, en échange de laquelle le document secret sera rétrocédé à la Royale. Pour la prise de contact, on usera de petites annonces sous pseudonymes dans *La République du Var*.

Bien entendu, Thomson a remis le dossier à qui de droit. Soit aux chasseurs d'espions de la Sûreté générale, laquelle a profité des soubresauts de l'affaire Dreyfus pour élargir son champ d'activité aux dépens des militaires du Service de renseignements, suspects de menées coupables aux yeux de nombre de républicains depuis « l'Affaire ».

Après une série d'échanges dans les colonnes de *La République du Var*, un rendez-vous est enfin fixé le 23 octobre 1907. Las pour le maître-chanteur, ce ne sont pas des liasses de billets qui l'attendent dans les gorges d'Ollioules mais de robustes inspecteurs de police. Ils n'auront d'ailleurs aucun mal à le maîtriser, l'enseigne de vaisseau étant plutôt du genre fil de fer.

Abattu, Ullmo avoue tout, y compris la démarche bruxelloise infructueuse qu'il aurait pu cacher. Son procès s'ouvre le 12 février 1908 devant le conseil de guerre maritime de Toulon. Chefs d'accusation : « Reproduction de documents intéressant la

Défense nationale et intelligence avec une puissance étrangère. » Émoustillée par le parfum de scandale, d'opium et de sexe, fascinée par la figure perverse de la femme pousse-au-crime, l'opinion publique se passionne pour les débats. Sans surprise, l'officier félon est condamné à la dégradation publique – comme Alfred Dreyfus autrefois – ainsi qu'à la détention à perpétuité. La cérémonie de dégradation aura lieu sous les huées de la foule le 12 juin place Saint-Roch à Toulon.

Curieusement, Marie-Louise Welsch, impossible à poursuivre devant les tribunaux, son amant ayant pris toute la trahison à son compte, sera épargnée par l'atmosphère houleuse de l'époque. Il ne semble pas en effet que les Toulonnais aient abusé du cliché de la traîtresse, la « Bochesse », la diabolique coupable d'avoir poussé son amant dans la voie de la déchéance. On l'a dit bien sûr, mais, à ma connaissance, sans que ces accusations lui vaillent de brutalités physiques en des temps où les messieurs considéraient sans le moindre état d'âme les châtiments corporels comme tout indiqués pour les filles d'Ève.

À l'île du Diable, l'ombre de Dreyfus semble poursuivre quoi qu'il en soit le maître-chanteur puisque Ullmo va être reclus dans la même case qu'autrefois le capitaine injustement condamné. Gracié en 1933, l'ex-enseigne de vaisseau mourra vingt-quatre ans plus tard, anonyme et brisé.

Et « Lison » ? Peut-être la tentatrice fut-elle protégée par la Sûreté, ses talents de demi-mondaine faisant *a priori* d'elle une indicatrice de premier choix – dans ces cas-là, la police, maître-chanteuse à sa manière, se montre rarement indulgente. Sans défrayer plus longtemps la chronique, ce qui n'était certes pas dans son intérêt, « Lison » a pris un nouvel amant plus riche, puis un autre, puis un autre, jusqu'à ce que sa beauté, son seul véritable trésor, s'épuise comme elle épuisa les finances de l'officier qui l'aimait à en perdre l'honneur, sinon la tête. À moins qu'un lecteur ou une lectrice du présent livre n'apporte quelques révélations sur sa trajectoire ultérieure, Marie-Louise Welsch tombera alors à jamais dans l'oubli.

Avec la Grande Guerre qui pointe son museau à l'horizon, la France, ses alliés, leurs hommes mais aussi leurs femmes ont il est vrai d'autres sujets de préoccupation…

6

Mata Hari, vrai mythe et fausse « grande espionne »

Fusillée le 15 octobre 1917 à 6 h 45 du matin au polygone de tir de Vincennes, Mata Hari reste, un siècle après, cet arbre à fantasmes masculins qui cache la forêt de l'engagement des femmes dans la Grande Guerre secrète.

Un engagement sous le signe du patriotisme, sentiment largement partagé par les deux sexes et par toutes les couches de la société européenne à l'époque. Sujet néerlandais, donc ressortissante de pays neutre, Mata Hari aurait pu se tenir à l'écart du conflit qui ensanglantait le Vieux Continent. Si elle a cru bon de s'y impliquer en tant qu'espionne, ses convictions personnelles n'y furent pour rien, n'en possédant aucune. Mais le goût maladif du luxe teinté de fascination pour les beaux officiers, ô combien !

Deux motivations assez superficielles tout de même pour une valeur technique en tant qu'agente de renseignements proche du zéro pointé. Qu'importe d'ailleurs l'efficacité technique puisque c'est l'attraction sexuelle de cette espionne de série B qui va faire jaser. Entre les deux guerres mondiales, chaque année ou presque verra ainsi la publication d'un livre consacré à Mata Hari ! Pendant la même période, quatre films lui ont été consacrés, comptant pour beaucoup dans la construction de sa légende[1]...

---

1. Asta Nielsen joue son rôle dès 1921 dans *L'Espionne Mata Hari* de Karl Wolf ; Magda Sondajans en 1927, dans *Mata Hari la danseuse rouge*, de Friedrich Feher ; Marlene Dietrich – avec quelque distance – en 1931 dans *Déshonorée (X 27)* de Josef von Sternberg, et Greta Garbo l'année suivante dans *Mata Hari* de George Fitzmaurice. Pendant la Seconde Guerre mondiale,

Une femme devenue mythe sans le mériter en bref, car, on va le voir, cette *female-intelligencer* fut plus une victime collatérale de la Première Guerre mondiale qu'une de ses actrices. Et n'eut rien d'une héroïne, fût-ce de sa propre cause de paumée demi-mondaine.

Comment en arrive-t-on à une telle dégringolade vers le malheur ? C'est tout le problème que nous pose Mata Hari...

La danseuse nue du musée Guimet

Margarita Geetruida Zelle naît le 7 août 1876 à Leeurwarden, petite cité du nord-ouest des Pays-Bas. Fille d'Adam Zelle, un chapelier qui se rêve en aristocrate, elle vit ses premières années comme une petite princesse à laquelle tout serait dû – pour ses 6 ans, une petite voiture à quatre places tirée par des chèvres par exemple ! Le pensionnat le plus huppé de la région lui inculque les bonnes manières. La gamine, elle, teste un charisme naissant sur ses camarades de classe – des filles pour l'instant, puisque l'école n'est pas mixte.

En 1889, tout s'écroule. Ruiné, Adam plaque sa famille. Deux ans plus tard, nouveau drame : la disparition de la mère de Margarita, morte de chagrin et de surmenage. Recueillie par sa tante à Leyde, en Hollande méridionale, l'adolescente s'enfuit de sa nouvelle école, assurant – c'est bien possible mais nous n'en avons aucune preuve – que le directeur de l'établissement aurait tenté d'abuser d'elle.

Début mars 1895, une petite annonce matrimoniale du journal décide de son destin. John Rudolf MacLeod, la quarantaine presque, officier colonial hollandais d'origine écossaise en congé de convalescence, cherche en effet à nouer une relation avec une jeune femme de caractère agréable. Et sous-entendu, plus si affinités. Ce plus qui interviendra avant la fin du mois, Margarita devenant la maîtresse de John : le charme de l'homme mûr peut-être, de beaux yeux bleu-gris ou alors le prestige de l'uniforme. L'expérience semble en tout cas assez concluante pour que le couple convole en justes noces le 13 juillet suivant.

---

on le verra (pages 306 et 275), Dietrich et Garbo vont jouer, ailleurs qu'à l'écran, un rôle en appui des services secrets alliés.

Sans doute pareille décision était-elle bien précipitée. Le vilain mari tue en effet rapidement le prince charmant : malade plus qu'il ne l'a dit à sa promise, pas assez dynamique, pas assez noceur. Et l'impression n'est guère meilleure de l'autre côté, John trouvant Margarita trop dépensière, trop avide de parures de luxe, trop évaporée en un mot. Trop sensible aussi à la cour que lui font d'autres messieurs plus jeunes que lui. Le 30 janvier 1897, un garçon, Norman, naît tout de même de ce couple si mal assorti.

Son congé terminé, John doit reprendre un poste dans une de ces colonies bataves qui ont connu l'essentiel de sa carrière. Le 1er mai, la famille embarque donc direction Java. Mais quel désenchantement pour la jeune femme : l'Orient mystérieux, c'est donc cette vie de garnison tout en monotonie où les dames papotent à l'heure du thé, commentant des heures durant les montées en grade potentielles de leurs époux respectifs ! Margarita, qui se vêt volontiers à l'indigène, sarong et *kabaja*, devient très vite un objet de scandale dans ce petit monde étriqué où les femmes n'ont de valeur qu'au prorata des galons de leur mari. Ne commence-t-elle pas à se faire surnommer Mata Hari (« l'Œil du jour », autrement dit le Soleil en malais) ? Pour une femme d'officier, quel manque de décence pareille concession aux colonisés !

Le 2 mai 1898, Mme MacLeod accouche cependant d'une fille, Jeanne Louise. On se prend alors à croire qu'elle va cesser ses « excentricités ». De prime abord, on la plaint même sincèrement le 27 juin 1899, quand Norman et Jeanne Louise sont retrouvés empoisonnés. Par une domestique en mal de vengeance probablement, quoique certaines langues de vipère en viennent à s'interroger : bizarre tout de même cette affaire que nul ne parviendra jamais à tirer au clair...

Si Jeanne Louise survit, son aîné Norman n'échappe pas à la mort. Mort lui aussi le couple MacLeod, John attribuant sans nuance le drame au manque de vigilance de sa femme tandis que celle-ci refuse de se sentir seule coupable ; les époux ne se supportent plus. Devant les catalogues de l'Exposition universelle de 1900, Margarita rêve de Paris quand John, à l'orée de ses vingt-huit ans de carrière, ne songe qu'à prendre une retraite bien méritée à Bandung, où la vie est beaucoup moins chère qu'aux Pays-Bas.

Après de nombreuses disputes, le couple divorce en août 1902 à Amsterdam. En principe, Margarita obtient la garde de Jeanne Louise et une pension mensuelle de 100 florins, mais John, persuadé qu'une femme aussi indécente ne fera jamais une bonne mère, s'enfuit avec l'enfant sans verser un sou. Pis : il fait même savoir par voie de presse qu'il ne répond pas des dettes de son ex-femme. Déjà considérables il est vrai, car elle continue à jeter littéralement l'argent par les fenêtres.

L'Œil du jour a 26 ans et le désir de vivre sa vie l'emporte sur un amour maternel si cruellement atteint par la mort de son garçon. Tant pis, elle ne se battra pas. Pas sur ce front du moins. Au printemps 1903, la voilà donc à Paris, des rêves de gloire plein la tête. Modèle nue pour les peintres, cette soi-disant « veuve d'un colonel de l'armée anglaise des Indes » qui revendique deux enfants à nourrir ? Pas vraiment : longiligne, la dame peut faire valoir des jambes de toute beauté mais aussi une poitrine trop menue pour cette époque qui privilégie les avant-scènes proéminentes.

De retour dans la capitale française dès l'année suivante, le mantra change : cette fois, Margarita n'est plus Mme MacLeod, veuve d'un colonel de Sa Majesté, mais Mata Hari. Et plus c'est gros, plus c'est exotique, moins c'est vérifiable, et mieux ça passe. Sa prêtresse hindoue de mère, première bayadère du temple de Randa Swany, serait morte à 14 ans en lui donnant le jour… Les prêtres l'auraient adoptée, la baptisant « Pupille de l'aurore »… Elle a passé toute son enfance dans les temples, où on l'a paraît-il initiée à des danses religieuses qui, pour être plus sacrées encore, exigent qu'elle se débarrasse peu à peu de tous ses voiles avant de se livrer quasi nue aux divinités.

Aux divinités, on ne sait pas, mais aux regards concupiscents des messieurs de la bonne société qui vont venir nombreux la voir se déshabiller au fil de la danse, certainement. Le 13 mars 1905, l'Œil du jour fait ses grands débuts dans la rotonde de la bibliothèque du musée Guimet maquillée en faux temple hindou à grand renfort de symboles mi-exotiques, mi-érotiques. Le ton est donné : effeuillage chic moyennant des cachets de plus en plus élevés tant cette forme de strip-tease mondain séduit. Tout est dans l'ambiance et Margarita sait offrir sans complexe son corps aux convoitises.

Paris l'inconstant s'est lassé

Le succès est immédiat et, mieux, rémunérateur. Que ne paierait-on pas pour voir se dévêtir la danseuse dont le double caractère « sacré » et « oriental » fournit un alibi commode au voyeurisme ? D'autant qu'habile à faire courir des rumeurs, l'Œil du jour sait comme personne nourrir les petits échos mondains des journaux. La voilà à présent fille d'une Indienne et du prince de Galles Édouard VII, grand habitué des maisons de plaisir parisiennes.

Son imprésario, Gabriel Astruc – un homme qui, fait rare, lui restera fidèle jusqu'à la fin –, excelle par-dessus le marché à dénicher des contrats toujours plus prestigieux. Assez pour faire d'elle une vedette européenne : Madrid, Vienne et Berlin où cette polyglotte se met très vite à l'allemand. Aux Allemands même, comme son amant préféré, le jeune lieutenant de hussards Alfred Kiepert – l'uniforme, toujours, c'est plus fort qu'elle.

De retour à Paris, un nouveau bouteillon court signé Mata Hari : à Berlin, elle aurait été la maîtresse du Kronprinz, le prince héritier Guillaume de Hohenzollern. Mais cette énième trouvaille ne suffit pas à redorer son blason. Pis, sa folie des grandeurs, son dédain, ses caprices lui jouent toujours plus de mauvais tours.

Cette femme qui n'a jamais envisagé de vivre autrement qu'aux crochets des hommes trouve cependant une bonne âme, ou une bonne poire, en la personne de Félix Xavier Rousseau. Ce riche banquier en fait sa maîtresse, mais, pour éviter les complications avec son épouse, la confine loin de Paris, au château de la Dorée, en Touraine. Un « exil intérieur » que cette fausse châtelaine passionnée d'équitation mettra à profit pour se transformer en une cavalière acceptable. Il prend fin deux ans plus tard quand Rousseau, ruiné, s'en sépare à peine munie d'un petit viatique. Elle loue alors un pavillon au 11, rue Windsor, à Neuilly.

Travailler pour gagner son pain ? Vous n'y pensez pas. En manque de succès scéniques, Mata Hari se fait demi-mondaine, mettant ses charmes à l'encan de façon on ne peut plus directe. Une nuit avec la danseuse orientale nue, c'est tant. Au début, ce petit business fonctionne, mais vous connaissez les hommes :

ils jasent entre eux ! Du coup, sa valeur marchande commence à décroître. Pour assombrir le tableau, une tentative de grand retour sur la scène échoue en 1912.

L'Œil du jour devrait méditer ces paroles de Lucien Boyer, qui, sur une musique d'Adolphe Stanislas, peignent l'ascension météorique puis la dégringolade sur le trottoir d'une gamine de Montmartre :

> « Mais ça n'dure qu'le temps d'un caprice,
> Paris l'inconstant s'est lassé
> Passant à d'autres exercices
> Délaissant le joujou brisé. »

Créée en 1905, l'année où naquit le mythe de Mata Hari, la *Ballade des places de Paris* décrit de façon prémonitoire la descente aux enfers qui attend la Néerlandaise. Tombée tout en bas de l'échelle de la prostitution après avoir connu de beaux jours dans les bras de riches aristocrates puis de bourgeois plus pingres, l'héroïne anonyme de Boyer sera retrouvée morte au petit matin place Maubert. Quant à Margarita Zelle, nous connaissons déjà le sort tragique qui l'attend : douze balles dans la peau comme disent laconiquement les militaires.

Un destin qui se noue irrévocablement en 1914. C'est en effet dans la capitale allemande que Mata Hari apprend la déclaration d'une guerre qui va ensanglanter l'Europe, causant près de 10 millions de morts, dont la sienne. De retour aux Pays-Bas, un protecteur, un de plus et officier pour ne pas changer, le colonel-baron hollandais Van der Capellen, l'installe bien dans une petite maison à La Haye. Mais c'est plus fort qu'elle : il faut retourner à Paris, là où sa gloire a surgi. Sur ces entrefaites, l'Œil du jour reçoit la visite intéressée d'un habitant du quartier, Karl Cramer. Consul allemand à Amsterdam, ce visiteur (et peut-être plus par la suite) est aussi, et surtout, un officier de la IIIb, le service de renseignements allemand dirigé par un maître de l'espionnage, le colonel Walter Nicolaï. Que propose Cramer ? Le règlement des dettes dont l'étoile sur le déclin s'est à nouveau couverte moyennant son recrutement par les services du Kaiser sous le nom de code « H-21 ».

La nouvelle vie de Mata Hari commence. Celle qui va la conduire sous les balles du peloton d'exécution…

L'espionne qui venait du luxe

Grâce à son passeport néerlandais, « H-21 » peut voyager librement dans toute l'Europe. Sa mission sera donc des plus simples : se rendre à Paris *via* l'Espagne pour renouer avec ses vieilles « connaissances » dans l'espoir de leur soutirer tous les renseignements possibles. Sur l'oreiller ou autrement, peu importe à la IIIb. Après un stage de formation à Francfort et une rencontre à Cologne avec le colonel Nicolaï lui-même, la voilà lâchée dans la nature.

Paris pour commencer. Sans que le service de contre-espionnage de la préfecture de police, qui la mettra sous étroite surveillance dès l'été 1916, puisse déterminer exactement la nature de leurs relations, on l'y verra frayer successivement avec les colonels britanniques George Kingsell et John Shaw ; le commandant-marquis belge Fernand de Beauffort ; le commandant monténégrin Nicolas Yovitchevitch ; le capitaine italien Mariani, ainsi que d'autres gradés alliés que les policiers ne parviendront pas à identifier.

Un amour de l'uniforme qui, à force de se répéter, ne peut que rendre suspecte la Hollandaise. Suspecte aussi cette rumeur ancienne d'une aventure à Berlin avec le Kronprinz : en temps de guerre avec l'Allemagne, cela change l'idée qu'on pouvait s'en faire avant. En toute inconscience, Mata Hari est en train d'épaissir à force de mensonges son futur dossier d'accusation.

Elle fait sur ce la connaissance de Vadim Masloff, un jeune capitaine russe détaché en France. Le seul semble-t-il à qui, amoureuse mais agente aussi quoique à but non lucratif dans ce cas précis, elle offrira ses renseignements sans contrepartie. En août 1916, brûlant de retrouver ce bel officier menacé de la perte de son œil gauche à Vittel où il se trouve en convalescence, Mata Hari sollicite Georges Ladoux. Patron de la toute nouvelle Section de centralisation du renseignement, la SCR, en charge du contre-espionnage militaire, ce capitaine pourrait-il lui délivrer le sésame administratif lui permettant d'accéder à la zone « sensible » de Vittel ?

Fils d'officier né en 1897, ancien élève de Saint-Cyr, lieutenant de chasseurs alpins puis officier d'ordonnance de plusieurs généraux, Ladoux a quitté l'armée en 1913 pour la presse, chroniqueur vedette entre autres du journal *Radical*. Rappelé au service en 1914, il arbore de prime abord tous les signes extérieurs du brave type sans complications : lunettes rondes sur visage poupin, bedon rassurant.

Un saint homme de chat, pardon de capitaine, bien fourré, gros et gras. Sauf que ce physique rassurant cache un maître ès manipulations doublé d'un carriériste à tous crins issu de l'écurie du général Joffre, commandant en chef des armées. Chouchou du pouvoir politique de la Belle Époque au motif de ses opinions politiques, Joffre renvoie en quelque sorte l'ascenseur en protégeant ce journaliste engagé à gauche, membre du Parti républicain, radical et radical-socialiste, cette gauche modérée qui constitue la force parlementaire dominante de l'époque.

Sachant que Mata Hari, suspecte, « bénéficie » de l'étroite surveillance du contre-espionnage de la préfecture de police commandé par son alter ego civil et concurrent, le commissaire Albert Priolet, le chef de la SCR, esprit tordu s'il en est, cherche à tirer le meilleur parti de la solliciteuse en la recrutant comme *she-intelligencer* au sein de sa section. Et la quadragénaire ne dit pas non : en contrepartie de ses services secrets, elle exige même la somme de 1 million de francs (2,5 millions d'euros en pouvoir d'achat 2019). À en croire Ladoux, voici ce qu'elle lui aurait déclaré : « J'ai été la maîtresse du Kronprinz et il ne tient qu'à moi de le revoir. Écoutez-moi et tâchez de me comprendre. Les Allemands m'ont adorée et j'ai été chez eux traitée en reine alors que chez vous, je ne suis qu'une poule. Ah si vous aviez assisté à nos soirées d'orgies de Berlin ! Quand ils étaient vautrés à terre à mes pieds nus, j'ai déchaîné alors en fouaillant leurs désirs de bêtes. Tous m'obéissaient. J'ai dû garder sur eux mon empire. J'en suis certaine. »

Souvent affabulateur dans ses différents Mémoires publiés au début des années 1930, l'ex-chef de la SCR en rajoute dans le genre érotisme de bas étage. Mais le fait est qu'à force d'enfumer tout le monde, Mata Hari est en train de s'enfumer elle-même.

Pour le budget de la SCR, de toute façon, 1 million c'est un peu beaucoup. Ladoux propose une somme plus en rapport avec les moyens de sa section : 25 000 francs (un peu plus de 60 000 euros) par tête d'espion allemand en Belgique identifié. Si l'Œil du jour entrait de manière vérifiable dans les bonnes grâces du Kronprinz, une rémunération beaucoup plus conséquente pourrait être envisagée. De quoi encourager l'activisme de la nouvelle recrue.

Pour gagner la Belgique *via* les Pays-Bas, Mata Hari va emprunter un itinéraire compliqué passant par l'Espagne, pays aussi neutre que sa Hollande natale mais cœur de la guerre secrète de l'époque aussi. À Vigo, elle embarque le 11 novembre 1916 sur le *Hollandia*, un navire civil néerlandais qui effectue la liaison Vigo-Falmouth-Amsterdam et retour. Or ce paquebot est arraisonné par la Royal Navy pour contrôle des passagers et de la cargaison. Profession : danseuse ? Du coup, la voilà confondue avec une *female-intelligencer* allemande mythique, « Klara Benedix ». Tellement mythique qu'on ne sait pas grand-chose de cette dernière, sinon justement ce nom propre aux allures mystérieuses. Un leurre féminin de la IIIb pour désorienter ses adversaires des services secrets alliés ? Si oui, la mayonnaise semble prendre. « Benedix », prétend en effet la rumeur, opérerait sous cette même couverture de ballerine. De quoi expliquer la méfiance des Britanniques.

« Je travaille pour le capitaine Ladoux, des services secrets français », explique Mata Hari à Basil Thompson, qui l'interroge en personne à Londres où on l'a transférée. Déçu de ne pas tenir en elle la fameuse « Klara Benedix », ce directeur de la Special Branch de Scotland Yard, bras policier du renseignement intérieur de Sa Majesté, en réfère tout de même aussitôt à la SCR.

« Comprends rien. Refoulez-la sur l'Espagne », câble en réponse Ladoux, soit qu'il fasse des cachotteries aux Anglais, soit – et ce n'est pas incompatible connaissant le côté calculateur du personnage – que, pressentant quelque ennui, il préfère dégager sa responsabilité.

Payée au rendement

Retour à la case départ. À Vigo, Mata Hari rencontre dans des conditions imprécises un agent français de la SCR résidant en Espagne et lui confie le nom d'un aviateur belge censé trahir son pays au profit de l'Allemagne ainsi que le patronyme d'un couple dont la femme, allemande, travaillerait pour les services secrets du Kaiser, et le mari, belge aussi, pour l'Intelligence Service.

Si ces renseignements étaient vérifiés par Ladoux et ses adjoints, rappelons que cette quadragénaire sans cesse à court d'argent pourrait encaisser au moins 25 000 francs, voire 25 000 x 3, soit 75 000 francs (l'équivalent d'environ 180 000 de nos euros). Assez pour voir venir. Pour le même motif financier sans doute, Mata Hari soutient connaître « Klara Benedix », orthographiée « Clara Benedict » par son interlocuteur. Suit à l'appui de ses dires un signalement assez passe-partout : 22 ans, brune, élégante, grande, svelte. Et surtout cette vraie-fausse précision : la jeune Klara serait au service du maître espion allemand « Weinstein, consul du Chili ».

L'enquête de Jean-Claude Delhez, spécialiste de la Première Guerre mondiale, établira que le seul Weinstein correspondant à cette description, Martin Weinstein, ex-consul en effet, n'était autre que le beau-père de Krohn, l'attaché de la Kriegsmarine à Madrid et agent du renseignement naval allemand[2]. On voit se dessiner la technique de Mata Hari : mentir en permanence. Les Anglais lui parlent-ils de « Klara Benedix » ? Elle régurgite ce nom aux Français. Comprend-elle qu'il faut ajouter d'autres détails pour faire plus vrai ? Elle pense à Weinstein, dont elle a entendu le nom à Madrid et qu'elle a peut-être croisé, car il vient régulièrement visiter son fils aîné et son gendre dans la capitale espagnole.

Le hic, c'est qu'à force de gruger des messieurs naïfs surtout préoccupés de relations sexuelles, la *female-intelligencer* en est venue à penser qu'elle pouvait duper aussi aisément les officiers des services secrets allemands et français. Des professionnels bien plus coriaces et qui sauront mettre à profit sa capacité à mentir pour intoxiquer leurs adversaires en les abreuvant par son intermédiaire de tuyaux crevés.

En décembre, Mata Hari retrouve Madrid, s'employant à mériter un salaire qu'elle n'a toujours pas touché. Comment ? En jouant un double jeu entre le capitaine de cavalerie Arnold von Kalle, attaché militaire allemand et responsable local de la IIIb avec qui elle couche, et le colonel Joseph Denvignes, chef du Service de renseignements français pour l'Espagne, qui se défendra par la suite d'avoir entretenu avec elle quelque rap-

2. Jean-Claude Delhez, *La France espionne le monde, 1914-1919. Les exploits des briseurs de code*, Paris, Economica, 2014.

port sexuel. À tout hasard, Denvignes la met à l'épreuve au plan professionnel : puisqu'elle affirme œuvrer pour Ladoux, pourrait-elle collecter auprès des officiers allemands qu'elle fréquente des détails sur les opérations de fournitures d'armes aux rebelles antifrançais du Maroc par voie sous-marine ?

Bien sûr, crâne Mata Hari. Au final, elle ne fera que confirmer de manière très vague l'existence de ces opérations, renseignement exact mais à l'appui duquel elle n'apporte ni lieu, ni date, ni nom, ni précision autre. Pendant ce temps, Kalle câble à la IIIb par radio plusieurs messages de nature à la faire identifier. Fait-il preuve, comme les Allemands en général à cette époque, d'une confiance aussi absolue qu'imprudente dans l'infaillibilité des systèmes de cryptage en usage au pays du Kaiser (hypothèse n° 1) ? Cherche-t-il au contraire à « brûler » délibérément « H-21 » pour une raison technique inconnue (hypothèse n° 2) ? Pour motif personnel comme une acrimonie sentimentale ou la crainte d'avoir été joué (hypothèse n° 3) ? Très confus, cet épisode des câbles madrilènes ne sera jamais tiré au clair de manière satisfaisante.

Quoi qu'il en soit, le dernier date du 28 décembre : « "H-21" arrivera demain à Paris. Elle demande qu'on lui envoie tout de suite par télégramme, par l'intermédiaire de sa domestique Anna Lintjens à Roesmund cinq mille francs au Comptoir d'escompte de Paris pour être remis au consul de Hollande. »

Il se trouve que sous la direction de François Cartier et Marcel Givierge, deux officiers très doués, et de Jacques Haverna, un commissaire de police qui ne l'est pas moins, les décrypteurs français sont devenus des as de la partie. Par prudence, ce texte accusateur ne sera pas versé au dossier judiciaire de Mata Hari : inutile d'apprendre aux Allemands dans quelle large mesure on parvient à « casser » leurs messages ! Gageons tout de même qu'il a pesé lourd dans son destin tragique. La mort approche en effet...

En pâture à l'opinion publique

Sur le théâtre d'opérations espagnol, la SCR dispose d'une autre agente aux résultats jugés supérieurs : Marthe Richer dite « Alouette » (*cf.* chap. suivant). Ajoutons qu'à titre personnel

Ladoux vient d'apprendre que ses relations de longue date avec Pierre Lenoir, journaliste pacifiste suspect de travailler pour l'ennemi, pourraient lui valoir de sérieux ennuis. Dans ces conditions, on ne s'étonnera pas que sans le moindre état d'âme, le capitaine balance délibérément Mata Hari[3].

C'est chose faite le 10 février 1917. Ce jour-là, le chef de la SCR informe officiellement le Bureau de justice du gouverneur militaire de Paris que « la nommée Zelle, épouse divorcée de MacLeod dite Mata Hari, danseuse sujette hollandaise, est fortement suspectée d'être un agent au service de l'Allemagne ». Une dénonciation d'autant plus suivie d'effet que, nous le savons, le service de contre-espionnage de la préfecture de police suspectait déjà cette étrange Néerlandaise, dont le goût pour l'uniforme avait attiré l'attention de ses limiers.

Le 13, le commissaire Priolet arrête l'agente « H-21 », aussitôt mise sous les verrous chez les religieuses de la geôle de Saint-Lazare, lieu de détention de ce temps pour les femmes. La justice militaire leur ayant demandé de mettre la détenue à l'isolement, les sœurs lui affectent la cellule n° 12 où elle ne peut que se morfondre.

Le rapporteur du 3e conseil de guerre en charge de l'affaire, le capitaine Pierre Bouchardon, se trouvant être un proche de Charles Maurras, le leader et théoricien de l'Action française, le mouvement monarchiste, des informations sur Mata Hari ne tardent pas à filtrer dans la presse royaliste. Celle-ci s'en sert pour canarder ses adversaires politiques, soupçonnés en bloc de trahir en faveur du Kaiser. *L'Action française* insinue par exemple que l'ex-ministre de l'Intérieur Louis-Jean Malvy, proche de l'ancien président du Conseil Joseph Caillaux favorable à une entente avec l'Allemagne, aurait été l'amant de la danseuse nue du musée Guimet ! Malvy non, mais du coup cette rumeur confère à Mata Hari une nouvelle notoriété dont elle se serait bien passée. Elle qui guignait la gloire connaît maintenant les rigueurs de l'enfermement dans un endroit où son charme sur

3. Impliqué dans l'affaire des subventions allemandes au *Journal*, la feuille pacifiste de son ami d'avant guerre Pierre Lenoir, Ladoux sera limogé le 19 octobre 1917, quatre jours après l'exécution de Mata Hari, inculpé mais blanchi en mai 1919 avec promotion au grade de commandant. Lenoir (à ne pas confondre avec son homonyme sculpteur) sera fusillé en octobre 1919 à Vincennes pour intelligence avec l'ennemi.

les religieuses a peu de chances d'agir et restera effectivement circonscrit aux limites de la compassion.

Le jeu de Ladoux va se révéler sinueux et pervers. Ne s'agit-il pas de prouver la culpabilité de Mata Hari et d'en grossir les effets sans mettre en cause l'efficacité du patron de la SCR, menacé de limogeage, ni compromettre les sources des services de renseignements ? Fournisseuse d'informations de qualité plus que moyenne, l'agente triple n'a rien révélé de sérieux aux Allemands. Pas plus aux Français, voire aux Russes par l'intermédiaire de Masloff. En revanche, elle a servi de canal d'intox réciproque à la IIIb et à la SCR. Manipulée par les uns, manipulée par les autres, l'Œil du soleil n'alimentait au final ses différents commanditaires qu'en fausses nouvelles ! Croyant gruger les hommes de l'ombre comme autrefois ses soupirants, ce sont eux qui se servaient d'elle...

Eux qui, côté français du moins, ont décidé de jeter en pâture au public cette espionne quasi insignifiante. Pourquoi ce soudain lâchage d'hommes que leur métier contraint en principe à protéger leurs agents ? Parce qu'à partir de la fin avril 1917 une vague de protestations sans précédent partie des tranchées va affecter l'armée française. Improprement appelés « mutineries », ces mouvements d'insubordination ressemblent plutôt à des grèves. Rares sont les officiers molestés en effet, beaucoup d'entre eux rattrapant au contraire *in extremis* leurs soldats en cours d'abandon de poste sans le signaler à la hiérarchie.

Les combattants n'en peuvent plus, ces supérieurs directs le savent. Trop de souffrances, trop de camarades tués, trop d'offensives ratées, trop d'hécatombes sans lendemain, trop de copains qui rentrent en France la gueule cassée, trop d'indifférence des états-majors. Mais leur lieutenant, leur capitaine, leur commandant, les poilus le connaissent, lui. Ils savent que ce chef paie de sa personne, qu'il s'expose sans broncher aux balles et aux obus ennemis. Autant qu'eux et même plus, les officiers tombant en quantité double de leurs hommes, défi à la propagande antimilitariste qui prétendra le contraire[4].

4. Quarante-deux généraux français de la Grande Guerre sont morts au combat ou des suites immédiates du combat, dont près de la moitié dès 1914. Notons par ailleurs qu'on pourrait qualifier de « machiste » le terme de poilus. Remontant, croit-on, à l'époque des guerres napoléoniennes, il n'évoque pas le manque d'hygiène dans les tranchées comme on le croit souvent, mais la

Au final, les vrais abandons de poste et autres refus d'obéissance véritables, même s'ils ont affecté quelque 70 divisions, ne concerneront qu'un peu moins de 100 000 hommes sur 2 millions. Il n'empêche : il faut agir sinon l'armée tout entière s'effondrera. Telle est la mission du général Pétain, nouveau commandant en chef des forces françaises depuis juin suite au sanglant échec de l'offensive sur le Chemin des Dames.

Parmi ses pairs du haut commandement, le futur maréchal se montre moins sensible que d'autres à la paranoïa et au mythe du complot allemand. Ce sera même l'un des seuls à comprendre que cette vague d'abandons de poste ou de refus d'obéir est avant tout une réaction spontanée issue des tranchées et non une manipulation des services secrets adverses. Encore moins le résultat de menées pacifistes, voire le fruit d'une presse trop prompte à souligner la faillite criante des offensives françaises comme se plaît à le croire le lieutenant-colonel alsacien Louis Zopff, patron du Service de renseignements.

Agir, conclut assez vite Pétain, cela signifie rétablir l'ordre sur le front en améliorant l'ordinaire des poilus et, en même temps, en faisant certains exemples. Assez pour ramener la peur du gendarme : 50 exécutions capitales après jugement express de conseils de guerre informés de manière partiale et rudimentaire, mais pas trop, de façon à ne verser aucune huile supplémentaire sur le feu. Déjà auréolé de son prestige de vainqueur de Verdun, le haut gradé glanera dans cette habile politique une réputation de chef rigoureux mais attentif aux malheurs des hommes du rang. Autrement dit cette forte popularité qui lui permettra de causer tant de dégâts à notre pays entre 1940 et 1944…

Fusillée pour le moral des troupes

Et Mata Hari dans tout cela, direz-vous ? Au-delà de sa réputation usurpée de « grande espionne », l'ancienne danseuse s'apprête à devenir malgré elle une victime expiatoire. Excédant à peine le babillage mondain, les services que sa vénalité, sa frivolité, son inconscience ont rendus à la IIIb sont quasi nuls ;

virilité au sens d'homme, un vrai, ou de couillu. Une manière donc de créer un lien direct entre le courage physique et les organes génitaux masculins.

ils ne mériteraient tout au plus que quelques années de prison. En revanche, la peine capitale infligée à cette *sex-intelligencer* aura tout d'un message rassurant à destination des combattants du front.

Des rumeurs alarmantes continuent en effet à courir les tranchées. Fantasmant après trois années de mort et de souffrances sur la vie de débauche des « embusqués » de l'arrière, les poilus s'interrogent sur la vertu de leurs femmes, de leurs fiancées, de leurs petites amies, de leurs concubines, de leurs sœurs, voire de leurs mères. L'inquiétude ronge ces braves. Quel signe de fermeté plus parlant que l'exécution d'une dévergondée notoire dans une théâtralisation en trois actes : débordements sexuels-espionnage-châtiment suprême ?

Pour cela, oui, la mort de Mata Hari sera utile. On saura dans les tranchées que là-bas, à l'arrière, le Haut État-Major et la Justice militaire savent faire régner l'ordre moral comme ils font déjà régner l'ordre militaire. À preuve, cette « Marie-couche-toi-là » ancienne maîtresse du fils du Kaiser qu'on va occire.

Contrairement à l'idée reçue, Mata Hari n'est pourtant pas la première femme à être exécutée par les Français pour espionnage. Tel fut en effet, dès le 22 mars 1915, le destin de Marguerite Schmitt, 31 ans, fusillée devant le front des troupes pour avoir, selon l'acte d'accusation, traversé clandestinement nos lignes pour informer l'ennemi des emplacements de tir français. Le sort d'Ottilie Voss, exécutée pour des accusations et dans des circonstances analogues le 14 mai 1915. Celui de Félicie Pfaadt, 26 ans, identifiée comme l'agente allemande R 17 et fusillée à Marseille le 22 octobre 1916.

Plus récemment encore, tel fut le destin de Marguerite Francillard, condamnée pour espionnage en liaison avec un ancien officier danois au service des Allemands, le capitaine de Mereyem. Avant de tomber sous les balles le 10 janvier 1917, cette couturière de Grenoble avait murmuré, prise de remords : « Je demande pardon – Dieu ! – Vive la France ! », preuve que même la trahison n'est jamais chose simple.

Le destin enfin de Mme Tichelly. Parisienne à sa naissance en 1870, mère de trois enfants, elle exerçait en 1915 le métier de femme de chambre dans un hôtel de Mannheim. Condamnée le 20 décembre 1916 pour espionnage, la malheureuse aura tenté d'attendrir les sœurs de la prison Saint-Lazare : « Une femme ne doit pas être exécutée : on a toujours admis de ne pas exécuter les femmes. » Avant d'être traînée devant le peloton, elle clamera à nouveau dans une crise de désespoir : « Messieurs les officiers, je n'ai pas tué donc on ne doit pas me tuer. Je n'ai pas versé de sang, c'est pourquoi mon sang ne doit pas être versé. » Mais on la verra aussi retrouver son courage au dernier moment, refusant qu'on lui bande les yeux. Elle tombe à Vincennes sous les balles le 15 mars 1917.

Ces exécutions sont cependant restées discrètes, comme si on en avait un peu honte : ni communiqué dans la presse nationale ni photographie. Deux ans plus tôt, le 12 octobre 1915, les Français n'avaient-ils pas dénoncé comme digne de barbares l'exécution d'Edith Cavell, agente en Belgique du MI 6, le service secret britannique, condamnée à mort par les autorités d'occupation militaires allemandes (*cf.* chap. suivant, p. 100) ?

À l'exécution de Mata Hari, en revanche, on va donner le maximum de publicité. Par la mise en scène accompagnant sa mort au château de Vincennes, les hautes autorités militaires et judiciaires entendent en effet démontrer leur détermination à faire connaître aux poilus que personne, homme et, ici, « femme immorale », ne sera épargné pour cause de relâchement à l'arrière. Ainsi le tabou jusque-là tenace de la fusillade d'une espionne sera-t-il délibérément brisé par l'image.

En l'occurrence la photo, largement diffusée à dessein dans les médias, de l'Œil du Soleil visage masqué par un voile de gaze face à un peloton d'exécution composé, pour plus de sûreté, de sous-officiers, douze vieux briscards de toutes les armes dont on avait déjà testé la fidélité aux ordres reçus, dut les choquer profondément.

Cette photo qui, plus que toute autre, va contribuer à forger la légende aujourd'hui séculaire de Mata Hari, agente secrète de médiocre importance manipulée à leurs propres fins par deux services secrets, mais aussi cliché iconique associant dans l'imaginaire romanesque de l'espionnage la volupté, le sang et la mort.

Face à la camarde, Mata Hari s'est il est vrai conduite avec courage, comme si elle voulait laisser le public sur une ultime prestation. Avec désinvolture presque, remerciant d'un baiser de la main son avocat, Me Édouard Clunet, et les deux religieuses qui l'ont accompagnée à Vincennes. Douze balles puis le coup de grâce assené par le maréchal des logis Petoy, du 23e régiment de dragons, le Royal-Piémont de l'Ancien Régime ; des trompettes qui sonnent lugubrement ; des troupes qui défilent à pas mécaniques devant ce qui n'est plus qu'un amas de vêtements et de jupons pleins de sang.

« La mort a été déterminée par une balle dans le cœur », constate le médecin aide-major de 1re classe Robillard, de l'hôpital militaire Begin. Personne, et pour cause, ne réclamant le corps, celui-ci sera, croit-on, disséqué par des étudiants en médecine lors d'un exercice.

Une mort digne de compassion comme toutes les morts, mais une mort parmi les millions d'autres victimes de la Grande Guerre, combattants des deux bords qui ne demandaient eux aussi qu'à vivre.

Combattantes pas moins, fût-ce dans l'ombre...

7

Intrigantes et combattantes

Aujourd'hui encore, le fantasme Mata Hari camoufle l'essentiel, soit l'irruption en nombre de filles d'Ève de toutes catégories sociales dans la Grande Guerre secrète.

Oubliée de nos jours contrairement à la danseuse nue du musée Guimet, Marthe Richard joua certes un rôle assez analogue de brouille-perspective : celui de la *sex-intelligencer*. Dans une moindre proportion que Mata Hari il est vrai, en dépit des efforts de son protecteur, le commandant Ladoux encore.

Protecteur, entendons-nous : pas au sens de « maquereau », même si la suite de la trajectoire de Marthe Richard devait concerner le statut légal de la prostitution quand elle obtiendra, en avril 1946, la fermeture des maisons closes. Mais protecteur parce que l'ancien chef de la SCR, en même temps qu'il sculptait sa propre statue, contribua à bâtir la légende de cette-grande-espionne-patriote-aux-ordres-d'un-grand-chef (à savoir Ladoux lui-même). C'est qu'exaspéré par son limogeage et sa mise en examen, même suivie d'une relaxe, il cherchait en quelque sorte une revanche littéraire.

Marthe Richard donc. Née Betenfeld en avril 1889 au sein d'une famille modeste, cette jeune Lorraine va connaître des débuts dans la vie dignes d'une chanson réaliste de la Belle Époque. D'abord quand elle refuse le seul avenir que sa mère lui réservait : le métier de couturière. Plutôt jolie, l'adolescente fugue en effet à Nancy où, se prostituant, elle va tomber sous la coupe d'un premier souteneur. Ce beau jeune homme d'origine italienne se prétendant artiste, Marthe, béate d'amour, fera le trottoir pour subvenir aux besoins du couple. Air connu hélas...

En janvier 1907, elle prend tout de même conscience que cette arnaque aux sentiments ne peut plus durer. Et rompt donc pour venir vivre à Paris. Survivre disons plutôt et, là encore, sur le trottoir. Histoire de draguer une clientèle masculine, l'ado traîne dans le quartier des Halles. C'est là qu'elle va rencontrer Henri Richer. Son aîné de dix ans, ce monsieur bien à tous égards vit confortablement de ses revenus de mandataire. Entre eux, c'est le coup de foudre ! Le couple s'installe dans la propriété de Richer près du Mans. Très épris, Henri donne à Marthe les moyens de sacrifier à la passion qu'elle s'est découverte. Le 20 juin 1913, notre Lorraine sera en effet la sixième Française à obtenir le brevet de pilote.

Un an et demi plus tard, après la déclaration de guerre, mécontente que l'armée française l'ait retoquée comme pilote, elle fonde avec six compatriotes l'Union patriotique des aviatrices de France. Puis fait la connaissance intime d'un autre dingue du manche à balai, Joseph Violan dit « Zozo ». Ce Géorgien officier dans l'armée française s'appelle en réalité Iossif (Joseph) Davrichewy, camarade d'enfance d'un certain Djougachvili que ses camarades du parti bolchevik, familiers des « méthodes conspiratives », désignent déjà par son pseudonyme de clandestin assigné à résidence en Sibérie : Staline.

Par l'intermédiaire de « Zozo », Marthe entre en contact avec l'incontournable commandant Ladoux, qui, considérant de prime abord l'ex-prostituée comme suspecte, a demandé au Géorgien de la surveiller. Or le 29 mai 1916, mobilisé, Henri meurt au front. Désemparée, la jeune femme accepte la mission que la SCR lui propose. Comment faire autrement, Ladoux ayant retrouvé sa trace dans le fichier des « filles soumises » à la brigade des mœurs ? Le commandant ne mâche d'ailleurs pas ses mots : la meilleure façon de séduire les officiers allemands qu'il lui désigne, c'est de coucher avec. Pour une ex-professionnelle, le sacrifice n'est sous-entendu pas si grand. Et c'est pour la France, après tout...

Coucher pour la France

Comme tous les Lorrains, Marthe a l'âme patriote. À l'été, la voici donc à Madrid, sous le nom de code « Alouette ». Madrid où, nous le savons, ses pas vont précéder ceux de cette autre bombe sexuelle de l'écurie féminine de la SCR, Mata Hari. Objectif pour l'« Alouette », agente secrète débutante : Hans von Krohn, l'attaché de la Kriegsmarine dans la capitale espagnole dont nous avons parlé au chapitre précédent à propos de son beau-père Martin Weinstein et des affabulations de l'ex-danseuse nue du musée Guimet.

Physiquement, ce capitaine de corvette n'est pas un cadeau : un cou de poulet, une maigreur à faire peur, une cicatrice à la joue droite, un œil de verre à gauche. Mais en sa qualité de représentant local de l'*Etappendienst,* qui dépend directement de l'amirauté impériale, il a reçu deux missions importantes. À titre principal, Krohn organise avec l'aide d'une petite équipe d'officiers le ravitaillement des sous-marins du Kaiser en Méditerranée. À titre secondaire, il s'efforce de collecter du renseignement.

Justement, les mouvements de U-Boote intriguent ses vis-à-vis français, l'enseigne de vaisseau Charles Warluzel et son adjoint au SR naval... l'éditeur Gaston Calmann-Lévy. Loin de se contenter de discrètes escales pour ravitaillement en Espagne, les sous-marins allemands transportent en effet des armes à destination des rebelles marocains antifrançais.

Pour inspirer confiance à cet amant disgracié par la nature qu'on l'a chargée d'alimenter en fausses informations, Marthe suit à la lettre la consigne de Ladoux : se présenter comme une agente des services secrets français prête à la trahison. Dans le cadre d'une manœuvre d'intox en bonne et due forme élaborée au siège de la SCR, le 282, boulevard Saint-Germain à Paris, elle refile à Krohn des informations trafiquées. Assez crédibles tout de même pour se voir immatriculée « Kulangau n° 161 » par les Allemands et glaner en retour quelques-uns, mais quelques-uns seulement, des renseignements demandés par Ladoux sur les mouvements de U-Boote.

Krohn correspond avec Berlin et l'amirauté soit par lettres à l'encre sympathique, soit par vacations radio. Or la section du Chiffre du colonel français Cartier décrypte une part importante de ses messages, excellent moyen de vérifier jusqu'où l'Allemand mord à l'hameçon de la gentille mais trompeuse « Alouette ».

Nous savons que les liaisons radio de Kalle aussi sont interceptées et décryptées, au point de contribuer pour une bonne part à la chute de Mata Hari. En revanche, un officier de la Kriegsmarine, le futur maître espion puis adversaire feutré de Hitler

Wilhelm Canaris, a pu, après plusieurs tentatives infructueuses d'exfiltration d'Espagne par U-Boot, transmettre pour vérification d'antécédents potentiels à Berlin le cliché de Marthe Richard que lui a confié Krohn, moins naïf que l'on aurait pu le croire.

Ce qui ne l'empêche pas d'expédier « Kulangau n° 161 » en Argentine. Mission en mai-juin 1917 : convoyer à bord d'un paquebot deux caisses d'explosifs rescapées d'un lot dont les Français ont révélé le lieu de stockage dans la baie de Carthagène aux autorités espagnoles, lesquelles se sont empressées de le saisir. Un déplacement en Amérique du Sud suivi par le colonel Denvignes, toujours représentant du Service de renseignements français à Madrid.

De retour de Buenos Aires en juin, Marthe commence à prendre en grippe sa mission pour la SCR, trop longue, trop éprouvante : le syndrome habituel de l'agent double qui commence à craquer. Elle n'en peut mais.

Handicapé par les suites d'un grave accident d'aviation, « Zozo » s'est vu, de son côté, charger par la SCR de surveiller les Russes de Paris, tâche qu'il n'accepte qu'avec répugnance. Or voici que Marthe, se flattant de connaître la combinaison du coffre-fort de son actuel amant germanique, propose par lettre à son ex-amant géorgien la rafle des documents secrets qu'il contient. Peut-être la liste complète des agents allemands opérant en France, fait-elle miroiter à rebours de tout bon sens, car on ne voit pas très bien ce qu'une telle pièce ferait dans un coffre madrilène, même si Krohn manipule effectivement un petit réseau de renseignements sur notre sol.

Une ultime razzia, en bref, et l'« Alouette » rentre au bercail...

Gentille « Alouette » craque

En fait, elle est en train de craquer. Usée jusqu'à la corde par le double jeu imposé par Ladoux, Marthe espère partir sur ce coup d'éclat avant de regagner Paris couverte de gloire. Elle a même envisagé de séquestrer Krohn puis de le faire passer clandestinement en France, prétendra-t-elle par la suite. Comme le plan coffre-fort, le projet enlèvement semble tiré par les cheveux, ou plutôt par le plumage de l'« Alouette ». En accord avec son ancienne maîtresse, « Zozo » fait quand même le siège d'un Ladoux assez sceptique. « D'accord si Ignatiev finance et supervise l'opération », finit par concéder le chef de la SCR.

Patron des services du tsar à Paris et figure bien connue des soirées mondaines de la capitale (avant de basculer du côté soviétique, il inspirera le héros de Jacques Deval pour sa pièce de boulevard à succès et son film éponyme sorti sur les écrans parisiens en 1935, *Tovaritch*), le colonel comte Paul Ignatiev accepte. « Zozo » part donc pour Madrid, où Marthe le présente à Krohn comme un anarchiste russe déserteur volontaire pour semer la subversion en France.

Le projet tenant dans son enveloppe budgétaire, l'attaché naval donne son accord pour rapatrier le faux anar. Le 7 juillet 1917 dans la soirée, Krohn, son chauffeur Ernest Rémy, Marthe et « Zozo » prennent donc place dans la Mercedes de l'Allemand. Objectif : le poste frontière d'Irún. Sauf que l'officier de la Kriegsmarine exige, on ne sait pourquoi, de conduire lui-même le véhicule. Avec un seul œil en état de voir (il a perdu l'autre en 1900, au moment de l'expédition internationale contre les rebelles Boxers de Chine), la route de nuit n'est pas son fort. Résultat : il perd le contrôle de son véhicule, qui capote côté espagnol.

Huit mois après la condamnation à mort de Mata Hari et alors que l'affaire Vigo-Almeyreda bat son plein (père du futur cinéaste Jean Vigo, cet anarchiste soupçonné de travailler pour les Allemands à la démoralisation des Français sera arrêté le 6 août avant de mourir huit jours plus tard dans des conditions controversées à l'hôpital de la prison de Fresnes), l'accident est connu sous peu de Léon Daudet. Bien informé, même s'il tire souvent des conclusions abusives des renseignements qu'il tient parfois de bonne source, la plume de choc du mouvement monarchiste ne tarde pas à ouvrir le feu dans les colonnes de *L'Action française* du 11 août : « Que faisaient en compagnie de von Krohn cette Mme Richer et ce Joseph Davrichewy sur les routes d'Espagne dans la nuit du 7 au 8 juillet dernier ? Il semble qu'il y a lieu à une enquête. »

Ladoux dans la ligne de mire

Plus que ses deux agents de terrain, c'est Ladoux qui se trouve dans la ligne de mire de l'irascible Daudet. Tandis que l'attaché naval allemand, penaud, doit rendre des comptes à ses supérieurs, Marthe, jambe cassée et genou déboîté, partage son appartement (la femme et les enfants de Krohn sont en vacances à Grenade). Plus question désormais de refiler des faux tuyaux à cet amant encombrant. De retour en France fin décembre, « Alouette » tente de faire reconnaître ses états de service par le colonel Antoine Goubet, dont le 5e Bureau de l'état-major des armées chapeaute, entre autres, une SCR que Ladoux, écarté, ne commande plus depuis octobre.

Faites-vous oublier, vous êtes surtout une source d'ennuis, lui fait comprendre l'officier. Goubet entend en effet se dissocier des méthodes de recrutement parallèle de son ancien subordonné (témoin à son procès, le patron du 5e Bureau ira d'ailleurs jusqu'à réprouver publiquement les menées obliques de l'ex-chef de la SCR).

Un conseil que la dame va suivre, mais seulement jusqu'au début des années 1930, quand Ladoux, blanchi des accusations portées contre lui, reviendra en force sur ce front qui lui est familier : celui des médias, pour créer sa légende de maître espion quasi infaillible. Et par ricochet, celle de Marthe Richard, « sexpionne » par patriotisme…

C'est un engagement non moins teinté de sexualité que Jeanne-Clémentine Bourgeois, plus connue sous son nom d'artiste, Mistinguett, revendiquera après la guerre. Née en avril 1875, celle qui chante *On dit que j'ai de belles gambettes* voit ses amours contrariées. L'élu de son cœur, Maurice Chevalier, de quinze ans son cadet, est en effet prisonnier de guerre en Allemagne depuis septembre 1914. À la fin de cette même année, notre chanteuse demande une audience au colonel Maurice Gamelin, chef de cabinet particulier du général Joffre.

« Vous savez, annonce la dame sans complexe, que j'étais en termes très suivis avec le prince de Hohenlohe[1] qui séjournait régulièrement à Paris. Bien entendu, je comptais rompre avec lui en raison de la guerre, mais voici qu'il insiste pour que nous nous rencontrions en Suisse. Il me fait parvenir une lettre à ce

1. L'Allemand Alexander zu Hohenlohe-Schillingsfürst, expulsé de France en 1914 et installé en Suisse où ses prises de position pacifistes le feront surnommer le « démocrate rouge ».

sujet. J'avais l'intention de refuser, mais, tout de même, je me demande si je ne pourrais pas vous rendre service en acceptant. »

C'est le début de plusieurs missions en pays neutre : la Suisse auprès de Hohenlohe ; l'Espagne auprès du roi Alphonse XIII qui obtiendra d'ailleurs des Allemands la libération de Chevalier ; l'Italie pour rencontrer le roi Victor-Emmanuel III avant l'entrée en guerre du pays en avril 1915.

En 1918 encore, Mistinguett fournira aux Français quelques renseignements concernant une offensive allemande en Champagne. Donnait-elle ainsi des gages, craignant d'être mise à son tour sur la sellette pour ses relations avec l'ex-ministre de l'Intérieur Louis-Jean Malvy dont *L'Action française*, on s'en souvient, avait fait l'amant de feu Mata Hari ? La question mérite d'être posée.

Les femmes au front secret !

Pour d'autres filles d'Ève, pareille interrogation serait incongrue eu égard à un patriotisme en acier trempé qui ne connaît pas le compromis. C'est à ce moment historique en effet que l'irruption féminine dans la sphère du renseignement va se faire massive. De nos jours, elle reste pourtant ignorée.

Leurs pères, frères, maris, copains d'enfance ou compagnons servant sous les drapeaux des armées belge ou française, ces agentes secrètes deviennent indispensables à l'effort de guerre allié. Sans volontaires de ce calibre, des résultats cruciaux seraient hors d'atteinte. Cela vaut bien quelques entorses au machisme traditionnel, décident les états-majors.

Moins étendu que dans l'Europe occupée de 1940-1945, le théâtre des activités clandestines de ces femmes engagées n'en couvre pas moins une zone géographique assez large : la Belgique aux mains des Allemands, le département français du Nord occupé presque aux deux tiers par les troupes du Kaiser ou encore le Pas-de-Calais, qui l'est tout de même à 30 %.

Des activités multiformes qui juxtaposent le plus souvent les franchissements de frontières ; l'exfiltration vers la Hollande neutre de soldats alliés coincés par l'avance des armées du Kaiser ; la diffusion de journaux et de feuilles clandestins ; le guidage d'agents déposés puis récupérés par des aéronefs (douaniers connaissant la région comme leur poche par exemple). Et pour ce qui nous intéresse, le recueil direct et le transfert des renseignements. Un très gros tiers des membres de ces quelque 300 réseaux de résistance seront des femmes, ce qui en dit long sur le caractère massif de leur mobilisation.

Trois cents réseaux, c'est énorme, objectera-t-on. Oui mais, tenant de la mouvance plus que de l'organisation pyramidale, ces petites structures fonctionnent selon des modalités spécifiques. Que l'une d'entre elles se sente traquée par le contre-espionnage allemand, omniprésent, et elle change de dénomination, brouille les pistes, modifie son architecture interne, déconnecte tel ou telle de ses agents, en mobilise ou en réactive tel ou telle autre. Et tout cela la peur au ventre en même temps que la faim, le blocus imposé à l'Allemagne par la Royal Navy ayant naturellement des conséquences dans les territoires occupés.

Cette plasticité des réseaux est l'inévitable résultat d'une répression de plus en plus brutale. Même si les Allemands de la Grande Guerre n'ont rien à voir avec des nazis, ils ne se gênent pas pour frapper : 275 exécutions capitales au moins, sans compter l'envoi des patriotes dans des camps de prisonniers où beaucoup mourront.

En regard de ces réseaux « à tout faire » qui captent une bonne part de l'attention du contre-espionnage ennemi, les réseaux spécialisés dans le « renseignement pur », sans interférence d'autres activités, adoptent quant à eux des pratiques organisationnelles plus stables et mieux cloisonnées. Liés tous trois au MI 6 britannique, le « Service Alice », le réseau « Yorc » ou la « Dame blanche » opèrent en effet en connexion directe avec les agences de renseignements alliées, lesquelles leur demandent instamment de se plier à cette forme de professionnalisation.

Espionnage au plat pays

Cinq centrales dépendant des services secrets belges opèrent par exemple aux Pays-Bas : Breda, Flessingue, Maastricht, Rosendaal et Rotterdam. Le contre-espionnage de la IIIb les crédite en tout de 500 membres. Mais il faut aussi compter avec les réseaux implantés en Belgique même et qui, comme celui de l'Espagnol James Mir, travaillent en liaison étroite avec les Alliés.

Compte tenu de l'importance du chemin de fer dans le dispositif militaire allemand, le volet renseignement de la résistance concerne pour une bonne part le réseau ferré. Tout est bon pour collecter des informations sur le type de locomotives employé, leurs roues, cylindres, freins, battoirs, la manière dont on les gare, celle dont on les approvisionne en eau (la traction est alors à la vapeur, pas à l'électricité). Pour les wagons, il faut connaître leur poids, leur longueur, leurs capacités d'accueil en hommes et en chevaux. Pour la voie ferrée proprement dite, repérer le fonctionnement des signaux, le type et le poids des rails. Pour les locomotives, identifier et évaluer les moyens et les systèmes de réparation ou d'entretien sur place. Connaître enfin la situation des plans inclinés et des courbes de façon à calculer les possibilités de déplacement adverses par le train.

Autre front de cette lutte clandestine : la collecte d'informations sur les casernements ou les déplacements des troupes du Kaiser, les noms et numéros des unités, leurs effectifs, leurs matériels, la qualité de leur moral. Tout ce qui peut servir en bref au Bureau interallié de renseignements, dont l'antenne principale est implantée à Folkestone, sur la côte sud de l'Angleterre. Cohabitent au sein de cette structure tripartite qui tient à jour l'ordre de bataille allemand régiment par régiment (y compris le 16e bavarois d'infanterie de réserve, engagé dans les Flandres et où ne se distingue pas encore un certain Adolf Hitler) le major Cecil Aylmer Cameron, du MI 6 britannique, Georges Gabain côté belge, et, côté français, le colonel Wallner, militaire de carrière polyglotte, et son bras droit le commandant Henry Béliard, dans le civil directeur d'une société de construction maritime.

Pour acheminer leurs informations vers le Bureau interallié, les réseaux, féminins à plus du tiers donc, ne disposent pas de moyens radio. Alors outre la mobilisation de pigeons voyageurs (en Belgique surtout), on multiplie les ruses de guerre secrète : lettres à l'encre sympathique cryptées ou non ; cartes postales à la tranche fendue en deux où l'on insère des feuilles de papier très fin avant de les recoller ; talons de chaussures creux ; tubes de dentifrice, stylos, crayons ou extrémités de parapluies évidés ; textes dissimulés dans les cols des chemises ou des chemisiers, dans les mouchoirs, les rembourrages d'épaule des vestes, des manteaux ; dans les doublures de chapeaux, les gants ; sous les couvercles des montres ; dans des sacs à main à double fond ;

dans des paniers à provisions ; à l'intérieur de perruques ; dans des chatons de bagues. Les appareils photo sont parfois dissimulés à l'intérieur de fausses paires de jumelles, de même que l'on aménage des caches dans des cadres de bicyclette, voire des sacs étanches plongés « à l'ancienne » dans des fûts de vin ou d'huile. La mise en œuvre de ces procédés de dissimulation mobilise une foule anonyme mais très féminine là encore de maroquiniers, de couturières et de modistes non membres des réseaux œuvrant pour la bonne cause sans poser de questions : tout ce qui peut contrarier l'occupant germanique leur convient.

Le sentiment national n'étant l'exclusivité d'aucune classe ou couche sociale, on trouve parmi les agentes secrètes des dames de l'aristocratie comme d'autres venant de milieux populaires. C'est dire si nous sommes à présent à des années-lumière du strass et des paillettes à la Mata Hari et autres Mistinguett.

Bonjour à un autre monde, celui de la lutte clandestine. Voici, parmi des centaines, quelques grandes dames de cette petite armée d'agentes secrètes engagées dans cette première résistance européenne à l'impérialisme allemand.

À leurs risques et périls, qui sont considérables…

Edith Cavell, infirmière et agente secrète

Certaines rues de nos villes s'appellent *Edith* ou *Miss Cavell (1865-1915) fusillée par les Allemands*. Un nom tristement célèbre dans les années d'après-Grande Guerre mais qui ne dit plus rien de nos jours.

Institutrice, gouvernante et infirmière en Angleterre après des études en Allemagne, Belgique et Suisse, Miss Cavell revient en 1907 en Belgique, où elle fut un temps nourrice, pour y exercer la profession d'infirmière à l'Institut Berkandael d'Ixelles, une commune des alentours de la capitale. Directrice ensuite de l'école d'infirmières de la rue du Tabellion à Bruxelles, cette quinquagénaire polyglotte applique dans cet établissement des méthodes d'avant-garde côté pédagogie. Côté engagement, elle se trouve être une agente émérite du major Cameron (« Oncle Édouard » pour ses agents sur le Continent et « Evelyn » pour le MI 6).

Membre de la Croix-Rouge belge, Miss Cavell a d'abord mis sur pied un réseau d'exfiltration de soldats alliés qui en acheminera quelque 200 aux Pays-Bas. Elle travaille main dans la main avec Philippe Baucq. Éditeur de la feuille *Le Mot du soldat* qui va générer un réseau éponyme fort de 1 500 à 2 000 membres, cet architecte s'occupe également de la diffusion du journal catholique clandestin *La Libre Belgique*. C'est que, comme plus tard au temps de la Seconde Guerre mondiale, la résistance commence souvent par les journaux diffusés sous le manteau. Ici, pas moins de quatre-vingts titres...

Baucq a monté une filière de passages clandestins vers Mons. En bonne sujette de Sa Majesté qui connaît la valeur du renseignement, Miss Cavell prend en charge cette activité bien spécifique. L'agente du MI 6 s'entoure à cette fin d'adjoints dont la plupart sont des adjointes. Citons l'institutrice lilloise Louise Thuliez, la princesse belge Marie de Croÿ et de Soire (dont l'anagramme du nom sert à baptiser le réseau : Yorc), ses compatriotes la comtesse Jeanne de Belleville ou Marthe Blanckaert.

La recrue la plus importante d'Edith Cavell et de son réseau s'appelle Alexander Szek. D'origine tchèque, ce jeune homme est né en Angleterre où résident d'ailleurs toujours ses parents. Passionné de télécommunications, il se trouve à Bruxelles en 1914 quand la Kommandantur de la rue de la Loi l'embauche, comme réparateur d'abord puis comme spécialiste des messages chiffrés. À ce titre, Szek a accès aux livres de codes allemands. Une manne dans la guerre secrète des interceptions que l'Empire britannique livre à celui du Kaiser. Elle intéresse au premier chef la *Naval Intelligence Division* (NID) de l'amiral Reginald « Blinker » Hall, et tout spécialement son unité de décryptage, la Room 40, que supervise le baron Farrer Herschell.

Comme Szek renâcle à travailler pour le réseau « Yorc » au vu des risques encourus, les Anglais n'hésitent pas à faire pression sur lui. Qu'il accepte la mission – fournir les grilles de code en usage chez l'occupant – et il sera exfiltré en Angleterre (c'est la carotte). Qu'il fasse au contraire faux bond à l'Intelligence Service, et ses parents, déjà internés, en subiront les conséquences (c'est le bâton).

Un bâton qui, de toute façon, va s'abattre sur le malheureux. La collecte d'informations secrètes menée à bien, Szek demande en effet à Baucq de l'exfiltrer par la Hollande comme promis. Loyal, le fondateur du *Mot du soldat* s'exécute. Le jeune homme traverse donc bien la frontière flamande, les sacoches de sa bicyclette bourrées de documents top secret dûment remis à la station de Rotterdam du MI 6 dirigée par le major Oppenheim.

Le problème, c'est que l'exfiltration de Szek, convenue directement entre lui et Baucq sans l'accord de Londres, n'arrange pas du tout la NID. Quand les Allemands auront vent de la soudaine disparition du jeune homme, la prudence les contraindra en effet à changer leurs grilles de cryptage et, du coup, le renseignement naval de Sa Majesté redeviendra sourd et aveugle.

De ce moment, le destin de Szek est scellé. Nul ne le reverra vivant. Il semble que les Anglais aient poussé le vice jusqu'à ramener son corps à Bruxelles de manière à faire croire à un décès accidentel. Quoi qu'il en soit, le réseau « Yorc » court désormais un grand danger. Officier de la Section économique du 2e Bureau français basé principalement en Hollande où il porte de sérieux coups aux Allemands, Joseph Crozier aurait alors proposé un plan d'exfiltration d'Edith Cavell et de Philippe Baucq. Bien après la guerre, en 1933, ce Lyonnais assurera que ce projet fut torpillé à l'époque par les Britanniques pour des questions d'argent. Il ne sera pas démenti, mais sachons que les services secrets de Sa Majesté n'avouent jamais, fidèles à leur devise *Never complain, never explain* (« Ne jamais se plaindre, ne jamais rien expliquer »). Pas quand ça les dérange du moins.

Ce qui reste certain, c'est que les activités débordantes de la constellation de réseaux animés par Miss Cavell, Baucq et leurs ami(e)s ne pouvaient qu'attirer l'attention de la *Zentral Polizei Stelle*, la Place centrale de police du gouvernement général allemand de Bruxelles. Celle-ci parvient à infiltrer des agents – dont le traître français Gaston Quien – au sein de l'établissement de formation d'infirmières, toujours dirigé, mais rue de la Culture à Uccle désormais, par la chef de réseau du MI 6. Conséquence de ces manœuvres, Baucq est pris le 31 juillet 1915, Miss Cavell le 5 août.

Dans sa rage, l'autorité militaire allemande en Belgique commet alors l'erreur de traiter cette affaire si politiquement complexe sans en référer à Berlin. Les 7 et 8 octobre, Cavell, Baucq et leurs camarades de combat clandestins arrêté(e)s et incarcéré(e)s à la prison de Saint-Gilles sont jugés en l'absence de témoins. Même si Edith Cavell a pris soin de cacher le volet MI 6 de ses activités, ne se reconnaissant qu'un rôle de passeuse de soldats alliés en Hollande, les voici condamnés à la peine capitale. Pis, le général Moritz von Bissing, gouverneur militaire de la Belgique occupée, refuse leur grâce malgré les demandes de clémence de l'Espagne et des États-Unis. Il contresigne l'ordre d'exécution. Le 12 octobre, avant le lever du jour, l'architecte et l'infirmière sont fusillés au Tir national, un ancien camp d'entraînement de l'armée belge à Schaerbeek.

Le baron von Bissing peut se mordre les doigts de sa raideur et de sa précipitation. Cette double mise à mort déclenche en effet une vague d'indignation d'autant plus puissante qu'une des victimes est une humanitaire de 50 ans qui, dans le cadre de la Croix-Rouge belge, a soigné des soldats allemands blessés.

Après le naufrage du *Lusitania* le 7 mai au large de l'Irlande (128 citoyens des États-Unis sur les 1 198 victimes des torpilles du U-Boot 20), les Américains, révoltés, ont rejeté les explications allemandes : les cales de ce paquebot battant pavillon britannique contenaient une importante quantité de munitions et d'explosifs. Elles étaient pourtant exactes, ce qui ne justifie évidemment pas l'attaque du sous-marin allemand. Or, cinq mois plus tard, la colère n'est pas retombée outre-Atlantique. « Mieux eût valu pour l'Allemagne perdre un corps d'armée que d'avoir fait exécuter Miss Cavell », écrit par exemple le *New York Herald.* C'est à peine exagéré : un an et demi plus tard, l'exécution d'Edith Cavell comptera dans l'entrée en guerre des États-Unis contre l'Allemagne.

La propagande anglaise et française s'engouffre dans cet espace béant. Présentant de façon mensongère Edith comme une simple humanitaire pour mieux occulter son travail de *she-intelligencer* du MI 6, elle se déchaîne contre ces « Prussiens barbares », assassins de femmes. Une propagande de mauvaise foi si l'on considère que la première femme fusillée pour espionnage en faveur de l'Allemagne l'a été par les Belges et que, comme on l'a vu au chapitre précédent, deux Françaises, Marguerite Schmitt puis Ottilie Voss, ont déjà été traînées devant les poteaux d'exécution français pour le même motif en attendant Mata Hari.

Condamnée à mort elle aussi, peine commuée ensuite à dix années de prison, Marie de Croÿ retrouve la liberté en 1918. Pendant la Seconde Guerre mondiale, l'indomptable princesse reprendra du service secret, contre l'ennemi nazi cette fois. Sauvée elle aussi grâce aux pressions conjuguées du pape et du roi d'Espagne, Louise Thuliez s'engage après 1919 dans le combat des « suffragettes » pour le droit de vote des femmes en France. Toujours privée de ce droit, cette combattante reprendra le collier de la lutte clandestine pendant la Seconde Guerre mondiale, animant une filière d'évasion de militaires français vers l'Afrique du Nord.

Il est des natures que l'adversité ne peut briser. Gabrielle Petit par exemple…

Pas si mauvaise graine

Gabrielle Petit est née en 1893 dans une famille de la bonne société de Tournai. Orpheline de mère élevée en partie à l'orphelinat de Brugelette, dans le Hainaut, elle commence à y apprendre l'allemand. Mais c'est une battante, une rebelle. En 1908, elle quitte l'orphelinat pour retrouver à Malines M. Petit, remarié. Un père avec qui elle s'entend aussi mal que possible. Si mal qu'elle sort le soir, traîne dans les bals où on la voit « allumer » les messieurs du haut de son adolescence radieuse de joliesse.

Tant va la cruche à l'eau bien entendu… Gabrielle fugue chez un oncle à Bruxelles, revient à Malines puis fugue à nouveau pour s'installer dans la capitale. Là, elle vit de petits boulots dont elle change presque aussi fréquemment qu'elle change d'amant, certains contre rémunération peut-être.

Mauvaise graine ? Pas tant que ça : jeune femme à la recherche d'une grande cause plutôt. Une cause qu'elle croit d'abord trouver dans l'amour d'un homme marié, liaison qui la conduit à une tentative de suicide en 1911 dans sa piaule de Molenbeek, commune de la banlieue bruxelloise qui acquerra, un siècle plus tard, le triste statut d'incubatrice du djihadisme en Belgique.

Sombre-t-elle dans le désespoir ? Non, car un couple de voisins émus par sa détresse prend cette rebelle sous son aile. Les Collet-Sauvage se font les parents qu'elle n'a jamais vraiment eus. Et mieux, Gabrielle découvre le grand amour en la personne d'un jeune sous-officier de carabiniers. Décidée à rompre avec les désordres de sa vie d'antan, elle se fiance sous peu avec Maurice Gobert.

L'invasion de la Belgique, contrainte d'entrer en guerre par le viol de son territoire, sépare les deux amoureux. Blessé, Maurice est hospitalisé à Anvers. Quant à Gabrielle, qui vient de perdre son père, elle s'installe près de Charleroi chez ses futurs beaux-parents avec lesquels, toujours rebelle, elle s'entend aussi mal qu'elle s'entendait avec son géniteur.

Fin mai 1915, Maurice parvient à gagner Bruxelles à l'issue de trois tentatives malheureuses de passage aux Pays-Bas. C'est pour apprendre que sa fiancée aurait repris sa vie désordonnée d'antan. Explications, cris, réconciliation. Sauf qu'avant de parvenir enfin à gagner les Pays-Bas, Maurice se persuade on ne sait pourquoi – médisance familiale peut-être – que Gabrielle serait… une informatrice des Allemands !

Quand les Gobert sont interpellés par l'occupant, la sœur de Maurice, certaine à tort qu'ils ont été trahis par l'orpheline, donne par vengeance l'adresse de Marie Collet. Arrêtée puis libérée au bout de quarante-huit heures faute de preuves, Gabrielle décide de passer en Angleterre où elle espère tout à la fois trouver la trace de Maurice et faire payer aux Allemands les malheurs de son pays.

Comment a-t-elle contracté le « virus » du patriotisme ? Difficile à dire, car après la guerre les innombrables récits politiquement corrects vont proliférer, tous aussi peu fiables les uns que les autres, au point de rendre… incompréhensible cet aspect pourtant essentiel de son engagement. Disons tout simplement que cherchant au milieu des éclats une cause depuis des années, Gabrielle la rebelle vient d'en trouver une à sa mesure dans la cause nationale belge. Ainsi vont les tempéraments héroïques qu'aucune crainte n'arrête dès lors qu'ils ont opté pour une voie.

Le 22 juillet 1915, la jeune femme entreprend sans complexe un officier britannique à bord du SS *Copenhagen*, un ferry qui assure la liaison entre les Pays-Bas et l'Angleterre. Toute sa vie y passe, sa détestation de l'occupant allemand, son besoin d'action, ce fiancé qu'elle veut retrouver. Assez pour que l'officier la mette en rapport avec le major d'artillerie Ernest Wallinger, qui, à Londres, dirige une structure de renseignement concurrente du MI 6 d'« Oncle Édouard » Cameron.

Détaché auprès de la WL Organisation, son nom officiel, un officier belge, le lieutenant Joseph Idle, s'occupe d'instruire cette nouvelle recrue. Une formation accélérée aux techniques de base du renseignement. Quoi chercher ? Où ? Par quels moyens ? Qui recruter ? Comment fabriquer des faux documents ? Comment dissimuler les informations secrètes collectées ? Comment les faire enfin parvenir à la centrale londonienne ?

Une firme commerciale néerlandaise bidon, la Compagnie céréalière de Flessingue, sur la côte hollandaise donc en pays neutre, sert à la fois de plaque tournante et de gare d'aiguillage aux services secrets britanniques. Son directeur, le Belge Van Tichelen, donne à « Marguerite Legrand » (le pseudonyme de l'agente de la WL Organisation) les moyens de regagner clandestinement la Belgique.

Gabrielle l'indomptable

Sa première recrue n'est autre que Marie Collet, sa quasi-mère adoptive. Mais contrairement aux consignes de Wallinger et de Idle, Gabrielle, suractive, ne se contente pas du travail de collecte du renseignement demandé. Engagée au sein du réseau « Le Mot du soldat », elle diffuse aussi *La Libre Belgique*.

Employée un temps dans une maison de mode, la Tournaisienne possède à la perfection l'art, très commode pour une clandestine, du déguisement. Fregoli, mais au féminin. La légende assure qu'elle se serait fait passer à l'occasion pour un lieutenant allemand, « Walter Henning ». Au 68, rue du Théâtre à Bruxelles, elle aurait loué deux pièces censées l'une abriter « Walter Henning » et l'autre la maîtresse supposée du lieutenant... c'est-à-dire encore elle-même ! Un moyen étonnant de ne pas attirer l'attention à force de la susciter.

Tout semble lui réussir. Déguisée en vendeuse de journaux, en bonne d'enfants, en voyageuse de commerce, Gabrielle se faufile dans les estaminets, écoute les conversations des officiers de l'armée d'occupation. S'essaie-t-elle au contre-espionnage ? La voilà en mesure de prévenir un compatriote résistant, Jean Bordin, qu'il est repéré par les Allemands. Plus tard, la IIIb accusera même « Marguerite Legrand » d'avoir fait exécuter un de ses agents belges, le nommé Ledoi.

Pour parvenir au quartier général de la WL Organisation, les informations qu'elle collecte, à caractère militaire le plus souvent, suivent un circuit bien balisé. Marie Collet sert de « boîte aux lettres ». Bientôt remplacé par Théodore Broeckx, un autre Belge, Fernand Vanandruwel, les confie à un agent de liaison, Lankens, qui les achemine à Flessingue aux bons soins de la Compagnie céréalière, laquelle les fait passer à Londres. Van Tichelen lui fournit aussi les moyens financiers qui lui permettent de subsister et de faire vivre son petit réseau fort d'une dizaine d'agents et d'agentes recrutés, comme Marie Collet, au sein de son entourage.

Pour autant, les signaux d'alerte se multiplient. Les Allemands sont sur sa trace. À Lille, ils l'auraient manquée une première fois de peu : pour échapper à la capture, l'agente secrète se serait faufilée dans la cuisine d'un voisin où les visiteurs indésirables l'auraient surprise en train d'éplucher paisiblement des légumes !

L'anecdote, comme tant d'autres concernant Gabrielle Petit, n'est pas avérée. Ce qui est certain, ce sont les arrestations simultanées de Broeckx et Lankens le 4 janvier 1916. Le 9, un mercenaire hollandais à la solde des Allemands, Nikola Keurvers, frappe à la porte de Marie Collet. L'inconnu réussit à duper la mère adoptive de Gabrielle. Puisqu'il a fourni le mot de passe, Marie le mène ingénument à la planque de « Marguerite Legrand ».

Comme disent les policiers, Gabrielle est « logée ». Pour gagner sa confiance, Keurvers lui remet une forte somme d'argent provenant, assure-t-il, de la Compagnie des céréales. En vrais professionnels, les Allemands se gardent d'ailleurs de l'arrêter tout de suite, attendant que les filatures leur permettent d'identifier ses contacts. Le 2 février, trois policiers font irruption dans sa piaule, la brutalisent, la fouillent puis l'entraînent en voiture à la Kommandantur, faisant fi de ses tentatives d'ameuter les populations.

Emprisonnée comme autrefois Edith Cavell à Saint-Gilles, Gabrielle s'y taille vite une solide réputation de battante. Elle refuse de répondre aux questions des enquêteurs, insulte les geôliers allemands, couvre les murs de sa cellule de graffitis vengeurs, hurle à tue-tête l'hymne national belge, *La Brabançonne,* ainsi que *Les Tournaisiens sont là,* la chanson souvenir de ses années d'enfance.

Jugée le 5 mars et condamnée à la peine capitale, elle est conduite au Tir national à l'aube du 1er avril. Selon le témoignage de l'aumônier Leyendecker, la rebelle refuse qu'on lui bande les yeux, fait face aux canons des fusils avant de crier « Vive la Belgique ! Vive le... ». Les douze balles du peloton l'empêchent de terminer sa phrase.

La Belgique d'après guerre fera de cette fausse mauvaise graine qui fit monter si haut le levain du patriotisme une héroïne nationale. Un honneur qu'elle n'a certainement pas volé. À l'initiative de la Ligue des patriotes, une statue de bronze à son effigie est érigée place Saint-Jean à Bruxelles et une place de Tournai, sa ville natale, baptisée de son nom. Sur sa tombe au petit cimetière de Schaerbeek, une commune de la banlieue bruxelloise, cette inscription : « Ici repose l'héroïne nationale Gabrielle Petit, fusillée par les Allemands. »

Des Allemands qui, en 1940, en gratteront les quatre derniers mots, comme pour effacer la trace du crime de leurs prédécesseurs, eux qui en commettront tant d'autres sous le signe de la croix gammée. Dans leur fureur, les occupants détruisent aussi le monument érigé en l'honneur de Philippe Baucq. Ils déboulonnent de même la plaque commémorative apposée sur la maison d'Edith Cavell.

En dépit de ces mesquineries, le sacrifice de Gabrielle Petit n'a pas été vain. Ainsi sauvera-t-il sa camarade française Louise de Bettignies. Pour un temps du moins...

8

Des soldates inconnues

D'un caractère l'autre, mais la détermination reste similaire. Prenez cette autre jeune femme très en avance sur son temps. Une dame indépendante, libérée. Pas au plan sexuel comme Gabrielle Petit – on ne lui connaît aucun amant ou même amante –, mais au plan intellectuel et social. Louise de Bettignies voyage seule à son gré et, en sus du français, manie avec aisance la bagatelle de six langues : anglais, allemand, italien, espagnol, russe, tchèque. Née le 15 juillet 1880 à Saint-Amand-les-Eaux, c'est une patriote dont l'action va préfigurer celle de ses émules dans le combat clandestin, les héroïnes des réseaux de renseignements antinazis pendant la Seconde Guerre mondiale.

Septième d'une famille de neuf enfants, Louise a suivi d'excellentes études en dépit des revers de fortune qui ont conduit son père à vendre la fabrique de porcelaine familiale, fournisseuse pourtant des grandes familles royales européennes. À 26 ans, cas rarissime pour une Française, elle entre au Girton, le collège féminin de l'université de Cambridge.

Gagnant sa vie comme répétitrice, cette cosmopolite voyage alors en Italie, en Allemagne, en Tchécoslovaquie. Et même en Autriche où elle croise furtivement l'empereur François-Joseph et gagne une partie d'échecs face au prince héritier de Bavière, Ruprecht von Wittelsbach. Sur ce, l'archiduc François-Ferdinand, future victime de l'attentat de Sarajevo qui déclenchera la Première Guerre mondiale, lui propose de devenir la préceptrice de ses enfants. En vain : Louise aurait dû renoncer à sa nationalité française, et ça, pas question. On a parfois du mal à se représenter le patriotisme des Françaises de l'époque. Il ne venait pas du cerveau mais des tripes...

Infirmière, Louise soigne parfois des blessés de l'armée du Kaiser dans la zone que les Allemands occupent dans le nord de la France depuis les débuts de la Grande Guerre. Elle rend souvent visite à son frère, curé d'Orsinval, près du Quesnoy (comme toute sa famille, la jeune femme est profondément catholique). Et justement, la voici tirée d'un contrôle d'identité malencontreux par Ruprecht de Bavière, en visite dans le secteur. Le château de Holeschau avant guerre, la partie d'échecs, les discussions avec Elvira de Bavière, cela crée des liens. Autant les mettre à profit, c'est pour la bonne cause.

Cette facilité à se faufiler en secteur allemand attire sur la jeune femme l'attention des services secrets français. En février 1915, un officier du 2e Bureau de la 2e armée du général Noël de Curières de Castelnau vient la rencontrer en toute discrétion dans sa maison de Saint-Omer, localité qui abrite certains éléments du quartier général du corps expéditionnaire britannique commandé par le général John French. Mlle de Bettignies accepterait-elle de devenir agente secrète ? Or peu après, les Britanniques lui font la même offre. Patron du MI 6 pour la France, le major Walter Kirke s'intéresse en effet à ses aptitudes linguistiques hors norme.

Négociations entre Alliés. Au final, les Français s'inclinent. Avec leur accord, Louise travaillera pour le MI 6. Elle suit un stage de formation au Bureau interallié de Folkestone (codes secrets, encres sympathiques, manière convenue de signaler un point sensible sur une carte, méthode pour identifier les différentes unités allemandes, calibres et caractéristiques techniques des pièces d'artillerie) et fait à cette occasion la connaissance du coordinateur britannique du renseignement, le major Cameron. Le MI 6 confie à sa nouvelle recrue française si prometteuse la création dans le nord de la France et en Belgique d'un réseau de renseignements. Baptisé initialement Ramble (Randonnée) il deviendra le « Service Alice » quand son frère, l'abbé Henri de Bettignies, parviendra à lui procurer un laisser-passer au nom, précisément, d'Alice Dubois.

De Folkestone, la jeune femme gagne la Hollande. Juste avant de passer la frontière belge, l'officier anglais qui l'accompagne lui jette sans se troubler : « Si vous êtes prise, nous ne pourrons rien pour vous, mais ce sera sans doute de votre faute. Bonne chance. » Difficile de se montrer plus clair.

L'évêque de Lille, Mgr Charost, dont en bonne chrétienne elle a sollicité au préalable la bénédiction pour ses activités de résistance, va beaucoup plus loin. Il lui présente en effet l'épouse de Paul Prouvost-Masurel, membre de la puissante dynastie d'industriels du textile. Or l'ecclésiastique ne l'ignore pas : c'est dans sa maison de Mouvaux que se réunissent des comploteurs antiallemands. Des patriotes qui fourniront les premières troupes du réseau.

The Queen of Spies

Marie-Léonie Vanhoutte par exemple. À 27 ans, cette infirmière roubaisienne de condition modeste a fait ses premières armes dès novembre 1914 dans l'exfiltration vers les Pays-Bas de son propre frère, qui brûlait de prendre rang dans l'armée française, et de trois autres candidats à l'évasion dont un Britannique. Et ce n'était qu'un début : ses allers-retours brassard de la Croix-Rouge au bras sous prétexte de visites à une tante moribonde attirent l'attention de la très observatrice Pauline Prouvost-Masurel. Laquelle prend l'initiative de mettre les deux jeunes résistantes en contact.

Entre Louise et « Ninie », le diminutif de Marie-Léonie, le courant passe immédiatement en dépit de la différence d'âge. Sous le pseudonyme de Charlotte Lameron, notre Roubaisienne est ainsi promue numéro 2 du « Service Alice ».

Les chefs de secteurs, eux, viennent de tous les horizons : Adolphe Lenfant, l'ex-commissaire spécial (renseignements généraux) de Tourcoing ; Willot, professeur à la faculté catholique de médecine lilloise ; Marsille, chef électricien ; le père Jules Pinte, professeur à l'Institut technique de Roubaix ; Verstappen, consul de Belgique à La Haye ; Marie-Thérèse L'Hermitte et l'abbé Chavatte à Haubourdin ; Horst, responsable du sous-réseau chargé de l'exfiltration de ses compatriotes militaires belges. Il n'en faut pas moins pour tenir les rênes d'un réseau d'environ 300 agent(e)s très professionnels bien que tous bénévoles répartis dans les villes et les villages de la région.

Un PC clandestin du « Service Alice » est installé à Lille, près de la porte de Béthune. Une attention particulière va être accordée aux centres ferroviaires comme Tourcoing ou, justement, Lille. C'est là que transitent les troupes et le matériel allemand en route vers le front. On adopte un code : V pour wagon de voyageurs, W pour wagon de marchandises, P pour plate-forme. Il se double d'un code numérique mentionnant les cargaisons (3309 pour des mitrailleuses par exemple), le numéro de la ligne empruntée, celui du poste d'observation. Citons parmi ces emplacements de guet le jardin de Marie-Thérèse L'Hermitte. Comme il surplombe la voie de chemin de fer Lille-La Bassée, cette jeune résistante de 21 ans peut compter les trains en tricotant de l'air le plus paisible du monde !

Bientôt surnommée *The Queen of Spies* au MI 6, Louise de Bettignies effectuera plusieurs allers-retours entre le Bureau interallié et le Continent. À l'été 1915, elle se rend à Folkestone. « Oncle Édouard » Cameron la présente alors au général George MacDonogh, directeur du Renseignement militaire anglais *(Military Intelligence)*, ainsi qu'au général French lui-même. « L'activité du "Service Alice" est extrêmement précieuse, pouvez-vous intensifier vos efforts ? L'extension de notre front vers le sud l'exige », demandent-ils à la jeune femme.

Malgré les risques, c'est oui !

« Prenez soin de vous-même », l'exhorte quand même French, un peu gêné de renvoyer ainsi une femme en plein cœur du combat clandestin. Avant de repartir, Louise rencontre une dernière fois sa mère, Julienne de Bettignies, au Touquet.

« J'ai le pressentiment qu'ils m'arrêteront bientôt, lâche Louise non sans émotion, car loin d'être une tête brûlée elle a pleine conscience des dangers encourus.

— Que peut-il t'arriver ? demande Juliette.

— Ils me fusilleront, je suppose », répond sa fille en haussant les épaules.

Début septembre, des messages codés du major Cameron l'informent que des bruits de trahison et d'infiltration dans son réseau courent. De fait, les Allemands prennent le « Service Alice » de plus en plus au sérieux. Léonie Vanhoutte tombe le 15 septembre à Froyennes, ce village typiquement nordiste qui s'allonge sur la route de Roubaix. Le 20 octobre, c'est le tour de Louise, piégée dans un estaminet de Tournai, le Café du canon d'or.

Entre la numéro 1 et la numéro 2 du réseau, cloisonnement oblige, aucun rapport apparent n'existe. Mais, acharnés, les enquêteurs allemands parviennent tout de même à l'établir. Une des planques du réseau, la pension Panderlaes à Bruxelles, apparaît en toutes lettres dans leurs dossiers respectifs, aussitôt rapprochés. S'ensuivent les méthodes habituelles : introduction d'un « mouton », Louise Ladrière, dans la cellule d'Alice à la prison Saint-Gilles ; fausses dénonciations mutuelles des deux compagnes de lutte. Rien n'y fait jusqu'au moment où « Ninie », à bout de force, craque et passe aux aveux quand l'occupant menace de s'en prendre à ses parents.

« Vos procédés sont infâmes », jette Louise au visage des officiers du conseil de guerre qui juge les deux animatrices du « Service Alice » en mars 1916. Une attaque cinglante qui laisse de marbre le procureur Stoeber. Ayant déjà requis et obtenu la tête d'Edith Cavell, ce magistrat militaire raide comme un piquet persiste et obtient la peine capitale pour Louise et « Ninie ».

Il se trouve que le scandale international causé par les morts de Miss Cavell puis de la jeune patriote belge Gabrielle Petit (*cf.* chap. précédent, p. 104) contraint tout de même les autorités d'occupation à plus de mesure. Du coup, les peines capitales des deux complices seront converties *in extremis* en détention à perpétuité.

Dans les prisons belges puis allemandes, un destin différent guette les deux Françaises. Malgré les soins de sa compagne d'infortune, Louise meurt le 27 septembre 1918 à l'hôpital Sainte-Marie de Cologne des suites d'une opération pratiquée sans hygiène à la geôle de Sieburg[1]. Ainsi disparaît celle que les Anglais surnommaient la « Reine des espionnes ».

Un titre que la Belge Marthe Cnockaert aurait tout aussi bien pu revendiquer...

1. Libérée après l'armistice du 11 novembre, Léonie va survivre un demi-siècle à Louise. Elle rendra son dernier souffle le 4 mai 1967, à Boulogne-Billancourt.

Quand j'étais espionne

Marthe a 22 ans au début de la Grande Guerre. Infirmière à l'hôpital municipal de Roulers, elle entre très tôt dans un des réseaux MI 6 du major Cameron. Nom de code : « Laura ». Le chef de réseau est un notaire beaucoup plus âgé, Brut Verhagen. Particulièrement résolu, il n'hésitera pas à faire exécuter le traître belge Louis Servaes. Portier dans un hôtel de Flessingue, Servaes était passé au service de l'occupant par appât du gain, entraînant son épouse hollandaise, laquelle sera épargnée, Verhagen estimant qu'on ne doit pas tuer les femmes.

« Laura » va recruter elle-même un des agents les plus décidés du réseau, Alphonse Le Coutrier. Enrôlé comme infirmier dans l'armée du Kaiser, cet Alsacien n'aura de cesse de poignarder cette même armée dans le dos. Il fait équipe avec un Polonais sous l'uniforme allemand, Stephan Piltowitz. Tombé amoureux d'une jeune Française de Lille, Renée Avallo, Stephan apprendra par hasard qu'elle fait partie des diffuseurs de *La Libre Belgique*. Hasard aussi mais infiniment cruel, ce jour où il découvre sur un bureau de l'état-major de son unité ces quelques lignes terribles : « Avallo Renée – jeune fille française – espionnage – suicide. » Le désespoir du Polonais hantera longtemps Marthe : « Suicide, cela n'était pas dans sa nature, ces damnés cochons l'ont assassinée. Je jure ici, ce soir, ma sœur [ainsi appelait-on les infirmières en Belgique], que pour chaque larme qu'elle a versée, j'aurai une vie. »

La figure la plus pittoresque mais la plus efficace aussi du réseau est à coup sûr Romany, du village de Swevezeele. Mariée une première fois, cette femme très dynamique a deux enfants qu'elle élève avec les trois du précédent mariage de son second époux, Jules Rondeels. Jules exerçait le métier de « voerman », soit livreur à domicile de courrier, de denrées, de paquets et de colis. Mais, à l'automne 1914, une grave maladie l'oblige à déclarer forfait. Pour faire vivre la famille, Romany Rondeels reprend le flambeau. Elle attelle donc chaque matin les chevaux de trait à la carriole pour faire la tournée de son mari empêché.

Vous devinez déjà que ce métier itinérant fait d'elle une agente de liaison rêvée. Rien de moins suspect que de la voir arpenter toute la région d'une maison à l'autre. Faute de revenus suffisants, elle doit néanmoins en changer pour un autre…

tout aussi commode au plan des services secrets. Avant d'aller les revendre en ville, Romany achète à présent des légumes, denrées rares en raison du blocus, aux fermiers de la région. Ainsi devient-elle fournisseuse attitrée de la cantine allemande de Roulers. Une cantine dont le sergent quartier-maître se trouve aussi être un agent du MI 6.

« Maman Cantine »

Surnommée « Maman Cantine » par ses camarades du réseau, Romany est on ne peut mieux placée pour sortir les renseignements collectés par le sergent et en recueillir d'autres auprès de soldats allemands qui ne se méfient aucunement de cette « brave bonne femme ».

Une « brave bonne femme » à l'activité multiforme : espionne et agente de liaison, elle sera également mobilisée pour le recueil et le logement à Swevezeele d'un officier britannique déposé de nuit par avion. Ensemble, ils vont organiser le sabotage d'un dépôt de munitions malgré l'étrange interférence d'un duo de militaires allemands traîtres à leur pays qui cherchent, eux, à vendre... des renseignements aux Alliés. L'officier britannique blessé accidentellement, « Maman Cantine » parviendra à le convoyer jusqu'à un hôpital.

Le courage et le dévouement de cette maîtresse femme vont connaître hélas une fin tragique. Afin d'avertir un camarade du réseau d'une sérieuse menace d'arrestation, Romany enfile un soir son déguisement favori pour les expéditions nocturnes : un vieux manteau et la casquette de son mari. Peu après, elle tombe sur une patrouille de la *Feldgendarmerie*. Évaluant son effectif à un simple tandem, elle laisse passer deux des Allemands avant de foncer dans leur dos en direction de la chaumière de son camarade. Mais il y a aussi ce troisième homme, leur adjudant, qui, trompé par cette silhouette faussement masculine, la casquette surtout, ouvre le feu. « Maman Cantine » s'écroule, morte.

« Je la connais, remarque laconiquement un des gendarmes. C'est la vieille marchande de légumes de Swevezeele, et j'ai toujours pensé que c'était une espionne. » Comme oraison funèbre, on fait plus chaleureux. Le travail du réseau n'en continue pas moins. Très précis, les messages que Marthe Cnockaert fait passer en France par messagers ou pigeons voyageurs concernent l'armée allemande, à laquelle, dans un habile double jeu, elle fait mine de délivrer des informations, inspirant une confiance indue aux sous-officiers du Kaiser (la jeune femme fraie rarement avec les officiers, des junkers, aristocrates imbus d'eux-mêmes qui daignent très peu lui adresser la parole).

Question *intelligence*, son métier d'infirmière s'avère en revanche des plus utiles. Non seulement il lui confère une grande mobilité, mais la « sœur » Cnockaert recueille par ce biais des confidences de détail qui, mises bout à bout, finissent par faire un renseignement. En 1915 par exemple, les allées et venues d'ingénieurs chimistes allemands à Roulers lui font prendre conscience de la proximité d'une attaque aux gaz de combat. Son message d'alerte parviendra à temps au Bureau interallié de Folkestone.

L'étau, lui, se resserre. Arrêtée, la jeune agente secrète risque sa tête. Le roi du Wurtemberg se souvient alors qu'en tant qu'infirmière Marthe a sauvé des vies allemandes, au point de s'être vu décerner une décoration. En foi de quoi, il commue sa peine en prison à vie. Délivrée par les troupes britanniques en 1918, la survivante sera décorée une deuxième fois par leur commandant en chef, le général Douglas Haig.

Après la guerre, Marthe Cnockaert épouse un officier écossais, John McKenna, qui l'aidera à rédiger un livre de souvenirs riche en détails sur la vie quotidienne d'un réseau sous la botte allemande en Belgique. Publié en 1934 sous le titre *I was a Spy !*, l'ouvrage bénéficiera, ce qui n'est pas rien, d'un avant-propos de Winston Churchill.

Le Vieux Lion, dont chacun connaît la passion pour les services secrets, l'action clandestine ainsi que la facilité de plume, aurait tout aussi bien pu inclure dans ses œuvres l'histoire de ce réseau très largement féminisé : la « Dame blanche »...

Étrange « Dame blanche »

Ingénieur de profession et chrétien de religion, Waltère Dewé est né en avril 1880 à Liège, berceau de sa famille depuis sept générations. Optant pour le service public, il travaille à la Régie des téléphones et des télégraphes et se marie avec une voisine, Dieudonnée Salmon, dont il aura quatre enfants.

Ce parcours de haut niveau mais sans rapport avec le monde du renseignement le conduit vers la résistance dès 1914, après la violation de la neutralité belge par les armées du Kaiser. Il y épaule son parent Désiré Lambrecht, un industriel qui a jeté les bases d'un petit groupe de rebelles aidé de son propre beau-frère, Oscar Donnay, ainsi que de deux pères jésuites, Jean Desonay et Arthur Dupont.

Sur le front stratégique du chemin de fer, Lambrecht et ses amis peuvent collecter une foule de renseignements pour la cause alliée. Le moindre convoi passant par Liège, Namur et Jemelle est repéré, son chargement évalué, les mouvements de troupes entre l'est et l'ouest signalés. À tel point que plusieurs semaines avant l'offensive allemande de février 1916 sur Verdun, certains de ses préparatifs auront été dévoilés aux Alliés. Mais il ne faut pas tenter le diable germanique : le 18 avril 1916, Lambrecht, arrêté, tombe sous les balles du peloton d'exécution.

Dewé n'hésite pas à prendre la suite de son parent. Et pour cela, il s'assure la complicité d'Herman Chauvin, ingénieur et chercheur scientifique de très haut niveau comme lui. Le père Desonay va former le troisième côté de ce triangle de direction, état-major initial du plus grand réseau de renseignements belge de la Grande Guerre, la « Dame blanche », 904 agents assermentés, plus 180 auxiliaires, soit un gros millier selon les pointages très minutieux de Dewé lui-même.

La « Dame blanche », pourquoi ? Parce qu'une vieille légende germanique assure qu'avant chaque décès d'un membre des Hohenzollern, la famille régnante sur l'Allemagne, un spectre féminin blanc hanterait les couloirs du château de Potsdam. Autrement dit un symbole de malheur pour le Kaiser.

Dirigée par le trio de fondateurs qui s'élargira en conseil suprême de six ou sept membres au gré des périodes et des rafles allemandes, la Dame se veut dès le départ une organisation structurée de type militaire. Trois bataillons – le terme en vigueur – sont mis sur pied à Liège, Namur et Charleroi. Chacun d'entre eux coiffe plusieurs compagnies, elles-mêmes divisées en pelotons. Les responsables aux divers niveaux de l'organisation portent des grades, de chef de bataillon à simple soldat. Les nouvelles recrues prêtent devant Dieu un serment de fidélité mais aussi de discipline. Une plaque de plomb leur est remise portant, marque supplémentaire de la profonde imprégnation religieuse de Dewé, la devise du réseau empruntée à saint Thomas d'Aquin : *Quantum potes, tantum aude* (« Ose faire quand tu peux »). Aux recrues de trouver à leur plaque une cachette indétectable, l'enterrer dans un endroit connu d'eux seuls par exemple. Après la guerre, cette méthode permettra d'identifier les agents de façon sûre.

L'organisation militaire est omniprésente. Les bataillons possèdent une unité spéciale dont les membres acheminent les courriers des pelotons et des compagnies jusqu'au PC bataillonnaire. Un agent trié sur le volet les convoie ensuite au quartier général de l'organisation, à Liège. Là œuvrent les membres du conseil suprême, le secrétariat général de dactylographie, son équivalent chargé de l'étude critique et de la synthèse des rapports, une section financière, un bureau d'étude des possibilités d'extension du réseau et... une aumônerie générale. Du travail de professionnels.

Au surplus, face à la très dangereuse *Geheime Feld Polizei,* la police secrète de campagne de l'armée du Kaiser, une unité de contre-espionnage a été mise sur pied sous le commandement du commissaire de police central de Liège Antoine Neujean, beau-père de Chauvin. Grâce à ces mesures de précautions rigoureuses, seuls 45 membres du réseau tomberont entre les mains ennemies. Cinq seront condamnés à mort dont deux exécutés, plus un décès en service actif.

Le « conseil de réserve » féminin

Pour la « Dame blanche » comme pour les autres réseaux, les liaisons avec la France sont difficiles, l'armée allemande bouclant les zones frontières. Mais, en septembre 1917, l'ingénieur Gustave Lemaire, missionné aux Pays-Bas par le réseau, entre en contact avec les Britanniques. Chef du Bureau militaire du MI 6 de Hollande, le capitaine Henry Landau est désigné pour « traiter » le réseau. À la suite de ses entretiens avec Lemaire, sept filières d'acheminement des informations vont être mises en place pour le « Service Dewé », comme disent les Britanniques.

Un réseau très différencié sur le plan social. À la base, on trouve bien entendu des « petites gens » comme les cheminots.

Mais il compte aussi 80 religieux ou religieuses, des ingénieurs et des hauts fonctionnaires, ainsi que des aristocrates comme Henri et Thérèse de Radiguès de Chennevière, dont le château de Conneux sert depuis 1914 de relais pour les prisonniers français évadés. Toute la famille Radiguès, parents, enfants et branches rapportées, est d'ailleurs mobilisée. Dewé leur demande de spécialiser leurs activités de résistance : c'est la règle au sein de la « Dame blanche » dont les membres, par souci de sécurité, ne doivent faire que du renseignement.

Parmi ces agents, 278 femmes sur le total de 904. Citons Jeanne Delwaide matricule n° 20 de l'organisation, responsable de la surveillance des convois ferroviaires d'Herbesthal, sur la ligne stratégique Aix-Liège-Bruxelles. Ou encore Jeanne Goeseels, veuve et courrier extraordinaire de l'organisation qui créera dans la province wallonne de Luxembourg le poste de Neufchâteau dont elle va recruter elle-même le chef, Albert Renoyet, avant d'être condamnée à mort par l'occupant, peine heureusement commuée en détention à vie.

En vertu d'une logique d'avant-garde pour l'époque, la diversité sociale et géographique du réseau se double d'une féminisation de ses dirigeants. En 1918, l'état-major de la « Dame blanche » décide en effet que le conseil suprême en activité, exclusivement masculin, sera doublé d'un « conseil de réserve » féminin. Les postes y sont distribués d'avance. En cas d'arrestation et de déportation en Allemagne de Dewé, Chauvin et Joseph Falloise, qui remplace le père Desonay déjà sous les verrous, Juliette Durieux deviendrait la chef du réseau, Thérèse de Radiguès en serait la sous-commandante et Laure Tandel, la sous-commandante de réserve. Au final, le réseau n'aura toutefois pas à recourir à ce dispositif...

Les « mamies » reprennent du service secret

Le 14 novembre 1918, trois jours après l'armistice, les membres de la « Dame blanche » sont cités en bloc à l'ordre de l'armée britannique. Quant au chef du corps expéditionnaire britannique sur le continent, le général Douglas Haig, il tiendra à recevoir Dewé et les principaux(ales) dirigeant(e)s du réseau le 31 mars 1919 pour les féliciter personnellement.

Les autorités belges se montrent plus chiches. Dewé sera simplement fait chevalier de l'ordre de Léopold avec liseré d'or et attribution de la croix civique de 1re classe, promotion accordée en période de paix à tout capitaine ou commandant comme à tout fonctionnaire de rang moyen totalisant vingt ans de service ! Mais pas vaniteux pour deux sous, il reprend sans broncher sa carrière au sein de la Régie belge des téléphones et des télégraphes.

La guerre déclarée par l'Angleterre et la France à l'Allemagne nazie après l'invasion de la Pologne, Dewé reprend contact avec le MI 6 dès le 3 septembre 1939, décision dont il informe personnellement le roi Léopold un mois plus tard. Au cours de la brève campagne précédant la ruée allemande de mai 1940, il fait la connaissance de Hector Demarque, un ingénieur de 37 ans. Dans les jours qui suivent la capitulation, les deux collègues séparés d'une génération se retrouvent, jurant de poursuivre ensemble le combat contre l'Allemagne nazie.

Ainsi commence la saison 2 de la « Dame blanche ». Début juin à Liège, la vieille garde du réseau se range sans hésitation derrière Dewé. Soit 8 femmes pour 4 hommes : Thérèse de Radiguès, 75 ans ; Laure Tandel, 65 ans et sa sœur Louise, 61 ; Jeanne Goeseels, 64 ans ; Jeanne Delwaide, 59 ans et les trois sœurs Gambier, plus jeunes : Jeanne, Valentine et Marguerite, 53, 49 et 46 ans.

De son côté, Demarque apporte des cadres frais tels Olivier Thimister, Rose Houyoux, Léon Calmeau, Jean de Moreau d'Andoy. Quant à la famille Dewé, elle sera tout entière mobilisée : la mère, Dieudonnée, et les enfants, Marie, Madeleine et Jacques. Seul Waltère fils, prisonnier de guerre, manque à l'appel.

Cette nouvelle « Dame blanche » prend pour le MI 6 le nom de « Service Clarence ». Lors d'une réunion cruciale le 18 juin, on décide que Dewé, connu depuis la Première Guerre mondiale et déjà recherché activement par les nazis, sera le responsable itinérant des contacts avec les autres groupes clandestins. Demarque assure pour sa part les fonctions de secrétaire général, organisateur matériel du groupe avec l'aide d'un conseil de direction de cinq membres. Le quartier général du Service est transféré à Bruxelles.

Comme pendant la Grande Guerre, il faut jeter les bases d'un système de communication fiable avec le MI 6. Après bien des péripéties, un premier poste commence à émettre dès le 30 octobre 1941 depuis le 51, boulevard de la Cambre à Bruxelles. Un opérateur radio qualifié, Marcel Verhamme, en a la charge. D'autres postes parviendront au « Service Clarence », rendant la liaison avec Londres permanente quoique très dangereuse en raison des repérages goniométriques de la *Funkabwehr*, le département allemand d'interceptions radio.

Le réseau fournit au MI 6 des renseignements de très grande valeur sur le transfert de minerai d'uranium en Allemagne, l'ordre de bataille ennemi dans les ports belges, la position des mines marines, les défenses antiaériennes, les transports ferroviaires mais aussi routiers. Plus tard sur les pas de tir des fusées V-2 qui frappent l'Angleterre.

Aussi rigoureuses que pendant la guerre précédente, les mesures de sécurité en usage permettent de limiter les dégâts, mais moins que pendant la Grande Guerre compte tenu de la brutalité nazie : 43 morts pour 1 547 agents et auxiliaires du réseau.

Dewé, qui a perdu par maladie son épouse Dieudonnée le 14 janvier 1943, est atteint de plein fouet un an plus tard par l'arrestation de ses filles, Madeleine et Marie, le 7 janvier 1944. C'est Jeanne Goeseels, sa vieille camarade de la Grande Guerre, qui lui porte la triste nouvelle. Or sachant que Thérèse de Radiguès risque de tomber à son tour, Dewé se rend, fatale imprudence, à son domicile du 41, avenue de la Couronne à Ixelles. Le lieu est déjà surveillé. Pris en chasse par les gestapistes, le vétéran de la Résistance est abattu en pleine rue le 14 janvier 1944.

Deux fois héros national, ses mérites, comme ceux de ses camarades de la « Dame blanche », semblent moins reconnus dans la Belgique d'aujourd'hui. À croire que pour faire sonner les trompettes de la renommée, le mythe vaut mieux que la réalité...

Le mythe noir de « Fräulein Doktor »

Dans l'imaginaire allié, la noirceur supposée de « Fräulein Doktor » s'oppose aux figures lumineuses d'une Edith Cavell ou d'une Louise de Bettignies. Pour la propagande anglaise, belge ou française, les agentes « amies » doivent en effet conserver un aspect virginal, y compris Gabrielle Petit à la vie sentimentale si agitée. Par contraste, leurs adversaires allemandes apparaîtront invariablement comme des sadiques perverses.

Dès l'été 1914, la rumeur se répand ainsi d'une beauté germanique qui interroge, séduit ou torture les prisonniers. Le mythe est en train de naître, et ce sont les Alliés eux-mêmes qui vont le forger : avec ses cheveux blonds, ses bas noirs, son fume-cigarette, son obsession pour les armes de poing, « Fräulein Doktor », créature fantastique entre réalité et fiction, va d'une certaine manière préfigurer le personnage de Marlène Dietrich dans le film de Josef von Sternberg, *L'Ange bleu*.

Cette tortionnaire germanique serait, croit-on, la muse noire du général Hans Harwig von Beseler, chef du IIIe corps de réserve allemand... mais vous n'y êtes pas, c'est la maîtresse du colonel Nicolaï, le patron de la IIIb... on l'aurait vu sous de fausses identités en France, en Suisse, en Hollande. Bref, elle serait partout !

Nulle part dans la réalité, même si deux agentes secrètes allemandes de haut vol parmi les 370 employées par la IIIb à l'été 1914 seront présentées après la guerre comme « la véritable Fräulein Doktor ».

Commençons par Annemarie Lesser. Fille à la sexualité précoce de riches commerçants d'origine juive, elle devient, à 16 ans, la maîtresse d'un lieutenant des hussards de la garde impériale, Karl von Wynanky. Assez pour horrifier ses parents, lesquels la mettent à la porte après qu'elle a accouché d'un enfant mort-né. L'affaire vaudra à son compagnon une mutation punitive en Prusse-Orientale. Annemarie s'installe alors à Berlin où elle va travailler comme vendeuse puis sténodactylo.

Rien qui prédispose à l'espionnage autrement dit, sauf que Wynanky vient d'être affecté à la IIIb. L'idée lui vient alors d'allier l'utile à l'agréable en renouant avec Annemarie. Un couple qui voyage en amoureux, quoi de plus passe-partout ? Ainsi maîtresse et amant espionnent-ils en toute fausse innocence les fortifications d'Anvers ou les travaux sur la voie ferrée Verdun-Charleville. Une seconde lune de miel qui tourne cependant au drame, quand Karl succombe soudain à une appendicite aiguë mal soignée.

Surmontant son chagrin, Annemarie accepte de remplacer son amant au sein de la IIIb. Un stage de formation dans les règles – codage et décodage, photographie, statistiques, relevés de fortifications, de voies ferrées, balistique, cartographie – fait d'elle une agente qualifiée, seule femme non militaire à figurer sur les rôles du Service. Une première mission la conduit à Milan, où elle parvient à secouer l'inertie de l'officier de renseignements en poste, le Bavarois Karl Schnickler.

Dès août 1915, Annemarie, matricule I-4-G, prend la direction d'une partie de la IIIb à l'Ouest[2]. Payant de sa personne, elle aurait effectué trois missions en France, deux en 1916 et une en 1917 ou 1918.

C'est surtout dans le contre-espionnage qu'elle démontrera ses qualités. Sans pouvoir rien prouver, les services alliés créditeront par exemple cette Fräulein Doktor-là de l'infiltration de l'agent double Gaston Quien au sein du réseau « Yorc » d'Edith Cavell et de ses amies. Mais si l'on ne prête qu'aux riches, la pauvre Annemarie Lesser, pitoyable morphinomane, mourra en août 1934, un an et demi après l'accession au pouvoir de Hitler, dans un sanatorium des alentours de Zurich...

Elsbeth en guerre secrète

Elsbeth Schragmüller a joué un rôle au moins aussi important dans le dispositif de renseignement impérial. Née en 1887 d'un officier prussien, cette intellectuelle sera l'une des premières Allemandes à acquérir des diplômes de science politique à l'université de Fribourg-en-Brisgau. D'où peut-être le sobriquet de « Fräulein Doktor », les Allemands décernant le titre de docteur aux personnes savantes en général, et pas seulement aux médecins. Mais on a surtout surnommé cette agente d'élite la « Baronne », et parfois « Mlle Schwartz ».

2. La IIIb opère aussi à l'Est, où, profitant des liens de famille entre aristocrates russes et germaniques, une comtesse allemande est parvenue à infiltrer avant guerre l'entourage du ministre de la Guerre Vladimir Soukhhomlinov.

D'abord affectée au contrôle postal du gouverneur général de Belgique, le général Colmar von der Goltz, Elsbeth intègre bientôt la IIIb. C'est que, côté allemand aussi, la censure sévit en étroite liaison avec les services secrets.

La jeune femme supervise la sélection et le recrutement des nouveaux agents. Mais voilà qu'en décembre 1914 son compagnon, le capitaine Karl Briem, tombe, victime d'un bombardement de l'artillerie alliée. Désespérée, Elsbeth décide d'honorer sa mémoire en s'engageant à fond dans l'espionnage. Début 1915, elle devient la responsable du secteur IIIb d'Anvers.

Après la défaite, la « Baronne » reprend sa carrière universitaire à Fribourg puis adhère au parti national-socialiste dont le maître propagandiste, Joseph Goebbels, fait d'elle une « héroïne allemande nazie » avant qu'elle ne meure de tuberculose en 1940.

Moins médiatisées que leurs homologues anglaises, belges ou françaises – malheur aux vaincues oblige –, les espionnes du Reich se sont montrées aussi résolues. Elles n'étaient d'ailleurs pas toutes allemandes comme on a pu le constater au chapitre précédent. À la liste des femmes exécutées en tant qu'agentes secrètes du Kaiser, on peut par exemple ajouter la Suissesse Régina Diane, fusillée en janvier 1918 pour « atteinte à la sécurité du port de Marseille ».

« Fräulein Doktor » ou pas, le jeu était périlleux de ce côté de la barricade aussi. C'est le lot de toute guerre secrète. Or, celle-ci va se poursuivre en temps de paix, mais avec un rôle minoré pour les femmes.

9

Des femmes d'*intelligence*

Dans les services secrets comme dans la société européenne tout entière, le retour à la paix suite à l'armistice du 11 novembre 1918 puis au traité de Versailles va engendrer à bref délai un retour à la norme traditionnelle.

Retour à la norme du côté des effectifs d'abord. La guerre ayant ruiné les finances des pays protagonistes, les personnels fondent à la vitesse V pour cause de nécessaires économies. Là où les officiers de renseignements se comptaient par dizaines, ils ne sont plus qu'une poignée.

Retour à la norme dans la composition interne des services aussi. À cette époque en effet, aucun responsable ne semble avoir songé à y intégrer quelques-unes des jeunes femmes qui, en France ou en Belgique, s'étaient illustrées par leur inventivité et leur courage. Glorifiées en tant qu'héroïnes, ces combattantes n'intéressaient pas en tant qu'officiers, nonobstant leur sérieuse expérience de terrain.

Dans deux cas seulement, notables il est vrai, l'Intelligence Service britannique ne suivra pas cette règle de non-féminisation.

La première de ces deux exceptions anglaises s'appelle Gertrude Bell, figure entre ombre et lumière comme seuls l'aristocratie et l'Empire britannique pouvaient en générer. Un bond dans le temps de novembre 1918 à juillet 1926 nous en convaincra aisément…

Le fabuleux destin de Gertrude Bell

Obsèques nationales. L'office terminé, on place dans une ambulance le cercueil, recouvert d'un drapeau britannique et d'un drapeau irakien. Arabe ou anglais, tout ce qui compte à Bagdad suit. Des soldats en grand uniforme encadrent le cortège sous les yeux d'une foule imposante.

Pas le moindre cri hostile. Le cimetière britannique de la capitale sera la dernière demeure de Gertrude Lowthian Bell, née en juillet 1868 et décédée trois jours avant son cinquante-cinquième anniversaire. Bell aux mille facettes : grande voyageuse, archéologue, muséologue, polyglotte, arabisante, alpiniste, officier de renseignements, collègue et amie de Lawrence d'Arabie, pilier de l'Empire, tutrice enfin de l'État irakien.

Fille d'un maître de forges, petite-fille de baronnet, ce personnage qui défie toutes les catégories, s'imposant même aux plus machos des machistes, a perdu sa mère à l'âge de 3 ans. C'est l'épouse en secondes noces de son père qui l'a élevée. Les deux femmes resteront d'ailleurs très proches.

Des femmes, des jeunes filles, on n'en compte qu'une poignée en 1886 à Oxford quand elles forcent, Gertrude au premier rang, les portes de ce temple masculin sous le regard désapprobateur de centaines de condisciples du sexe opposé (c'est vraiment le cas de le dire). Parmi ces pionnières en toge noire, bottines lacées et chapeau à large bords carrés, Janet Hogarth avec qui Gertrude va se lier.

Après de brillantes études d'histoire au sein de la vénérable université, Miss Bell tombe amoureuse d'Henry Cadogan, un diplomate britannique à Téhéran. Mais ses parents s'opposent à leur union et, pis encore, le jeune homme meurt en 1893 des suites d'une pneumonie.

Le besoin d'amour de Gertrude se reporte alors sur Charles Doughty-Wylie, officier, diplomate et écrivain. Un homme de grande qualité mais marié. Or ni l'une ni l'autre n'oseront se dresser contre les conventions sociales de leur classe et de leur époque. Grande figure féminine, Miss Bell n'a en effet rien à voir avec la conception moderne du féminisme. Les droits des femmes dans le sens où nous les entendons aujourd'hui ne l'intéressent pas le moins du monde. Aux antipodes de ses compatriotes « suffragettes » qu'elle couvrira de son mépris, cette aristocrate n'entend faire route qu'avec des hommes durs et virils.

Cela n'empêche pas les sentiments bien entendu, fussent-ils éternellement déçus. Après ces deux échecs amoureux, comprend-elle que le bonheur ne lui est pas destiné ? Gertrude va partager dès lors son existence entre trois passions : le monde arabe dont elle a appris la langue et qu'elle ira visiter à ses risques et périls, sans chaperon ni accompagnateur comme le faisait autrefois Lady Stanhope (*cf.* chap. 4, p. 49) ; l'alpinisme qui lui fera gravir les plus hauts sommets comme le mont Blanc, le Finsteraahorn ou le Cervin ; et l'archéologie où excelle justement David Hogarth, le frère aîné de son ancienne condisciple Janet Hogarth, conservateur du prestigieux Ashmolean Museum d'art et d'archéologie d'Oxford, le plus vieux musée universitaire du monde. Officier de réserve de la Royal Navy côté cour, Hogarth est, côté jardin, l'un des « dénicheurs de talents » les plus doués des services secrets de Sa Majesté, mélange de James Bond pour son grade de *Commander* et d'Indiana Jones pour sa « couverture » scientifique.

En 1914, c'est par exemple sur le chantier des fouilles archéologiques, dans les ruines de la vieille cité hittite de Karkemish, à 150 kilomètres au nord-est d'Alep, en Syrie, que Gertrude fera la connaissance de son cadet de vingt ans Thomas-Edward Lawrence, le futur Lawrence d'Arabie. Or il se trouve, voyez comme le hasard et Hogarth font bien les choses, que les 8 hectares du site jouxtent l'endroit où des ingénieurs allemands construisent un pont ferroviaire sur l'Euphrate dans le cadre de la construction de la ligne Constantinople-Bagdad, projet commun à l'Empire ottoman et à celui du Kaiser qui en inquiète beaucoup un troisième, l'Empire britannique…

Officier du Bureau arabe

En novembre 1914, à l'initiative des Jeunes-Turcs, les Ottomans foncent tête baissée dans la guerre mondiale aux côtés de l'Allemagne. De ce fait, le Moyen-Orient devient un front supplémentaire pour les Anglais. Un corps expéditionnaire britannique venu des Indes débarque à Bassora, aux confins de l'Irak et de l'Iran, dont les pétroles sont l'apanage de l'Anglo-Persian Oil

Company, nationalisée à la demande de Winston Churchill pour garantir l'autosuffisance de la Navy en hydrocarbures. L'objectif de cette Force D : remonter jusqu'à Bagdad.

Vieux routier des affaires impériales, Percy Cox, l'officier politique de la Force D, a justement choisi Gertrude comme son bras droit et sa *she-intelligencer* en qualité de secrétaire orientale. Une désignation qui ne doit rien au hasard : vice-roi des Indes, le baron Charles Hardinge se trouve être un proche de la famille de Miss Bell, chaudement recommandée de surcroît par le *Commander* Hogarth.

Les Bell en général et Gertrude en particulier appartiennent à ces dynasties de la classe supérieure anglaise qui identifient leurs intérêts à ceux de l'Empire. Dans ce petit milieu de haut lignage, tout le monde connaît tout le monde, et chacun travaille au maintien de l'ordre existant comme à la gloire de Sa Majesté. L'une des plus restreintes numériquement au monde, la classe dirigeante anglaise fait de cette spécificité une de ses forces : pas question de laisser le moindre talent en friche. Or Gertrude en regorge. Que sa connaissance du monde arabe, sillonné en intrépide exploratrice et dont elle manie la langue bien mieux que le futur Lawrence d'Arabie par exemple, serve à la Couronne, c'est la moindre des choses.

Reste qu'il lui faut s'imposer dans un monde d'hommes et que le soutien de Percy Cox, que Gertrude surnomme dans ses lettres le « Rocher de Brighton » eu égard à son flegme et à sa solidité, sera précieux à cet égard.

Après l'épisode de Karkemish, où elle a côtoyé le monde des services secrets en compagnie de T. E. Lawrence, Miss Bell y entre de plain-pied avec sa mutation provisoire comme *she-intelligencer* au MO 4, le Bureau arabe, ce service de renseignements dirigé contre l'Empire ottoman où elle va retrouver Lawrence. C'est là, au Caire, que s'élabore un nouveau plan britannique de stratégie indirecte contre les Turcs : pousser à la révolte la famille des Hachémites, descendants du Prophète et gardiens des Lieux saints de La Mecque. Une opération menée à bien par la suite, grâce tout spécialement à Lawrence. L'auteur des *Sept Piliers de la sagesse* y bâtira sa réputation de « roi sans couronne d'Arabie », légende qui finira par l'anéantir.

Bien sûr, nous n'en sommes pas encore là en mars 1916, quand Miss Bell et son cadet et ami effectuent de concert une mission secrète ordonnée par le MO 4. La tâche les met aussi mal à l'aise l'une que l'autre : ne leur demande-t-on pas en effet de corrompre le commandant ottoman des forces qui assiègent la division du major général Charles Townshend, coincée dans Kut-el-Amara ? Déshonneur vain au surplus, car l'affaire n'aboutit pas, Townshend se voyant contraint de déposer les armes, atroce humiliation pour l'Empire.

De retour auprès de Percy Cox, Gertrude entre à Bagdad en mars 1917 sur les pas du général Angus Maude dit « Systematic Joe ». Mais ce gouverneur provisoire du pays meurt l'année suivante, emporté par le choléra. Dès lors, l'avenir de cette femme d'exception sera irakien avant tout...

La « Mère de l'Irak »

Après l'arrivée de la petite armée hachémite à Damas en novembre 1918 sur les traces des cavaliers australiens du général Harry Chauvel puis au moment des négociations des traités de paix à Paris en 1919, Lawrence d'Arabie, mortifié et impuissant, a réalisé que ses contorsions personnelles ne parviendraient en aucun cas à imposer sur le trône de Syrie son ami le prince Fayçal ibn Hussein al-Hachemi, troisième fils du chérif de La Mecque.

La « solution hachémite » dont il était le pionnier s'avère difficilement praticable, ainsi que l'avait prédit deux ans plus tôt un autre émissaire clandestin de la couronne britannique. Nul autre que Saint-John Philby, père d'un des plus grands espions du XXe siècle, Kim Philby, dont nous parlerons un peu plus loin à propos d'un autre destin hors norme, celui de Janet Archer.

Remarquable arabophone lui aussi, Philby père milite pour la « solution wahhabite », du nom de cette tendance fondamentaliste de l'islam qui sous-tend l'avancée vers la mer Rouge de l'émir Abd-ur Rahman ibn Saoud. Or, en mai 1919, les « Frères du Croissant », fidèles à ce jeune chef de guerre, ont taillé en pièces les forces hachémites, contraignant leurs débris à un repli peu glorieux sur La Mecque.

En janvier 1921, Winston Churchill, alors ministre britannique des Colonies, convoque à l'hôtel Sémiramis du Caire une grande conférence impériale à laquelle Gertrude Bell, longue robe de soie, étole de vison et chapeau à fleurs sera la seule femme présente au milieu de 39 messieurs. Dont Sir Winston lui-même, qu'elle accompagne avec Lawrence pour une visite en dromadaire aux pyramides.

L'objectif principal du rassemblement cairote n'est pas touristique, on s'en doute. Il s'agit d'arrêter la nouvelle politique britannique au Proche et au Moyen-Orient. Celle-ci passe désormais par l'intronisation sur le trône d'Irak du prince Fayçal, chassé *manu militari* de Damas par l'armée française en juillet 1920. Une tâche qui échoit à Miss Bell, chargée de réparer les dégâts commis par l'intransigeance de son ancien supérieur hiérarchique, le très borné Arnold Talbot Wilson dit « AT ». En octobre 1920, cette nuque raide digne des puritains de Cromwell a été limogée et remplacée par le « Rocher de Brighton ». Mais plus qu'une autonomie du pays, impensable dans la mentalité impériale de l'époque, il s'agit d'impulser un gouvernement arabe sous contrôle britannique avant de jucher Fayçal sur le trône à Bagdad.

Débarqué à Bassora, le troisième fils du chérif Hussein constate que la chaleur de ses futurs sujets n'est guère au rendez-vous. Philby, qui l'accompagne et auquel il demande conseil, lui répond à sa manière, franche mais brutale : « Si vous avez l'intention de fonder votre campagne sur le fait que vous êtes le candidat désigné du gouvernement britannique, je pense que vos chances sont extrêmement minces. D'un autre côté, si vous déclarez que vous sollicitez le suffrage populaire en tant que champion de l'indépendance totale, je suis persuadé que vous avez plus de chances que n'importe qui. »

La chance de Fayçal, c'est peut-être Gertrude Bell, que le candidat à la monarchie rencontre le 30 juin à Falloujah, où ils sont venus ensemble solliciter le ralliement des tribus chiites rivales, les Aneizés, qui se rangent dans le camp de la Grande-Bretagne, et les Doulaim, qui lui sont hostiles. Le ralliement général intervenant, ce jour sera une des multiples réussites de terrain de Khatoun – « la Dame », comme les Arabes commencent à nommer l'ancien officier du MO 4.

Conquis, Fayçal lui promet bientôt un régiment dans l'armée qu'il veut bâtir, le Khatoun's Own. Des rapports complexes de séduction mutuelle s'établissent dès lors entre le roi, de dix-sept ans son cadet, et Gertrude. Ils ne dépasseront toutefois jamais le cap d'une sorte d'amitié amoureuse.

Reste que le 23 août 1921, à l'issue d'un référendum bidon monté de main de maître par Cox et Bell – 96 % de oui ! –, on peut passer aux cérémonies du couronnement. Détail ô combien révélateur : l'orchestre ne connaissant pas d'autre hymne national, c'est le *God Save the King* qu'il joue !

Or, plus au sud, dans la péninsule Arabique, le destin va bientôt basculer. Le 14 octobre 1924, les wahhabites, vêtus de blanc comme des pèlerins mais en armes, font leur entrée à La Mecque dans un ordre impressionnant. Un triomphe pour Ibn Saoud mais aussi pour Saint-John Philby, qui a quitté la fonction publique six mois plus tôt. Converti à l'islam en 1930 et admis au conseil privé du royaume d'Arabie saoudite, cet anti-establishment acharné fera en sorte de frapper au portefeuille cette classe dirigeante britannique qu'il abhorre en persuadant trois ans plus tard le souverain de conclure un accord pétrolier avec la seule Standard Oil of California au détriment de ses rivales anglaises.

Conseillère pour ne pas dire mentor de Fayçal, Khatoun n'aura pas vu ce jour sombre pour l'industrie pétrolière britannique mais faste pour sa rivale nord-américaine. Le 11 juillet 1926, de retour de sa baignade quotidienne, elle se couche dans l'après-midi, exigeant que nul ne la dérange avant 20 heures. Suicide ? Overdose ? Le lendemain, la quinquagénaire gît à côté de son flacon de somnifères bouchon ouvert. Empoisonnement par excès de barbituriques, conclut le Dr Dunlop, de l'hôpital royal de Bagdad. Ainsi disparaît, neuf ans avant Lawrence d'Arabie, une personnalité exceptionnelle dont l'action, secrète comme publique, aura porté un État sur les fonts baptismaux.

Sa cadette Janet Archer n'a jamais nourri une telle ambition. Pour autant, cette chasseuse de taupes émérite aura largement mérité du contre-espionnage de Sa Majesté. Après Gertrude Bell, elle va constituer la seconde exception à la règle de non-féminisation des services...

La chasseuse de taupes

Née en mars 1898 au Bengale, Kathleen Sissmore dite « Janet » ou « Jane » a suivi, encore enfant, ses parents au moment de leur retour en Angleterre. En 1916, elle n'est qu'une élève de terminale au Princess Helen's College d'Ealing, quartier résidentiel à l'ouest de Londres. Sujet précoce il est vrai, dont le corps enseignant a remarqué le sérieux, l'intelligence et la maturité. Trois raisons suffisantes pour que le MI 5 s'intéresse à elle, tuyauté dans la vieille tradition anglaise des services secrets par quelque prof « dénicheuse de talents », émule anonyme du *Commander* Hogarth.

Dépendant du ministère de l'Intérieur par opposition au MI 6 ou *Secret Intelligence Service* rattaché, lui, aux Affaires étrangères, le MI 5, organisme de contre-espionnage et de sécurité intérieure, est à la recherche de compétences nouvelles en cette période de guerre mondiale. Compétences exclusivement masculines en principe, son chef depuis 1910, Vernon Kell, étant d'avis que « les femmes ne font pas de bons agents des services secrets ».

Recrutée néanmoins mais seulement « à titre provisoire », Janet va suivre, parallèlement à ses activités au contre-espionnage, d'excellentes études de droit. Entrée dans la carrière par la petite porte, elle s'y taillera vite une place de choix. Dès 1922, on lui attribue d'ailleurs la responsabilité – capitale – du fichier des agents du MI 5, de leurs informateurs, de leurs contacts et de leurs cibles. Un ensemble documentaire poussif, confus et inefficace que Miss Sissmore parviendra à moderniser. C'est dire le degré de confiance qu'en dépit de ses préjugés le directeur Kell attribue à cette jeune femme de 24 ans seulement.

Titularisée, Me Sissmore (le titre lui revient depuis son succès de 1924 à l'examen du barreau) sera de fait le premier officier féminin de plein exercice de l'histoire du MI 5. Une femme de loi passablement atypique puisqu'en 1929 la voici patronne de la petite section de contre-espionnage soviétique à la division B (Enquêtes et investigations) que dirige Oswald Harker dit « Jasper », ex-commissaire de la police coloniale avec lequel ses rapports sont d'ores et déjà tendus. Dotée d'un caractère bien trempé, Janet n'est pas de celles qui se laissent marcher sur les pieds. Au contraire, elle a son franc parler, ce qui ne plaît pas du tout au sommet de la hiérarchie. D'un autre côté, les plus excentriques des officiers du service apprécient son côté pince-sans-rire, son humour, son talent à affubler les uns et les autres de sobriquets hilarants.

Le travail ne manque pas à la section soviétique. Compte tenu des liens étroits de la direction du *Communist Party of Great Britain* (CPGB, soit Parti communiste de Grande-Bretagne) avec les services secrets de Moscou, le royaume doit se prémunir des infiltrations. Celles-ci ont révélé leur ampleur en mai 1927, quand une cinquantaine de policiers de la Special Branch de Scotland Yard, le « bras armé judiciaire » du MI 5, ont investi le 49 Moorgate Street à Londres, siège de la All-Russian Co-operative Society (ARCOS), compagnie d'import-export à caractère para-officiel mais non diplomatique en même temps que « relais conspiratif » entre le CPGB et Moscou. Or quelques heures avant cette descente de police, les écoutes téléphoniques ont révélé que Wilfred MacCartney, permanent communiste mais aussi officier du renseignement soviétique, en avait averti les responsables de l'ARCOS. Résultat : quand les *bobbies* ont enfoncé la porte pour se ruer à l'intérieur, les employés de la firme, épaulés par un diplomate de l'ambassade russe, brûlaient déjà par paquets entiers les documents compromettants !

Trois tonnes d'archives ont tout de même été saisies, dont des documents cryptés appartenant aux services soviétiques. Mis au clair par les experts du *Government Code & Cypher School* (GC & CS), l'organisme britannique de chiffrage-déchiffrement, ils permettront d'établir à retardement le bien-fondé légal de l'opération menée par la Special Branch.

Comme Janet Sissmore ne tarde pas à le constater, l'affaire ARCOS va avoir deux conséquences importantes. À court terme, elle désorganise certes le réseau d'espionnage soviétique en Angleterre et les liens du Département des liaisons de l'Internationale communiste, le Komintern, et des services secrets russes avec l'appareil clandestin du CPGB. Mais à plus longue échéance, elle va pousser Moscou à modifier ses systèmes de codage, trop transparents pour le GC & CS, comme la démonstration publique vient d'en être faite.

Défenseuse du royaume aux côtés de « M »

Reste que Janet, bosseuse et méthodique, fait désormais autorité en matière de lutte contre l'infiltration communiste. Elle travaille notamment avec Charles Henry Maxwell Knight, sympathisant de l'extrême droite anglaise lui-même en rapport direct depuis 1923 avec l'officine patronale créée par George Makgill, un baron et industriel écossais. Dite « Organisation Makgill », l'agence de renseignements privée de Sir George fonctionne, le MI 5 *dixit*, « selon des règles quelque peu maçonniques ». Un signe de connivence en l'espèce puisqu'en Angleterre, la franc-maçonnerie est proche des milieux conservateurs, de même que le contre-espionnage. L'« Organisation Makgill » travaille aussi bien avec le MI 5 qu'avec le MI 6 dans un mélange privé-public déconcertant mais sans doute très britannique. Au sens conservateur du terme, du moins...

Connu dans le service comme « M » pour Maxwell, son prénom usuel (d'où l'idée de Ian Fleming de présenter dans les aventures de James Bond le chef de l'espionnage britannique comme « M » quand la tradition, elle, le désigne depuis 1909 par la majuscule « C »), Knight ne sous-estime en rien les capacités féminines en matière de contre-espionnage.

Peu après son entrée officielle au MI 5 fin 1931, ce fana de jazz, technicien hors pair de la manipulation d'agents, parviendra par exemple à introduire une de ses recrues, Olga Gray, dans le saint des saints du *Communist Party*. Repérée lors d'une garden-party conservatrice, cette jeune femme présentait à ses yeux deux qualités majeures : politiquement de droite, elle exerçait depuis cinq ans le métier de sténodactylographe.

D'abord secrétaire bénévole, puis rémunérée à temps partiel par le Parti, l'agente infiltrée montera progressivement « en structure », terme d'usage dans les services secrets pour de telles opérations, jusqu'à devenir la principale collaboratrice du secrétaire général du CPGB, Harry Pollit. Lequel va faire montre d'une confiance bien mal placée en chargeant Olga d'une mission de liaison pour le Komintern à Paris puis en Inde à l'été 1934. De l'avis général, celui du MI 5 d'une part, celui du CPGB de l'autre, mais selon deux visions opposées bien entendu, l'agente de « M » se tirera parfaitement bien de cette épreuve.

Dès juillet 1935, tout de même, ses nerfs, soumis à trop rude épreuve, finissent par craquer. En pleine dépression, la voilà admise à l'hôpital national pour les maladies nerveuses de Queen Square où, chacun de son côté là encore, ses deux employeurs, Pollit et Knight, lui font parvenir des fleurs histoire de la réconforter. Incapable de jouer plus longtemps le double jeu, la jeune femme quitte le secrétariat du CPGB pour travailler au sein d'une agence de publicité. Mais comme elle le précisera dans une fiche interne du MI 5 : « Suivant les instructions, je restai en contact, de manière purement amicale, avec Pollit et Glading. » Une rupture trop franche et trop brusque aurait semé le doute à son égard et poussé les « rouges » à réexaminer leurs procédures de sécurité, d'où le décrochage en douceur préconisé par « M ».

Pour préserver ce lien avec les deux chefs communistes tout en le distendant peu à peu, Miss Gray n'eut à vrai dire guère à se forcer : non seulement elle appréciait la sincérité de Pollit, mais elle avait probablement entretenu une liaison amoureuse avec Percy Glading, un prolo non moins convaincu de la justesse de sa cause et de la droiture d'Olga que son supérieur hiérarchique dans le Parti. En 1938, Glading sera arrêté par la Special Branch dans le cadre d'une affaire de vol de renseignements à l'arsenal de Woolwich. Traduit en justice au tribunal d'Old Bailey, il écopera de six ans de prison, Olga, appelée à la barre en qualité de témoin, se voyant au contraire félicitée par le juge pour son « extraordinaire courage ». Après quoi, « grillée » de toute évidence, la jeune femme émigrera au Canada vivre une autre vie sous un autre nom…

Sur la piste des agents de Moscou

Par souci d'efficacité et de réalisme, certains machistes des plus farouches peuvent, à l'image de Vernon Kell, mettre s'il le faut leurs préjugés sous le boisseau. Sa confiance en Janet Sissmore est telle qu'il la consultera en 1934 avant d'embaucher Dick White, plus tard directeur adjoint du MI 5. Ou encore en 1938 à propos du recrutement de Roger Hollis, futur directeur du même service de contre-espionnage.

En novembre 1939, Miss Sissmore devient Mrs Archer. Quelques heures avant la déclaration de guerre de la Grande-

Bretagne à l'Allemagne nazie, elle épouse en effet le *Wing Commander* John Archer, officier de liaison de la RAF avec le MI 5. Experte reconnue des affaires soviétiques, c'est elle qui, l'année suivante, sous le faux nom de « Mrs Moore », va interroger quatre semaines de rang Walter Krivitzky, un officier dissident du GRU, le service secret de l'Armée rouge, en compagnie du colonel Valentine Vivian, adjoint du patron du MI 6.

Ancien officier de l'armée des Indes, Valentine, dit « V. V. », brille principalement par sa suffisance et son manque de flair. Si les Anglais et non les Chinois avaient inventé la poudre à canon, ce bellâtre n'aurait certainement pas été de la partie. Mais Janet, si. Elle soutire d'ailleurs au transfuge du GRU des éléments troublants sur un jeune journaliste anglais au service – secret – des Soviétiques, correspondant de presse auprès du général Franco pendant la guerre civile d'Espagne.

À supposer qu'il l'ait connu, Krivitzky ne lui a pas révélé le nom de ce suspect. Comme le transfuge du GRU mourra en février 1941 aux États-Unis dans des circonstances étranges (suicide ? assassinat ?), on n'en saura pas plus. Pour autant, Archer prend soin d'enregistrer l'information, rangée quelque part dans une mémoire impressionnante, à faire pâlir tous les ordinateurs de la terre.

L'affaire ressurgira plus tard, et comment ! Mais pour l'heure, après le départ forcé de Vernon Kell, admis à faire valoir ses droits à la retraite en août 1940 après quatre décennies de bons et loyaux services, c'est « Jasper » Harker, l'ennemi juré de Janet, qui prend les leviers de commande du MI 5. Vexé par les critiques acerbes récurrentes de cette professionnelle beaucoup plus expérimentée que lui, Harker va la pousser vers la sortie au moment précis où elle se trouvait à deux doigts de démasquer le journaliste évoqué par feu Krivitzky. Nul autre que Kim Philby, et derrière lui ses amis du cercle d'espions soviétiques de Cambridge à l'œuvre pour gangrener les services spéciaux et la diplomatie de Sa Majesté…

Deux « collaboratrices secrètes » recrutent l'espion de Cambridge

Furieuse, Archer frappe sans attendre à la porte de Broadway Buildings, le quartier général de la « maison d'en face », le MI 6, où on lui fait bien entendu un accueil de reine. D'abord, on l'affecte à la section des affaires irlandaises en charge de la lutte contre les indépendantistes de l'*Irish Republican Army*, l'IRA, dont le combat pour la réunification de l'île d'Émeraude turlupine de façon récurrente les Anglais. Autrefois considérées comme purement intérieures donc relevant du MI 5, ces affaires comportent un volet extérieur depuis l'accession à l'indépendance de la majeure partie de la Verte Erin, fin 1921, et un volet intérieur du fait du maintien des six comtés du Nord dans le Royaume-Uni.

La haute technicité de Mrs Archer est sans doute appréciée ici comme ailleurs. Reste que l'Irlande n'est pas vraiment sa tasse de thé. De retour à ses premières amours, la voilà d'ailleurs logiquement mutée en 1944 à la section IX, le contre-espionnage soviétique. Tout irait pour le mieux si le patron de ce département n'était autre autre que... Philby soi-même !

Plus que jamais « collaborateur secret de l'URSS » selon la terminologie en vigueur à Moscou, cet agent double de très haut niveau a tiré le meilleur parti de la taille réduite de la classe dirigeante anglaise où « tout le monde se connaît » (pensons à Gertrude Bell). Comme ses camarades les « Cinq Magnifiques » de Cambridge, Anthony Blunt, Guy Burgess et John Cairncross, il taille sa route dans la hiérarchie des services de renseignements britanniques, le cinquième du groupe, Donald MacLean, opérant, lui, au sein des ambassades.

Intervenu dès 1934, soit dix ans avant l'arrivée de Janet Archer dans la section IX, le recrutement de Philby fut l'œuvre d'un duo de *she-intelligencers* liées à l'INO *(Inostrannyi Otdel)*, le service de renseignements extérieur de l'URSS.

Fille d'un couple de propriétaires terriens juifs hongrois, la plus importante de ces deux « collaboratrices secrètes », Alice Friedmann née Honingmann, a vu le jour en mai 1910. Connue de ses amis sous le nom de « Litzy », cette jeune femme s'est installée à Vienne, dont elle conservera la nostalgie toute son existence. Sa Vienne à elle semble aux antipodes de celle que

Hitler a décrite dans *Mein Kampf* : une capitale cosmopolite où cette militante liée à l'appareil clandestin du KPÖ, le Parti communiste autrichien, rencontre donc Philby, son cadet de deux ans.

Muni d'une lettre d'introduction d'un de ses professeurs communistes, Maurice Dobb, le jeune homme est venu en Autriche comme journaliste débutant au *Daily Telegraph*. En quête d'une cause propre à jeter sa gourme tout en réglant les comptes de son père avec l'establishment anglais tant haï, cet étudiant frais émoulu du Trinity College de Cambridge connaîtra alors une double révélation. Révélation amoureuse en la personne de « Litzy » dont le voilà épris, sentiment d'ailleurs partagé. Mais aussi révélation politique en février 1934, à l'heure des combats urbains entre l'armée régulière autrichienne et le Schutzbund, milice sociale-démocrate appuyée par la section paramilitaire du KPÖ. Muni de son passeport britannique, Philby se met alors à la disposition de l'appareil clandestin pour exfiltrer certains des cadres communistes les plus menacés et maintenir les liaisons entre les cellules clandestines d'un KPÖ bientôt battu à plates coutures.

Afin de la protéger de la police autrichienne, le jeune homme épouse « Litzy » avant de la ramener en Angleterre. La jeune femme y continuera d'entretenir des liens étroits avec le Département des liaisons du Komintern en pleine absorption par l'INO. Elle manipule Kim, mais lui la manipule aussi, comme ce personnage dénué de scrupules va d'ailleurs le faire en instrumentalisant l'une après l'autre toutes les « femmes de sa vie ».

En fin de compte, c'est au communisme et à lui seul que Philby restera toujours fidèle. Communisme qui, sur la base des rapports fournis par sa toute récente épouse, envisage désormais de le recruter dans ses services spéciaux. Pour cela, deux avis valant mieux qu'un, il faut le soumettre à une sorte de test de fiabilité technique et idéologique. Sur la suggestion de « Litzy », une autre collaboratrice patentée de l'INO, Edith Tudor-Hart, sonde donc aussi discrètement que possible la recrue potentielle entre deux discussions anodines autour d'une tasse de thé. Ainsi joue-t-elle le rôle de *razrabotchik* (dans la terminologie soviétique : un agent chargé d'évaluer la fiabilité d'une recrue potentielle).

Au service secret de Staline

L'avis favorable de cette photographe-espionne débouche en juin 1934 sur une première rencontre sur un banc de Regent's Park entre Philby et Arnold Deutsch, alias « Stephan Lang », alias « Otto », ancien disciple du psychanalyste marxiste autrichien Wilhelm Reich chargé de constituer un réseau soviétique outre-Manche.

Intelligemment chambré par Deutsch, qui lui parle dans une première étape d'une mystérieuse « organisation antifasciste internationale » à épauler, puis de quelque chose de plus secret encore et ainsi de suite, le jeune homme accepte sans broncher cette entrée dans le « grand jeu » des services de renseignements. Première consigne de son officier traitant qu'il connaît sous le pseudonyme de « Otto » : faire oublier son passé gauchiste en gagnant par étapes crédibles le bord politique inverse, la droite dure, où ses chances d'infiltration au sein de l'establishment sont infiniment meilleures. Devenu journaliste professionnel, Philby s'en va donc bientôt couvrir la guerre d'Espagne côté nationaliste comme envoyé spécial du prestigieux *Times* auprès de l'état-major du général Franco. S'il ne parvient pas à assassiner le Caudillo comme on le lui a demandé, il profite de cette position stratégique pour collecter des renseignements de valeur, dûment transmis à l'INO par l'intermédiaire de « Litzy ».

Une blessure à la tête provoquée par un obus de l'artillerie républicaine sur le front de Teruel fin 1937 va permettre à l'agent de l'INO de peaufiner sa nouvelle couverture dès son retour en Angleterre. Amant en titre d'une grande supportrice de Franco, Frances Doble dite « Bunny », Kim a trahi la cause, déplorent ses anciens amis de gauche de Cambridge. Un renégat qui préfère le côté où l'assiette est beurrée. On ricane, on condamne, mais l'illusion, elle, est parfaite...

Pour l'instant, laissons Kim Philby aller vers un grand destin d'agent double et suivons celui de « Litzy ». Avant de mourir en 1981 dans cette Vienne adorée pour sa liberté de ton aux antipodes du monde communiste pour lequel elle militait, l'ancienne du KPÖ, plusieurs fois remariée, vivra après la Seconde Guerre mondiale de longues années de purgatoire sous l'œil de la Stasi. Dans l'atmosphère étouffante de l'Allemagne de l'Est, elle va s'entourer d'amis marxistes juifs, caustiques envers le régime et contestataires mais pas trop. Tant que Philby n'était pas démasqué officiellement outre-Manche (cela n'interviendra qu'en 1963 après son exfiltration vers Moscou à bord d'un cargo soviétique), mieux valait pour l'INO et son héritière, la Première direction principale du KGB, garder sous la main une agente si bien informée – et pour cause – de ce lourd secret.

Un secret que Janet Archer, on l'a vu, fut près de percer à jour au moment des révélations de Walter Krivitzky, elle qui travaille désormais à la section IX du MI 6 sous les ordres de Philby, candidat potentiel à la direction générale du service secret de Sa Majesté...

La femme qui menaçait la super-taupe

On ne peut pas dire que le chef du contre-espionnage soviétique du MI 6 et lui-même agent double au service de l'URSS ait apprécié la venue à ses côtés d'une chasseuse de taupes aussi expérimentée que Mrs Archer. Dans *Ma guerre silencieuse*, ses Mémoires publiés sous le contrôle du KGB en 1968, Philby admettra d'ailleurs sans fard avoir craint le pire à cette époque :

« Valentine [le fameux "V. V."] m'annonça que Janet Archer était disponible, suggérant qu'elle ferait une excellente recrue pour la section IX. Cette suggestion me causa un choc désagréable, d'autant que je ne voyais aucun motif plausible de la décliner. Après Guy Liddell [futur directeur adjoint du MI 5], Jane était peut-être l'agent de renseignements le plus capable jamais employé par le MI 5. Elle avait passé une grande partie de sa vie à étudier les activités communistes sous tous leurs aspects. C'était elle qui avait interrogé le général Krivitzky, l'officier des services secrets de l'Armée rouge qui était passé à l'Ouest en 1937 avant de se suicider quelques années plus tard aux États-Unis, toutes ses illusions perdues. Elle avait réussi à lui soutirer des bribes de renseignement sur un jeune journaliste envoyé en Espagne par le service secret soviétique durant la guerre civile. Et voilà qu'on la parachutait chez moi ! »

On comprend l'émoi de la super-taupe, qui, histoire de détourner son attention, va charger l'avocate de traiter la masse considérable de liaisons radio concernant les mouvements de résistance d'Europe orientale. Une foule de messages dont Philby prétendra qu'ils démontreraient la loyauté des communistes envers la cause alliée tandis que Mrs Archer, forcément plus méfiante, y verra plutôt la preuve de leur incroyable efficacité dans le noyautage des organisations « bourgeoises ».

La suite de l'histoire – chute du rideau de fer, instauration des « démocraties populaires » sous la pression de l'Armée rouge, découverte en Angleterre et aux États-Unis de la trahison des Cinq de Cambridge, exil de Philby au Liban comme journaliste et donc exfiltration en URSS – donnera évidemment raison à Archer.

De retour au MI 5 trois décennies après sa première admission « à titre temporaire », cette infatigable traqueuse de taupes est la seule femme admise à interroger Igor Gouzenko. Chiffreur des messages du GRU à l'ambassade d'URSS à Ottawa, ce dernier, dégoûté par le régime stalinien, a fait défection en septembre 1945, dessillant enfin les yeux des plus aveugles quant à l'ampleur des menées d'espionnage soviétiques en Occident pendant les années de guerre contre l'Allemagne nazie et le Japon.

Les révélations du transfuge d'Ottawa vont conduire, entre autres, à la mise sous surveillance de Klaus Fuchs, un physicien allemand antinazi exilé politique en Grande-Bretagne depuis septembre 1933 et qui, attaché à l'université d'Édimbourg, n'a cessé de fournir au GRU de précieux renseignements sur le projet anglo-américain de fabrication de la bombe atomique à partir de l'uranium 235. Un dossier que Janet Archer suivra personnellement, et qui conduira à la condamnation à douze ans de prison de Fuchs, réfugié peu reconnaissant envers son pays d'accueil. Le physicien n'en purgera que neuf puis, dès sa libération, s'empressera de gagner l'Allemagne de l'Est. Celle-ci récompensera ce héros prolétarien en lui confiant la direction de l'Institut de recherche atomique de Dresde…

L'avocate officier du MI 5 figure aussi parmi les rares bénéficiaires des fruits du programme « Venona », décryptement riche en renseignements des communications radio du temps de guerre mondiale entre Moscou et l'ambassade d'URSS à Washington ou le consulat de San Francisco par les services américains. Programme dont l'existence ne sera révélée au public qu'en 1995, bien après la mort de Mrs Archer.

En 1952, un an après l'exfiltration en URSS *via* la France de deux des Cinq de Cambridge, Burgess et MacLean, et tandis qu'en conséquence les soupçons sur Philby se précisent, Archer s'intéresse au quatrième homme du groupe d'espions, l'Écossais John Cairncross. Lequel n'en finira pas moins ses jours indemne de toute poursuite judiciaire. De même, soit dit en passant, que le cinquième, l'esthète Anthony Blunt, qui, passé aux aveux, poursuivra sa carrière de grand connaisseur en peinture au point de devenir… le conseiller personnel de la reine Elizabeth II pour ses achats de tableaux ! Il ne sera démasqué publiquement par la presse britannique comme ancien agent soviétique qu'en novembre 1979…

Un pool de renseignements avec les trotskistes

Dans les années 1960, Archer, inventive s'il en est, a poursuivi sa trajectoire de façon pour le moins paradoxale : en montant plusieurs opérations astucieuses telles que la création d'un pool de renseignements sur le KGB avec… les dirigeants trotskistes de la *Socialist Labour League* (SLL du vieux militant Gerry Healy). Bien entendu, les militants, dont l'actrice de théâtre et de cinéma Vanessa Redgrave et son frère Corin Redgrave, n'étaient pas au courant de ce petit arrangement, qui n'impliquait qu'un noyau restreint d'initiés. Figure majeure de la réalité du contre-espionnage britannique, elle a aussi servi de modèle à John Le Carré pour le personnage de fiction de Connie Sachs dans *La Taupe*, l'autre étant Milicent Bagot (*cf.* chap. 24, p. 423). Voici comment le romancier, ancien du MI 5 (où il a travaillé sous les ordres de « M » Knight) puis du MI 6, devenu auteur de thrillers d'espionnage à succès, trace son portrait à l'heure où George Smiley, chargé de repérer l'officier de renseignements anglais au service du KGB, double romanesque de Kim Philby, la retrouve : « Deux yeux sagaces, humides comme ceux d'un bébé, le toisaient. Un charmant sourire finit par s'épanouir sur ce visage sans couleur et Miss Connie Sachs, ex-reine de la Documentation au Cirque, manifesta une joie sincère. C'était une grande femme, plus grande que Smiley d'une tête. Une crinière de cheveux blancs encadrait son large visage. Elle portait une veste marron, genre blazer, et un pantalon avec élastique à la taille, et elle avait le ventre qui pendait comme celui d'un vieil homme. »

Impossible de dire si Janet Archer, que sa seule photo connue présente jeune en robe d'avocat avec la perruque traditionnelle des magistrats britanniques, correspondait ou non à cette description pas franchement flatteuse. On ignore d'ailleurs ce qu'elle a pensé du thriller de Le Carré. Ce que l'on sait, c'est que le sentiment du devoir chevillé à un corps de plus en plus fatigué au fil des années, la chasseuse de taupes mourra en septembre 1984, retraitée elle aussi, soixante-huit ans après son entrée au contre-espionnage.

10

Agentes de l'Armée rouge en France

Pour les Russes, la période finale de la Grande Guerre coïncida avec les débuts de la dictature bolchevique. Une main de fer instaurée par le putsch d'octobre 1917, improprement appelé « révolution » alors qu'il mit en branle non la classe ouvrière, mais seulement quelques cohortes de militaires déserteurs encadrés par les militants du parti de Lénine et commandés par un leader rallié de fraîche date au bolchevisme, Trotski.

Archi-minoritaire, le nouveau régime ne perd pas de temps pour s'imposer grâce à son arme principale : la terreur, théorisée par Lénine. Le 20 décembre 1917, le Conseil des commissaires du peuple, premier nom du gouvernement, crée la *Vserossiiskaïa Tcherzytchaïnaïa Komissia po Borbe s Kontrrevoliutsiei i Sabotajem* (Commission panrusse extraordinaire pour la lutte contre la contre-révolution et le sabotage).

L'homme qui prend la tête de cette police politique totalitaire en construction, la Tcheka, s'appelle Félix Dzerjinsky. Né en août 1877 dans une famille de petite noblesse polonaise russifiée, il a passé onze années de sa vie derrière les barreaux ou en exil. Époux d'une militante, c'est d'ailleurs dans la prison pour femmes de Varsovie qu'est né son fils en 1911. Aux yeux de ce fanatique, la cause de la révolution absout d'avance les crimes commis en son nom.

Si les femmes ont joué un rôle mineur au sein du parti bolchevique à l'exception de deux d'entre elles : la Franco-Russe Inessa Armand née Pécheux d'Herbenville, seule à pouvoir faire vibrer le cœur de Lénine mais qui mourra dès octobre 1920 du choléra, et l'intellectuelle préféministe Alexandra Kollontaï, l'intelligentsia révolutionnaire russe prémarxiste s'est en partie construite autour de figures féminines très puissantes telles que Vera Figner, Maria Spiridonova ou Vera Zassoulitch.

Résulte de cette expérience originale une relativisation utilitariste du machisme : pourquoi se priver des compétences féminines si elles peuvent servir la cause ? « Non genré » comme on dit parfois aujourd'hui ou plus simplement asexué, le marxisme-léninisme vise avant tout l'efficacité. À ce titre, ses normes de fonctionnement diffèrent par certains aspects de celles du modèle traditionnel « bourgeois ».

Même si les hommes tiennent les leviers de commande du renseignement extérieur, qu'il s'agisse du GRU, créé en 1918, ou de l'INO, créé en 1920 et qu'on a vu opérer en Autriche et en Angleterre au chapitre précédent, l'emploi de femmes n'y est pas découragé. Pour ne citer qu'elle, Natalia Zvonareta, la secrétaire du Letton Jan Berzine, patron du service secret de l'Armée rouge de 1924 à 1935, restera en poste bien après l'arrestation de son chef, puis sa liquidation comme « contre-révolutionnaire ».

Des femmes de toutes nationalités ont travaillé pour le compte du renseignement soviétique dans l'entre-deux-guerres. Pourquoi ne pas commencer par celles, à la fois semblables et différentes, qui ont opéré dès le milieu des années 1920 en France ?

Louise Clarac, au service du GRU

Née en juin 1895 à Cognac, Marie-Thérèse Eugénie Louise Clarac, couturière puis dactylo, a connu Jean Cremet l'année de ses 30 ans. L'époque très exactement où le PCF l'a expédiée à Marseille sous le nom de « Mademoiselle Margot » pour y devenir la secrétaire de ce militant breton, membre du bureau politique au sein du Comité d'action contre la guerre du Maroc.

L'armée française combattait alors avec difficulté la rébellion d'Abd al-Krim al-Khatabi, chef charismatique du Rif qui rêvait d'ériger cette zone montagneuse du Maroc septentrional en État indépendant. Pour le PCF et ses tuteurs du Komintern, cette guerre coloniale faisait fonction de test « anti-impérialiste » en vraie grandeur. D'où l'envoi de Cremet à Marseille. D'où ses discours enflammés appelant de meeting en meeting les femmes à l'action : « Trop peu d'entre elles ont été mobilisées. Et pourtant, elles sont aussi ardentes que les hommes quand il s'agit de lutter contre la sale guerre. Elles savent bien qui tue leurs fiancés, leurs maris, leurs frères, leurs fils. »

Sans doute ces fières paroles eurent-elles leur petit effet. Quoi qu'il en soit du rapport entre élans politiques et secrets d'alcôve, Louise, cheveux bruns coupés à la garçonne, regard sombre mais profond, devint la maîtresse de Jean, petit rouquin plein de charme auquel elle rendait tout de même quelques bons centimètres.

Sa compagne, mais aussi sa complice, car, sous sa double couverture d'élu municipal du XIVe arrondissement de Paris et de secrétaire général adjoint du PCF, Jean dirigeait en pratique le réseau français du service secret de l'Armée rouge, le GRU. Une toile d'araignée tissée dans les arsenaux (Cremet lui-même était un ancien chaudronnier de celui d'Indret, dans ce pays nantais où il avait vu le jour), les usines d'armement, les poudreries, les parcs d'artillerie, les fabriques de torpilles ou encore les centres de recherche aéronautique. Alliant la romance à l'espionnage, Louise en devint très vite le numéro 2. Quand Jean, contraint tout de même par ses occupations publiques, n'était pas disponible, c'est la jeune femme qui s'occupait du recrutement des nouveaux agents et des liaisons.

À ce jeu, Louise se montra d'une efficacité impressionnante. Sans cesse à la recherche de nouvelles filières et de nouveaux contacts, cette espionne formée sur le tas arpentait la France du nord au sud. Tranchante et impérieuse, elle intimidait ses interlocuteurs masculins, ne leur laissant jamais le temps de dire non à ses exigences. De quoi constituer un réseau dense et différencié de *rabcors*, l'abréviation russe pour « correspondants ouvriers ». C'est que, voyez-vous, il ne s'agissait pas d'espionnage, mot bourgeois vulgaire, mais de « défense des prolétaires », pas d'agents secrets mais de « travailleurs politiquement conscients » affectés à une « tâche spéciale ».

Très spéciale de fait. Voyez Clarac à l'œuvre. Représentant de commerce dans les Bouches-du-Rhône, l'ancien quartier-maître de la Marine nationale Rousset fait les frais des pressions de la jeune femme fin 1924, quand elle lui met en main une « liste de commissions » écrite. Ce questionnaire détaillé porte sur des données techniques aussi diverses, précises et compromettantes que les systèmes de motorisation de plusieurs modèles de chars d'assaut, l'épaisseur de leurs cuirasses, leur rayon d'action.

La « liste de commissions » du GRU comporte néanmoins quelques erreurs, fruits d'une traduction trop approximative de son texte original en russe. Ainsi le tank modèle C2 qui inquiète tant le commanditaire soviétique du réseau, Ivan Maslennikov alias « Dick », ex-officier de cavalerie rouge et *rezident* du GRU à Paris, n'existe-t-il pas au sein de notre armée. Autre détail trahissant un certain manque de maîtrise des termes techniques, aucun officier d'artillerie français n'aurait parlé de « tirant » mais de « traction ». Il n'empêche que malgré ses imperfections le document relève de l'espionnage militaire pur et simple, fût-il justifié par une prétendue « défense de la cause ouvrière » ! C'est d'ailleurs ce que comprend immédiatement Roussel, maudissant en son for intérieur son vieux copain « Tatave » Rabaté, membre de la commission exécutive confédérale de la CGT, qui lui a adressé cette donzelle si diablement curieuse.

« Octave m'a dit que vous étiez très débrouillard, conclut la dame. De toute façon, je vous écrirai. Je signerai les lettres Louise… Louise tout court, sans nom de famille. » Sur ce, l'ex-couturière quitte sa nouvelle recrue. C'est qu'elle a affaire à Toulon. De là, elle gagne Marseille pour y expédier par la poste un télégramme d'apparence anodin à « M. Hubert Lévy », rue de Buci à Paris. C'est l'adresse d'un hôtel où Cremet se fait adresser son courrier sous ce faux nom.

Le réseau Cremet-Clarac

Un peu plus tard, Louise et Jean, flanqués du troisième membre du « triangle de direction » du réseau, une quadragénaire parlant le français avec un accent slave, se rendent à Nantes afin d'y rencontrer un ouvrier d'arsenal, Pierre Le Dorze. Son copain Cadro, employé lui aux chemins de fer, jouant les Sganarelle, Le Dorze fait connaissance de cet étrange trio dans un café du quai de Richebourg. L'homme et les deux femmes veulent des renseignements sur les hydravions en construction, les plaques de blindage fabriquées aux Forges et aciéries de Trignac, les expériences secrètes de laboratoire, les exercices de tir et les transports d'artillerie. Rien que ça ? Eh bien non, puisqu'ils lui suggèrent par-dessus le marché de dénicher un informateur aux chantiers navals de Penhoët.

« Est-ce que tu lui as bien posé les quatre questions ? » s'enquiert Louise en consultant un carnet noir. Cremet fait oui de la tête. La grande brune du GRU extrait alors de sa poche une petite liasse de papillons. Elle trace quelques lignes sur l'un d'entre eux : « Madeleine Clarac, 95, rue du Faubourg-Saint-Martin (pour Renée). » Madeleine Clarac, autrement dit sa sœur cadette, sympathisante communiste non encartée mais d'accord pour lui servir de boîte aux lettres. Quant au prénom « Renée », il figure parmi la liste des pseudonymes de la numéro 2 du réseau, qui se fait aussi appeler « Louise Labeaume ».

Quand les opérationnels français du GRU revoient Le Dorze le 5 février 1925 à Saint-Nazaire, c'est pour constater que l'ouvrier n'a aucune envie de se muer en espion. S'il n'ose pas dire ouvertement non, son manque d'enthousiasme saute aux yeux. Mécontent, Cremet bat alors la retraite générale. Mieux vaut détaler avant que quelqu'un ne le reconnaisse dans cette Loire-Atlantique où il a tout de même été le secrétaire fédéral du parti communiste jusqu'en janvier 1924, date de son arrivée à Paris.

Sur le chemin du retour, Louise ne semble pas aussi mortifiée que son amant. À Marseille, argue-t-elle, Rousset se révèle un agent remarquable. Pour communiquer avec le réseau, l'ouvrier d'arsenal disposera bientôt de deux boîtes aux lettres à Paris : « Louise », chez Mme Chevaux, 151, rue Lamarck, et « Renée », chez Defrence, 6, rue Ernestine. On compte sur lui pour fournir des statistiques sur les réserves secrètes d'obus à gaz des arsenaux, renseignements beaucoup plus proches des besoins de l'Armée rouge que de ceux de la classe ouvrière française dont les membres du réseau se réclament comme d'habitude à tout bout de champ.

Ce réseau étant depuis plusieurs jours sous l'œil du Service de surveillance des espions de la Sûreté générale, sa numéro 2 fait preuve d'un optimisme bien excessif. Repérés, Cremet et Clarac font en effet l'objet de filatures, en particulier en région parisienne où suivre une personne à la trace est plus facile que lors des déplacements en régions.

Cette vigilance résulte de la première entrevue de Louise avec Roussel. La crème de ses agents, croit-elle bien à tort. Car il existe un début à tout et, pour la première fois, une de ses recrues lui a claqué entre les doigts. Dès leur prise de contact initiale, Roussel, inquiet, s'est en effet confié à la police. Remontant toute la hiérarchie, on a fini par envoyer l'ancien officier marinier à Borelli, le commissaire spécial de Marseille, autrement dit le patron local de ce que l'on appellera plus tard les « Renseignements généraux ». Lequel Borelli informe ses collègues les commissaires Louis Ducloux, vétéran des « Brigades du Tigre », les unités mobiles régionales de la police judiciaire créées en 1907 par le ministre de l'Intérieur Georges Clemenceau, et Charles Faux-Pas-Bidet. Outre un patronyme peu courant, ce dernier possède la caractéristique d'avoir expulsé Trotski de France en 1916 avant d'être lui-même arrêté puis expulsé en 1918 par le même Trotski de Russie, où il opérait sous couverture diplomatique comme officier français de contre-espionnage.

Depuis ce signalement, Roussel abreuve Louise, donc le GRU, de renseignements biaisés forgés avec l'aide d'officiers français de confiance spécialistes dans leur domaine : des artilleurs, des tankistes, des marins. Une technique classique d'intoxication de l'adversaire en attendant de le mettre hors d'état de nuire.

Le réseau Cremet-Clarac constitue une affaire d'espionnage des plus sérieuses, d'où le soin, et donc le temps, que les hommes de la Sûreté vont mettre à en repérer les nombreuses ramifications. L'intox *via* Roussel n'étant plus tenable à la longue, c'est en avril 1927 qu'ils se décident à frapper. Leur coup de filet permet la mise sous les verrous de nombreux *rabcors*, y compris le numéro 4 du réseau, le serrurier Pierre Provost. En revanche, tous les membres du triangle de direction vont passer à travers les mailles.

Roger Faligot et l'auteur du présent livre l'ont établi à l'issue d'une longue enquête sur les mille vies de Cremet, dirigeant du PCF, officier du GRU en France et en Chine puis déserteur des services secrets soviétiques, ami et inspirateur d'André Malraux, dissident réfugié à Bruxelles, fournisseur d'armes aux républicains espagnols pendant la guerre civile, créateur dans le Pas-de-Calais d'un réseau de résistance rattaché au MI 6 britannique : le petit rouquin et sa grande brune de compagne, qui étaient recherchés à Paris, ont été exfiltrés en URSS par la Baltique[1].

Disparus corps et biens

Accueillis à bras ouverts et logés à l'hôtel Lux, la base arrière du Komintern, le couple y fréquente le gratin du monde communiste international, y compris leur compatriote Maurice Thorez, bientôt secrétaire général du PCF. Tout irait donc pour le mieux si Jean, tête de bûche de Breton, n'avait pas l'idée de manifester quelques réserves sur la mise au pas de l'opposition interne à Staline en s'abstenant ostensiblement lors d'un vote « à l'unanimité ».

Notre Nantais a déjà le cou sur le billot quand le GRU décide de l'envoyer en Chine fin 1929 sous le faux nom de « René Dillen », un Belge, pour s'occuper d'achat d'armes[2]. Ainsi fournira-t-il en équipements militaires les maquis ruraux d'un certain Mao Zedong.

En septembre 1931, résolu à déserter le Komintern et déjà muni à cette fin d'un faux passeport, Cremet rencontre André et Clara Malraux à Shanghai. C'est en compagnie de ces nouveaux amis qu'il regagnera la France à l'issue d'un long périple, non sans avoir inspiré à André quelques éléments de son futur roman, *La Condition humaine*. Et quelle France ? Celle de Louise, qui, après des années d'isolement et de démoralisation à Moscou, est parvenue, de retour au pays, à renouer avec sa sœur Madeleine et sa mère Eugénie, laquelle partage son existence avec un peintre sur porcelaine de Limoges, Jamet.

De crainte que la police ne la retrouve, l'ancienne numéro 2 du réseau vit sous un faux nom. Larguée par un GRU qu'elle n'intéresse plus (trop compromise en France pour être utile, trop liée à cet incontrôlable Cremet qui semble s'être volatilisé

1. *Cf.* Roger Faligot, Rémi Kauffer, *As-tu vu Cremet ?*, Paris, Fayard, 1991, et *L'Hermine rouge de Shanghai*, Rennes, Les Portes du large, 2005.

2. À cette époque, le renseignement militaire soviétique est en charge de la formation et de l'entraînement au soulèvement armé des détachements de choc des divers partis communistes, les *Tchon* (acronyme russe pour *Tschasti Osobavo Nasnatchiiaa*, soit « Sections à destination spéciale »). Comme Cremet, ses cadres sont formés à la prise de contact avec les trafiquants locaux en vue de l'achat d'armes dont il leur incombe de vérifier la qualité.

puisque les enquêtes diligentées par le Komintern n'ont pas permis d'en retrouver la piste), la voilà contrainte de s'adapter pour survivre.

Cinq ans auparavant, au moment du coup de filet policier de 1927 contre le réseau, Jamet, sympathisant communiste de longue date, était parvenu à récupérer *in extremis* les meubles du petit rouquin du GRU, et notamment son « armoire à secrets » bricolée par un copain ébéniste. On peut toujours lui faire confiance, d'autant qu'il a ses entrées à la mairie « rouge » de Saint-Junien, petite cité voisine de Limoges qui s'enorgueillit d'une très belle collégiale ainsi que d'une spécialité culinaire, la bouriquette.

C'est grâce au peintre sur porcelaine et à ses amis que Jean va disposer, après Louise, de faux papiers. Des « vrais-faux » puisque son identité nouvelle doublonne celle de Gabriel Peyrot, authentique croix de guerre 1914-1918 et présentement authentique portier de la Bourse du travail de Saint-Junien, laquelle abrite en 2019 une salle de cinéma.

Ces documents à demi falsifiés vont permettre au déserteur du Komintern de s'installer à Bruxelles sous son nouveau nom de « Gabriel Peyrot », de gagner l'Espagne républicaine à l'appel de son ami Malraux puis, à l'été 1940, de quitter la Belgique face à l'avancée des troupes nazies pour s'installer à Saint-Pol-sur-Ternoise, dans le Pas-de-Calais. Saint-Pol où, avec sa nouvelle compagne Jacqueline Héroguelle d'Amiens, il animera un réseau de renseignements rattaché au MI 6 britannique avec comme principal objectif les rampes de lancement de V-1 allemands de Siracourt.

Louise ne l'a pas toujours accompagné dans ces nouvelles aventures (y compris féminines, car l'ancien agent secret est aussi un grand séducteur capable de jouer de sa part de mystère pour plaire aux dames). Ils se séparent, se retrouvent – par exemple pendant la guerre à Saint-Pol où elle fera un temps « ménage à trois » avec Jean et Jacqueline sous le nom de « Marie-Thérèse Voisin » –, se séparent à nouveau. En février 1947, alors qu'elle s'est réinstallée à Limoges, le couple décide de se reformer même si Jean entretient une liaison avec Marcelle, assistante sociale à la mairie de Vitry qui prend des congés maladie réguliers pour se rendre à Bruxelles. Mais le 14, alors que venant de France Louise s'approche toute joyeuse de la capitale belge, elle blanchit soudain, s'écroule sur la banquette. « Congestion cérébrale », diagnostique un médecin. Il faut l'hospitaliser. À l'arrivée à Bruxelles gare centrale, on descend Louise sur une civière. Jean, qui l'attendait, se précipite : « Vite une ambulance ! J'habite 42, avenue Gustave-Latinis. » Transportée dans l'appartement de son amant, Louise y meurt le lendemain.

Jean Cremet, lui, décédera le 5 mars 1973 pour être enterré sous son faux nom à Libin, à 2 kilomètres de l'endroit où, mobilisé dans l'infanterie, il avait été blessé au pied en août 1914. On ne peut pas en dire autant d'« Olga », la femme à l'accent slave du triangle de direction du réseau Cremet-Clarac...

La baronne rouge-brun

Les bolcheviks ne détestaient pas l'aristocratie tant que ça. Prenez la baronne Maria von Beckendorff dite « Moura », maîtresse de Robert Bruce Lockhart, le consul anglais à Petrograd depuis janvier 1918, mais aussi de Maxime Gorki, ce grand écrivain russe que le régime léniniste naissant courtisait.

Très distinguée quoique passablement sinueuse, Moura commença par jouer un rôle trouble dans les complots improvisés anglais, français et américains contre le pouvoir bolchevique avant de passer, par pur opportunisme, au service secret de l'URSS en qualité d'informatrice mondaine. En Grande-Bretagne par exemple, où elle devint la compagne d'un autre écrivain, britannique celui-là, Herbert G. Wells, l'auteur de *La Guerre des mondes*, tout en continuant à fréquenter Lockhart.

Baronne, en voici une autre, encore plus haute en relief. Née en 1885 à Rostov, Lydia Chkalov a épousé un gros propriétaire terrien aux vastes domaines en Crimée, le baron Stahl. Ils auront un fils. Le bonheur, ou tout du moins l'entente du couple, serait parfait si la révolution d'Octobre ne privait le baron de ses biens. Ruiné, il gagne Constantinople avec femme et enfant, puis s'embarque pour les États-Unis.

L'homme a de la ressource. Agent de change à la Bourse de New York, il ne tarde pas à rétablir sa situation financière tandis que Lydia suit les cours des Beaux-Arts à l'université Columbia. Non seulement très belle mais aussi très cultivée, elle parle couramment le français, l'anglais, l'allemand. Quelques mots de finlandais aussi, et le russe bien sûr.

Mais en 1918, c'est le drame : l'enfant meurt. Rongée par le chagrin comme le fut vingt ans plus tôt Mata Hari, la jeune femme, résolue à tout oublier en changeant de vie, agit de la même façon que sa devancière néerlandaise en rompant brutalement avec son mari. Elle divorce et repart pour l'Europe.

La voilà à Paris, où elle suit des cours de droit tout en s'inscrivant en chinois à la Sorbonne. Chaleureuse, sympathique et franchement sexy, elle se fait de nombreuses relations. Son seul souci : la baronne a besoin d'argent. Beaucoup d'argent, donc quantité d'amants, car elle ne tarde pas à monnayer ses charmes. Avec succès puisque plusieurs figures politiques importantes de la IIIe République vont fréquenter son salon, ou plus précisément son lit (peut-être Anatole de Monzie, radical-socialiste indépendant des formations partisanes qui entrera au Sénat en 1920). Assez pour attirer sur elle l'attention du GRU. En l'occurrence celle, probable, de Walter Krivitzky, cet officier que nous avons vu interrogé par Janet Archer au chapitre précédent et dont on sait qu'il mourra d'une balle dans la tête dans un motel américain en février 1941 sans qu'on puisse déterminer avec certitude aujourd'hui encore s'il s'est suicidé ou si on l'a suicidé.

Pour peu que le service secret de l'Armée rouge puisse la rémunérer « correctement », Lydia n'a rien contre un peu d'espionnage sur l'oreiller. Et même beaucoup contre beaucoup d'argent puisqu'elle ne tarde pas à passer au stade industriel en se dotant d'un petit appareil photographique afin de reproduire les documents confidentiels interceptés. D'ailleurs, dans sa corbeille de divorcée, n'a-t-elle pas apporté son plus fidèle amant, le professeur Louis Martin, directeur du chiffre de la Marine nationale pendant la Grande Guerre toujours très au fait des questions navales ?

En 1924, « Dick » Maslennikov, déjà *rezident* du GRU en France, décide de mettre les talents de cette *female-intelligencer* atypique au service du réseau Cremet-Clarac. Sous le nom de code d'« Olga », la baronne vient constituer le troisième côté du triangle de direction. C'est ainsi qu'elle participera, en février 1925 à Nantes, à la tentative de recrutement de Pierre Le Dorze. En le confrontant à deux jolies femmes, peut-être s'agissait-il de mieux circonvenir l'ouvrier d'arsenal.

Si Ducloux, Faux-Pas-Bidet et leurs adjoints au Service de surveillance des espions ont bien appris l'existence d'une certaine « Olga », ils n'arriveront jamais à mettre un nom propre derrière ce pseudonyme. Lydia parvient en effet à prendre la poudre d'escampette. Comme Jean Cremet et Louise Clarac, mais en sens géographique et politique inverse puisqu'en 1928 elle regagne les États-Unis munie d'une forte somme en faux dollars dont le GRU a décidé d'inonder les « pays capitalistes », manière de récupérer grâce à de fructueuses opérations de change les vraies espèces indispensables à son propre financement.

La baronne rouge travaille d'abord avec le *rezident* aux États-Unis Alfred Tilton puis, après le rappel de cet agent expérimenté à Moscou, avec son successeur Nicholas Dozenberg. Idée de génie croient-ils : les deux agents du GRU créent grâce à leurs dollars bidon une firme cinématographique, l'American Export Film Company. Hélas pour eux, le trafic de fausse monnaie est découvert par le FBI. C'est en catastrophe qu'ils devront regagner l'Europe, Berlin pour Dozenberg et Paris pour Lydia.

Maquerelle et espionne free lance

Tout en renouant avec Louis Martin, la baronne s'inscrit à l'École des langues orientales. Une couverture pour travailler sous les ordres d'un responsable berlinois, le Yougoslave Serguei Bogdanovič Markovič, et d'un nouveau *rezident* soviétique en France, Boris Rachevsky.

Contrairement à feu Mata Hari, agente de très basse intensité, c'est d'espionnage de haut niveau qu'il s'agit. Fin 1932, par exemple, Lydia met le pied à l'étrier à Branco de Voukelič, en partance pour le Japon comme correspondant de plusieurs journaux français et de l'agence Havas et sous peu adjoint du légendaire Richard Sorge, l'as de l'espionnage soviétique au pays du Soleil levant.

Le problème, c'est que Rachevsky, fou amoureux de la jeune femme, manque de fermeté envers cette agente de moins en moins contrôlable qui, payée en quelque sorte au rendement, se lance de ce fait dans la surenchère afin de couvrir ses besoins exponentiels d'argent. Pour y recevoir ses nombreux amants et/

ou clients, elle transforme sa luxueuse villa de la rue de Charonne en maison de rendez-vous. Et quels habitués ! Le colonel Octave Dumoulin, rédacteur en chef de la revue *Armée et démocratie*, un des théoriciens militaires les plus en vue de l'époque ; l'ingénieur Albert Aubry, du ministère de la Guerre ; le professeur Reich, directeur du service de recherches biologiques du même ministère ; Maurice Milice, de celui, tout neuf, de l'Air.

De fait, la quadragénaire s'est transformée en mère maquerelle *free lance*. Pour cette femme de tête et de sexe, l'espionnage n'est en effet pas affaire de conviction mais de numéraire, dont elle craint maladivement de manquer. Un *business* en somme. Parmi ses « filles » : l'institutrice française d'Algérie Madeleine Mermet ; la dentiste roumaine Riva Davidovici ; la *Yankee* Pauline Jacobson ; l'Eurasienne Chantal Salman ; la Polonaise Clara Berkovitz. Un harem international en plein Paris. Et parmi les clients de Mme la baronne côté espionnage, l'Abwehr, le renseignement militaire allemand auquel elle va fournir des informations détaillées sur les explosifs et les mitrailleuses en dotation dans l'armée française. Le pire pour le GRU, c'est qu'à cause de l'aveuglement enamouré de Rachevsky, Moscou mettra plusieurs mois à se rendre compte que sa propre agente l'a « doublé » dans les grandes largeurs.

En 1933, année de l'accession au pouvoir de Hitler, un couple étrange débarque à Paris pour y renouer avec Lydia, vieille connaissance au temps de sa période américaine. Fille d'un chauffeur de taxi londonien, Marjorie est devenue l'épouse de l'héritier d'un gros industriel du New Jersey, Robert Gordon Switz. Militante communiste de longue date, elle a manipulé intelligemment Robert pour le convertir à la cause. Recruté par le GRU, le couple lui a notamment fourni des éléments du plan de déploiement nord-américain en cas de troubles à Panama.

Les deux époux viennent prendre le relais de Rachevsky, rappelé à Moscou suite au passage à l'Ouest d'un de ses courriers. Avertis par la centrale, ils devraient faire preuve de vigilance envers Lydia. Or c'est le contraire qui survient. En quelques mois seulement, les voilà « vampirisés » par la baronne, Robert sous son emprise sexuelle et Marjorie brûlante de jalousie à guetter le premier faux pas de sa rivale.

Fin 1933, une des amies intimes de la baronne, Ingrid Boström, arrêtée par le contre-espionnage finlandais, passe aux aveux. Helsinki en informe Paris. Quand la Sûreté perquisitionne en conséquence chez les Switz, elle saisit des documents. Le couple s'acharne dans la négation jusqu'au moment où une analyse de police technique établit que les deux cheveux collés sur des rouleaux de pellicule déposés par un correspondant non identifié au consulat français à Genève appartiennent bien à Marjorie. Développées, les photos révèlent un code secret du GRU.

Dix ans de prison

L'enquête se poursuit. En juillet 1934, sans que la Sûreté ait fait le rapprochement entre la mystérieuse « Olga » du réseau Cremet-Clarac et la chef du réseau « Stahl », l'ensemble des agents de la mère maquerelle sont arrêtés. Elle-même couche à la prison de la Roquette. Son procès démontrera l'extraordinaire ascendant sexuel de cette presque quinquagénaire sur ses propres agents, qu'elle accueillait presque tous dans son lit. Il va donner lieu à des dénonciations mutuelles entre Marjorie, exhalant une haine féroce contre celle qui lui a pris son époux, et Lydia, arguant que, simple maquerelle, elle ignorait tout des activités secrètes de l'agente du GRU.

Faute de parvenir à convaincre le tribunal, la baronne écope de dix années de détention. Elle n'en purgera que six, car dès 1940 l'Abwehr fait le tour des prisons françaises pour récupérer ses agent(e)s sous les verrous. Extraite de sa cellule de Fresnes, la baronne est transférée à Berlin, où elle rencontre le patron du service de renseignements militaire allemand, l'amiral Wilhelm Canaris. Lequel néglige au passage une personnalité pourtant intéressante : Nadejda Skoblina, qui mourra le 2 septembre 1940 à la prison de Rennes à l'âge de 66 ans sans que l'occupant ait pris la peine de l'interroger. Surnommée « le Rossignol de Koursk », cette cantatrice très populaire dans le milieu des Russes blancs exilés en France était l'épouse en troisième noces du général Nikolaï Skobline, officier tsariste « retourné » par l'INO. Trois ans plus tôt, le 22 septembre 1937, le général et « le Rossignol » avaient joué un rôle clé dans l'enlèvement à Paris d'Evgueni Karlovitch Miller, chef de l'Union générale des combattants russes, la principale organisation d'opposants monarchistes au régime soviétique. Nikolaï était parvenu à prendre la fuite, mais, selon toute vraisemblance, ses employeurs de l'INO le liquidèrent ensuite en Espagne républicaine. Nadejda avait elle écopé de vingt ans de détention en décembre 1938.

Connu pour sa subtilité – on le surnomme le « renard argenté » –, Canaris ne commet pas la même erreur avec Lydia Stahl. Il décide que le service se doit de recycler une agente aussi expérimentée. En Roumanie en 1943, on la verra donc œuvrer pour le compte de l'ambassadeur du Reich Manfred Killinger. Elle passe ensuite en Pologne, en Norvège, peut-être même dans la partie occupée de l'URSS.

Comme le phénix qui renaît sans cesse de ses cendres, la baronne parvient une fois encore à survivre à l'effondrement allemand. Pour l'auteur de ce livre du moins, sa trace se perd en Argentine dans les années 1950, alors qu'elle prêtait la main aux activités d'une organisation néonazie, la Tacuara.

11

Fanatisme au féminin

Pour le moins surprenantes, les trajectoires respectives de Louise Clarac et de Lydia Stahl le montrent : si elles espionnèrent pour le compte de l'Union soviétique, ces femmes n'avaient pas grand-chose d'idéologues convaincues. Rien même dans le cas de la deuxième.

Les services secrets de Moscou étaient pourtant capables de s'assurer la fidélité de communistes recrutées pour des motifs politiques solides. Témoin Ilse Stöbe alias « Alte » (la Vieille), fonctionnaire au ministère allemand des Affaires étrangères « tamponnée » dès 1931 par le GRU. Son compatriote, compagnon et officier traitant pour le renseignement militaire soviétique, Rudolf Herrnstadt, sera écarté en 1953 de son poste de directeur du journal du Parti communiste de RDA, *Neues Deutschland*. En cause un mobile ni individuel ni financier, mais tout à fait idéologique. Comme Anton Ackerman, le secrétaire d'État aux Affaires étrangères, comme Wilhelm Zaisser, le premier directeur du *Ministerium für Staatssichereit*, la Stasi, Rudi Herrnstadt s'était montré partisan à contretemps d'une « voie allemande vers le socialisme », projet qui eut le malheur de déplaire au Kremlin.

En dépit de sa fidélité d'acier, Ilse Stöbe n'atteignit cependant jamais les sommets de fanatisme d'une Caridad Mercader del Rio, prête à sacrifier son honneur personnel, et même la liberté de son propre fils, à la cause soviétique...

Aristocrate dévoyée

Fille du dernier gouverneur espagnol de Santiago de Cuba avant l'indépendance, Caridad Mercader del Rio Hernández a vu le jour en mars 1892. À 16 ans, elle épouse un Espagnol de son milieu, Pau Mercader, lui-même rejeton d'un industriel du textile, Narcis Mercader i Sacanella. À la mort de Narcis, l'aîné des fils, Joan, prend les rênes de l'entreprise familiale, son frère cadet Pau ne dépassant pas le stade de brillant second. Caridad et son époux vivent dans un quartier huppé de Barcelone ; ils auront cinq enfants. Mais, obsédé par le sexe, Pau entraîne sa compagne dans tous les bordels de la ville pour, assure-t-il, montrer à cette épouse trop pudique « comment il faut faire ». À cette aune, on ne lui en remontrera pas longtemps.

Pendant ce temps-là, la fabrique Mercader prend eau de toute part. Bientôt, c'est la faillite. Emportant le peu qui reste dans les caisses, Joan s'enfuit en Argentine. Il laisse son cadet sans ressources. Contrainte de déménager dans un quartier populaire, Caridad vit très mal ce déclassement. Elle fréquente les milieux artistiques et anarchistes de Barcelone, ces derniers particulièrement fanatiques, couche à droite et à gauche, se drogue tant et plus. Si bien que le couple explose et que la jeune femme s'enfuit en France avec ses enfants.

Une très belle femme à la séduction quasi innée : « Pourquoi est-ce qu'ils [les hommes] te regardent ? lui demandera un jour son troisième fils, Luis. — Parce qu'on m'a toujours regardée », répondra-t-elle. Inutile d'en dire plus.

D'abord proche des anarchistes de Paris, moins influents et moins violents que leurs camarades catalans dont l'aile dure prise très fort les attaques de banques à main armée, Caridad adhère à la SFIO, le parti socialiste, dont elle sera, à partir de 1933, membre du bureau de la XVe section. Agente communiste déjà ? L'hypothèse est plausible au vu du rôle de la jeune femme dans l'infiltration en 1934 au sein de la SFIO de l'agent soviétique Daniel Béranger, amant de sa fille Montserrat. Mais pas prouvée. Vantardise ou non, Caridad décrira par ailleurs Maurice Thorez, le secrétaire général du PCF, devant elle dans le plus simple appareil. Manière sans doute de suggérer que non contente de « fréquenter » cet appareil-là, elle en avait côtoyé un autre, celui du Parti lui-même.

Expulsée en 1935, Caridad revient à Barcelone pour adhérer officiellement au PSUC, le PC catalan. Un PSUC bientôt plongé, comme toute l'Espagne, dans l'atroce guerre civile entre républicains et franquistes. Fait déconcertant : lors du soulèvement militaire, elle sera de ceux qui vont empêcher le lynchage du général Manuel Goded, capturé par les milices anarchistes lancées à l'assaut des casernes.

C'est en Espagne que Caridad devient la maîtresse de Nahoum dit Leonid Eitingon alias « général Kotov ». Rien de plus et rien de moins que le propre adjoint du chef de l'INO pour la péninsule Ibérique, Alexandre Felbine dit « Orlov ». Propre, c'est une façon de parler car les deux hommes sont en réalité de sinistres tueurs. À eux l'organisation des enlèvements et des assassinats des opposants à la mainmise de Moscou sur la République espagnole. Une palette très large de victimes potentielles des services secrets de Staline : anarchistes, trotskisants du Parti ouvrier d'unification marxiste, le POUM, indépendantistes catalans, simples républicains ou démocrates.

Membre d'une famille cosmopolite où cohabitent capitalistes bon teint, communistes fanatiques et même... psychanalyste freudien (son cousin Max, ami et mécène de Nadejda Skoblina, « le Rossignol de Koursk » dont a vu au chapitre précédent le rôle dans l'enlèvement à Paris du général tsariste Miller), Eitingon est à son aise partout sur la planète. Sa nouvelle mission : dénicher un tueur capable d'approcher Trotski, réfugié au Mexique sous la protection d'une poignée de militants qui l'appellent avec dévotion « le Vieux », puis de l'assassiner.

Staline a en effet pronostiqué : « À part Trotski, il n'y a aucune figure importante dans le mouvement trotskiste. » Dans la bouche du dictateur, cette petite phrase vaut condamnation à la peine capitale, avec mise en œuvre dès que possible par les services secrets. D'où le rôle d'Eitingon, désigné par le numéro 2 de l'INO, Pavel Soudoplatov, lui-même bras droit du ministre de l'Intérieur et chef suprême des services, Lavrenti Beria.

Pour dénicher l'oiseau rare et en faire un oiseau de proie, Eitingon n'aura pas à chercher loin. En accord avec Caridad, il jette en effet son dévolu sur un des fils de l'aristocrate dévoyée, Ramón, né en 1913. C'est l'amorce d'une manœuvre à très long terme que l'INO baptisera « Outka » (Canard).

Tu seras un assassin, mon fils !

Son frère aîné mort au combat, Ramón est d'abord testé par Eitingon dans ces opérations de commando derrière la ligne franquiste qu'Ernest Hemingway décrira dans *Pour qui sonne le glas*, roman dont le héros malheureux, Robert Jordan, est en partie inspiré d'un activiste américain plus tard membre de l'*Office of Strategic Services* (OSS), le service secret états-unien du temps de la Seconde Guerre mondiale, ancêtre de la CIA.

On passe ensuite à divers travaux pratiques comme le repérage puis la dénonciation de militants communistes trop indépendants d'esprit. La règle en vigueur au temps du stalinisme veut en effet qu'on ne puisse faire confiance (et encore) qu'à des « camarades » qui ont trahi préalablement la confiance d'autres camarades, et ainsi de suite.

Admirant Eitingon comme un fils privé de père peut admirer son mentor, Ramón se prête au jeu. Il est mûr : un processus de perversion accéléré qui lui fera perdre cet honneur que sa mère a déjà jeté par-dessus bord depuis belle lurette. L'un des grands historiens de la guerre froide, Isaac Don Levine, décrira plus tard Caridad comme « une femme qui avait sombré dans les profondeurs d'un âge violent et barbare ». Plutôt bien vu à condition de réaliser que violence et barbarie sont, justement, au cœur du projet marxiste-léniniste-stalinien.

Moscou va mettre en concurrence deux manières différentes d'assassiner Trotski. Après avoir vécu en Turquie, au Danemark, en France, en Norvège, l'opposant non pas au communisme, dont il défend le bien-fondé, mais à sa version stalinienne, « le Vieux » a obtenu l'asile politique au Mexique. Entouré de militants en armes, il vit dans une grande villa-forteresse à Coyoacán, un faubourg de Mexico.

En première instance, l'INO envisage une filière locale avec des militants du Parti communiste mexicain, dont les congrès, fort animés, s'achèvent au cri rituel de « Mort à Trotski ! ». Et si cette filière s'avérait inefficace, le piège Mercader à tendre avec la patience du pêcheur à la ligne, jamais trop pressé.

Ramón (alias un peu transparent « Raymond » ou, plus discret, « Gnôme ») manie le français à la perfection. En septembre 1938 à Paris sous la fausse identité d'un homme d'affaires belge, « Jacques Mornard », il parvient à approcher et à séduire Sylvia

Ageloff, jeune psychologue trotskiste nord-américaine venue en congé sans solde assister à la fondation de la IVe Internationale, Komintern lilliputien créé par les partisans du « Vieux ».

Technique classique d'infiltration pour messieurs des services spéciaux portant beau comme le fils de Caridad : on repère une femme pas trop haut placée dans la hiérarchie mais au courant des petits et grands secrets tout de même, solitaire et de préférence moyennement attirante pour les hommes, d'où la divine surprise pour elle d'en voir un « succomber à son charme ».

Leonid et Caridad (alias lui aussi transparent : « la Mère ») dictent le tempo. Surtout, ne pas apparaître trop pressé. Prendre son temps, peaufiner sa « couverture ». Quand Sylvia regagne New York pour y reprendre ses activités professionnelles normales, Ramón se garde ainsi de la suivre immédiatement.

Au préalable, sa mère et son mentor rallient New York en octobre 1939. Les amants de l'INO vont y créer une entreprise d'import-export, excellente couverture pour le « Gnôme ». Désormais installé au Mexique, ce dernier effectue de fréquents allers-retours avec les États-Unis en compagnie de Sylvia, lui au titre de ses « activités commerciales », et elle à celui des liaisons du mouvement trotskiste. L'amour est décidément aveugle : épatée par celui qu'affirme lui porter le beau ténébreux belge, cette psychologue si peu psychologue ne voit toujours rien venir. Pourtant, Mercader a changé de nom comme de nationalité et s'appelle à présent Frank Jacson. Identité nouvelle justifiée selon lui : contraint d'endosser l'uniforme belge en ces temps de guerre, « Mornard » aurait acheté un faux passeport canadien pour prendre le large loin de sa patrie. Une explication cousue de fil rouge qu'elle gobe, et fait gober à ses amis trotskistes.

Ramón achève la conquête de Sylvia, mutée par la IVe Internationale à Mexico. Toujours frappée de cécité amoureuse, la jeune femme s'emploie à le convertir au trotskisme en l'introduisant comme sympathisant dans le saint des saints, la villa de Coyoacán. Sur ce, le volet autochtone de l'opération contre « le Vieux » est déclenché le 28 mai 1940. Or, cet assaut de la forteresse trotskiste échoue, bien qu'il ait mobilisé une vingtaine de militants du PC mexicain munis d'uniformes de la police et conduits par David Alfaro Siqueiros, artiste pictural mexicain qui gagnera dans l'affaire le surnom de « peintre au pistolet ».

S'ensuit un durcissement des mesures de sécurité en vigueur à Coyoacán. Désormais, nul n'y entre sans examen minutieux... à l'exception de quelques privilégiés dont Mercader, toujours patronné par la malheureuse Sylvia. À force de rendre de menus services avec sa Buick et de faire ami-ami avec tout le monde, l'agent de l'INO est devenu un familier des lieux. Politiquement, « Mornard » ne pèse pas lourd avec ses lourdeurs intellectuelles qui agacent « le Vieux ». Mais il est tellement sympa.

Un coup de pic à glace dans le crâne

Voilà pourquoi, le 20 août 1940, ce tueur peut franchir sans encombre le poste de garde et gagner le cabinet de travail de Trotski pour lui porter dans le crâne un violent coup de pic à glace au manche scié. Blessé à mort mais encore vivant pour quelques heures, « le Vieux » pousse un cri si glaçant que ses fidèles se ruent en un clin d'œil sur l'assassin, qui, contrairement au plan opérationnel, ne parvient pas à s'extirper de la villa. En théorie, la mort de Trotski devait être silencieuse, après quoi le « Gnôme » n'aurait eu qu'à sortir du bureau et à gagner paisiblement la sortie comme il l'avait déjà fait une bonne quinzaine de fois. Flanqués de deux complices, Caridad et Eitingon attendaient à l'extérieur dans deux voitures distinctes pour l'embarquer dans leur fuite.

Ont-ils entendu le cri lugubre de Trotski ? Constatant que Ramón tarde trop, le couple n'a plus qu'à prendre la poudre d'escampette avec ses deux véhicules. Exfiltrés par l'INO du Mexique, c'est dans la presse que les amants apprendront la réussite de l'opération « Canard » et les détails de la capture du « Gnôme ». Après un détour par Cuba, ils passent en URSS et s'y installent, Caridad recevant le très prestigieux ordre de Lénine en remerciement de la manière dont elle a si bien manipulé la chair de sa chair.

Travaillant pour les émissions en français de la radio de propagande soviétique moyennant un salaire des plus modestes, « la Mère » aurait été impliquée en 1943 sous le pseudonyme de « Klava » dans une tentative ratée de faire évader Ramón de sa geôle mexicaine. En février 1945, séparée de Leonid depuis plusieurs années, elle finit par obtenir l'autorisation de quitter l'URSS.

Son ex-amant n'a présenté aucune demande en ce sens. Mauvaise idée, car début 1953, au moment du « complot des blouses blanches », on arrêtera Eitingon, qui est juif, pour « complot sioniste ». Caridad, elle, s'est installée à Paris en novembre 1945. Elle y vivra en compagnie de sa fille Montserrat et de son fils Jorge. Fait baroque alors qu'il s'agit d'une forme indirecte de récompense pour son « mérite » de mère de tueur, l'ancienne agente de l'INO assurera entre 1960 et 1967... les fonctions d'attachée de communication de l'ambassade cubaine à Paris.

Mais non, vous ne rêvez pas ! Merci, camarade Castro en qui dans le monde entier au même moment tant de jeunes trotskistes mettent leurs espoirs révolutionnaires. Car la coïncidence de dates n'est sans doute pas fortuite : cette même année 1960, Ramón se voit libéré par la justice mexicaine. Affirmant que ce qui l'a conduit à assassiner Trotski résultait du dégoût de constater *de visu* les menées contre-révolutionnaires de l'ancien chef de l'Armée rouge, il n'a jamais avoué son rôle d'agent secret soviétique. Lui aussi sera récompensé d'une aussi belle conduite. Le voilà à Moscou *via* La Havane. Il y recevra officiellement, quoique en toute discrétion, le titre très envié de héros de l'Union soviétique. Son nouveau nom, « Ramón Ivanovitch López », peut à la rigueur le faire prendre pour un de ces enfants de républicains espagnols transférés en URSS pendant la guerre civile et qui ne peuvent toujours pas revoir leur pays natal. Comme lui, objectera-t-on, mais son cas reste tout de même différent.

Fin 1974, malade, il est autorisé à aller se soigner au soleil de Cuba. C'est l'année suivante que Caridad, rétrogradée de conseillère en communication de l'ambassade cubaine à simple membre de son guichet d'accueil, trouvera la mort. Non sans avoir crié misère mille fois auprès de l'ambassadeur pour obtenir un peu d'argent. Hommage du vice au vice, ses funérailles au cimetière de Pantin seront financées par une autre représentation diplomatique, celle d'URSS.

Les cendres de Ramón, décédé en 1978 à La Havane, ont été transférées dans le quartier réservé aux héros de l'Union soviétique du cimetière de Kountsevo, à Moscou. Dernier rescapé du trio d'assassins de Trotski, Eitingon, qui a été libéré, emprisonné puis libéré à nouveau en 1964, meurt en URSS lui aussi, le 3 mai 1981. Une semaine avant la victoire de François Mitterrand à l'élection présidentielle, prélude à l'arrivée au pouvoir de l'Union de la gauche PS-PCF-radicaux de gauche.

Une victoire électorale que Liza Zaroubina apprendra à Moscou où cet officier de renseignements hors du commun s'est vu attribuer un logement de fonction à l'issue de deux décennies de carrière sur le terrain.

Zaroubina, agente caméléon

Née en janvier 1900 en Bessarabie, province de l'Empire tsariste à l'époque, Esther Rosenberg (ou Rosensweig, les versions diffèrent) fut, comme Caridad Mercader, de ces femmes sur lesquelles les messieurs se retournent dans la rue. Sa famille était amie d'Ana Pauker, fille d'un rabbin qui avec son mari rejoignit le Parti communiste roumain dès sa fondation en 1921. Jusqu'à sa mort dans une fusillade avec la police l'année suivante, le frère aîné d'Esther commanda pour sa part la branche armée du PC de Roumanie. Laquelle, à l'instar de son homologue bulgare, pratiquait le terrorisme au sommet destiné à exterminer les élites politiques et sociales.

Elizaveta ou plus simplement Liza, ainsi la nomment ses intimes, suivra d'excellentes études de philosophie et d'histoire à Paris et à Vienne. Outre le roumain, la jeune femme parle couramment le russe, le français, l'anglais, le yiddish et l'allemand. En 1923, elle adhère au PC autrichien.

Comme l'écrira son futur chef à l'INO, Pavel Soudoplatov : « En général, elle avait l'air d'une Européenne à la page, issue de la bourgeoisie, mais elle avait aussi l'art de modifier son apparence comme un caméléon. » Au vu de telles dispositions, rien d'étonnant si dès 1924 Liza tombe dans les filets des services secrets soviétiques. Un autre de ses frères, Viktor, est d'ailleurs photographe à la Loubianka, leur siège à Moscou.

Elle y rencontrera Iakov Blumkine. Un drôle de pistolet au sens propre du mot : chef du contre-espionnage au sein de la police politique léniniste, la Tcheka, ce militant de l'aile gauche des socialistes-révolutionnaires, alliée aux bolcheviks au sein du gouvernement provisoire mais hostile aux négociations de paix en cours avec Berlin, n'avait rien trouvé de plus astucieux pour les saboter qu'un attentat mortel contre l'ambassadeur d'Allemagne en Russie, le comte Wilhelm Mirbach le 6 juillet 1918. Après ce premier coup de force suivi d'une tentative avortée de prise en main de la Tcheka par les SR de gauche, un simple tête-à-tête avec Trotski suffit pour que ce personnage franchement bizarre soit réadmis dans les rangs de la police politique, quoique à un rang très inférieur.

Iakov et Liza ont sensiblement le même âge. Ils deviennent amants. Secrétaire à partir de 1924 d'Ivan Zaporojetz, le *rezident* de l'INO en Autriche, la jeune femme s'y montre à son avantage. Rien de surprenant là encore à en croire Soudoplatov : « Elle était si naturelle et si affable qu'elle se faisait aussitôt des amis. Mince, les yeux noirs, elle avait la beauté classique de type sémite qui attire les hommes. C'était l'un de nos agents recruteurs les plus efficaces. »

Si efficace qu'en 1929 Blumkine, qui a assuré de son côté des missions secrètes en Afrique orientale, et Liza sont chargés de vendre en Turquie des manuscrits hassidiques de grande valeur en provenance de la bibliothèque centrale de Moscou, histoire de financer les opérations spéciales dans la région. Exilé d'URSS, Trotski vit justement près d'Istanbul, dans l'île de Prinkipo. Et voici qu'au détour d'une rue de la capitale, son fils et bras droit Léon Sedov serait tombé par hasard sur l'organisateur de l'assassinat du comte allemand Mirbach. Lequel, s'avouant membre actif de l'INO, se présente aussi en sympathisant caché du dirigeant déchu. Et propose de rendre divers services : évaluer si la maigre garde de Trotski à Prinkipo est suffisante pour assurer sa sécurité, et surtout établir des liens entre l'exilé et ses partisans en Union soviétique même, « l'Opposition de gauche ».

Blumkine joue-t-il sincèrement les agents doubles trotskistes ou, au contraire, sa loyauté reste-t-elle acquise à l'INO ? Sert-il d'appât à son insu contre son gré ou à l'insu de son plein gré autrement dit. Certain que leur conversation de 1918 au moment du « putsch » des SR de gauche l'a transformé à jamais en son féal, Trotski tranche avec son arrogance coutumière de chef-qui-sait-tout : Blumkine est pur comme de l'eau de roche, thèse pieusement reprise depuis sans examen sérieux par ses thuriféraires.

La version avancée par Soudoplatov dans ses Mémoires n'est guère plus convaincante : indignée que son amant ait versé une partie de l'argent tiré de la vente des manuscrits à Trotski, Liza l'aurait dénoncé à Leonid Eitingon, alors en mission dans les parages et dont nous connaissons déjà le statut d'homme de confiance de l'INO. Si oui, sans doute était-ce dans l'intérêt de la Bessarabienne, car le fait même d'avoir eu une liaison avec un homme accusé de trotskisme aurait pu lui valoir la peine de mort ou le goulag.

Quoi qu'il en soit de cette histoire tordue, elle va coûter la vie à Blumkine. Le fait que Trotski l'ait ménagé onze ans plus tôt, alors qu'il était encore numéro 2 du régime bolchevique, ne pouvait que desservir l'ancien SR de gauche. De retour en URSS, il sera fusillé soit pour avoir trahi ses commanditaires soviétiques en restant fidèle à son ancien protecteur, soit au contraire pour les avoir déçus en ne parvenant pas à attirer l'ancien chef de l'Armée rouge dans un traquenard.

Peu après, Elizaveta épouse officiellement Vassili Zaroubine, un opérateur chevronné de l'INO de six ans son aîné. Cimenté par un mélange de complicité et de violence (alcoolique, Zaroubine bat sa femme), le couple va travailler dans la clandestinité en France de 1929 à 1933 puis à Berlin en 1937. Liza et Vassili se présentent comme Jaroslav et Mariana Kocĕk, un homme d'affaires tchécoslovaque et sa femme. À eux deux, ils réaliseront l'exploit de recruter en septembre 1929 la seule source dont l'INO disposera jamais au sein de la Gestapo : Willy Lehman.

Espionnage atomique

Zaroubine a multiplié les preuves de son efficacité (au sens INO du terme) en jouant un rôle en 1940 dans l'interrogatoire d'officiers polonais dont 22 000 seront massacrés par le NKVD, héritier de la Tcheka, dans la forêt de Katyn. L'année suivante, on l'a vu opérer au sein d'une mission en Yougoslavie commandée par le général Solomon Milchtein, un homme de confiance du chef du NKVD, Lavrenti Beria. Sur ordre personnel de Staline, Zaroubine s'est aussi rendu en Chine tester la fiabilité de Walter Stennes, ancien dirigeant des sections d'assaut nazies limogé en 1931 par Hitler et devenu à la fois conseiller en sécurité de Chiang Kai-shek et, à partir de cette année 1941, informateur de l'INO.

Géorgien comme Staline, qui s'en méfie tout en utilisant son intelligence et son savoir-faire en matière de police politique et d'espionnage, Beria va expédier en décembre 1941 Zaroubine, promu colonel de l'INO, et Zaroubina, qui a atteint le grade de capitaine dans ce même département extérieur du NKVD, aux États-Unis. Une mission approuvée par le maître du Kremlin, lequel a d'ailleurs reçu personnellement Vassili au préalable. Après son assaut du 22 juin contre l'URSS, l'Allemagne nazie menace en effet Moscou. Or, dès septembre 1941, un des Cinq de Cambridge, John Cairncross, secrétaire personnel de Maurice Hankey, l'éminence grise de la communauté britannique du renseignement, a averti l'INO de la décision anglaise de se doter de l'arme nucléaire. Tandis qu'un couple d'agents du GRU, Ursula Kuczinsky et son frère Jürgen, s'efforcent d'en savoir plus à ce sujet (*cf.* chap. suivant), une filière d'espionnage atomique doit être mise en place aux États-Unis mêmes.

Les tâches du mari, *rezident* légal sous couverture de deuxième secrétaire de l'ambassade d'URSS à Washington (on l'a rebaptisé « Zoubiline »), sont écrasantes. Celles de sa femme pas moins : en liaison avec Grigori Heifetz, *rezident* en Californie sous couverture de vice-consul à San Francisco, Liza doit superviser la pénétration des agents soviétiques au sein du programme anglo-américain « Manhattan » de fabrication de la bombe A. Heifetz alias « Kharon » vient d'ailleurs de frayer la voie en rencontrant sous la fausse identité de « Mr Brown, diplômé de l'Institut polytechnique d'Iéna » l'un des plus célèbres physiciens attachés à l'université de Californie, Robert Oppenheimer, pièce maîtresse du projet nucléaire allié.

À la conquête de la famille Oppenheimer

Liza effectue fréquemment le trajet Washington-San Francisco. Heifetz est parvenu à l'introduire au sein de la famille Oppenheimer dont elle a fait la conquête. Non seulement le cœur du grand physicien penche à gauche, mais il n'est pas contre l'idée, subtilement distillée par l'agente de l'INO, d'un partage des secrets atomiques entre pays engagés dans une lutte à mort contre le nazisme. Par ailleurs, son frère Frank et sa maîtresse sont membres du CPUSA, le Parti communiste des États-Unis.

L'argument susurré tant par Heifetz que par Zaroubina est des plus astucieux. Plusieurs savants engagés dans le programme « Manhattan » le partagent. Assez en tout cas pour que des bribes d'informations puissent leur être arrachées qui, mises bout à bout, donnent une idée de plus en plus précise de l'avancement de la fabrication de la bombe A. Beaucoup plus sociable, donc infiniment plus fine dans le recrutement que son butor de mari, impérieux et brutal avec les agents, Liza est d'ailleurs parvenue à circonvenir la secrétaire d'un autre physicien impliqué dans le programme « Manhattan », Leo Szilard.

Les taupes du programme « Manhattan »

De quoi nourrir le dossier Enormoz (en russe « Énorme ») d'espionnage du projet anglo-américain. D'autant qu'en septembre 1942 Staline, enfin convaincu par un Beria lui-même longtemps hésitant, a décidé que l'URSS aussi aura sa bombe A.

Pour rattraper le retard soviétique en la matière, il faut recruter directement des agents engagés dans le programme « Manhattan ». Par exemple Theodore Hall, un jeune physicien de 19 ans diplômé de Harvard et militant des Jeunesses communistes. Ce prodige est muni d'un nom de code, « Mlad » (en russe « Le Jeune »). Un de ses copains des Jeunesses communistes (alias « Étoile ») effectuera les premières liaisons entre la base ultra-sécurisée de Los Alamos au Nouveau-Mexique où se construit la bombe (nom de code Camp-2) et New York.

Trop dangereux, décrète Leonid Kvasnikov, le chef des renseignements scientifiques russes aux États-Unis. Nous avons besoin d'un courrier vraiment clandestin pour maintenir le contact avec « Mlad ». Il pense d'abord à Morris Cohen, vieux routier des services soviétiques qui doit son nom de code de « Volontaire » au fait qu'ancien du bataillon américain Abraham Lincoln des Brigades internationales il a été recruté dès 1938 par le *rezident* en Espagne… nul autre que Alexandre Orlov.

Finalement, le choix de Kvasnikov s'arrête sur la propre femme de Morris, Lona (« Leslie »). Née Leontine Petka en janvier 1913 dans le Massachussets de parents polonais, cette ancienne bonne à tout faire puis gouvernante d'enfants a épousé Morris en 1941. Elle partage l'engouement de l'ancien interbrigadiste pour la « patrie des travailleurs ». L'abordant pour cause d'urgence, l'officier de l'INO lui intime l'ordre de se faire porter pâle et de partir sans plus attendre vers Albuquerque en empruntant un itinéraire compliqué qui passe par Chicago et la petite ville de Sandia.

Chaque jour à heure fixe pendant une semaine, la jeune femme effectue le trajet Sandia-Albuquerque, lieu du rendez-vous avec « Mlad ». Hall ne se présentera que le dernier jour avec sa « livraison ». Lona cache les documents au fond de sa boîte de Kleenex, astucieuse précaution qui lui permettra d'échapper aux conséquences d'une fouille de bagages inopinée par le service de sécurité de Los Alamos, lequel contrôle les trains circulant dans la région.

À la fin de la guerre, six sources opéreront au sein même de l'usine nucléaire. À la même époque, trois agents de liaison permanents maintiennent le contact : Harry Gold, Lona Cohen et Saville, l'ami de Theodore Hall aux Jeunesses communistes. Pendant tout le reste de la guerre, l'appareil clandestin du Parti communiste américain (nom de code « Compatriote »), directement « branché » sur l'INO, servira aussi de courroie de transmission et de recrutement. Et ce n'est pas tout. Muni d'un faux passeport canadien, un des illégaux du GRU, Arthur Adams, a pénétré de son côté le projet « Manhattan ». Autre officier du renseignement militaire soviétique, Pavel Mikhaïlov effectue des liaisons avec l'appareil clandestin du CPUSA. Par ce truchement de « Compatriote », le service secret de l'Armée rouge dispose en effet d'une demi-douzaine de sources au sein du laboratoire des radiations nucléaires de l'université de Berkeley, notamment deux physiciens membres du Parti qui seront rétrocédés par la suite à Heifetz et à l'INO sur décision de Moscou.

À force de suractivité, le couple « Zoubiline » finit par être repéré par le FBI en 1943. L'alliance du temps de guerre aidant, la Justice ne les inquiète pas, mais tout de même. En 1945, les voilà rappelés à Moscou. On les y couvre d'honneurs tout en les affectant à des tâches non opérationnelles : le couple en sait trop pour qu'on le laisse à la merci des services secrets « impérialistes ».

Heureux d'avoir été épargnés par cette machine stalinienne qui broie les plus fidèles des fidèles, ils se contenteront volontiers d'une existence moins trépidante. Toujours *persona grata,* Liza mourra en 1984, onze ans après Vassili. Contrairement à Ursula Hamburger, elle n'aura connu ni la chute du mur de Berlin ni l'éclatement de l'URSS. Comme les agents secrets qui les servent, les régimes politiques peuvent en effet mourir...

12

Le cercle des espionnes soviétiques disparues

Née en mai 1907 en Prusse de Robert Kuczinsky, économiste et démographe reconnu, Ursula Kuczinsky est la deuxième d'une fratrie de six. Pendant ses études à Berlin, elle rejoint les Jeunesses communistes dès 1924. Dingue de littérature, la jeune femme perd son boulot de libraire pour avoir été identifiée comme activiste du PC allemand. Un KPD qui, en cette année 1928, n'a pas hésité à s'allier au parti nazi, les militants des deux formations tenant de concert les piquets de grève qui immobilisent les transports publics de la capitale.

À plus tard, rêves littéraires ! « Tamponnée » par le GRU, comme d'ailleurs son mari, l'architecte rouge Rudolph Hamburger, Ursula part avec lui pour la Chine en juillet 1930. À Shanghai très exactement, où elle établit le contact avec deux as du renseignement militaire soviétique, la journaliste Agnes Smedley alias « Mme Peter Petroïkos », plus tard une des maîtresses de Mao Zedong, et surtout Richard Sorge dit « Ika », qui, avant de devenir le maître espion de Moscou au Japon, s'est illustré sur le terrain chinois en y créant un réseau.

Rien qu'à ces deux noms, on peut constater qu'Ursula, bientôt mère d'un garçon, Maïk, opère à un très haut niveau du renseignement russe. Fin 1934, une mission spéciale la conduit en Mandchourie où, formée à cette technique à Moscou avant son départ pour la Chine, elle assurera les liaisons radio quitte à tomber amoureuse d'un autre officier du GRU. Et bientôt à tomber enceinte d'une fille que Rudolph, bon zig, acceptera de reconnaître bien qu'à l'évidence elle ne soit pas de lui.

Pragmatiques, les services soviétiques encouragent l'espionnage en couple, pour ne pas dire en famille, qui garantit à ses officiers en mission une stabilité affective et sexuelle appréciable. Rien d'autre que la transposition dans le domaine du renseignement de la vision communiste ultra-fonctionnelle de la vie du couple militant. Dans l'univers marxiste-léniniste comme partout ailleurs, les tâches ménagères et l'éducation des enfants échoient de manière générale aux femmes. Mais dans le cas où la camarade est plus élevée dans la hiérarchie du Parti que son compagnon, et cela arrive, la situation inverse s'établit presque automatiquement : monsieur pouponne tandis que madame s'adonne à ses responsabilités de dirigeante.

Le fonctionnement en couple des espions russes, de même, a été conçu pour pallier le risque de vie sexuelle chaotique qui guette l'agent isolé. Un vétéran de l'espionnage soviétique, Konon Molody, s'en expliquera d'ailleurs : « Le Centre redoute fort les relations durables de son agent : l'amour, c'est bien connu, vous arrache les plus grands secrets et, si la partenaire de l'agent n'est pas son épouse, l'affaire prend une tournure dangereuse. »

Fonctionner par couples d'espions, c'est mieux. D'autant que, dans ce cadre, chacun peut surveiller l'autre conformément à la logique policière inhérente au système. En août 1935, les Hamburger sont rappelés en URSS. Une nouvelle mission les attend en Pologne. Ils la mèneront jusqu'à l'automne 1938 avant de regagner la capitale soviétique. Lors de ce nouveau séjour à Moscou, on autorise Ursula à porter son uniforme de colonel, honneur logique pour cette titulaire de l'ordre du Drapeau rouge qui suit parallèlement un stage de perfectionnement radio à l'École Lénine.

Les « Amis de Gisèle »

C'est le temps des bruits de bottes en Europe. Deux ans plus tôt, Manfred Stern, ancien officier de l'armée austro-hongroise et « général Kléber » des Brigades internationales de la guerre civile d'Espagne, a jeté furtivement les bases d'un réseau de renseignements en Suisse, pays neutre donc intéressant à beaucoup de points de vue en cas de conflit.

Depuis 1932 au service secret de l'Armée rouge où elle atteindra elle aussi le grade de colonel, confirmation d'un machisme soviétique un peu moindre en matière d'espionnage, Maria Poliakova s'est chargée de structurer cet embryon. Pour l'occasion, elle arborait le pseudonyme de « Gisela », d'où le surnom familier du réseau : les « Amis de Gisèle ».

En avril 1938, Sándor Alexandre Rado, ancien cartographe du détachement hongrois de l'Armée rouge immigré à Vienne, vient prendre la relève de Poliakova. Pour transmettre les renseignements collectés en Suisse, il lui faut une opératrice radio et un appareillage fiables. À l'automne, le GRU lui envoie donc Ursula (pseudonyme « Sonia Schultz »), qui vient justement d'achever son stage *ad hoc* de mise à niveau.

En octobre 1939, la camarade-colonelle « Sonia » consomme par un divorce sa séparation officielle avec Hamburger, mais conserve la garde de leurs deux fils, Maïk et Rudolph. Flanquée d'une bonne allemande, elle s'installe dans un chalet de la station hivernale de Caux.

La vie de *she-intelligencer* est affaire de relations humaines aussi. Il se trouve que « Sonia » entretiendra d'emblée des rapports tendus avec Pierre Nicole, le responsable de l'appareil clandestin du Parti du travail, le PC suisse, fermement prié d'apporter son soutien au réseau. Des rapports « comme chien et chat », dirait-on. Souris plutôt du fait que Nicole, mauvais camarade, compare *in petto* son interlocutrice à cette espèce de rongeur. « Elle était petite, écrira-t-il avec férocité dans un manuscrit longtemps inédit, le visage pointu, comme agitée d'une fébrilité fouineuse. »

On n'est pas plus galant ! De fait, les souvenirs de Nicole débordent de prises de bec avec la « Souris ». L'émetteur-récepteur étant planqué chez les beaux-parents du Suisse, les liaisons radio partent à présent d'un chalet du bord du lac de la Gabiule. Comme Moscou se plaint de la mauvaise qualité des transmissions, une prise de bec oppose « Sonia » et Pierre à propos d'une antenne mal déployée. Il invoque la panne et elle l'autorité de l'École Lénine, donc la hiérarchie. C'est pourtant Nicole qui a raison : dès le lendemain, un de ses amis réparera le poste. Le militant suisse demande alors le rappel de l'opératrice et son remplacement par un communiste du cru. Sans avoir pour autant voix au chapitre : c'est Moscou qui décide.

Ancien des Brigades internationales de la guerre d'Espagne, un jeune Britannique apparaît dans le réseau en 1940. Ce « pianiste » (un opérateur radio qualifié) œuvrera à partir de Lausanne. Il s'appelle Alexander Foote. Chargée d'une nouvelle mission outre-Manche, Ursula épouse opportunément un membre du réseau, Leon Beurton dit « Len ». Femme légitime d'un sujet de Sa Majesté, elle acquiert ainsi de droit le passeport britannique qui va lui permettre – c'était le but – de gagner Londres en décembre 1940. Signe supplémentaire que leur mariage ne résultait guère d'une passion amoureuse dévorante, Beurton ne rejoindra « Sonia » en Angleterre que deux ans plus tard.

« Trois Rouges » impair et passe

Après le départ d'Ursula, Rado « harponne » définitivement Edmond et Olga Hamel, des Genevois aux idées de gauche qui tiennent un magasin de dépannage radio. Sans enfants, le couple sympathise avec l'URSS, Olga surtout. À la demande de « Sonia », les Hamel ont commencé par fournir des pièces détachées destinées à la fabrication d'un nouvel émetteur-récepteur. De fil en aiguille, ils accepteront d'émettre depuis leur appartement situé au-dessus du magasin les messages chiffrés que leur apportent Rado ou sa femme, une marxiste-léniniste allemande de choc née Helen Jensen.

Le Parti du travail a aussi fourni au réseau une « pianiste » suisse, Margit Bolli alias « Rosie » ou « Rosa ». Formée par Foote à partir de 1942, cette jeune femme de 22 ans brune et élancée abandonne son travail de caissière dans un restaurant. D'abord domiciliée à Bâle, elle commencera à émettre de Genève en septembre 1942. Rado ou Jensen lui apportent les messages chiffrés. Logée dans des pensions de famille, Margit se fait passer pour une étudiante de Suisse allemande venue apprendre le français dans la capitale fédérale.

Le réseau suisse du GRU mobilise désormais trois émetteurs-récepteurs, d'où le nom de « Trois Rouges » que vont lui donner les services nazis de radiogoniométrie, et qui lui restera.

Mutée auprès de Rado en avril 1941, une autre femme, Rachel Caspary, devenue Dübendorfer grâce à un mariage blanc, vient remplacer « Sonia ». Secrétaire au Bureau international du travail de Genève, le BIT, c'est une ancienne des réseaux du Belge Harry Robinson, ex-chef de la branche occidentale de l'*Aufklärungsapparat*, l'organisme de renseignements du Komintern désormais fondu dans le GRU.

Par le biais de ses relations au Bureau international du travail, Dübendorfer alias « Sissy » dote le réseau d'une source inestimable. Chrétien antinazi d'origine allemande, Christian Schneider l'a en effet mise en contact avec un libraire de Lucerne, Rudolph Roessler alias « Lucy ». Agent depuis 1939 du service de renseignements militaire helvétique du brigadier général Roger Masson, Roessler disposerait de plusieurs autres sources au sein du Haut État-Major de la Wehrmacht que l'on désignera par un pseudonyme collectif, « Werther ».

Non identifiées à ce jour, ces sources fournissent à Rado des renseignements d'une qualité impressionnante. Centrées sur le front occidental, leurs informations ne concernent le front russe que par raccroc, mais toujours de manière très riche. Si les Britanniques ne l'ont jamais admis à ce jour, il est fort probable que les informations de « Lucy » provenaient en réalité de la mise au clair par les « casseurs de codes » alliés d'une partie des messages de la machine à crypter Enigma, en usage dans toutes les armées allemandes depuis les années 1930.

En dépit de son aversion pour le communisme, Winston Churchill craignait en effet un effondrement militaire de l'URSS qui aurait laissé l'Angleterre seule face à l'Allemagne nazie. En foi de quoi, ses services secrets ont reçu l'ordre de faire passer des informations sensibles aux Russes quitte à en masquer habilement l'origine de manière à surmonter la méfiance maladive de Staline. Et pour ce faire, quelle meilleure filière que les « Trois Rouges », vierges en principe de tout lien suspect avec les « impérialistes » ? Et quel meilleur moyen de vérifier leur bonne réception par les Russes que « Jim » Foote, agent britannique au cœur du réseau suisse du GRU ? Et pour cause puisque « Jim » instrumentalisait les « Trois Rouges » pour le compte de l'organisation Z, une structure parallèle au MI 6 mise en place à la veille de la guerre !

Le calvaire de Rachel Dübendorfer

En octobre 1943, sous la pression des nazis, la police suisse se décide tout de même à sévir contre les « Trois Rouges ». Sans doute prévenu par les hommes du brigadier général Masson, Rado parvient à passer en France. En l'absence de son supérieur, Dübendorfer tente de recoller les pièces éparses de l'organisation. Pour commencer, il lui faut de l'argent. Renouant de façon épistolaire avec une ancienne collègue de Genève réfugiée au Canada, Hermina Rabinowitch, elle lui demande de contacter l'ambassade d'URSS à Ottawa et de collecter auprès d'elle les fonds nécessaires que Hermina pourrait ensuite lui faire parvenir par le canal de la valise diplomatique du BIT.

Méfiant, le Centre ne donne pas suite. En avril 1944, lenteur sans doute voulue par Masson, Dübendorfer est arrêtée par la police suisse avec son compagnon Paul Bötcher, vieux dissident communiste allemand. Libérée en mai, elle tente une nouvelle fois de réactiver le réseau en sollicitant une amie autrichienne mais française par mariage, Hélène Berger née Lieser. Celle-ci lui fournit une somme importante et la met en relation avec... les services secrets anglais, surtout ravis de récupérer une partie des archives, les dossiers « Lucy » en particulier.

De toute façon, c'est trop tard, mieux vaut prendre la fuite : Paris d'abord, puis Berlin où le GRU, présent dans la capitale allemande dès la chute du nazisme, intime à Rachel l'ordre de se rendre à Moscou. Là, suspecte tant en raison de la chute du réseau que de ses malencontreux rapports avec les Anglais *via* Hélène Berger, elle est envoyée au goulag. Le modèle stalinien et la période de guerre ont en effet porté à incandescence un marxisme-léninisme déjà paranoïaque par nature. Pour ne citer qu'elle, la chef du département britannique de l'INO, Elizaveta Modrzhinskaïa, véritable cerbère au féminin, considéra par exemple dès le départ les Cinq de Cambridge, et tout spécialement Kim Philby, comme de probables agents d'infiltration actionnés par l'Intelligence Service !

Dix ans d'enfer concentrationnaire vont faire de Rachel Dübendorfer cette demi-folle de 32 kilos que sa fille, Tamara Caspary, et son gendre, le physicien gauchiste français Jean-Pierre Vigier, vont repérer en mai 1955 dans un asile d'aliénés est-allemand.

Staline a rendu son âme au diable deux ans plus tôt. Pankow, la « capitale » de l'Allemagne de l'Est, décide la réhabilitation. Reprenant du poil de la bête – d'après le témoignage de Vigier à l'historien Guillaume Bourgeois, elle ira jusqu'à peser 130 kilos –, la dernière chef du réseau suisse vit d'une retraite d'officier versée par les Soviétiques, lesquels lui ont décerné à retardement l'ordre du Drapeau rouge. L'histoire ne dit pas si dans le petit milieu des exilés en RDA ses pas ont croisé ceux de « Litzy », l'agent recruteur de Kim Philby, toujours à Moscou sous surveillance du KGB, lui, sans jamais revoir celle qui fut sa première épouse (*cf.* chap. 9, p. 137). Morte en mars 1973, quoi qu'il en soit, « Sissy » sera enterrée à Berlin-Est.

« Sonia » sauve sa tête

Les péripéties de la liquidation des « Trois Rouges » et le destin tragique de Rachel Dübendorfer ne concernent plus « Sonia ». Tant mieux pour elle, est-on tenté de dire au vu de la rapidité avec laquelle on devient suspect, donc coupable de trahison, aux yeux des services secrets soviétiques. De quoi vous valoir un billet pour le goulag. Ajoutons qu'à ce jeu l'URSS n'est pas sexiste : on y soumet les hommes à des traitements aussi inhumains que les femmes et réciproquement...

Sujette par mariage de Sa Gracieuse Majesté, Ursula s'installe en 1945 dans l'Oxfordshire, pas très loin du centre de recherches atomiques de Harwell. Pourquoi ? Parce que la camarade-colonelle est devenue l'officier traitant de deux agents haut de gamme des services secrets soviétiques en Angleterre. D'abord le physicien allemand Klaus Fuchs, que nous avons déjà croisé au chapitre 9 quand il transmettait à Moscou des renseignements de première valeur sur le programme de construction de la bombe A par les Alliés (projet « Tube Alloys » quand il était seulement britannique, puis « Manhattan Engineer District » quand les Américains lui apporteront toute leur puissance). Fuchs qui, début 1944, sera affecté à Los Alamos, le fameux Camp-2, parmi quinze autres scientifiques anglais de haut niveau, cessant ainsi de travailler sous la coupe de « Sonia » et du GRU pour passer sous le contrôle de l'INO.

« Letty », la voleuse de secrets

Melita Norwood dite « Letty » est pour sa part restée en Angleterre. Une *female-intelligencer* très habile qui, recrutée en 1937, s'est glissée au secrétariat personnel du directeur adjoint puis directeur de la *British Non-Ferrous Metals Research Association*. Un poste clé puisque depuis mars 1945, cette association anglaise pour la recherche sur les métaux non ferreux est partenaire du programme nucléaire allié. Le manque de vigilance du MI 5 permettra à cette espionne de haute volée de poursuivre ses activités au service des Soviétiques jusqu'au milieu des années 1960. Elle ne sera démasquée qu'en 1999 par Vassili Mitrokhine, un officier du KGB passé aux britanniques. Toujours vivante, la vieille dame ne sera pourtant jamais traduite en justice, ses faits de trahison, trop anciens, étant prescrits. Un épisode qu'Ursula, encore en vie à cette époque elle aussi, pourra suivre depuis Berlin comme une sorte de retour au bon vieux temps.

Celui de l'après-guerre. Le frère aîné de « Sonia » vivait alors lui aussi en Angleterre. Insoupçonnable, ce Jürgen Kuczinsky : ne venait-il pas de travailler avec le service de renseignements américain du temps de guerre, l'*Office of Strategic Services* ? Cette OSS qu'il avait contribué, parmi d'autres, à persuader bien à tort que les émigrés communistes est-européens réfugiés à l'Ouest n'étaient plus vraiment des « rouges » et qu'il fallait donc les réimplanter aussi vite que possible dans leurs pays d'origine. Le plus notable de ces « autres » étant l'Américain Noel Field, ancien directeur général pour l'Europe de l'*Unitarian Service Committee*, une organisation humanitaire qui transférait clandestinement vers l'Amérique du Sud des écrivains et des militants antinazis menacés[1].

Tout irait donc pour le mieux dans le monde stalinien, soit le pire des mondes, si, comme on l'a vu au chapitre 9, le chif-

1. Field en subira les conséquences. Furieux d'avoir été roulé par cet agent du GRU, l'ex-directeur de l'OSS pour l'Europe et futur directeur de la CIA, Allen Dulles, se servira de son cas pour accentuer les purges des anciens communistes exilés au sein des démocraties populaires (opération « Splinter Factor »). Assez pour faire de Field un traître aux yeux des Russes, qui le jetteront en prison et inventeront un nouveau crime idéologique, le « fieldisme ». Le lecteur intéressé par cette affaire peut se reporter au portrait d'Allen Dulles dans *Les Maîtres de l'espionnage* de Rémi Kauffer (Paris, Perrin, 2017).

freur des messages du GRU à l'ambassade d'URSS à Ottawa, Igor Gouzenko, ne venait à faire défection le 6 septembre 1945. Une affaire suivie, nous le savons, par Janet Archer, et qui mettra les Anglais sur la piste d'un physicien anglais au service des Russes, Alan Nunn May, puis de Klaus Fuchs, un des deux agents « traités » personnellement par Ursula avec « Letty ».

Femme contre femme, qui va gagner la partie : Archer, la chasseuse de taupes, ou « Sonia » Kuczinsky, la colonelle du GRU ? En faisant condamner May et Fuchs, Archer emporte la première manche. Mais pas la deuxième puisque, interrogée par le MI 5, « Sonia » a senti le vent du boulet et qu'au début de l'année 1950, elle parviendra à quitter la Grande-Bretagne pour se réfugier à Berlin-Est.

Là-bas, elle apprend que l'un de ses garçons, soupçonné de trahison, est détenu au goulag depuis 1943. Se gardant d'abjurer pour si peu son fanatisme communiste, cette drôle de mère encaisse le coup. C'est en 1955 seulement qu'elle retrouvera son enfant.

En RDA, Ursula peut revenir à sa vocation première, la littérature. À la tête d'une œuvre abondante, cette femme de plume franchement hors norme, y compris les normes morales les plus élémentaires, mourra à Berlin réunifié en juillet 2000. Berlin dont la réunification onze ans plus tôt a marqué l'échec du marxisme-léninisme, donc le sien. Berlin où soixante ans plus tôt naissait l'un des réseaux soviétiques les plus connus au monde, l'« Orchestre rouge »...

Une Américaine cofonde l'« Orchestre rouge »

La Gestapo et les services secrets SS lancés à ses trousses appelleront « Orchestre rouge » cette constellation de plus d'une centaine de Berlinois mi-antifascistes militants et mi-agents de renseignements soviétiques qui vont opérer au cœur même du système nazi dans la période cruciale 1941-1942. Cet « Orchestre » comportera une forte proportion de femmes, pas toujours allemandes.

La principale des cofondatrices, Mildred Elisabeth Fish, citoyenne des États-Unis, est née en septembre 1902 à Milwaukee, dans le Wisconsin. Étudiante en littérature allemande à l'université de

Madison, son premier contact avec la langue de Goethe la séduit. Arvid Harnack tout autant : bénéficiaire d'une bourse de la Fondation Rockefeller, ce fils d'une famille d'intellectuels baltes né en mai 1901 à Darmstadt prolonge justement ses études à Madison. Ils se marieront en 1926. La jeune femme passe brillamment sa thèse universitaire deux ans plus tard, enseigne la littérature allemande à Baltimore. Puis, dès 1929, les Harnack partent pour le Vieux Continent. Arvid y décrochera son diplôme de philosophie à l'université de Giessen l'année suivante.

En 1931, le couple, de retour à Berlin, quitte l'orbite sociale-démocrate pour se convertir au marxisme-léninisme. Mais sachant d'expérience les Soviétiques avides de jeunes pousses haut placées dans la fonction publique et le monde de l'économie, ses mentors du PC allemand lui déconseillent une adhésion en bonne et due forme. Sans doute serait-il plus sage de rejoindre la *Bund Geistiger Berufe* (BGB, Ligue des intellectuels professionnels), chargée d'étendre l'influence marxiste dans les milieux universitaires et scientifiques.

En août 1932, Harnack conduit dans le cadre de la BGB une forte délégation allemande à Moscou. Ce tout juste trentenaire est en effet secrétaire de la Société pour l'économie planifiée. Notamment de sa branche ARPLAN, spécialisée dans l'étude de l'économie soviétique. En avril 1935, occultant intelligemment son passé de gauche, il se voit nommé à un poste important au sein du ministère allemand de l'Économie. Or dès le 15 juillet 1935, Alexandre Hershfeld, diplomate russe en poste à Berlin, reçoit l'ordre de préparer son recrutement formel.

Bien que novice en matière de renseignement, Hershfeld s'acquitte au mieux de cette mission, de sorte qu'un véritable pro, Alexandre Belkine, est très vite affecté au contrôle du couple de nouveaux agents. On leur demande de repérer les forces et les faiblesses de l'économie allemande civile et militaire et de développer un réseau en son sein. Une tâche que ni l'une ni l'autre ne conçoivent sans la participation de Mildred.

Les Harnack recrutent en ménage

Les Harnack recrutent dès lors de concert au sein de leur réseau initial plusieurs anciennes relations d'Arvid à la BGB : le baron Wohlzogen-Neuhaus, officier supérieur qui travaille au service technique du Haut État-Major de la Wehrmacht ; Hans Rupp, un cadre supérieur du grand trust chimique IG Farben ; Tizien, un industriel d'origine russe blanc. Enrôlé aussi son propre neveu par alliance Wolfgang Haveman, officier de renseignements à l'état-major de la Kriegsmarine. Harnack met également Belkine en contact avec Karl Behrens, cadre de l'AEG, le grand fabricant allemand de matériel électrique. Et fin du fin, avec Willy Lehman (alias « Breitenbach »), ce haut fonctionnaire de la Gestapo recruté six ans plus tôt par le couple Zaroubine.

Fin 1937, le contact avec Moscou est toutefois interrompu par la mort soudaine du *rezident* à Berlin, cette disparition faisant elle-même suite à une purge sanglante qui vient de désorganiser l'INO. Du coup, il faudra attendre le 17 novembre 1940 pour qu'un nouvel émissaire, Alexandre Korotkov, rétablisse le contact interrompu avec les Harnack.

Opérateur chevronné des services soviétiques, Korotkov connaît la procédure sur le bout des doigts. Comme ce fut le cas à Londres en 1934 avec la photographe-espionne Edith Tudor-Hart lors du recrutement de Kim Philby (*cf.* chap. 9, p. 138), la fiabilité des deux impétrants doit être contrôlée par un *razrabotchik*.

Cet agent germanophone, nous n'en connaissons que le nom de code : « Liza ». Peut-il s'agir de Liza Zaroubina qu'on a vue opérer, à Berlin justement, au chapitre précédent ? Possible mais pas prouvé. Son rapport du 18 décembre 1940 présente quoi qu'il en soit Mildred sous un jour très favorable : « Elle est audacieuse, grande avec des yeux bleus, d'aspect typiquement allemand bien qu'elle appartienne à la classe moyenne inférieure américaine, tout à fait la *Frau* allemande, intensément de type nordique et très utile. » Arvid recueillant des éloges comparables, le couple est autorisé à étendre son réseau.

Leurs informations sont regroupées, recoupées, chiffrées puis envoyées à Moscou par la radio de l'ambassade d'URSS. Un *modus operandi* qui fait suite aux réticences des Harnack. Le couple se veut en effet antifasciste et ami de l'URSS, mais certainement pas duo d'espions. Du coup, il refuse de câbler lui-même les renseignements au « Centre », procédé qui aurait l'avantage de la pérennité en cas de rupture des relations germano-soviétiques (on vit encore à l'heure du pacte Hitler-Staline de l'été 1939).

Et quels renseignements ! Par exemple ce message prémonitoire du 26 novembre 1940 annonçant le redéploiement de la Wehrmacht en direction de l'URSS. Ou cet autre de janvier 1941 qui rapporte que le haut commandement de l'armée allemande a donné l'ordre de collecter et d'analyser toutes les cartes concernant l'industrie russe. Jusqu'à ce dernier, quelques jours avant l'agression nazie : « Toutes les mesures préparatoires dont les plans des terrains d'atterrissage soviétiques et la concentration des forces aériennes allemandes dans les Balkans doivent être arrêtées avant la mi-juin. »

Comme tant d'autres lanceurs d'alertes, ils ne seront pas entendus par le Kremlin…

Libertas entre dans la danse

Nouvelles sources et pas des moindres : Harro Schulze-Boysen (alias « Starchina ») et sa femme. Descendant d'une grande famille de militaires, ce jeune lieutenant de la Luftwaffe né en septembre 1909 à Kiel entre dans le réseau par l'intermédiaire de Harnack en décembre 1940.

Communiste depuis 1932, Schulze-Boysen a publié un journal antinazi et connu les prisons hitlériennes en 1934. Deux ans plus tard, son mariage avec Libertas Haas-Haye, comtesse Eulenberg née en décembre 1913 à Liebenberg, près de Berlin, d'une pianiste très respectée et membre du parti nazi depuis 1933, lui a sauvé la mise. Le ministre de l'Air Hermann Goering n'est-il pas venu présider le repas de noces du jeune couple ? Sauf que Libertas partage l'antinazisme de son époux. Éduquée en Suisse et en Angleterre, cette belle jeune femme a travaillé au service de presse berlinois de la Metro-Goldwin-Mayer avant de quitter le NSDAP en 1937. Elle n'hésite pas une seconde à devenir, comme Mildred, le bras droit de son mari au sein du réseau « Starchina » de l'Orchestre rouge.

Gravitent dans leur cercle plusieurs éléments de valeur. Par exemple, un colonel du contre-espionnage au ministère de l'Air, Erwin Gehrts ; le major Gregor, qui assure les liaisons de Goering avec le ministère des Affaires étrangères, ainsi qu'un autre officier de la Luftwaffe, Herbert Golnow. Sans compter « le Suédois », un des aides de camp du maréchal Wilhelm List, chef des troupes allemandes dans les Balkans jusqu'à son limogeage en septembre 1942.

Les liaisons de ce sous-réseau avec les autres groupes clandestins allemands, comme ses liaisons radio propres, sont assurées par un jeune technicien industriel, Hans Coppi, et sa femme Hilde. Il compte aussi un écrivain, Günther Weissenborn ; un sculpteur, Kurt Schumacher, et sa femme Élisabeth ; un psychanalyste de nationalité suisse, John Rittmeister ; un représentant de commerce, Johannès Graudens, et un dentiste, Helmuth Himpel.

Comptons aussi avec la « filière des artistes ». Cet autre sous-réseau comprend des aristocrates comme le prince Dimitri Sviatopolak-Mirsky ou le comtesse Ericka von Brockdorff ; un industriel du textile, Marcel Melliand ; une femme médecin, Elfriede Paul ; un pianiste très connu à Berlin, Helmuth Roloff ; un inspecteur des services météorologiques de la Luftwaffe, informateur particulièrement précieux en période de guerre ; une passionnée de danse, Oda Schottmüller ; une chanteuse, Eva Maria Buch, et un sous-officier employé au Haut État-Major de la Wehrmacht, l'OKW, Alfred Traxl.

Et ce n'est pas tout. Un troisième réseau se développera après le recrutement en avril 1941 de l'écrivain-dramaturge Adam Kuckhoff et de sa femme Greta. Il pousse ses ramifications dans les milieux sociaux-démocrates comme dans les cercles politiques traditionnels.

Les SS sur la longueur d'onde de l'« Orchestre »

Le problème, ce sont les envois de messages radio vers le « Centre », épineux depuis le 22 juin et l'agression hitlérienne contre l'URSS. Surtout quand l'unique poste encore en état de marche tombe en panne et qu'Anatoli Gourevitch, *rezident* du GRU à Bruxelles, reçoit en octobre 1941 un message crypté lui ordonnant de se rendre à Berlin et d'y contacter Adam ou Greta Kuckhoff, 18 Wilhelmstrasse, téléphone 83-62-61. Ou, en cas d'absence, Libertas Schulze-Boysen, 19 Altenburger Allee, téléphone 99-58-47.

Dès son arrivée dans la capitale allemande le 25 octobre, Gourevitch prend contact avec Kurt Schultze alias « Berg », radio d'une des meilleures agentes du GRU, l'ancienne journaliste Ilse Stöbe, dont nous savons (*cf.* chap. précédent) qu'elle a créé un réseau très prolifique au sein du ministère des Affaires étrangères.

Ce qu'il constate sur place a de quoi effrayer. Le cloisonnement entre GRU et INO n'existe pas puisque Schultze connaît personnellement Hans Coppi, l'industriel agent de liaison de « Starchina » avec les autres sous-réseaux et surtout le « pianiste » de l'ensemble de l'« Orchestre rouge ». Quand son émetteur est tombé en panne, Coppi a contacté Schultze pour qu'il expédie un message d'alerte à Moscou. Or, manque de chance, le poste de l'opérateur du GRU a cessé de fonctionner lui aussi.

Dès son retour à Bruxelles, Gourevitch, qui dispose là-bas de deux « pianistes » chevronnés, a pu avertir Moscou de la double panne berlinoise et transmettre les rapports collectés auprès de Harnack et de Schulze-Boysen. Message parvenu en haut lieu puisque Gvennadi Zhroualyov, responsable du réseau Schulze-Boysen à Moscou, écrit le 25 novembre que « tous les rapports ont été transmis au commissaire du peuple le camarade Beria sur ordre du camarade Fitine [le patron de l'INO] ».

Le problème, ce sont encore et toujours les émissions radio. Le 13 décembre 1941, le *Sonderkommando Panzinger*, unité dédiée à la traque des réseaux soviétiques aux ordres du commandant SS Friedrich Panzinger (plus tard directeur de la Kripo, la police criminelle), lance un raid sur l'appartement conspiratif de Gourevitch au 13, rue des Atrébates à Bruxelles, arrêtant le « pianiste » Anton Danilov et sa chiffreuse. Gourevitch a pu s'enfuir en France, mais des messages récemment cryptés avec les textes originaux ont été saisis, sérieuse brèche dans la sécurité des communications.

Johann Wenzel assure désormais seul les liaisons radio du GRU bruxellois. Né en mars 1902, c'est un communiste allemand vétéran de l'Internationale des ports et docks et de ses réseaux de sabotage dirigés par le futur chef de la Stasi est-allemande, Ernst Wollveber.

Le responsable du contre-espionnage de l'Abwehr à Bruxelles, Harry Piepe, suit la piste. Pour l'aider à identifier les agents soviétiques présents en Belgique, il compte sur la section de repérage goniométrique allemande. Les émissions radio, il le sait, constituent en effet le talon d'Achille des réseaux clandestins. Procédant par triangulation, la *Funkabwehr* parvient de fait à repérer de façon de plus en plus fine les lieux d'émission, risque d'ailleurs inhérent à tous les réseaux de résistance du Vieux Continent, communistes ou pas.

Wenzel, justement, émet en quantité déraisonnable, activisme induit par la masse d'informations à transmettre, mais aussi par la pression de la centrale moscoutaire, chaque jour plus exigeante (les Allemands n'ont pas pris Moscou certes, mais le danger reste considérable). Et tant vont les messages sur les ondes qu'il se fait prendre en mai 1942, livrant aux tortionnaires la clé de son code. Les services nazis vont donc pouvoir entamer le déchiffrage des messages interceptés, dont celui d'octobre 1941 qui leur permettra de confondre Adam et Greta Kuckhoff, ainsi que les Schulze-Boysen.

Sous la hache du bourreau

En août 1942, Libertas est prévenue par une autre taupe de l'« Orchestre », Horst Heilman, officier du bureau berlinois de l'Abwehr, de l'arrestation de Wenzel et de ses conséquences. Prévenus à leur tour, son mari et les Harnack, se sachant condamnés mais puisant, comme elle, dans leur immense courage, restent de marbre.

Libertas et Harro en particulier vont devenir de véritables épouvantails pour les hitlériens, car non contents de se considérer comme des militants antifascistes et non des espions à l'instar de leurs camarades de l'« Orchestre rouge », les deux jeunes époux menaient une vie sexuelle très libre : Libertas aurait reconnu quatre liaisons masculines simultanées, et Harro trois avec les femmes de membres de son groupe.

Le 22 décembre 1942, Arvid est décapité ainsi que Libertas Schulze-Boysen. Harro est pendu le même jour. Dans leur rage, les nazis n'ont même pas respecté la trêve de Noël, traditionnelle en Allemagne. Compte tenu de sa nationalité américaine et du fait que l'on n'a pu collecter de preuves formelles contre elle, Mildred Harnack n'écope que de six ans de prison en première instance. Or, le procureur du Tribunal du peuple, le sinistre Manfred Roeder, fait appel. Nouveau procès, condamnation à la peine capitale. Mildred rejoint Arvid dans la mort le 18 février 1943.

La plupart des autres femmes de l'« Orchestre rouge » seront exécutées à la hache en août 1943 comme la chanteuse et traductrice de français Eva Maria Buch ; l'étudiante Ursula Götze ; la cartomancienne Anna Krause ; Rose Schlesinger et Oda Schottmüller, coupables d'avoir caché chez elles un émetteur radio ; Rose-Marie Terwiel, la secrétaire de Schulze-Boysen ; Frieda Weloseč, qui abrita des agents soviétiques parachutés ; Ingeborg Kummerow, épouse d'un ingénieur de la Loewe-Opta-Radio, Heinrich, également membre du réseau ; ou Clara Schabbel, qui assurait certaines liaisons avec le GRU de Bruxelles.

Liane Berkowitz, 20 ans, s'est vu retirer son nouveau-né, confié à un hôpital SS et qui, mal soigné, est mort avant elle. Hilde Coppi, elle, a accouché en prison. Peu avant son exécution, elle écrira : « Je suis très calme, je suis même contente, je suis heureuse de chaque jour que je peux passer avec mon fils. Et lui, il aime tellement rire, il est si gai. Pourquoi voulez-vous que je pleure ? »

Nous si, devant tant de courage associé à tant de malheur. Toutes causes nationales et toutes idéologies confondues, il existe des femmes de renseignements admirables quand d'autres le sont moins.

Des hommes aussi. Dans les années 1960, le directeur du réseau français du GRU, Leopold Trepper, présentera cette branche collatérale comme le « véritable Orchestre rouge ». Un succès médiatique s'ensuivra. En toute naïveté idéologique, les milieux français de gauche et d'extrême gauche verront dans cet officier de renseignements formé au moule soviétique la figure du « vrai communiste persécuté par les staliniens ».

Par les nazis, certainement pas. Et pour cause : Trepper leur avait allègrement balancé la « piétaille » du réseau, y compris ses propres lieutenants et amis. Par contraste, le bourreau berlinois n'accorda pas la moindre mansuétude aux femmes de son groupe.

Kate Voelkner, née en avril 1906 à Dantzig au sein d'une famille d'artistes itinérants et elle-même ancienne contorsionniste installée en France en 1937, travaillait comme dactylo au Bureau du travail allemand de Paris. Elle est exécutée le 28 juillet 1943. D'après la légende, ses derniers mots auraient été : « Je suis heureuse d'avoir fait quelques petites choses pour le communisme. »

L'hécatombe se poursuit

L'hécatombe se poursuit. Née en juillet 1905 d'un général français et d'une musicienne polonaise, Suzanne Cointe, secrétaire de la Fédération musicale populaire, fut la fondée de pouvoir de la Simex, la société commerciale de couverture du réseau Trepper : sa tête tombe le 28 juillet 1943. Née en mars 1917, Simone Pheter, secrétaire administrative de la chambre de commerce franco-belge, excellent prétexte pour ses missions de liaison entre Paris et Bruxelles, est décapitée à Berlin le 20 août 1943. Neuropsychiatre et fille d'un général russe blanc, née en mars 1901, Anna de Maximovitch alias « Doctoresse » travaillait selon toute probabilité comme agente des services secrets soviétiques avant même ses contacts avec Trepper. Elle sera exécutée le même jour.

Assassinées de même les femmes des groupes belges du GRU. Rita Arnould née Bloch en juillet 1903 à Bruxelles parla à l'Abwehr, mais n'en fut pas moins exécutée le 20 août 1943. La chiffreuse Sofia Poznanska, née en juillet 1906 en Pologne, prit le parti inverse : elle ne dit pas un mot et parvint à se suicider par pendaison le 29 septembre 1942. Flore Velaerst, professeur de danse à Bruxelles, sa ville natale, née en janvier 1909, travaillait au sein d'une entreprise allemande tout en servant de boîte aux lettres au réseau. Une activité qui lui vaudra une mort tragique le 20 août 1943, quelques instants après celles de Suzanne Cointe et de Simone Pheter. Une des administratrices de la firme de couverture belge le Roi du caoutchouc, Joanna Grossvogel, née en septembre 1901, sera décapitée à Berlin le 6 juillet 1944. Marie-Louise Corbin, dont le mari Alfred dirigeait la Simex, va périr à Ravensbrück en février 1945, à l'âge de 45 ans.

Le Grand Jeu, titre de l'autobiographie de Trepper publiée à Paris en 1975, n'en était visiblement pas un pour tout le monde…

13

Les Françaises sur le front secret

Dans l'entre-deux-guerres, le Service de renseignements français, le SR, basé au 2 bis, avenue de Tourville à Paris, mobilisa assez peu les filles d'Ève. Quelques honorables correspondantes dans les milieux artistiques tout de même. Ne serait-ce que Marie-Jeanne Bellon, plus connue sous son nom de scène de Marie Bell. Avec son compagnon Jean Chevrier, cette sociétaire de la Comédie-Française mettait à profit sa notoriété et ses déplacements professionnels, en Allemagne notamment, pour collecter des informations. « Élisabeth », le nom de code de cette patriote dont les talents ne se limitaient donc pas au théâtre, rencontrait ses officiers traitants du « 2 bis » au bar de la gare d'Orsay, aujourd'hui transformée en musée.

La « Vénus d'ébène »

En septembre 1939, date de la déclaration de guerre, une autre honorable correspondante se présenta d'elle-même au SR. Quoique fort différente, il s'agissait là encore d'une artiste de renom, la chanteuse et danseuse franco-américaine Joséphine Baker. Ayant à cœur de rendre à la France ce que son pays d'accueil lui avait apporté, gloire et célébrité, cette belle plante noire frappe donc à la porte du « 2 bis ». Sachant les risques courus, elle accepte de servir.

Fin 1940, soit après l'effondrement français, une tournée au Portugal de cette vedette internationale sera l'occasion d'une de ses missions secrètes les plus importantes. Chef du contre-espionnage clandestin en France sous le paravent d'une fausse société publique prétendument filiale du ministère de l'Agriculture, les Bureaux des Travaux ruraux, le commandant Paul Paillole veut mettre au point un système efficace de liaisons radio avec les Anglais. Rendez-vous est pris en pays neutre, à Lisbonne, avec Wilfred Dunderdale dit « Buffy », ancien chef du poste de Paris du MI 6.

La tâche est confiée au capitaine Jacques Abtey. Sous le faux nom de « Jacques Hébert », cet officier du SR se présente désormais comme... l'imprésario de Joséphine. Une couverture qui a le don d'enchanter celle que l'on surnomme la « Vénus d'ébène ». C'est dans les partitions de ses chansons qu'Abtey recopiera à l'encre sympathique les données à remettre à « Buffy » Dunderdale.

Le duo Abtey-Baker ne s'arrête pas là. Puisque la liaison avec le MI 6 vient d'être établie, le capitaine s'installe à Casablanca dès la mi-1941. Sous couverture d'employé de la Compagnie chérifienne d'armement, il dirige le bureau local des Travaux ruraux, le TR 120. Joséphine aussi vit au Maroc. Son travail d'équipe avec l'officier de renseignements peut donc se poursuivre. Lors d'une nouvelle mission, la chanteuse-agente secrète aurait exfiltré des documents... à l'intérieur de ses sous-vêtements. Elle continuera d'opérer ainsi clandestinement jusqu'au débarquement américain en Afrique française du Nord (AFN) de novembre 1942.

Avant tout destinées à soutenir le moral des troupes, ses tournées artistiques se poursuivent ensuite, mais sur un mode moins périlleux. Toutes ces activités patriotiques vaudront à la « Vénus d'ébène » le grade de sous-lieutenant des Forces aériennes françaises libres, la médaille de la Résistance, la croix de guerre 1939-1945 puis, en 1961, la Légion d'honneur.

Elles lui vaudront aussi, et d'un certain point de vue surtout, la considération personnelle du général de Gaulle. Celle-ci ne se démentira jamais. Or, compte tenu de la réputation « scandaleuse » de l'intéressée quand elle dansait quasi nue, cette estime n'était pas acquise d'avance.

D'autres honorables correspondantes travaillent pour le SR en vertu de motifs personnels. Par exemple cette Française enseignante de français dans un institut linguistique berlinois accrédité par le IIIe Reich, qui, croyant dur comme fer à l'amitié entre les deux pays, a adhéré au Comité France-Allemagne, pépinière de futurs collabos. C'est un des meilleurs « dénicheurs de talents » du « 2 bis », Jacques Favre de Thierrens, colonel d'aviation de réserve, exploitant agricole dans le Gard, collectionneur d'objets d'art et artiste peintre, qui l'a mise en contact dès 1938 avec Paillole, alors chef de la section du contre-espionnage allemand au SR.

Après quelques aventures amoureuses sans lendemain, cette tout juste trentenaire, sportive aux yeux noirs très profonds, entretient une liaison plus stable avec un haut fonctionnaire nazi. Parmi ses élèves à l'Institut, des officiers du ministère de la Guerre, de la Wehrmacht et même de l'Abwehr. Tous les deux ou trois mois, persuadée d'œuvrer au rapprochement entre Berlin et Paris, Françoise, son prénom, rencontre Paillole, parfois flanqué du commandant Guy Schlesser, autre grand spécialiste des affaires allemandes, pour leur confier des renseignements d'excellente qualité qu'elle croit utiles à la « cause ». En bons manipulateurs, car c'est tout de même de cela qu'il s'agit, les deux officiers se gardent bien entendu de mettre les choses au clair : ce qui leur importe, c'est de préparer une guerre contre l'Allemagne qu'ils savent certaine en raison de leur excellente compréhension du nazisme, et non quelque impossible réconciliation.

En mars 1941, Françoise reprend contact une dernière fois avec Paillole et le contre-espionnage, désormais clandestin. La jeune femme travaille à présent comme secrétaire-interprète au consulat d'Allemagne, rue Huysmans à Paris. Toujours dans sa lubie de rapprochement franco-allemand, elle fournit quantité d'informations sur le dispositif de l'occupant, les luttes d'influence en son sein, ses méthodes de propagande, les menées des collabos. Elle mourra en 1950 et s'il l'évoquera dans un livre de souvenirs, jamais Paillole ne révélera son nom.

Romance viennoise

Enseignante de français aussi mais à Vienne, et dans son cas volontaire pour servir la France comme agente du « 2 bis », une autre de nos compatriotes joua un rôle crucial et méconnu au service secret de la France. À partir de 1953, cette femme commença à rédiger un manuscrit relatant son aventure, texte confidentiel puisqu'elle ne souhaitait en aucun cas attirer l'attention du public.

En 1978, un livre du général Henri Navarre, assisté par un groupe d'anciens du SR, révéla les initiales de cette héroïne toujours vivante : « Mme BR. » Après sa mort, pareille discrétion ne s'imposait plus. En 1993, mon ami Roger Faligot et moi-même révélions donc son nom, Madeleine Richou, ainsi que les grandes lignes de son action dans un livre préfacé par le colonel Paillole, fondateur après la guerre de l'Amicale des anciens des services spéciaux de la Défense nationale (ASSDN). En 2017 enfin, Marie Gatard, membre du Comité histoire de cette même Amicale, consacrera un ouvrage à celle qui porta le nom de code de « MAD[1] ».

Le début de cette aventure de l'ombre ressemble plus à un roman d'amour qu'à un récit d'espionnage. Tout y est vrai pourtant. Nous sommes en juillet 1933, et Madeleine Richou-Bihet ne se croit pas particulièrement patriote. Paumée, plutôt : mère d'un garçon, elle vient de divorcer et, frappée par la mort d'un proche, a décidé de prendre du recul. C'est la première fois que cette fille de fonctionnaire de 32 ans sort du territoire français. Pourquoi a-t-elle ainsi opté pour l'Autriche ? Par romantisme peut-être. Mais, ce faisant, elle a aussi choisi son propre destin.

Un destin sous le signe du drapeau tricolore, mais un signe tout personnel au premier abord. Anecdotique presque. Alors qu'elle se dore sur la plage d'un lac de Styrie, Madeleine entend un jeune Autrichien railler à voix haute ces mijaurées françaises qui ont peur de l'eau.

Pour exprimer sa rage, elle ne trouve rien de mieux que de plonger dans l'eau glacée. Elle manque d'en mourir, et le traitement médical qui s'impose va la contraindre à s'installer à Vienne bien au-delà des quelques jours de réflexion initialement prévus. Vienne où, en février 1934, elle assiste aux combats de rue entre la milice socialiste, soutenue par les communistes du KPÖ, et l'armée régulière. Une guerre civile qui, nous le

1. *La Source MAD. Services secrets : une Française de l'ombre et un officier de l'armée allemande unis contre le nazisme*, Paris, Michalon, 2017. Merci au colonel Henri Debrun, président de l'ASSDN, qui m'a permis de consulter le manuscrit inédit de Madeleine Richou, relu par le général Navarre et le commandant de vaisseau Henri Trautmann.

savons, va décider du basculement du jeune Anglais Kim Philby dans l'action clandestine d'abord, dans l'espionnage au profit des Soviétiques ensuite après son recrutement sous l'égide de Litzy Friedmann et d'Edith Tudor-Hart.

C'est quelques mois plus tard, au printemps, que Madeleine, enseignante de français pour assurer sa subsistance à Vienne, fait la connaissance d'Erwin von Lahousen-Vivremont. Son aîné de quatre ans (il est né en octobre 1897), ce fils d'une famille de militaires aristocrates catholiques, ancien combattant de la Grande Guerre, officie au sein du service de renseignements de la division viennoise de l'armée autrichienne. Outre le polonais, le hongrois, le tchèque et naturellement l'allemand, le major Lahousen parle un peu le français par tradition familiale. Or, désigné pour un stage à Paris, il a besoin de se perfectionner dans notre langue.

Bien que Madeleine Richou, tout en pudeur, ne le dise jamais dans son manuscrit inédit, une relation amoureuse se noue bientôt entre la prof et son élève. Relation discrète car le major est marié tandis que la Française porte le poids de son divorce, alors considéré socialement comme une tare.

Et pourtant, Madeleine et Erwin s'aiment, d'autant qu'ils partagent une même hostilité viscérale envers les nazis, très agressifs à Vienne. Le 25 juillet 1934, 150 de ces nervis envahissent le palais de la chancellerie, forcent la porte du bureau du chancelier Engelbert Dollfuss, ouvrent le feu sur l'homme d'État et le tuent. C'est Lahousen qui sera le premier à découvrir le malheureux baignant dans son sang. Mécontent d'une telle « maladresse » – n'imaginez pas une seconde que l'assassinat du chancelier ait pu l'écœurer –, Hitler démet sur-le-champ le chef de ses thuriféraires autrichiens, Theo Habicht, et ferme le quartier général du NSDAP autrichien en exil à Munich.

Pour autant, Vienne ne perd rien pour attendre : le Führer est bien décidé à absorber son Autriche natale dans la « patrie allemande ». Le lieutenant-colonel von Lahousen s'ouvre de ses inquiétudes à son amie française. L'officier parle d'or. Passant un jour à l'impromptu au ministère de la Guerre, Madeleine a constaté qu'Erwin est le vrai patron du service de renseignements autrichien, et non son supérieur hiérarchique, le colonel Böhme. Dissous en 1918 au moment de l'effondrement de la double monarchie austro-hongroise, l'*Evidenzbüro*, son appellation traditionnelle, est en cours de reconstitution depuis 1936 avec les conseils techniques de son ancien chef, Maximilian Ronge.

Ce qui devait arriver, puisque les démocraties laissent Hitler poursuivre tranquillement ses plans impérialistes, arrive en mars 1938 : l'Anschluss, c'est-à-dire le rattachement de l'Autriche à l'Allemagne. Madeleine rentre aussitôt en France. Connu pour ses compétences en la matière, Lahousen se voit, lui, muté en juin 1938 à Berlin au sein du service de renseignements de la Wehrmacht. Il va travailler à l'Abwehr I, les informations secrètes. Canaris apprécie en effet beaucoup celui qu'il surnomme « Der Lange » – le Grand – puisqu'il mesure près de deux mètres. Attachés aux traditions impériales, l'amiral et son subordonné devenu un ami peuvent se parler à cœur ouvert puisque Lahousen est une tombe.

Une tombe sauf pour Madeleine, car, l'amour et la confiance aidant, Erwin en a dit de plus en plus long à son amie. Sa volonté de lutter contre un nazisme inhumain et dégradant transparaît d'ailleurs à mots convenus dans les cartes postales qu'il lui expédie. Des courriers en apparence bénins dont les cachets postaux indiquent les pays d'où ils ont été émis et complètent donc le texte en révélant les déplacements géographiques du colonel de l'Abwehr.

Nom de code : « MAD »

Leur relation aurait pu en rester au stade amoureux, mais la Française, on l'a dit, s'est découvert un patriotisme viscéral dont elle ignorait encore l'existence quelques années plus tôt. Aussi écrit-elle au commandant Roger Salland, croisé autrefois à Vienne. C'est le colonel Louis Rivet, le patron du « 2 bis », qui lui répond, lui proposant pour prendre contact trois villes voisines de son lieu de résidence. Elle choisit un hôtel d'Angoulême. L'y rejoint le commandant Henri Brochu, qui va devenir son premier officier traitant. Pour le SR, elle sera la source « MAD ».

Une source extrêmement prolifique puisque dès leur deuxième rendez-vous, à La Rochelle cette fois, la *she-intelligencer* tricolore peut faire état d'une carte postée en Espagne par Erwin indiquant, à mots couverts, de nouvelles échéances à venir rapidement. Fin septembre, elle rencontre à Paris le commandant Navarre, chef de la section allemande du SR, qui l'invite à gagner Berlin dès que possible pour un tête-à-tête avec Lahousen. Un acte qui peut engager toute son existence, comprend-elle.

C'est oui. Oui pour se rendre dans la capitale allemande, oui pour devenir l'agente d'un SR qui attend beaucoup de sa relation avec l'officier de l'Abwehr, dont les Français connaissent par d'autres sources l'hostilité au nazisme. Les accords de Munich de la fin septembre 1938 où les démocraties ont lâchement cédé une partie de la Tchécoslovaquie à Hitler n'ont pas calmé les appétits nazis, explique Lahousen. Le Führer s'apprête déjà à avaler le reste du pays.

Malgré le risque de conflit armé qui découle des révélations d'Erwin et contre son avis, Madeleine décide de rester à Berlin. Sa tâche d'agente du « 2 bis », dont elle ne lui a pas touché mot mais qu'il finira par comprendre à demi-mot, est bien trop importante pour déserter ce front majeur de la guerre secrète. « MAD » réussit à décrocher un emploi de professeur de langue à l'Institut français. De quoi assurer la matérielle et justifier sa présence dans une capitale où nos compatriotes ne sont pas les bienvenus. À preuve sa convocation à la Gestapo.

« Que faites-vous à Berlin ?

— Un voyage d'études.

— Mais c'est très bien, ça. Nous allons vous aider. »

L'aide en question se concrétise sous la forme d'une militante du NSDAP tout en fanatisme qui, sous prétexte de découverte du vrai visage de l'Allemagne nouvelle, lui colle aux basques. Après des jours de cohabitation malsaine, Madeleine parvient à se détacher de cette surveillance continuelle, arguant que la reprise des cours à l'Institut ne lui offre plus guère de temps libre. Sous-locataire de l'appartement d'un couple d'adhérents du parti hitlérien, elle se sait tout de même contrôlée par le chef nazi du bloc d'immeubles, en l'espèce un conducteur de tramways.

Après la « Nuit de cristal » de novembre 1938, qui voit les boutiques juives méthodiquement saccagées et leurs propriétaires molestés, la tension s'accroît encore à Berlin. Multipliant les précautions, les deux amis se rencontrent dans des lieux publics, par exemple le café Wien, qui leur rappelle l'Autriche. À chaque fois, Lahousen livre des bribes d'informations.

Début janvier 1939, alors que le voilà nommé à la tête de l'Abwehr II, la section de sabotage, « MAD » revient provisoirement à Paris rendre compte au SR. Elle retrouve Henri Navarre et « P'tit Louis » Rivet au restaurant du rond-point des Champs-Élysées. « Je ne lui ai rien dit de mes contacts avec vous », précise Madeleine.

Cloisonnement oblige, elle ignore être une des deux meilleures sources du « 2 bis » au cœur de la machine nazie. L'autre s'appelle Hans-Thilo Schmidt, frère d'un général allemand très en vue. Après avoir révélé aux Français l'existence d'un organisme d'interception des communications radiophoniques et téléphoniques proprement tentaculaire, le *Forschungsamt des Reichsluftfahrt Ministeriums* (FA, Office ou Bureau de recherche du ministère de l'Air), cet agent, nom de code « Ashe » – cendres dans la langue de Goethe –, leur fournit régulièrement des informations secrètes sur la machine à crypter des armées allemandes, Enigma. Le MI 6 britannique ou l'*Exsposytura* polonaise, auxquels ces renseignements sont transmis par leurs alliés et collègues du SR, sont loin de posséder des informateurs d'une valeur comparable.

« Vous avez raison, cela le mettrait dans l'embarras, la rassure Rivet. Nous savons bien qu'il a l'âme d'un antinazi, mais pas celle d'un traître. Ne poussez pas le bouchon trop loin : ce qui nous intéresse, c'est son analyse de la situation, les éléments factuels qu'il vous confie. »

Chacun des deux amis marche sur le fil du rasoir, autrement dit. Trop en dire à Lahousen pourrait déclencher la rupture. Dans sa morale d'officier en effet, renseigner consciemment l'agent d'un service secret étranger et potentiellement ennemi ne serait rien d'autre qu'une trahison. Homme du métier, sans doute a-t-il déjà compris les liens de son amie avec le SR, mais celle-ci ne les lui avouera jamais, de même qu'il ne lui posera jamais la question. Dans l'intérêt du couple, affectif comme opérationnel, mieux vaut rester dans le flou.

Parlementaire indiscret

De retour à Berlin, « MAD » apprend de la bouche de Lahousen qu'à la mi-mars au plus tard Hitler, insatiable, démembrera la Tchécoslovaquie. Elle se précipite à l'ambassade pour que l'attaché qui chiffre ses messages au « 2 bis » le transmette d'urgence. Puis, inquiète de sa réaction incrédule, elle décide de sauter dans le train de Paris pour rendre compte directement. Rivet, qu'elle retrouve dans un café des Champs-Élysées, informe le ministre des Affaires étrangères, Georges Bonnet. Un homme inquiet mais imprudent puisqu'il ne sait pas tenir sa langue et qu'un parlementaire interviendra trois semaines plus tard à la Chambre des députés pour dire que oui, Paris savait.

Ce coup de plastron ne passe pas inaperçu à Berlin. Les Français savent, tiens, tiens. La surveillance se resserre autour des expatriés. Madeleine comme les autres, qu'un SS en civil poursuit de ses « assiduités » heureusement fort maladroites. Avec son courage tranquille habituel, la Française continue son travail de renseignement, mais multiplie les précautions. Plus de visites à l'ambassade : c'est par téléphone que, sous le pseudonyme de « Marthe », elle prend rendez-vous avec son contact, l'attaché, à mots couverts. Leurs rencontres désertent le centre de la capitale pour des lieux écartés qu'on ne peut gagner qu'en empruntant plusieurs transports de façon à détecter une éventuelle filature.

Le 13 mars en fin d'après-midi, Lahousen la contacte par téléphone, lui donnant rendez-vous dans un café voisin de chez elle dont ils étaient convenus en cas d'urgence. L'urgence, elle est bien là : dans deux jours – l'officier le sait puisque mobilisé pour cette opération –, Hitler va annexer la Tchéquie, faisant ensuite de la Slovaquie un protectorat du Reich. Dûment transmise au « 2 bis », l'information se révèle une fois de plus exacte.

L'adieu à Berlin

En août, son fils gravement malade, Madeleine quitte définitivement Berlin. Une carte postale d'Erwin lui apprend que l'offensive contre la Pologne est fixée au 26. La France commence à mobiliser. Hitler tergiverse quand même, puis passe à l'action le 1er septembre. Deux jours plus tard, la Grande-

Bretagne d'abord puis la France lui déclarent une guerre dont peu comprennent qu'elle sera bientôt mondiale.

Madeleine et Erwin, affecté on ne sait où, ont perdu le contact. Le chef de l'Abwehr II n'est d'ailleurs pas le seul officier de la Wehrmacht à agir contre le régime. À la même époque, un opposant de droite au nazisme, le général Kurt von Hammerstein, démissionnaire de l'armée en 1934 mais, rappelé brièvement au service en septembre 1939, renseigne le capitaine Roger Trutat, chef du poste de Berne du SR français, sur les projets nazis (nom de code : « Source A »).

L'ensemble de la famille Hammerstein, fils et filles, va d'ailleurs jouer un rôle important dans l'opposition antihitlérienne, pour le compte des Soviétiques y compris. Les trois filles du général ont adhéré très tôt aux idées communistes, Maria Therese étant même la compagne de Leo Roth alias « Viktor », membre important du service de renseignements du M-Apparat, l'appareil militaire du KPD, le PC allemand.

Un service que dirigeait alors Hans Kippenberger dit « Alex », député au Reichstag assisté de son adjoint et successeur, l'Alsacien Lucian Wilhelm Iltis alias « Hans Bergman ». Kippenberger et Roth disparaîtront dans les purges staliniennes, mais pas Iltis, récupéré par la Gestapo pendant la guerre et dont la trahison permettra à Klaus Barbie de décapiter la direction des FTP, la résistance communiste armée, pour le sud de la France.

Ouvrant le coffre-fort paternel, les demoiselles Hammerstein procurent au M-Apparat des informations de première valeur. Sachant l'irréductible hostilité de l'officier de tradition au nazisme, les Soviétiques ont même tenté de lui faire des offres fin 1936 et début 1937 par l'intermédiaire d'une commandante allemande du GRU, la « comtesse rouge » Ruth von Mayenburg. Mais préférant travailler avec des officiers français plus proches de ses valeurs, le général n'a pas mordu à l'hameçon. Lahousen l'aurait certainement approuvé...

Vous partez pour la Hongrie...

Quelques semaines plus tard, Madeleine reçoit une carte anodine de Lahousen. L'indication postale suffit : on l'a muté à Budapest. « Eh bien voilà, vous partez pour la Hongrie ! »

commentent laconiquement Rivet et Navarre devant la jeune femme, qui vient de leur présenter ce courrier.

C'est compter une fois de plus sur son patriotisme. À bon escient puisque, après avoir installé sa mère et son fils à La Bourboule, la jeune femme prépare son départ. Ses proches sont sous la protection du SR. Bientôt clandestin, ce dernier veillera d'ailleurs loyalement sur eux.

La nouvelle couverture de « MAD » : elle va ouvrir à Budapest, capitale d'un pays non belligérant avec la France, un bureau de tourisme français à l'enseigne conjointe de la SNCF et du Quai d'Orsay. Sous l'œil méfiant de l'ambassade allemande, toute-puissante ici, le régent Miklós Horthy jouant la carte du IIIe Reich, elle s'affaire à cette tâche. Dégotter par exemple un magasin sur l'une des places les plus cotées de Pest. Une carte postale a averti Lahousen de son installation en ville mais, absorbé par ses missions pour l'Abwehr, il n'est pas là pour l'instant. Jusqu'au début janvier 1940 où la jeune femme reçoit une carte de Rome.

« Allez immédiatement là-bas », répond Navarre à son télégramme chiffré. Le 8, elle s'installe à l'hôtel Savoia que fréquente le gratin des partisans de Mussolini. En particulier Roberto Farinacci, le plus pronazi des dirigeants fascistes, qui la presse de questions insidieuses auxquelles elle a bien du mal à répondre. La France n'est pas encore en guerre avec l'Italie, mais on sent déjà les appétits mussoliniens.

Le pire, c'est que « MAD » a manqué Erwin, qui l'attendait, lui, en Hongrie ! À peine a-t-elle regagné sa chambre à Budapest le 27 février que le téléphone sonne. C'est lui. Le couple se reforme pour la première fois depuis Berlin. Côté renseignement, il lui apprend l'opération « Weser » : dès avril, l'Allemagne occupera le Danemark par surprise. Or son message crypté reçoit cette réponse lapidaire de Navarre : au « 2 bis », on pense que Lahousen, « retourné », s'est transformé en agent d'intoxication de l'Abwehr ! Excédée, « MAD » saute dans le train pour Paris. Elle y arrive d'humeur exécrable face à Rivet et Navarre butés qui campent sur leurs positions, circonvenus par des rapports hostiles du chef de poste SR à la légation française de Budapest. « Dans ces conditions, s'indigne-t-elle, ma présence à Budapest ne sert à rien. Mon fils a besoin de moi, je rentre ! »

« P'tit Louis » Rivet doit faire appel à des trésors de diplomatie pour la convaincre de rester. Elle finit par accepter et, après cinq jours seulement auprès des siens, retourne à son poste de combat. Car c'est bien de combat qu'il s'agit, une lutte clandestine qui exige de puiser sans cesse dans ses ressources morales.

Le 9 avril, les révélations de Lahousen sont confirmées : Hitler envahit le Danemark et la Norvège. Peu après, un nouveau chef de poste arrive pour soutenir « MAD » et non l'enfoncer, le commandant Munier.

Deux mois plus tard, les jeux sont hélas faits : l'armée française vaincue et le SR contraint de passer à son tour dans la clandestinité. Sans être à proprement parler gaullistes, Madeleine et Munier n'ont qu'une confiance très limitée dans le régime de Vichy qui s'installe. Ils n'en continuent pas moins leur travail de renseignement avec l'aide du nouvel opérateur radio du poste SR, Noël Clavel. Lequel, très astucieux, met au point un système d'acheminement en France de microfilms non développés. Qu'une personne non avertie ouvre la boîte d'allumettes qui les contient et ils se voileront instantanément.

Silencieuse jusque dans la tombe

Un soir que Munier est venu prévenir « MAD » à son domicile du comportement irresponsable de deux de ses adjoints qui se sont fait remarquer dans une boîte de nuit, on sonne. C'est Lahousen. Si la situation générale n'était pas si grave, on pourrait sourire de ce face-à-face de théâtre de boulevard entre deux officiers de renseignements adverses chez l'amie de l'un d'entre eux. Mais elle est grave, justement. Munier parti, Erwin informe Madeleine que Hitler a donné l'ordre d'assassiner Maxime Weygand, ex-généralissime devenu proconsul français en Afrique du Nord, trop malcommode pour le IIIe Reich. Non seulement cet ancien bras droit du général Foch pendant la Grande Guerre fait cacher des armes par ses subordonnés, mais il a noué des contacts avec les Américains. Munier en informe aussitôt le SR clandestin. De même qu'il l'informera plusieurs semaines à l'avance de l'attaque programmée de l'URSS par l'Allemagne ou encore de l'ordre hitlérien d'assassiner le général Henri Giraud, qui, captif, s'est évadé en avril 1942 de la forteresse prussienne et prison pour officiers supérieurs de Königstein dans des conditions spectaculaires. En juillet 1943, Madeleine peut rendre la pareille à Lahousen en lui livrant le contenu d'un message de Rivet, à pied d'œuvre à Alger après l'invasion de la zone non occupée par la Wehrmacht quoique en très mauvais rapports avec les hommes des services secrets gaullistes. De quoi rasséréner Erwin : « P'tit Louis » l'assure officiellement qu'après la guerre l'Autriche retrouvera sa pleine souveraineté en tant qu'État neutre.

Quittant l'Abwehr, Lahousen prend un commandement au sein d'une unité de la Wehrmacht (par la suite, il jouera un rôle dans les tentatives d'assassiner Hitler en 1943 puis 1944). C'est la fin de leur aventure. Après l'effondrement hongrois sous les coups de l'Armée rouge, Madeleine et son fils, qui l'a rejointe, parviennent à regagner la France à l'issue d'une odyssée où leur vie sera constamment en danger. Si les mérites de l'agente « MAD » sont reconnus – en 1946, on lui décernera la Légion d'honneur –, c'est *mezzo voce*. Rivet et le « vieux SR » ont en effet été écartés au profit d'anciens du BCRA, le service secret gaulliste, ou de la résistance intérieure.

Par une lettre d'un ami autrichien de Lahousen, Madeleine apprend que l'officier, témoin au procès de Nuremberg qui a jugé les criminels nazis, a été transféré dans la zone d'occupation anglaise en Allemagne pour lui faire dire tout ce qu'il sait de l'Abwehr dont le chef, l'amiral Canaris, écarté des responsabilités après l'échec de l'attentat de juillet 1944 contre Hitler, a été pendu le 8 avril 1945. Présentée par Rivet à quelques officiers des nouveaux services secrets français, la DGER, Madeleine se battra jusqu'en mai 1947 pour arracher la libération de son ex-compagnon.

Erwin et elle ne se reverront jamais. De retour auprès de son épouse, Marga, il meurt en février 1955. Madeleine le suivra dans la tombe trois décennies plus tard, toujours discrète, toujours secrète, toujours modeste.

Française de courage à l'instar de Natalia Serguieiw, « MAD » avait les nerfs aussi solides, mais pas la même grande gueule que cette compatriote d'origine russe qui parviendra à rouler l'Abwehr dans la farine...

Une Française contre l'Abwehr

Natalia a de qui tenir : née en Russie en janvier 1912, c'est en effet la nièce du général Evgueni Karlovitch Miller, enlevé à Paris on s'en souvient le 22 septembre 1937 avec la complicité de Nikolaï Skobline et du « Rossignol de Koursk » (*cf.* chap. 10, p. 157). Transféré clandestinement à Moscou aux lendemains de son enlèvement, Miller a refusé obstinément de collaborer avec les Soviétiques. Ce héros de la cause russe blanche trouvera la mort sous les balles du peloton d'exécution le 11 mai 1939.

En France depuis 1920, Natalia, elle, se sent française avant toute chose. Comme Joséphine Baker, elle veut rendre à notre pays ce qu'il lui a donné.

Grande sportive, celle que tout le monde appelle « Lily » a fait au début des années 1930 le trajet Paris-Varsovie à pied. Elle est de même en route vers Saigon quand la défaite française l'oblige à rebrousser chemin. De Beyrouth, elle gagne finalement la France à bord du *Mariette-Pacha* en décembre 1940. Son seul compagnon est Babs, un petit chien aux yeux d'ambre blond.

À peine retrouve-t-elle ses parents que la jeune femme leur apprend son intention de gagner Londres pour prendre rang au sein des Forces françaises libres. Comment ? Particulièrement imaginative, elle écrira à Felix Dassel. Ce journaliste balte a couvert autrefois son équipée franco-polonaise et, surtout, Lily voit en lui un dénicheur de talents des services secrets nazis. D'où l'idée de se faire envoyer en mission secrète en Angleterre par les commanditaires allemands du plumitif. Une fois sur place aux bons soins du IIIe Reich, elle filera au bureau d'engagement des FFL...

Pas si simple, en réalité. Dassel l'entraîne bien à Berlin fin janvier 1941 pour y rencontrer plusieurs responsables de l'Abwehr, le service de renseignements militaire de l'amiral Canaris, et ces derniers semblent gober la prétendue haine de l'Angleterre qui l'animerait. Mais les choses, elles, traînent en longueur.

De retour à Paris, elle n'est contactée qu'en mai 1941 par une Française, Yvonne Delidaise. Cette jeune femme très élégante travaille pour le major Kliemann, un officier de l'Abwehr dont elle est la maîtresse.

Après un nouveau déplacement à Berlin, Lily finit par rencontrer le major le 11 octobre à Paris. Pour mieux se mettre en valeur, elle lui révèle que sa sœur est algéroise ; qu'une de ses cousines de nationalité anglaise vit en Angleterre ; qu'un cousin polonais et diplomate habite Lisbonne ; un autre cousin, Istanbul ; un oncle et une tante, Madère. Pas faux mais exagéré. La cousine anglaise, pour ne citer qu'elle, n'est pas aussi *upper class* que ça.

Moustache, cheveux brillantinés et cicatrice sur la joue droite, fruit probable d'un duel d'étudiants, Kliemann enregistre. La proposition de Lily l'intéresse, mais il faut du temps pour monter l'affaire. Beaucoup de temps, trop pour la jeune femme, qui ne supporte ni les retards continuels aux rendez-vous de l'officier, étonnamment bohème pour un cadre de l'Abwehr, ni la lenteur de sa formation : pratique de divers modèles d'émetteurs-récepteurs radio, chiffrage.

En vérité, Lily a un caractère de cochon, et les Allemands ne seront pas les seuls à le constater à leurs dépens. Et puis, c'est vrai qu'il faut du temps pour obtenir des documents d'identité en règle, du temps pour les faire viser sans éveiller l'attention d'une bureaucratie administrative vichyste très byzantine, du temps pour peaufiner les détails, du temps pour montrer qu'on a bien appris sa leçon, du temps pour franchir la frontière espagnole. Tellement de temps que c'est le 25 juin 1943 seulement que Lily alias « Solange » entre en contact à Madrid avec un correspondant de l'Abwehr, le senõr Miret.

Comme convenu avec Kliemann alias « Octave », elle se rend à l'ambassade de Grande-Bretagne pour solliciter son visa d'entrée au Royaume-Uni. Le 17 juillet, la voilà convoquée par le responsable des passeports. Grand, mince, cheveux châtains qui commencent à se dégarnir, crâne étroit et long, *very british* en résumé, Kenneth Denton n'est autre que le représentant local du MI 6. Du coup, il comprend vite le pli : cette demoiselle a tout pour devenir un excellent agent de pénétration au sein de l'Abwehr.

Lily, caractère de cochon

Le problème, figurez-vous, c'est le chien Babs. Lily veut qu'il l'accompagne en Angleterre sans subir la quarantaine obligatoire pour les animaux venus du Continent. Vous l'a-t-on dit : la nièce d'Evgueni Miller est aussi têtue que son général d'oncle, muet comme une carpe lors de ses interrogatoires de 1937-1938 par le NKVD. Et le pire, c'est qu'elle s'obstine souvent pour des choses qui n'en valent pas la peine. Les Anglais aussi devront s'y faire.

Côté Abwehr, on lui donne l'adresse d'une « boîte aux lettres » à laquelle, une fois parvenue à Londres, elle devra envoyer ses premiers rapports rédigés à l'encre sympathique : Sabina Romans, 15 calle Lesseps à Barcelone. Pour recevoir des instructions, il faudra qu'elle achète sur place un poste de TSF américain de marque Hallicrafter. On l'appellera les mardi, jeudi et samedi à midi et minuit GMT, sur 8 650 mètres de longueur d'onde le matin et 5 100 mètres la nuit. Dès que possible enfin, un rendez-vous sera organisé en pays neutre pour lui remettre l'émetteur-récepteur permettant une transmission beaucoup plus rapide de ses renseignements. L'Abwehr espère une moisson abondante : avec sa cousine membre de l'*establishment* britannique, ce devrait être assez facile.

À partir du 9 octobre, Lily est à Gibraltar en compagnie d'un certain O'Shaga, membre à coup sûr du MI 6 comme en atteste sa fausse signature : « Smith. » Il lui promet de prendre soin de Babs avant que l'animal ne puisse à son tour gagner Londres. « Autant vous prévenir : si je n'ai pas Babs en novembre, je ne travaillerai pas », rétorque la jeune femme. Comme agent double pour le MI 6 s'entend.

Devenue « Dorothy Tremaine », Lily se fait assez bien à cette nouvelle identité. Évoquant son étonnante capacité à « changer de peau », elle s'interrogera plus tard : « Est-ce parce que depuis trois ans, j'ai créé et personnifié un être distinct qui n'avait rien de commun avec moi ? »

Dès son atterrissage à Londres le 6 novembre, on la conduit en grande banlieue dans une maison de sécurité où quinze autres jeunes femmes, dont une résistante bretonne, sont à la fois accueillies et surveillées. Interrogatoires, contre-interrogatoires. Cinq jours plus tard, elle fait enfin la connaissance de sa « contrôleuse » du MI 5, l'austère Miss Sherer, dont elle ne connaîtra que le prénom : Mary. De même qu'elle ignorera le nom de code que lui ont attribué les Anglais : « Treasure », référence ironique à ses sautes d'humeur, ses facéties, ses obstinations propres à entamer le flegme britannique.

Celui de Thomas Argyll Robertson dit « Tar » est d'ailleurs écossais. Lily rencontre ce même 12 novembre le chef de la section B 1 A du contre-espionnage chargée de la « déception stratégique ». Une pièce maîtresse des grandes manœuvres du renseignement anglais qui doivent tromper les Allemands sur le lieu, la date et l'importance (opération principale ou simple diversion) du débarquement en Normandie prévu par l'état-major interallié. Un plan ultra-secret, ultra-complexe et ultra-tordu de désinformation générale baptisé « Fortitude ».

Son objectif : égarer l'ennemi, lui faire perdre le nord. Ses moyens, entre autres : une série d'espions allemands mis sous les verrous et « retournés », des agents imaginaires prétendument recrutés par ces espions captifs ou des agents d'intoxication volontaires comme la jeune Française. Tous inondent Berlin de messages soigneusement bidonnés émis par radio, fruit d'un travail d'artistes du mensonge qui est aussi un travail de type industriel vu la masse de renseignements falsifiés à produire.

Lily participe de son mieux à cette activité. Mais le 24 janvier 1944, drame : une lettre lui apprend que Babs est mort, écrasé dans la rue. La Française vient déjà d'apprendre qu'elle est si malade que les médecins ne lui donnent guère plus de soixante jours à vivre. Plus seule que jamais avec ces Britanniques manipulateurs froids et sans cœur, pareille accumulation de mauvaises nouvelles la jette au bord de la crise nerveuse. À quoi bon tout ça, puisque quasi prisonnière des services anglais, elle ne peut toujours pas rejoindre les Forces françaises libres comme c'était son projet initial ? Aussi résolue qu'une Madeleine Richou dont elle ignore bien entendu l'existence, mais qui a au moins eu la chance d'œuvrer pour son pays avec des compatriotes, Natalia Serguieiw ne se contente plus des vagues références au combat commun murmurées de temps à autre par Sherer ou par Robertson. Avant de craquer, elle se reprend quand même.

« Treasure » remonte à la surface

Pour l'instant, ses messages bidon ne peuvent parvenir à Madrid que sous forme de textes à l'encre sympathique adressés au 15 calle Lesseps. Une liaison radio serait infiniment préférable. Sur ce point, Abwehr et MI 5 sont bien d'accord, fût-ce pour des raisons inverses bien entendu. Or la livraison du poste émetteur promis par Kliemann tarde, et la maladie de Lily, qui l'épuise, n'arrange rien.

Prenant son courage à deux mains, et il lui en faut pour se jeter dans la gueule du loup nazi, la Française gagne quand même Lisbonne le 3 mars 1944. Sa couverture, tissée avec « Tar » Robertson, pour justifier aux yeux de l'Abwehr sa venue au Portugal : en mission pour la section cinématographique du *Ministry of Information* britannique où elle serait parvenue à se faire embaucher par l'intermédiaire de sa cousine *upper class*, Lily cherche des scénaristes issus de pays occupés par l'Allemagne, belges ou français de préférence, pour des films de propagande. Mais là déception, Kliemann n'est pas au rendez-vous. Son collègue de l'Abwehr, Büking, a bien du mal à calmer la Française, qui, outre son mauvais caractère habituel, trépigne du fait que l'on gaspille un temps qu'elle sait précieux pour les Anglais mais aussi pour elle, aux portes de la mort.

« Je dois être rentrée à Londres le 15. Qu'il se débrouille pour arriver avant ! »

Elle patiente malgré tout, c'est trop important. Le 20 mars enfin, Kliemann, le poste émetteur et le technicien qui doit lui en apprendre le fonctionnement sont là. L'appareil a l'air bon marché et démodé. C'est voulu puisque « Solange » est censée le faire parvenir à Londres par la valise diplomatique de l'ambassade britannique, dont elle est autorisée à user en sa qualité de « fonctionnaire du *Ministry of Information* ».

Des horaires d'émission sont arrêtés : 12 h 30 GMT et 23 heures GMT, soit 13 h 30 et minuit à Berlin, ainsi qu'une nouvelle « boîte aux lettres » de dépannage : Maria Pia Leïtao, 100, rue Luz Soriano à Lisbonne. De toute façon, Kliemann est sous le charme. Mary Sherer, que Lily a fini par trouver sympathique avec ses bas qui dégringolent en tire-bouchon et sa manie de fredonner quand elle marche à grandes enjambées dans la rue en balançant les bras, a eu une idée de génie. Lily offrira comme souvenir au major un petit portefeuille en cuir fin de Dunhill qui porte encore son timbre 2 livres, 2 shillings. Sachant la vanité du major dont les deux jeunes femmes ont souvent discuté, il se sentira flatté de pouvoir exhiber devant ses camarades de l'Abwehr un objet de provenance anglaise, preuve tangible du fait qu'il dispose d'agents à lui outre-Manche.

« Excellente idée ! a approuvé Lily. Et vous savez ce que je vais faire, à Lisbonne. Je ferai graver en guise d'adresse : "Octave, souvenir de Solange, Londres, 20 février 1944." »

Bien sûr, le major mord à l'hameçon. De retour à Londres le 25 mars, Lily, Mary Sherer et Russell, un technicien du service, vont commencer les émissions radio destinées à l'Abwehr. Dans ses réponses, Kliemann se montre de plus en plus satisfait. Accroc terrible le 1er juin cependant, quand Sherer interroge sa protégée – ou sa captive – sur une confidence glissée quelques jours plus tôt : si l'envie lui en prenait, Lily pourrait saboter le travail tout entier de « Tar » Robertson. Comment ? Parce qu'elle a omis à dessein de signaler au service ce que les Anglais eux-mêmes appellent un *security check*, un signe furtif convenu indiquant que l'agent(e) travaille librement, loin des mains de l'ennemi.

Quel *security check* ? demande l'Anglaise, folle d'inquiétude. Obstinée comme nous la connaissons, la Française refuse de dire lequel : « Vous pouvez avoir enregistré toutes mes émissions et les comparer, vous livrer à des calculs mathématiques, vous ne trouverez pas. »

Nous sommes à J – 6. On espère pouvoir duper l'ennemi trois semaines encore (succès inattendu : c'est le 25 juillet que les Allemands comprendront que le débarquement en Normandie du 6 juin n'était pas une diversion). Un geste de mauvaise humeur de « Treasure » pourrait donc tout flanquer par terre. Furieux mais prudent, « Tar » Robertson décide de la débrancher, mesure d'autant plus nécessaire que l'état de santé de la jeune femme la met sur le flanc. Le 14 juin, il lui annonce la nouvelle sans douceur : leur travail en commun, c'est fini.

Par amitié, la Française révèle tout de même le *security check* à Mary. Laquelle, avec l'accord de ses supérieurs, transmet son dossier au « capitaine Vaudreuil » du BCRA (Bureau central de renseignements et d'action), le service secret du général de Gaulle. Vaudreuil, en réalité François Thierry-Mieg, évadé d'Allemagne par l'URSS, la reçoit le 25 juin. Cet ingénieur du textile dans le civil sera le seul compatriote à la féliciter. N'empêche que huit jours plus tard Natalia Serguieiw est officiellement admise au sein des Forces françaises combattantes, ce dont elle rêvait depuis près de quatre ans. C'est en lisant un journal alors qu'elle fait partie de notre armée d'occupation en Allemagne que l'ex-« agente Solange » découvre en juin 1947 des nouvelles de Kliemann. Arrêté le 20 août 1944 à Louveciennes, emprisonné à Fresnes, sa prise a permis la capture d'une trentaine d'agents de l'Abwehr disséminés en France. Remis aux Anglais qui l'ont relâché en mai 1946, son ancienne dupe est partie vivre en Autriche.

Pour sa part, Lily va rédiger un livre de souvenirs assez décousu et épouser un Américain. C'est aux États-Unis qu'elle mourra en 1950. Bien trop tôt pour son âge : 48 ans, mais tout de même beaucoup plus que les soixante jours que pronostiquaient les toubibs anglais.

D'autres compatriotes du même sexe ont choisi de combattre en France même...

14

Résistantes et militantes

Voici ce que Marie-Madeleine Fourcade m'a dit en février 1988 : « Tout de suite, dans l'après-guerre, s'est posé un problème dramatique, celui des femmes de résistants. Elles avaient aidé leurs maris, participé au travail des réseaux, pris des risques au même titre que les hommes. Mais rien n'était prévu pour elles, aucune loi, aucun statut. À l'époque, bien sûr, rares étaient les femmes qui travaillaient à l'extérieur. C'était le rôle du mari. Mais celles-ci étaient veuves, privées le plus souvent de moyens d'existence »...

Cette combattante parlait d'expérience. Entre juillet 1941 et juin 1942, Marie-Madeleine fut en effet la seule femme dirigeante d'un grand réseau de renseignements en Europe occupée, le SR « l'Alliance ». Une source inestimable pour les Alliés avec ses 2 405 membres dont 438 mort(e)s au combat, le plus souvent dans les camps nazis.

Que « l'Alliance », réseau de renseignements dirigé par une femme, ait mobilisé beaucoup d'éléments féminins étonnera ceux qui ne voient la Résistance qu'à travers les noms des chefs reconnus, des hommes en général. Sauf que le refus de la défaite, la volonté de ne pas se soumettre à la loi du plus fort n'avaient rien de spécifiquement masculin et concernaient tout aussi bien les deux sexes. Trente-cinq héroïnes de « l'Alliance » mourront pour la France à l'image d'Augustine Pezard, agricultrice disparue dans l'enfer du camp de Ravensbrück comme ses compagnes de déportation Hélène Regnier, patronne boulangère, et Anne Sauvageot, de Gabrielle Halbart, sans profession, morte des suites de tortures, ou encore de Lucie Dutech, négociante, décédée, elle, au camp de Bergen-Belsen.

Pourquoi les femmes ? Parce que, en termes de renseignement, leur rôle se trouva démultiplié sous l'Occupation du fait qu'elles disposaient de plus grandes facilités de déplacement que leurs camarades masculins. Dans les zones interdites, côtières par exemple, les ports, les gares, les aérodromes et autres lieux stratégiques, les Allemands, sous-estimant leurs capacités, les contrôlaient en effet moins sévèrement. Ainsi marchaient-elles, mais en nombre plus grand encore, sur les traces de leurs devancières de la Première Guerre mondiale, les Gabrielle Petit, Marthe Cnockaert, Thérèse de Radiguès ou Louise de Bettignies.

Beaucoup des résistantes de 1939-1945 payèrent leur engagement au prix fort. Jamais en effet les soldats et les policiers du Kaiser n'avaient usé aussi systématiquement de la torture que leurs successeurs nazis. Et pas les seuls membres du SD *(Sicherheitsdienst)*, le service secret SS, ou de la Gestapo : les militaires de l'Abwehr aussi, quoi qu'en aient prétendu par la suite leurs chefs rescapés comme Erwin von Lahousen.

En regard de leurs camarades masculins, les résistantes entretenaient un rapport spécifique à la souffrance. Appelons ça un fait culturel. Les Français de cette époque se projetaient facilement dans des personnages de héros. En matière de patriotisme, les Françaises, elles, n'avaient à l'inverse que le mythe de Jeanne d'Arc, figure religieuse et virginale. Du coup, il leur était plus difficile de se penser en héroïnes que les hommes, y compris celles, nombreuses, qui le furent réellement. Mères préparées d'une certaine manière à la souffrance par les douleurs de l'accouchement pour beaucoup, mais pas seulement, quantité de ces héroïnes tinrent pourtant mieux le choc de la torture que leurs homologues masculins.

Marie-Madeleine Fourcade, si elle eut la chance d'échapper aux supplices, courut tout de même le danger de nuire à son intégrité physique afin de recouvrer la liberté. Son garçon et sa fille confiés à leur grand-mère, la voilà prise à l'été 1944 dans une rafle de la police française et enfermée au « violon » à Aix-en-Provence. En passant sa tête à travers les barreaux de la fenêtre au risque de se fracturer le crâne, la résistante joue alors les Catwoman, mais en vrai. Grâce, si l'on ose dire, aux restrictions alimentaires dues à l'occupation nazie, les Françaises ont beaucoup maigri : à force de contorsions très douloureuses, la tête puis le corps entier de la jeune femme finissent par passer. Contraints mais heureusement pas broyés, les os de son visage garderont quelque temps la trace de l'épreuve qu'elle leur a fait subir...

Cofondatrice de « l'Alliance »

Née Bridou en novembre 1909 à Paris, Marie-Madeleine tombe à 17 ans amoureuse d'un officier de chasseurs alpins, le capitaine Édouard-Jean Méric. Ils se marient et, on l'a vu, deux enfants leur naissent. De fait et sans doute de cœur, le couple se sépare néanmoins quand Édouard-Jean se voit muté aux Affaires indigènes du Maroc.

La nouvelle passion de Marie-Madeleine sera bientôt la politique, car, en 1936, elle fait la connaissance de Georges Loustaunau-Lacau. Fondateur des réseaux anticommunistes Corvignolles dits « Cagoule militaire », cet ancien camarade de Charles de Gaulle à l'École supérieure de guerre a lié son destin à la société secrète des « Sioux », un groupe de conspirateurs proches de l'extrême droite.

Droitier et patriote, Loustaunau a tout pour plaire à Marie-Madeleine. Déjà chroniqueuse de mode à Radio-Cité où elle balance de-ci de-là des remarques ironiques que l'on qualifierait de quasi féministes aujourd'hui, la voilà bientôt secrétaire personnelle de ce héros de la Grande Guerre né en avril 1894. Et en même temps, secrétaire générale de publications « amies » qui vont fusionner un an avant la guerre en une seule au nom révélateur : l'Ordre national. Sous le pseudonyme de « Navarre », Loustaunau a aussi créé une Union militaire française dite « la Spirale », et bien entendu la pétulante mère de famille le suit avec enthousiasme dans cette nouvelle aventure.

Dès la défaite de 1940, le tandem s'accorde pour continuer le combat antiallemand sous une forme clandestine. Prisonnier de guerre évadé, Loustaunau espère pousser Vichy et Pétain dans la voie de la Résistance, projet sincère mais peu réaliste auquel Marie-Madeleine, plus méfiante envers le Maréchal, n'adhère que du bout des doigts.

Quoi qu'il en soit, de leurs efforts conjugués naît fin 1940 le réseau « Navarre ». Tout est à faire. À Marseille par exemple, Marie-Madeleine recrute un marin, Gabriel Rivière, qui l'a pourtant accueillie d'un « Peuchère ! C'est une femme ! » peu engageant. De son côté, un commandant d'aviation bâti en athlète, Léon Faye, propose à la résistante un coup spectaculaire avec des officiers dissidents de l'armée d'Afrique. Une liaison entre zone occupée et zone non occupée est mise en place. De même avec les Britanniques, Loustaunau-Lacau rencontrant pour la première fois en avril 1941 le *Commander* Kenneth Cohen alias « Crane », chef de la section française du MI 6, lors d'un rendez-vous au Portugal. Ainsi le réseau naissant se rattache-t-il aux Anglais, qui vont le doter de moyens de liaison radio conséquents.

Le mois suivant, Loustaunau-Lacau, emporté par un élan qui marginalise Marie-Madeleine, confinée en métropole à des tâches subalternes, tente à Alger le « coup » à la hussarde proposé par Faye. L'affaire échoue ; les comploteurs sont mis sous les verrous. Libéré mais arrêté et emprisonné à nouveau en juillet 1941 après son retour en métropole, Loustaunau sera finalement livré par Vichy aux nazis, qui le déporteront à Mauthausen.

Marie-Madeleine n'hésite pas une seconde à prendre sa suite. Mais une femme, que vont dire les Anglais ? Que le MI 6 apprenne la vérité et son sexisme bien enraciné risque fort de l'emporter ! Fine mouche, la jeune femme signe alors le télégramme radio annonçant l'arrestation de « N° 1 » et son remplacement par un nom de code « asexué », « POZ 55 ». Par chance, Londres n'y voit que du feu…

« Monsieur POZ 55 » est une dame

Pas longtemps quand même. Prochain rendez-vous « du » nouveau chef de réseau avec le MI 6 : décembre 1941 à Madrid, autre capitale neutre. Recroquevillée à l'intérieur d'un sac de courrier jeté dans le coffre d'une voiture, Marie-Madeleine franchit la frontière espagnole. De retour en France après plusieurs séances de travail avec un envoyé de « Crane », un face-à-face tendu l'oppose, à Marseille, avec un de ses bras droits, le lieutenant Gavarni, qui, de son propre chef, a entamé durant son absence une négociation avec le chef de la Surveillance du territoire vichyste, Henry Rollin, aux fins d'intégration du réseau dans les services du Maréchal !

Telle n'est pas l'intention de Marie-Madeleine. Au contraire, elle se lie à son adjoint, Léon Faye (alias « Aigle » en raison de sa prestance physique), dans l'intention de démultiplier l'activité du réseau, qui couvre déjà une notable partie de la France : ports, bases de sous-marins, aérodromes.

Menacée d'arrestation, Marie-Madeleine alias « Hérisson » puis « Cobaye » réorganise le réseau dans le Sud-Ouest en compagnie du commissaire Jean Philippe. Le policier en devient le patron pour toute la région – sept départements[1]. Le réseau, officiellement dénommé « SR l'Alliance », se développe aussi en Bretagne, dans le Nord, le Midi. À son zénith, il comprendra dix-sept secteurs : Paris, Lille, Autun, Verdun, Lyon, Grenoble, Vichy, Ussel, Tulle, Bordeaux, La Rochelle, Pau, Bayonne, Toulouse, Marseille, Nice avec une extension sur l'Italie. Pour les opérations aériennes dites *pick-up* – pose et dépose nocturne d'agents et de courriers par des appareils de la RAF travaillant pour le MI 6 –, il se dote même d'une structure dite AVIA commandée par le lieutenant Pierre Dallas. Quant aux liaisons radio, elles sont meilleures que jamais.

Un agent double anglais travaillant pour le MI 6 mais aussi pour l'Abwehr, Arthur Bradley Davies, est confondu à Marseille. « Hérisson » tranche : le traître doit être exécuté. Sa détermination à lutter reste donc intacte quand elle reçoit du MI 6 une mission cruciale : organiser l'exfiltration vers Gibraltar du général Henri Giraud, évadé nous le savons de la forteresse-prison saxonne pour officiers supérieurs de Königstein.

---

1. Voici quelques extraits de la lettre de démission de Jean Philippe adressée le 15 janvier 1943 au commissaire central de Toulouse : « Je refuse – et sous mon entière responsabilité – de persécuter des Israélites qui, à mon avis, ont droit au bonheur autant que monsieur Laval. » Plus loin, à propos du Service du travail obligatoire en Allemagne : « Je refuse d'arracher par la force des ouvriers français à leurs familles [...]. Tout Français qui se rend complice de cette infamie, se nommerait-il Philippe Pétain, agit en traître. » Quinze jours plus tard, entré dans la clandestinité, Philippe était arrêté, torturé, déporté. Les nazis le fusillèrent en 1944. Contrairement à une vulgate masochiste, la police française n'a pas compté que des traqueurs de Juifs ou des collabos, même si ces derniers ont, hélas !, existé en son sein.

Exfiltrez le général Giraud !

Pourquoi les Britanniques se montrent-ils aussi pressants ? Parce que les Alliés sont sur le point de débarquer en Afrique du Nord et que Giraud, baroudeur prestigieux, leur paraît un renfort de poids tant pour rallier les troupes françaises d'Algérie et du Maroc que pour contrebalancer l'influence du général de Gaulle, qui les gêne toujours autant dans leurs projets.

Faye et le colonel Bernis prennent en main l'opération tandis que pour sauvegarder la tête du réseau en cas d'échec, Marie-Madeleine se planquera à Toulouse. De nuit, en un point déterminé de la plage du Lavandou, on transférera le général et sa petite suite – son fils Bernard, le capitaine André Beaufre et l'enseigne de vaisseau Louis Viret – à bord d'un submersible allié.

Le 4 novembre 1942, tout est en place. Sauf la mer, assez grosse. Le bateau de pêche qui doit convoyer Giraud et les siens vers le sous-marin britannique *Seraph* a bien du mal à y parvenir. Mission accomplie quand même, mais le débarquement allié, le 8 novembre, et l'invasion consécutive par les Allemands de la zone non occupée viennent compliquer la tâche de « l'Alliance ».

En juillet 1943, « Hérisson » est appelée par le MI 6 de l'autre côté de la Manche. Le 18 juillet, elle s'envole clandestinement depuis un terrain de la grande région parisienne. Sa première rencontre sera avec le machiavélique Claude Dansey, numéro 2 et patron opérationnel du service. Madeleine a beau lui faire part d'un contact possible avec des officiers allemands antinazis noué par le numéro 3 du réseau, Paul Bernard, ce vieux macho reste de marbre : ce n'est pas cette jeune femme, si courageuse et gracieuse soit-elle, qui va dicter sa conduite à l'Empire britannique ! En revanche, on demande à « Hérisson » et à ses camarades de s'intéresser de très près aux bases de V 1, ces missiles que les nazis comptent lancer sur l'Angleterre. L'écrivain, journaliste et résistant Joseph Kessel, qui fait alors sa connaissance, la comparera, pour le physique, à l'actrice allemande antinazie Marlene Dietrich.

Faye, dont elle est de plus en plus proche, la rejoint en Angleterre au *pick-up* suivant. « Aigle » a pris des contacts avec l'entourage de Giraud à Alger – en fait, les dirigeants du vieux SR qui ont gagné l'Afrique du Nord au moment du débarquement. « P'tit Louis » Rivet et ses adjoints dont le commandant Paillole partagent le point de vue de l'évadé de Königstein : subordination des services secrets à l'état-major et non au pouvoir politique comme le veut son rival le général de Gaulle. Or, moins enthousiaste que Faye ne l'aurait cru, Rivet propose que le réseau reste rattaché au MI 6.

« Aigle » seul est autorisé à regagner la France. Pour son malheur puisque trahi par un agent double de l'Abwehr, le voilà transféré à Paris. Le 30 janvier 1945, il sera exécuté sommairement par les SS à Sonnenburg ainsi que 818 autres compagnons de misère, soviétiques pour la plupart.

Un coup dur pour Marie-Madeleine. La jeune femme fait le siège du MI 6 pour rentrer en France reprendre la tête de « l'Alliance », mais Dansey reste inflexible. Sans doute partage-t-il la réserve des services d'Alger quant au rôle des femmes au sein des réseaux de renseignements puisqu'il insiste pour confier le commandement à Paul Bernard.

Confinée avec quelques camarades, la jeune femme ronge d'autant plus son frein que les mauvaises nouvelles tombent en cascade : près de 400 arrestations, un réseau gravement touché. En fait, le choix des Anglais est déjà arrêté. Pour des raisons de haute politique, il convient que le MI 6 fasse au BCRA gaulliste la grâce de lui rétrocéder « l'Alliance ». Un « mercato » passablement bizarre que Dansey impose à partir de février-mars 1944.

Marie-Madeleine rencontre alors le chef du BCRA, le colonel Passy. Un accord intervient : pour les opérations en France, « l'Alliance » gardera sa liberté de manœuvre. Sur le terrain cependant, l'hécatombe se poursuit. Le 17 mars 1944, Paul Bernard est tombé à son tour. Va-t-on enfin autoriser Marie-Madeleine à rentrer en France ?

« Claude, laissez-moi partir, supplie la jeune femme.

— Quand vous aurez arrêté de fumer », répond Dansey, sarcastique.

Elle a beau s'exécuter, son retour en France attendra août 1944...

Back to France

À la veille du débarquement franco-américain sur les côtes de Provence, Marie-Madeleine est déposée par un Hudson en grande région parisienne, ainsi que plusieurs membres du BCRA, ses camarades de service secret désormais.

De son séjour londonien, elle rentre gaulliste convaincue – un choix à vie. Objectif : ranimer un réseau qui compte à présent moins d'une centaine de membres opérationnels, les autres étant soit déjà morts, soit arrêtés, soit libres mais coupés de l'organisation.

C'est là que détenue au « violon » à Aix, Marie-Madeleine prend la poudre d'escampette de la façon qu'on a vu plus haut. À peine requinquée et soutenue par Jean Roger dit « Sainteny », elle reprend la direction de ce qui reste du réseau dans l'est de la France pour guider les troupes alliées, américaines en l'occurrence.

La guerre finie, reste à savoir ce que sont devenus les membres de « l'Alliance » aux mains des Allemands, véritable pèlerinage à travers la douleur. À prendre en charge les survivants aussi. Et également, nous le savons, les survivantes.

Pour tous ses anciens camarades, Marie-Madeleine devient l'officier liquidateur du réseau. Liquidation au sens administratif du terme s'entend. Dresser des listes d'agents, authentifier leur action, leur attribuer une qualification : P 2, P 1 ou O comme « occasionnel », demander des pensions, des décorations, diriger les enquêtes et collecter les photos, les témoignages pour le *Mémorial de l'Alliance*, un livre-hommage grand format qui paraîtra en 1948.

Entre-temps, divorcée de Méric, elle a épousé le 20 novembre 1947 Hubert Fourcade. Vice-présidente de l'Union internationale de la Résistance et de la déportation, comment ne pas se désoler de « l'exil intérieur » du Grand Charles à Colombey-les-Deux-Églises ? En 1948, Marie-Madeleine Fourcade et André Astoux, un ancien fusilier-marin de la France libre, mettent sur pied la « Campagne du timbre » destinée à démontrer la popularité du Général. Deux millions d'enveloppes et près de trois millions et demi de timbres vont embouteiller des semaines durant le minuscule bureau de poste de Colombey.

Dix ans plus tard, le tandem Astoux-Fourcade récidive, organisant des envois massifs de lettres adressées au président de la République : « Appelez le Général, monsieur Coty. » Vice-présidente du Comité d'action de la Résistance et membre influente de l'Amicale des anciens chefs de réseaux, Marie-Madeleine mobilise les clandestins d'hier pour le retour du Grand Charles. En juin 1958, c'est chose faite.

Marie-Madeleine fut de celles qui ne se sont jamais tout à fait réveillées des années de clandestinité : quand on a perdu des camarades de réseau par dizaines, vécu le danger au quotidien, passé une frontière pliée dans le coffre d'une voiture et qu'on s'est évadée au risque de se fracturer les os de la tête, que voulez-vous...

À la fin des années 1980, c'est un ancien « gorille » du général de Gaulle qui venait vous ouvrir sa porte, le pistolet sous la veste. Un portrait de Béchir Gemayel ornait le mur de l'appartement. Or Marie-Madeleine avait soutenu ce chef des milices chrétiennes maronites du Liban assassiné en septembre 1981 par les Moukhabarat, les services spéciaux syriens de Hafez al-Assad, dictateur et père du futur dictateur Bachar al-Assad. Si l'on considère qu'en juillet 1980 les Moukhabarat damascènes étaient venus à Paris assassiner d'une balle de 7.65 dans la nuque Salah ad-Din Bitar, fondateur du parti Baas devenu opposant au régime, le danger pouvait ne pas être qu'un mythe. Quoi qu'il en soit, le 20 juillet 1989 l'ancienne patronne de « l'Alliance » rendra son âme à l'hôpital militaire parisien du Val-de-Grâce.

Patronnes de réseaux

Des chefs de réseaux ou de missions françaises ayant travaillé comme Marie-Madeleine pour la cause alliée, on pourrait en citer nombre d'autres. Par exemple Jeannette Guyot, très jeune agente du réseau BCRA « Confrérie Notre-Dame » puisque née à Chalon-sur-Saône fin février 1919. Arrêtée en février 1942, détenue puis libérée par les nazis trois mois plus tard sans avoir rien lâché malgré plusieurs interrogatoires musclés, exfiltrée en mai 1943 en compagnie de Jacques Robert, le patron de son nouveau réseau, « Phratrie », elle passe en Angleterre sous le nom de « Jeannette Gauthier ». Les tâches administratives ne lui convenant pas, la voilà parachutée en Indre-et-Loire en février 1944 dans le cadre de la mission « Calanque », une des composantes de la mission « Pathfinder » du commandant Marcel Sauvestre. En d'autres termes, la phase initiale du projet « Sussex », un plan tripartite franco-anglo-américain de mise en place de réseaux de renseignements opérationnels destinés à « éclairer » la marche des armées alliées après le débarquement de Normandie.

Guyot va établir son quartier général parisien rue Tournefort, au café de l'Électricité tenu par la femme d'un prisonnier de guerre, Andrée Goubillon, véritable providence des agents de la mission (après la guerre, son établissement sera d'ailleurs rebaptisé « Café du réseau Sussex »). En six mois, cette organisatrice dotée d'un rare pouvoir de persuasion dégotte la bagatelle d'une centaines de planques sûres. Et ce n'est pas tout : « En raison de son grand courage et de son esprit d'initiative, elle a entrepris les tâches les plus dangereuses comme rendre compte des opérations de la Gestapo ou vérifier les rapports d'arrestation ou d'exécution d'agents. Le travail et la conduite du lieutenant Guyot sont au-dessus de tous les éloges. »

Tels seront les motifs de sa *Distinguished Service Cross* (DSC), décoration américaine qu'elle sera une des deux seules femmes au monde à obtenir depuis la fin de la Grande Guerre, l'autre se trouvant être Virginia Hall (*cf.* chap. suivant). Mais, moins chanceuse, sa camarade Évelyne Clopet, opératrice radio de la mission « Colère », a été exécutée après tortures avec quatre autres camarades français du plan « Sussex » le 10 août 1944 au lieu-dit La Croix-Montjoie.

Apprenant la mort de son père, déporté pour faits de résistance, mais aussi le retour de sa mère de Ravensbrück, Jeannette quitte le service de renseignements français dont elle était membre pour s'installer près de Chalon avec son mari Marcel Gaucher, ancien de « Sussex » lui aussi. Ce personnage hors norme disparaîtra le 10 avril 2016 à l'âge de 97 ans, sans jamais avoir fait parler d'elle malgré ses états de service exceptionnels : outre la DSC, Jeannette était titulaire de la Légion d'honneur, de la croix de guerre avec palme et de la George Cross britannique, pardon du peu…

Certaines chefs de réseaux ont été officiellement reconnues, à l'image de Gabrielle Picabia-Martinez (réseau « Gloria-SMH ») dont nous aurons à reparler, d'Alice Gorge (réseau « Georges-France ») ou de Denise Lamirault (réseau MI 6 « Jade-Fitzroy » à la tête duquel elle a succédé fin 1943 à son mari Claude, arrêté, et qui tombera elle-même en avril 1944). D'autres enfin comme Marcelle Poinsignon (réseau « Dominique ») ou Marie-Rose Carli (réseau « Mabro ») faisaient partie des femmes chefs de réseaux non homologués au titre de la France combattante pour des raisons d'ordre administratif.

Sans oublier les anonymes, ces combattantes dont André Malraux, à la résistance réelle sinon précoce, rappellera le sacrifice le 19 décembre 1964 dans ce qui fut son plus bel hommage funèbre : « Entre ici, Jean Moulin [...]. Avec les huit mille Françaises qui ne sont pas revenues des bagnes, avec la dernière femme morte à Ravensbrück pour avoir donné asile à l'un des nôtres. »

Nos compatriotes n'ont pas été les seules à foncer ainsi dans l'arène au péril de leur vie. Comme pendant la Grande Guerre, les femmes de Belgique vont en effet repartir au combat. Andrée De Jongh par exemple...

« Dédée », passeuse en chef

Andrée a vu le jour d'un couple d'instituteurs en novembre 1916 à Schaerbeek, une commune de la proche banlieue de Bruxelles. Dans sa famille, tout le monde porte des diminutifs. Elle, c'est « Dédée » ou « Petit Cyclone » ; sa mère, c'est « Mouchette » ; son père « Kiki » ; son aînée Suzanne, « Suzon » ou « Petite sœur » ; sa tante, qui vit sous le même toit qu'eux au 73 de l'avenue Émile-Verhaeren, « Ninie ». Autant dire que la famille De Jongh se tient comme les doigts de la main.

Le 28 mai 1940, quand elle a appris que le roi Léopold III capitulait, la jeune femme en a pleuré de rage. C'est qu'on ne transige pas sur le patriotisme chez les De Jongh, qui vont régulièrement au petit cimetière fleurir la tombe de Gabrielle Petit, l'héroïne nationale de la Grande Guerre (*cf.* chap. 7, p. 104). Dès le 8 juin, Andrée vient d'ailleurs travailler à l'hôpital Reine-Élisabeth de Bruges où sont rassemblés des blessés allemands, anglais et belges. Si elle soigne aussi les premiers contrairement à d'autres infirmières qui s'y refusent, sa préférence va naturellement aux Alliés.

Très vite le problème des soldats anglais se pose. Nombreux à échapper aux Allemands, ces hommes ne pourront pas rester sur place éternellement sauf à tomber entre les mains de l'ennemi. Un occupant qui a décrété la peine de mort pour ceux qui les hébergent, et n'hésitera pas à la leur appliquer.

De retour à Schaerbeek à la fin de son contrat d'infirmière le 15 septembre 1940, Andrée s'occupe donc de l'hébergement de militaires alliés. Avec Henri De Bliqui et son cousin germain Arnold Deppé, évadé d'un camp de prisonniers allemands et qui va se livrer à une reconnaissance très en profondeur du côté français de la frontière, la jeune femme réfléchit aux moyens de les exfiltrer vers l'Angleterre. Son visage fin, ses grands yeux, sa silhouette mince et élancée cachent en effet un irrépressible désir d'action doublé d'une volonté d'acier. Mieux : ils lui donnent un air si fragile, si innocent qu'aucun Allemand ne la soupçonnera.

Par Jean Apper, cadre à la Société générale de Belgique, le trio apprend l'existence d'un point de chute à Anglet, au Pays basque français. C'est ainsi que, le 15 juillet 1941, Andrée et Arnold quittent Bruxelles en compagnie de onze candidats à l'évasion, tous belges par prudence pour cette première fois : un Anglais non francophone risquerait plus facilement de se faire pincer.

L'affaire a été financée à leurs frais et à ceux d'amis proches. Les fugitifs passent en France sans coup férir mais, sur le bord de la Somme, la barque qui devait les attendre manque à l'appel. C'est donc à pied qu'il faut traverser au petit matin. Parvenus à Bayonne, Arnold reprend contact avec Elvire De Greef, rencontrée un mois plus tôt lors de sa tournée de reconnaissance. Ancienne secrétaire dans un journal belge, cette mère de famille, vite baptisée « Tante Go », va s'occuper de ravitailler les soldats fugitifs, puis leur faire passer la frontière espagnole.

Financée par le baron Jacques Donny, cadre d'une société où Andrée travaillait avant la guerre, la deuxième expédition commence le 19 août. Elle tournera mal : tandis qu'Arnold est arrêté par les Allemands, le groupe de soldats qu'il convoyait se perd dans la nature. À l'issue d'une véritable odyssée, Andrée parvient cependant à acheminer son propre groupe à Bilbao. Ce qui refroidit la jeune femme, c'est l'accueil mesquin et méfiant du consul de Grande-Bretagne, lequel s'est autopersuadé qu'il s'agit d'une opération destinée à lui extorquer de l'argent. Il faudra quinze jours pour que la jeune femme rencontre le premier secrétaire d'ambassade de Madrid. Michael Creswell n'est autre que le représentant du MI 9, une section du renseignement militaire britannique créée en décembre 1939 pour exfiltrer, justement, les prisonniers de guerre en cavale.

Le travail sérieux peut commencer…

De la « DD-line » à la ligne « Comète »

En janvier 1942, la « DD-line », ainsi l'appellent les Anglais, est déjà bien rodée : cinq allers-retours dans les jambes mais aussi dans la tête puisqu'il faut veiller à tout. Andrée revient avenue Verhaeren visiter sa famille qu'elle n'a plus vue depuis six mois. Une alerte la fait décamper par le jardin. Plus de peur que de mal en l'occurrence puisque, le 6 février, son père Frédéric, impliqué bien entendu dans les activités de la « DD-line », lui présente une nouvelle accompagnatrice, Andrée Dumon. Membres d'un réseau de renseignements, les parents de cette jeune fille fournissent déjà « Kiki » De Jongh en faux papiers. Pour éviter les confusions, leur fille portera le pseudo de « Nadine ». Au vu de la jeunesse de la nouvelle recrue, Andrée pense à la réticence instinctive des évadés la première fois qu'ils ont été mis en sa présence. Avec ses 24 ans, elle faisait tout de même moins gamine que « Nadine », qui n'en a que 19 !

De Jongh père, qui travaille aussi en liaison avec le réseau de renseignements des Dumon, demande qu'à l'aller vers Espagne les convoyeuses emportent un paquet de courrier à remettre aux Britanniques. Au retour, Andrée apprend l'inquiétante nouvelle : « Mouchette » et « Suzon » ont été interrogées, puis libérées par les Allemands. Pas lui cependant : depuis la première perquisition ennemie, « Kiki » ne vivait plus avenue Verhaeren, ce qui l'a d'ailleurs contraint à démissionner de son poste de directeur d'école, récompense d'années d'enseignement. On lui trouvera une planque sûre : la maison-relais louée en France, 6, avenue des Érables à Saint-Maur-des-Fossés. Son remplaçant, Henri Michelli, ne durera pas plus d'une semaine, arrêté à son domicile alors qu'il tenait réunion avec Gérard

Waucquez, de retour d'Angleterre où Andrée l'avait envoyé définir avec le gouvernement belge en exil un statut pour la « DD-line ».

En fait, les choses se passent plutôt mal avec les fonctionnaires londoniens de la Sûreté de l'État, équivalent belge de l'actuelle DGSI. Non contents de répondre à l'attention de « Mr André » aux courriers expédiés sous la signature d'Andrée, obstination misogyne déjà irritante, ils prétendent dicter leur loi. Le 17 juin 1942, la chef de filière rompt officiellement avec cette « marraine » bien trop envahissante. Elle ne traitera plus qu'avec le MI 9 et Creswell, très satisfaits, eux, que la « DD-line » exfiltre à jet continu des aviateurs alliés abattus *via* la France puis l'Espagne. En tout, la ligne « Comète », le nom officiel de la filière, et ses 420 agents rapatrieront 288 aviateurs, une centaine de volontaires ou d'agents brûlés et, à défaut de pouvoir les sortir de Belgique, hébergeront 386 alliés. Un bilan comparable à celui de l'autre grande filière belge d'exfiltration, la ligne « Pat O'Leary » d'Albert Guérisse et de Marie-Louise Dissard, où trois futures héroïnes du SOE, le service Action anglais du temps de guerre, firent leurs premières armes dans la clandestinité : la Néo-Zélandaise Nancy Wake et les Françaises Andrée Borrel et Madeleine Damerment.

En France, le réseau « Comète » dispose de trois secteurs-relais : Valenciennes sous la direction de l'abbé Robert Beauvais, citoyen français ; Saint-Maur avec Frédéric De Jongh et parfois « Tante Go » ; la zone Bayonne-Anglet-Saint-Jean-de-Luz où officie le plus souvent cette dernière.

En Belgique, où Jean Ingels dirige le secteur des provinces flamandes, un nouvel adjoint apparaît. Déjà piliers du réseau, Georges d'Oultremont et Jean Greindl ont en effet recruté Jean-François Nothomb, fils d'un baron écrivain et sénateur au type physique proche de celui des Basques – teint mat, yeux noirs et cheveux foncés – qui permet de passer inaperçu en zone frontalière franco-espagnole (Andrée, elle, a déjà teint de couleur sombre ses cheveux châtains). Fille d'un couple anglo-belge qui a beaucoup aidé au démarrage du réseau, la jeune Elsie Maréchal, 18 ans, se charge de cuisiner les candidats à l'évasion afin de détecter un éventuel agent ennemi infiltré.

Les mauvaises nouvelles continuent cependant de tomber. Le 2 juillet 1942, la sœur d'Andrée, Suzanne, a été arrêtée par les Allemands. Le 11 août 1942, ce sera le tour de « Nadine » et de ses parents. En novembre, profitant d'un dysfonctionnement, l'Abwehr parvient à infiltrer au sein de la filière un faux aviateur allié. Elsie Maréchal, sa famille et « Tante Go » sont prises, un autre agent, Victor Michiels, sera abattu au moment où il tentait de fuir la maison des Maréchal à Schaerbeek. Une centaine d'arrestations s'ensuivent (« Comète » comptera au final 23 morts dont 6 par balles et 17 en déportation).

« Pour une fois que je disais la vérité »

Ce qui devait arriver finit par survenir : la capture d'Andrée le 15 janvier 1943 près de Saint-Jean-de-Luz. On la conduit à la villa Chagrin, une prison sous administration allemande près de Bayonne. Sa fausse identité française de Denise Lacroix ne tiendra pas longtemps.

« Donne-nous l'adresse du chef de réseau, ton père », exigent les gestapistes.

Elle de rétorquer : « Ce n'est pas mon père le chef de réseau, c'est moi. »

Les nazis s'esclaffent. « J'en étais presque vexée, dira Andrée avec humour. Pour une fois que je disais la vérité. » D'elle, ils n'apprendront rien d'autre.

En mars, on la transfère en Belgique à la prison Saint-Gilles où, grand bonheur, elle retrouve sa sœur Suzanne. Les nazis l'envoient le 29 juillet en Allemagne à la prison d'Essen puis à celle de Zweibrücken, dans la Sarre. Suzanne et Andrée Dumon l'y rejoignent. Des nouvelles du coup : tante « Ninie » a été libérée, mais on ne sait rien du sort de maman « Mouchette », transférée dans une autre prison de Bruxelles.

Nouveau transfert à Kreuzberg, en Haute-Silésie, où Andrée fait la connaissance de Marie-Thérèse et Madeleine Dewé, membres du « Service Clarence », saison 2 de la « Dame blanche ». Leur père Waltère a été abattu en pleine rue à Ixelles le 14 janvier, sept jours après leur arrestation. Autres résistantes internées pour leur activité au sein du réseau de renseignements « les Amis de Charles » : les comtesses Madeleine d'Alcantara et Jeanne d'Ursel. Jeanne a accouché à Düsseldorf en mars et son bébé lui a immédiatement été retiré.

Transfert encore. À Ravensbrück, enfer concentrationnaire où sont internées Maisie et Isabelle Renault, qui secondaient leur frère Gilbert alias le colonel Rémy au sein de la « Confrérie Notre-Dame », un très important réseau de renseignements français libres lié au BCRA. Andrée y apprend de la bouche de Suzanne, à nouveau retrouvée, que 9 patriotes belges et 2 français ont été fusillés le 20 octobre au Tir national. Parmi eux, Georges Maréchal et trois autres agents de « Comète ». Jean Greindl est mort aussi, mais lors d'un bombardement allié.

En mars 1945, les sœurs De Jongh et des centaines de déportées arrivent à Mauthausen. Un enfer de plus, mais la libération sous l'égide de la Croix-Rouge par la Suisse puis la France est proche. À Annemasse, « Tante Go » apprend à Andrée la mort de son père, fusillé au mont Valérien le 28 mars 1944. « Mouchette » est vivante, heureusement.

Andrée De Jongh mourra à l'hôpital le 13 octobre 2007 alors qu'elle allait fêter ses 91 ans. À partir de 1954, au Congo belge, au Cameroun, en Éthiopie, cette femme d'exception aura consacré son existence à l'action humanitaire, la lutte contre la lèpre notamment. Sa carrière de soignante et d'organisatrice s'achèvera en juin 1981 au Sénégal.

Un « profil », comme on dit, bien différent de celui des résistantes communistes.

Au service secret du Parti communiste français

Des yeux bleus, profonds, mystérieux ; des cheveux blonds cendrés ; une élégance nonchalante, aristocratique : croiriez-vous que cette très belle trentenaire est une des responsables du Service B, l'organisme de renseignement des Francs-tireurs et partisans, l'aile armée de la résistance communiste ? C'est pourtant bien le cas. Née en 1912, veuve depuis novembre 1939, Sylvie Galanis née Desplaces n'est autre que la sœur de Manon, la femme de Boris Guimpel, le sommet du triangle de direction du Service pour la zone sud.

Contrairement à Manon, Sylvie alias « Sophie » n'est pas communiste ? Tant mieux. À elle qui vit à Neuilly la tâche d'assurer les liaisons entre les deux zones. Un trajet hebdomadaire qu'elle ne parcourt qu'en wagon-lit, luxe pour l'époque, avec ses bagages siglés Hermès – ceux que les policiers français et les soldats allemands osent le moins ouvrir.

Chef du Service B pour l'ensemble du pays flanqué d'un prof de philo breton, Marcel Hamon, et de Victor Gragnon, préparateur en pharmacie, Georges Beyer alias « Bernard » est ingénieur chimiste. Germaine, sa femme, l'épaule sous l'alias « Marie-Claire ». À partir de 1943, une ancienne du service sanitaire des Brigades internationales, Juliette Ténine, viendra renforcer le secrétariat clandestin du chef de service.

Quarante ans plus tard, cette chirurgienne-dentiste à la retraite confiera à l'auteur la misère affective induite par la clandestinité : « La vie était triste. La solitude. La peur. Une lutte solitaire qui n'avait rien à voir avec l'Espagne. »

Jusqu'en 1943, c'est l'aînée du réseau, Marguerite Demailly alias « Moro », ouvrière communiste née en 1898, qui assurera les liaisons de « Bernard », remplacée à cette date par l'infirmière Berthe Houët alias « Mathé », femme d'un camarade d'études de Beyer à l'École de physique et chimie de la Ville de Paris. « Mathé » est la responsable de toutes les liaisons en zone nord. Elle fixe les rendez-vous : en général un jour sur deux, les jours creux servant aux « repêchages » en cas de rencontre manquée. Tous à des endroits différents, sauf exception en banlieue parisienne, dans des lieux peu fréquentés où les filatures ennemies sont difficiles, comme des zones pavillonnaires.

« Je partais les rendez-vous en tête, m'a-t-elle raconté en 1984. Interdiction d'emporter l'indicateur des rues. L'expérience prouvait que sa possession éveillait l'attention. Je l'étudiais avant pour fixer les points de rencontre. Après, je profitais de l'occasion pour repérer le coin pour la prochaine fois. Il fallait être précise. Décrire les lieux au mètre près. Donner des détails pour éviter les malentendus. Je m'assurais toujours que l'on puisse voir de loin et que chacun arrive en sens inverse de l'autre. La rencontre paraissait fortuite… »

En zone sud, Guimpel, architecte et ancien officier des Brigades internationales de la guerre d'Espagne, se partage entre Manon, sa femme devant la loi, et Henriette Gastaud alias « Nelly », dont le mari est interné. Il dispose d'une agente itinérante en la personne de Suzanne Cayla. Cette jeune prof de lettres et d'histoire-géographie communiste collecte les renseignements de source SNCF, nombreux car les FTP sont bien implantés chez les cheminots.

Quand elle remonte à Paris, Sylvie Galanis remet ses messages à Madeleine Dubois, l'agente de liaison de Marcel Hamon, l'adjoint de Beyer. Passée elle aussi à la clandestinité totale, cette institutrice retrouve Hamon l'après-midi dans des gares de la banlieue ouest : « On s'éloignait de la gare en marchant, sans donner l'air de se connaître. On marchait longtemps, puis l'un des deux se glissait à hauteur de l'autre. Nous parlions et échangions des documents en marchant. »

Marcher, oui, mais toute la journée et par tous les temps avec des semelles en bois qui éreintent la plante des pieds ! Solitude là encore. Obligation de quitter son petit logement le matin à heure fixe pour ne pas éveiller l'attention de la concierge à laquelle on a assuré avoir un travail régulier. Interdiction de se reposer dans un lieu public, café ou cinéma. Et en permanence cette trouille au ventre. « Moro », qui connaît Paris comme sa poche, lui a pourtant appris les trucs : cacher les rapports du Service dans ses sous-vêtements, s'introduire ensemble dans des immeubles repérés d'avance où les W-C sont localisés entre deux étages et là s'enfermer à deux dans le lieu d'aisances pour se déshabiller à demi et échanger en vitesse les documents.

Espionnage internationaliste de guerre

Si elles n'ont pas intégré les sphères de direction du Service B à l'exception peut-être de Sylvie Galanis, les femmes, on le voit, y sont omniprésentes. C'est vrai qu'après 1939 et l'interdiction du PCF par les autorités de la IIIe République pour cause de soutien inconditionnel au pacte Hitler-Staline, nécessité a fait loi. L'appareil communiste ne tiendra que par l'activité des « femmes de liaison », moins repérables que ses dirigeants recherchés par la police. Ajoutez-y un sexisme un peu moindre que dans l'ensemble de la société, et vous comprendrez pourquoi l'habitude s'est prise.

Des femmes souvent commandées par des hommes à l'image de Marguerite Duthuit, la fille du peintre Henri Matisse, agente du réseau breton du Service B qui sera arrêtée à Rennes en avril 1944, puis déportée. Déportée aussi après son arrestation à Lyon en mai 1944 Manon Guimpel. Plus chanceuse, Sylvie Galanis passera entre les mailles du filet. Comme d'ailleurs « Mathé » Houët, Madeleine Dubois, Suzanne Cayla, Juliette Ténine, Germaine Beyer, « Moro » Demailly ou encore Janine Jugeau, ancienne modéliste chez le joaillier Sterle qui dissimulait les croquis sur pelure des fortifications allemandes de Normandie sous le turban écarlate de son chapeau de grand faiseur.

D'autres sont directement liées aux services secrets soviétiques à l'image de Szyfra Lipszyc. Au titre d'un accord signé le 30 septembre 1941 à Moscou entre d'une part le lieutenant-colonel Guiness du *Special Operations Executive*, le service Action britannique du temps de guerre que nous évoquerons de manière plus approfondie au chapitre 17, et de l'autre le général Nikolaïev représentant le ministère de l'Intérieur soviétique, le NKVD, cette fausse Russe mais vraie Polonaise, ancienne des Brigades internationales, est connue des Anglais sous l'alias « Anna Ouspenskaïa ». Fraîchement libérée du goulag, elle a été entraînée en Grande-Bretagne pour cette mission : s'introduire clandestinement en France pour y créer un réseau Action.

« Avec le goitre qui déforme son cou, ses yeux exorbités et son accent à couper au couteau, elle va se faire repérer en moins de deux », ont objecté les gens du SOE. Sans doute ignorent-ils que le long séjour de Lipszyc dans les prisons staliniennes est en partie responsable de cet état de santé déplorable. Et que la mission-suicide de la Polonaise constituait sa seule possibilité d'échapper à la geôle. Plutôt que pourrir derrière les barreaux, mieux valait tenter sa chance…

« C'est un ordre de Moscou, et les ordres de Moscou ne se discutent pas », ont répondu les correspondants officiels du NKVD à Londres (puisque accord il y a, ces derniers possèdent désormais pignon sur rue dans la capitale anglaise). On sait les méthodes des nazis : compatissants, les Anglais ont serti, au cas où, deux capsules de cyanure dans le bâton de rouge à lèvres de la jeune femme.

Le 11 janvier 1942, l'opération « Pickaxe I » débute. Munie de son poste émetteur-récepteur radio, Szyfra alias « Jeanne Dupont » est débarquée de nuit par le SOE en Bretagne, dans la baie de Lannion. Elle gagne Paris et, outrepassant les conseils des Anglais mais probablement pas les consignes des Soviétiques, y recrute des agents locaux qui, sur son ordre, mélangent allègrement renseignement et sabotage. Par exemple en incendiant à ses côtés des récoltes de céréales et des ballots de paille destinés à l'occupant.

Le 1er juillet près de Pithiviers, les nazis arrêtent « Jeanne Dupont », laquelle n'utilise pas son cyanure. Sale affaire pour la dizaine de saboteurs du petit réseau Action prépositionné par le communiste français Robert Beck alias « Raoul ». En reconnaissant ses opérations de sabotage, Szyfra Lipszyc met en effet les nazis sur leur piste. Le 8 décembre 1942, le tribunal militaire allemand du Grand Paris la condamne à la peine de mort pour avoir « appartenu à une formation de francs-tireurs » et, « avec des agents communistes russes, polonais, juifs et français », fait fonctionner un émetteur radio aux fins d'espionnage et de sabotage. En février 1943, Beck, qui a tenté sans succès de se trancher la veine du cou, et deux autres de leurs camarades sont fusillés. Concernant Lipszyc, on ne sait pas si la sentence a été exécutée ou si ses aveux lui ont valu un sursis.

Le calvaire de Francine Fromond

En temps de guerre, l'espionnage internationaliste est moins que jamais une sinécure. Francine Fromond le sait. Née en février 1917 à Paris d'un père métallo et d'une mère couturière, cette vieille routière des affaires communistes secrètes a, comme on dit, de la bouteille malgré son jeune âge. Sténodactylo de profession, elle entre à l'Union des jeunes filles de France par l'intermédiaire de son frère Marcel. Promue au comité national de l'organisation féminine front du PCF, cet élément de confiance âgé de 17 ans seulement est envoyé en URSS. Entre autres, les Soviétiques lui feront suivre un stage de formation radio. De retour à Paris, elle se plonge dans les activités communistes de soutien occulte aux républicains espagnols en lutte contre Franco. Entre 1937 et 1938, la voilà secrétaire, et très probablement maîtresse, de Giulio Ceretti. Un responsable communiste semi-clandestin de haut niveau qui assure la liaison entre les « deux T » : Maurice Thorez, secrétaire général du PCF, et Palmiro Togliatti, son homologue du PC italien.

À cette époque, Ceretti supervise pour le Komintern le fonctionnement de France-Navigation, une compagnie maritime de couverture chargée de convoyer des armes vers l'Espagne républicaine et qui va disposer, à son apogée, de 21 navires. Il dira de Francine : « Le Parti était pour elle une grande famille dont le patriarche [Maurice Thorez] distribuait les rôles, confiant à l'un ou à l'autre la responsabilité qui lui convenait. La seule question qui se posait à Francine Fromond était la réussite de sa mission. »

Fin 1939, la guerre déclarée, cette inconditionnelle est mutée à Bruxelles où Eugen Fried, « l'œil de Moscou » sur le PCF, s'est réfugié aux côtés de Thorez, déserteur de l'armée française sur ordre du Komintern. Elle retrouve ensuite Ceretti au Danemark en décembre avant de gagner l'URSS. Là-bas, on lui fait suivre des stages de perfectionnement aux techniques radio et à celles de la clandestinité. Fin 1941 enfin, c'est au titre des accords SOE-NKVD qu'elle voyage d'Arkhangelsk en Écosse en compagnie de deux compatriotes, Raymond Guyot, vieux routier du Komintern, et Daniel Georges, frère du futur « colonel Fabien ».

Sa nouvelle mission : assurer la liaison radio entre la direction du PCF du sud de la France et Moscou. Un travail dangereux mais, on le sait, Francine Fromond est de celles qui ne refusent jamais les tâches que le Komintern lui impose. Or, tout a une fin : le 30 juillet 1943, la jeune femme est capturée avec sa mère par les hommes de Klaus Barbie, chef de l'Amt IV du KdS de Lyon, équivalent local de la Gestapo. Toutes deux sont torturées. Francine serre les dents. Ne parlant pas ou peu sous les coups – pas assez aux yeux de ses bourreaux en tout cas –, cette héroïne de la cause communiste est transférée à la prison de Fresnes dont les hitlériens l'extraient le 5 août 1944 pour la fusiller.

15

Sous le signe de la croix gammée

Dans la conception nazie du monde, la femme, machine à produire de futurs soldats pour le Führer, doit borner son horizon aux tâches ménagères. Si elle ne s'y contraint pas toute seule, l'État est là pour lui imposer cette règle. Un machisme institutionnel qui a ses conséquences dans le domaine des services secrets. L'Abwehr, fondée en 1921 et que dirige depuis 1934 l'amiral Canaris, aussi bien que le SD, le service secret SS créé en 1931 par un des hommes les plus redoutables du régime, Reinhard Heydrich, emploient moins de femmes encore que leurs adversaires occidentaux. Et on ne parle pas des Soviétiques…

Quelques agentes en cas de besoin tout de même, car sous la croix gammée aussi, nécessité fait loi. Fin 1934, Heydrich expédie en Tchécoslovaquie un de ses sbires du SD, Alfred Naujocks. La mission de cet homme de main déjà expérimenté : mettre hors d'état de nuire au IIIe Reich un Allemand exilé, le dissident de gauche du parti nazi Rudolf Formis, coupable de se livrer à d'insupportables émissions de radio de propagande contre le régime.

Naujocks décide de pister Formis dans son petit hôtel tchèque de montagne sous l'apparence du couple de « vacanciers » qu'il forme avec une jeune et accorte compatriote, la blonde Edith Karlebach, professeur de gymnastique pour hommes d'affaires. Un duo d'apparence assez amoureux pour donner le change. Sonne l'heure du crime : Naujocks abat Formis d'une balle de revolver. Karlebach et son mentor s'exfiltrent ensuite, à la grande satisfaction de Heydrich. Dans les années qui viennent, on entendra beaucoup parler de Naujocks puisque, entre autres méfaits, il va monter, sur ordre de Heydrich toujours, l'assaut de faux soldats polonais contre la radio frontalière allemande de Gleiwitz qui servira de prétexte à l'invasion de la Pologne par la Wehrmacht en 1939. Mais plus de Karlebach, dont j'ai extrait à grand-peine le nom des annales de l'espionnage…

« L'espionne aux yeux d'émeraude »

Forme de justice immanente, c'est un antinazi qui va faire capoter la mission en France d'une agente très douée de l'Abwehr, Greta Lydia Oswald. L'affaire éclate le 3 mars 1935, deux mois après l'assassinat de Formis, quand le commissaire Jean Osvald, directeur du Service central de surveillance du territoire, donne l'ordre d'arrêter à Brest sa quasi-homonyme, que la presse désignera bientôt comme « l'espionne aux yeux d'émeraude ». C'est chose faite en flagrant délit au moment où la jeune femme remettait dans un hôtel brestois plusieurs feuillets de renseignements à un agent de liaison venu tout spécialement de l'antenne de Lindau de l'Abwehr, elle-même dépendance d'un gros poste de renseignements, l'AST *(Abwehrstelle)* de Stuttgart.

Espionne, mais pourquoi ? Née en septembre 1906 à Saint-Gall, en Suisse, Greta Lydia Oswald, fille d'un Helvète et d'une Allemande, a été recrutée selon les directives du colonel Otto Ehinger, chef justement de l'AST de Stuttgart et, après la défaite française de 1940, patron du III-F, le contre-espionnage à l'AST de Dijon qui va jouer un rôle important dans le démantèlement du réseau de Marie-Madeleine Fourcade, « l'Alliance » (*cf.* chap. précédent).

Cette mission en France, l'agente helvète de l'Allemagne nazie la revendiquera, bien plus tard, dans la presse internationale : « J'étais chargée d'obtenir des informations sur l'armement des croiseurs *Émile Bertin* et *La Galissonnière* équipés de "canons secrets" et d'un nouveau lance-torpilles. »

De fait, les capacités navales françaises intéressaient diablement l'amiral Canaris, patron de fraîche date de l'Abwehr.

Comment va procéder Lydia Oswald, pourvue de son physique avantageux de belle blonde ? La Suissesse profite du bal annuel de la Marine à l'Opéra de Paris pour séduire l'enseigne de vaisseau René Guignard, puis son ami lieutenant de vaisseau Jean de Forceville. Emménageant dans l'appartement de ce dernier, elle parvient à mettre la main sur des documents secrets que le malheureux, aveuglé par sa passion amoureuse, n'a pas pensé à protéger. Et parmi eux, des croquis de la fameuse torpille radiocommandée qui inquiète tant Canaris. La jeune femme fait parvenir ses informations sous forme de fausses lettres d'amour codées ou de négatifs photo qu'elle porte sur elle, prête à les voiler en cas de mauvaise surprise.

Techniquement parlant, la Suissesse a agi avec prudence. Le mauvais coup porté à l'Abwehr qui va déboucher sur son arrestation ne vient pas d'elle, mais d'un Autrichien nommé Gessmann. Horrifié par l'essor du militarisme allemand, cet antinazi est parvenu à se procurer des fiches de l'AST Stuttgart, dont celle de la jeune femme. Autant d'informations dûment communiquées au « 2 bis ».

Lydia Oswald ne manque ni de sang-froid, ni de sex-appeal. Elle saura comme personne émouvoir le conseil de guerre maritime : « Oui, j'étais venue à Brest dans l'intention précise de recueillir des documents intéressant la marine allemande, mais j'ai été bouleversée, sauvée par ces deux véritables gentilshommes français [Guignard et Forceville]. Je leur demande de me pardonner de les avoir entraînés dans cette aventure. »

Beau comme l'antique. Ne manquent que les larmes : les voici. Sans apporter le moindre élément à l'appui de cette assertion qui ne lui coûte rien, l'accusée prétend qu'elle voulait rompre avec l'Abwehr. L'argument porte peut-être moins que ses beaux yeux – le tribunal, que préside le capitaine de vaisseau Franquet, est uniquement composé d'hommes. Le fait est que l'espionne n'écope que de neuf mois de détention, à purger dans un cabanon séparé des détenus mâles à la prison de Pontaniou.

À titre de comparaison entre régime totalitaire et démocratie, c'est au même moment que deux Allemandes, Benita von Zollikopfen-Altenkligen, divorcée du comte de Falkenhayn, et Renate von Natzmer, secrétaire d'un officier d'état-major au ministère de la Guerre allemand, sont décapitées pour espionnage contre le Reich. Hitler a rejeté leur recours en grâce. Les malheureuses appartenaient au réseau berlinois de Jerzy Sosnowski alias « le chevalier de Nalecz ». Très porté sur les femmes, ce membre de l'*Exsposytura*, le renseignement polonais, a commis l'erreur de se confier à une demi-mondaine, Lea Kruse, mettant ainsi fin à onze ans de parcours sans faute. Officier condamné à la prison à perpétuité ainsi qu'une autre jeune femme de son réseau, Irene von Iena, fille d'un général de la Wehrmacht, Sosnowski sera échangé l'année suivante contre sept espions allemands.

Et Lydia ? Avec l'aide de Paillole, Roger Faligot a enquêté sur la trajectoire de la Suissesse après sa libération. Le SR continuera à la surveiller en Turquie, où elle sera à nouveau arrêtée avant de se livrer à un trafic d'armes à destination de l'Irak. En 1953, les Américains verront en elle une agente du bloc de l'Est. Quand à Gessmann, il a été assassiné en 1941 au Portugal, probablement par le MI 6 britannique[1].

Tout va très mal, madame la baronne

Autre agente allemande repérée avant guerre par le contre-espionnage allemand du « 2 bis », Maria von Einem, plus connue sous le prénom exotique de Reissa. Née en 1900, cette aristocrate fut, aux jours de la Grande Guerre, la compagne du chef pour la Suisse du service secret autrichien, l'*Evidenzbüro*. En 1935, bien décidée à reprendre du service secret le besoin d'argent aidant, elle écrit à l'amiral Canaris, qui vient de prendre les leviers de commande de l'Abwehr. Testée avec succès en Tchécoslovaquie (la baronne aurait permis de repérer un poste de propagande radiophonique antinazie aux alentours de Prague), cette trentenaire aux cheveux noirs de jais rencontre l'amiral au restaurant Horcher, le lieu de rendez-vous préféré de Canaris à Berlin. La légende des services spéciaux veut qu'il en fera sa maîtresse. Mais rien n'est avéré à cet égard, et l'on a déjà que trop tendance à croire que toutes les espionnes doivent, par principe, coucher avec leurs officiers traitants.

Test à nouveau : Reissa sert d'intermédiaire à l'industrie allemande pour des ventes d'armes à l'international, en Amérique du Sud, en Chine, en Finlande ou dans les pays Baltes. Il faut croire qu'il se révèle concluant puisqu'en 1936 la voilà en mission à

1. Roger Faligot, *Brest l'insoumise*, Brest, Éditions Dialogues, 2016.

Paris, dont, bien éduquée et pleine de charme, elle devient rapidement une figure de la haute société. Son amant, Leo Hirsch, est lui aussi connu pour ses somptueuses soirées parisiennes qui constituent autant d'occasions de diffuser de la propagande pronazie, voire de recruter de nouveaux agents. Le couple travaille en effet comme dénicheur de talents pour l'Abwehr.

Au sein du Comité France-Allemagne, Reissa « traite » justement une des futures vedettes de la Collaboration, l'ambitieux Fernand de Brinon. Par l'intermédiaire de ce journaliste, elle a rencontré deux autres hommes de presse : le chef des informations du *Temps*, Aloïs Aubin (Perroux, de son vrai nom), et l'administrateur de la publicité au *Figaro*, Julien Poirier. Des égarés qui vont accepter de travailler pour l'Allemagne. La plus belle pièce du tableau de chasse de la baronne sera cependant Gaston Amourelle, contributeur régulier de *La Carmagnole*, un journal trotsko-pacifiste financé en sous-main par l'ambassade du Reich. Sténographe au Sénat, Amourelle va livrer aux Allemands moyennant 400 000 francs (environ 200 000 de nos euros) des informations ultra-secrètes sur les délibérations de la commission de la défense de la Haute Assemblée.

Le 28 juin 1939, le colonel Maurice Gauché, patron du 2e Bureau de l'état-major, flanqué des deux spécialistes des affaires allemandes au SR que nous connaissons déjà, Navarre et Paillole, obtient un rendez-vous avec le président du Conseil, Édouard Daladier. Ce dernier hésite à sévir : que voulez-vous, en France, on n'arrête pas les journalistes ! Et puis ces types du renseignement, il les connaît, Daladier. Voilà deux ans, Paillole est bien venu lui soumettre un projet d'attentat contre Hitler. Tuer un chef d'État, où irions-nous s'il avait donné son accord ?

Furieux des réticences du président du Conseil, Gauché met sa démission dans la balance. Si personne n'ose s'en prendre à la « cinquième colonne », expression héritée de la guerre d'Espagne pour désigner les agents cachés de l'ennemi, il préfère jeter l'éponge.

Quelle tête de mule, ce colonel ! Une nouvelle peur du scandale supplantant la précédente, le président du Conseil donne le feu vert à l'arrestation des trois hommes de presse. Conduit à la prison militaire du Cherche-Midi, Poirier mourra d'un infarctus après avoir confessé son travail d'agent d'influence pour l'Abwehr. Aubin écopera pour sa part d'une peine de dix ans. Quant à Amourelle, le plus impliqué, il sera fusillé le 22 juin 1940.

Et la baronne ? Elle s'est débrouillée comme une baronne, la baronne ! Reissa von Einem entretenait en effet une relation intime avec l'épouse d'un des membres du cabinet du président du Conseil, qu'elle s'est empressée de compromettre en fonçant à son domicile dès l'annonce de l'arrestation des membres de son réseau. Par-dessus le marché, une planque montée devant l'appartement de la rue Lalo, dans le XVIe arrondissement de Paris, permet de découvrir que l'amie française de la baronne fréquentait aussi une autre agente de l'Abwehr, Élisabeth Büttner.

Adjointe de Reissa von Einem, Büttner parviendra à prendre la fuite. Sa patronne de même : sautant dans un taxi, elle a pu gagner *in extremis* Berlin en avion privé. Arrêtée à Strasbourg en décembre 1946, la baronne sera néanmoins acquittée après trois mois de détention, son avocat ayant établi que la loi qui aurait permis de la condamner, postérieure de peu aux faits d'espionnage, datait de juillet 1939. Moins chanceux, le plus notable de ses agents, Fernand de Brinon, sera fusillé le 15 avril 1947.

Waltraute et son amant, espionnage en couple

Même si la France de l'époque reste la principale cible de l'espionnage allemand, la totalité du personnel de l'Abwehr n'y opère pas d'emblée. Prenez Waltraute-Ann-Mary Jacobson. Fille unique née en mars 1908 au Cap d'un marin allemand, Douglas Jacobson, et d'une mère d'origine hollandaise, Grete Huber, elle bénéficie de ce fait de la double nationalité, providence des agents secrets. Allemande et britannique à la fois, Waltraute émigre en Allemagne juste avant la Grande Guerre, y effectue de très bonnes études financées par ses grands-parents et obtient un diplôme de secrétariat. Se revendiquant en tant que femme libérée dingue de théâtre, elle a un amant officiel, Magnus, et un amant-mentor moins voyant, le comédien Georg Auerbach. En septembre 1930, la voilà déjà à Bruxelles, adjointe de la secrétaire de direction de la filiale belge de la firme automobile américaine Studebaker.

On ne sait ni dans quelles circonstances exactes, ni à quelle date précise sa trajectoire va croiser celle de Hermann Brandl, un lieutenant de l'Abwehr qui nomadise aux frontières belge et française sous couverture d'ingénieur d'une société de chauffage central. La consigne reçue de son chef, le capitaine de frégate Friedrich Unterberg-Gibhart : prépositionner un réseau d'émetteurs-récepteurs radio autour de la France avec du personnel qualifié.

Selon les éléments collectés par Cédric Meletta, le couple Waltraute-Hermann aurait fait connaissance en Hollande, à Hilversum[2]. Voisine de la demeure des grands-parents de la jeune femme, cette ville était aussi le lieu géométrique des médias bataves avec des studios d'enregistrement où se croisaient gens de radio, de cinéma mais aussi techniciens comme Brandl.

Devenue la maîtresse de l'ingénieur-espion, Waltraute passe au service d'Unterberg-Gibhart sous le pseudonyme de « Irène Delft ». Elle collecte des documents sur la ligne Maginot mais aussi sur le ministère de la Marine, rue Royale. La jeune femme aurait eu accès à des papiers confidentiels de l'amiral François Darlan, chef d'état-major de la Marine et futur chef de gouvernement sous Vichy, mais là, on parle au conditionnel. Sa « boîte aux lettres » sera en tout cas un club échangiste bruxellois.

Les seules qualités d'agente de Waltraute ne suffisent quand même pas à la sortir du lot. C'est en tant que compagne de Brandl qu'elle deviendra importante. Hermann est en effet appelé à jouer un rôle central en France après notre défaite de mai-juin 1940. C'est que l'Allemagne va profiter de son statut de puissance occupante pour donner libre cours à ses services d'espionnage. En mobilisant certaines femmes...

Agentes du Reich en France

Sur les centaines de noms répertoriés par la Direction générale des études et des recherches, les services français du temps de la Libération, dans la *Synthèse de l'organisation des services spéciaux allemands et de leurs activités en France (1940-1944)*, cinq seulement concernent des femmes.

2. Cédric Meletta, *Diaboliques. Sept femmes sous l'Occupation*, Paris, Robert Laffont, 2019.

À savoir respectivement : « Ursula Brand, dite "la Panthère", interprète au poste Sipo-SD de Clermont-Ferrand jusqu'en mars 1944. Cheveux châtain foncé relevés sur le devant, yeux gris, assez rapprochés. »

Katia Goldman, « mince, cheveux très blonds, yeux bleus, très élégante, figure ronde ». Maîtresse de Hans Kieffer, spécialiste SS de la lutte contre la Résistance, elle a participé à des interceptions de parachutistes alliés du SOE avant de partir en août 1944 pour Nancy puis l'Allemagne.

Mlle Stephan, « grande et forte, blonde, chevelure abondante, visage gras et rose ». Agent du SR de l'Institut allemand (détection de l'opinion des intellectuels français et organisation de voyages en Allemagne) dirigé par le Dr Epting.

Magda Wiegand. Née en 1922 à Dortmund, elle a été, à partir du 1er mars 1943, la secrétaire de Senner, attaché de police au consulat général d'Allemagne à Marseille.

Margerite Wilfing alias « Marguerite Noel ». Blonde, yeux bleus, séduisante. « Agent de l'AST Barcelone, travaillait pour le *Sonderführer* Kellermann. En rapport avec Gregorio et Juan Martin. Souvent appelait le Central militaire sous le nom de "13". Recevait de fréquentes communications de Perpignan ou du Perthus. En 1943, a été au poste Sipo-SD de Perpignan, ainsi qu'à ceux de Marseille et de Pau. En juin 1944, aurait rejoint son mari au Luxembourg. »

Dressée en 1944, cette liste est incomplète quoique assez précise. Ajoutons-y par exemple la Suissesse naturalisée allemande Alice Mackert. Née en 1916, naturalisée sujette du Reich en 1942, Alice, ex-membre des jeunesses fascistes helvétiques avec son amant Louis Nebel, travailla en France avant même notre débâcle pour le service secret SS. Après, elle va opérer en Normandie où le SD a mis en place cinq antennes dont celle d'Alençon, ville que la blonde Suissesse à l'accent français impeccable habitait justement depuis 1939.

À Paris, Mackert infiltre les milieux allemands antinazis. À Nice, entre juillet 1943 et mars 1944, cette fanatique devient l'agente du capitaine SS Aloïs Brunner, un des adjoints d'Adolf Eichmann pour la Solution finale. Sa spécialité : la traque des réseaux qui tentent de protéger les enfants juifs. En août 1944, la voilà affectée au secrétariat d'Otto Skorzeny, l'Autrichien préféré de Hitler depuis qu'il est parvenu à exfiltrer Mussolini de sa résidence forcée du Gran Sasso en septembre de l'année précédente. L'heure est à l'organisation de groupes d'Allemands anglophones qui s'infiltreront derrière les lignes alliées au moment de l'offensive des Ardennes, dernier coup de poker du IIIe Reich. Condamnée à mort en décembre 1948, Mackert échappera à la peine capitale, peut-être parce que Nebel est passé au service des Américains.

Une actrice dévoyée

Cinq en France, mettons dix ou quinze avec les agentes identifiées après coup, c'est peu. Voici pourquoi l'ennemi va recruter des Françaises. Ces dévoyées cumulent deux avantages notables à ses yeux. Quitte à se vautrer dans la salissure, elles opèrent au cœur même du tissu social français, et d'un. Assez pour préserver d'une telle dégradation les Allemandes, qui portent l'espoir de la race germanique, et de deux.

Bien placée à ce hit-parade de la trahison, prenez Annie Mouraille, dite « Annie Morène ». Née en 1913, cette comédienne de profession, épouse Moynier, joue dès juin 1941 un rôle actif dans l'assassinat de Marx Dormoy, l'ancien ministre de l'Intérieur du Front populaire, coupable d'avoir démantelé avant la guerre l'organisation clandestine d'extrême droite la Cagoule. Incarcérée pour ce crime avec ses complices à la prison de Largentière, les Allemands la libèrent à leur arrivée.

Cette actrice à la poitrine avantageuse travaille ensuite pour Joseph Serre alias « Maurice Lebrun ». Ex-militant communiste passé au Parti populaire français, le PPF collaborationniste de Jacques Doriot, cet ancien ouvrier métallurgiste en dirige le service de renseignements, d'abord baptisé « enquêtes spéciales » puis tout simplement SR. Moyennant finance car très rapace, Mouraille se met, ainsi que son amant, sous les ordres du capitaine SS Roland Nosek, spécialiste du renseignement politique au SD de Paris. Le couple fait parallèlement du marché noir.

Par la suite et toujours contre monnaie sonnante et trébuchante, l'actrice devient l'agente star de Hans Sommer alias « Senner », attaché de police au consulat allemand de Marseille. Flanqué de Mouraille et de sa secrétaire au consulat Magda Wiegand, mentionnée plus haut, Sommer va s'activer dès juillet 1942 à l'opération « Donar », soit la discrète irruption en zone non occupée de la *Funkabwehr*, les repérages radio. À partir de ce moment et jusqu'en août 1944, il se livre à un travail de contre-espionnage intensif dans le Midi, mobilisant à cet effet les antennes SD d'Avignon, Digne, Nîmes, Toulon, Nice, Draguignan, Cannes, Gap et Menton.

Sommer opère en liaison avec le chef du PPF marseillais, Simon Sabiani, ainsi qu'avec Ernst Dunker alias « Delage », chef de l'Amt IV du KdS de Marseille, l'un des trois plus importants de France sis au 425, rue Paradis. Dunker dont la maîtresse, Blanche Nicolaï, est française mais qui a aussi su réussir le « retournement » d'une résistante marseillaise, Blanche Di Meglio. Arrêtée en avril 1943, celle-ci va devenir l'agente « 127 » du Sipo-SD avant de connaître la déportation... pour avoir tenté de doubler Dunker dans une affaire de gros sous ! Condamnée à mort en août 1946 mais par la justice française cette fois, Di Meglio verra sa peine commuée en vingt ans de détention.

Sa trace se perd ensuite. Pas celle de la rousse Marguerite Magno. Compagne d'un autre collabo du PPF, Gaston Daveau, passé comme elle de l'Abwehr au SD, cette Italienne surnommée « Maguy » s'est singularisée par sa violence, frappant certains résistants prisonniers à coups de nerf de bœuf ou leur décochant, avec un grand sourire, des frappes du pied dans le ventre ou les parties. Mutée au printemps 1944 au Sipo-SD d'Angers, arrêtée en mai 1945 à Laon, « Maguy » comparaît en octobre 1947 devant le tribunal militaire permanent de Marseille.

Condamnée à mort pour « association de malfaiteurs, arrestations illégales, séquestration de personnes, violences, pillage », c'est tout de noir vêtue qu'on l'extrait de sa cellule des Baumettes le 25 mars 1948. Au sous-officier commandant le peloton d'exécution, Marguerite Magno demande de rapporter aux journalistes qu'elle va mourir courageusement. Un message posthume pour son jeune fils ? Peut-être. Alors que les fusils se braquent, elle demande : « Ne visez pas la tête, je ne veux pas être défigurée. » On pense à Mata Hari qui, trente ans plus tôt, voulut déjà faire une ultime bonne impression face à la mort.

Le sort tragique de Marguerite Magno ne nous éloigne pas du destin d'Annie Mouraille. L'actrice collabo est repérée par le BCRA, le service secret gaulliste. Un agent ou une agente d'un réseau parviendra même à la photographier au bras de son amant alors qu'elle promène leur chien. Et ce n'est pas tout : Sommer dirige simultanément un réseau de renseignements du SD en direction de la Suisse et de l'Espagne. Sans doute est-ce pour cette raison qu'on retrouvera, en 1948, son ex-agente Mouraille membre des SR franquistes à Lisbonne avant de perdre sa trace. Condamnée à mort en novembre de la même année dans le procès de la Cagoule, cette femme de main aura réussi à survivre.

Le destin de Simone Sala

Autre agente allemande particulièrement douée, Simone Sala. Maîtresse d'un employé du bureau des passeports de l'ambassade, cette trentenaire « grande blonde et assez jolie » à en croire le capitaine SS Roland Nosek, son employeur à partir de l'été 1943, ne travaillera pour lui que quelques mois. Dommage toujours selon Nosek puisque « c'est la seule femme que j'ai connue pendant mes expériences au SR qui ait eu à mon avis le don pour ce travail. Elle était très habile et elle aimait une telle activité ».

Une activité que Sala poursuivra après le remplacement à l'automne de Nosek par Walter Bourjau. Infiltrée par ce sous-lieutenant SS dans les mouvements clandestins, elle lui fournit une liste assez complète de préfets résistants[3]. À l'été 1944, désemparée comme tant de collabos dont l'univers s'effondre, elle suit ses maîtres en Allemagne. L'appréciant beaucoup en tant qu'agente méthodique et travailleuse, les SS l'inscrivent à un stage

3. Douze préfets seront arrêtés par l'occupant, internés au camp de Compiègne puis en Allemagne. Cinq de ces hauts fonctionnaires patriotes mourront en déportation : Édouard Bonnefoy, Jacques-Félix Bussière, Louis Dupiech, Georges Fourneret et Paul Théry. Outre les douze déportés, six préfets ayant servi sous Vichy vont rester en poste à la Libération en raison des services qu'ils ont rendus à la Résistance. Le reste, trop compromis, subit une épuration assez substantielle : trois fusillés sans jugement, trois autres condamnés à mort et quatorze condamnés – dont cinq par contumace – aux travaux forcés, à la prison ou à l'indignité nationale selon la gravité de leurs activités collaborationnistes. Sans compter les trente préfets rayés des cadres après la Libération par la commission d'épuration du ministère de l'Intérieur, révoqués ou mis à la retraite d'office.

de formation radio près d'Offenburg. L'idée est de la parachuter en France aux côtés de doriotistes dans l'intention, dérisoire à ce stade, d'y créer une clandestinité pronazie. Mais tombée gravement malade début 1945, Sala ne mènera pas son entreprise de trahison jusqu'au bout. Elle mourra quelques jours plus tard.

Strass, comtesse et Gestapo

Au chapitre de l'aventure dans tous les sens du mot, citons encore Jeanne Clarisse. Née en mai 1893 d'un père notaire à Bayonne, on chasse cette adolescente de plusieurs couvents d'enseignement au motif de ses amours saphiques. En février 1911, elle épouse Pierre d'Andurain, riche aristocrate fasciné par sa blondeur et sa beauté. Pas vraiment pressé par le besoin, le couple voyage en Espagne, au Maroc et en Tunisie. Puis, en 1912, il s'expatrie en Argentine. Quand la Grande Guerre éclate, Pierre décide de s'engager. Il rapatrie sa famille – les d'Andurain ont un fils, Jean-Pierre, et un deuxième, Jacques, va leur naître en décembre 1916.

Jeanne se fait désormais appeler Magda. En 1925, héritière de son notaire de père, elle nomadise en Algérie puis en Égypte. Les successeurs de Gertrude Bell et de Lawrence d'Arabie dans les services secrets britanniques du Proche-Orient la recrutent pour infiltrer les milieux nationalistes égyptiens, qui inquiètent Londres. Pas mécontents de jouer un bon tour à leurs concurrents français, lesquels, eux, règnent sur le Liban et la Syrie, les Anglais l'envoient par ailleurs au contact de Georges, Habib et Michel Loftallah. Avec Mohammed Rachid Reda, ces trois frères syro-libanais ont créé en Égypte le Parti de l'Union syrienne. Pour leur inspirer confiance, rien de mieux qu'une Française prête à dénigrer ses compatriotes. Magda se prête volontiers au jeu.

Au rythme de leurs dépenses excessives, les biens du couple ont fondu. Pour survivre, les d'Andurain deviennent, à partir de 1927, codirecteurs de l'hôtel Reine Zénobie de Palmyre, en Syrie. L'établissement est fréquenté par une faune peu recommandable. Et figurez-vous qu'un des amants de Magda membre du MI 6, le colonel Sinclair, meurt sur ses entrefaites à Damas, mystérieusement assassiné. Un drame qui ne fait que renforcer les rumeurs au sujet de la mystérieuse comtesse française.

Il n'y a pas que des rumeurs, estime le colonel Ripert, du SR. Dans une biographie très édulcorée publiée en 1947, *Le Mari passeport*, l'aventurière balaiera d'un revers de main les rapports d'enquête de l'officier de renseignements : « On me reprochait les relations que j'avais eues au Caire avec les princes [*sic*] Loftallah, dont on connaît le rôle dans la politique syrienne ; la propagande antifrançaise que j'aurais faite à Bagdad ; mes relations avec la baronne Brault, agent officieux de l'Intelligence Service. »

Officier sérieux n'accusant pas sans motif, Ripert demandera plusieurs fois son expulsion, mais en vain, aux commandants successifs des troupes françaises du Levant : les généraux Maurice Gamelin puis Louis de Bigault de Granrut, dont le chef des 2ᵉ et 3ᵉ Bureaux sera en 1929-1931 un certain commandant de Gaulle.

En désespoir de cause, faute de pouvoir se débarrasser d'elle, les Français tentent son « retournement ». Mais retourne-t-on vraiment l'ex-comtesse ? En 1933, divorcée de Pierre et résolue à devenir la première Occidentale à s'introduire dans La Mecque, l'ex-comtesse d'Andurain contracte un mariage blanc avec Ben Souleiman, un des surveillants du cheptel de chameaux du roi d'Arabie, Ibn Saoud. Et que voulez-vous, pas de chance si le malchanceux meurt d'empoisonnement à Djedda ! Soupçonnée, condamnée à mort mais finalement graciée par le souverain wahhabite, Magda ne quitte le royaume des Saoud qu'en 1935. De retour en Syrie, elle se remarie avec Pierre. Hélas, le malheureux sera lardé à mort de dix-sept coups de couteau dans sa baignoire…

Bienvenue à bord de la « Carlingue » !

Allons, il faut bien vivre – luxueusement de préférence. De retour dans son Pays basque natal, l'aventurière se livre à diverses activités de contrebande comme du trafic de drogue, d'armes et de bijoux. Suspectée de travailler pour les services nazis, elle monte à Paris pour nouer des liens avec Ivanov, grand organisateur d'orgies à prétextes ésotériques.

Pendant l'Occupation, ce Bulgare la présente à Louis-Henri Chamberlin. Chef de la bande de la rue Lauriston, Chamberlin n'est rien d'autre qu'un agent de l'Abwehr engagé dès la fin 1940 dans la collaboration économique en liaison avec Hermann Brandl, désormais patron du bureau d'achat allemand dit « bureau Otto » (son pseudonyme dans le service de renseignements militaire du Reich).

Disposant d'une grande marge de manœuvre, Brandl, efficacement secondé par Waltraute, a mis en place un système complexe de réquisitions forcées et d'opérations douteuses qui lui permet de remplir sa mission officielle : acquérir des produits de première nécessité qui manquent en Allemagne en même temps qu'il se remplit les poches. Ses exécutants sont des équipes d'auxiliaires non allemands dont la violence, les arrestations arbitraires, la torture, le vol et la prévarication constituent le pain quotidien : l'ingénieur mosellan Frédéric Martin alias « Rudy de Merode », le Belge Georges Delfanne alias « Joseph Masuy », le Géorgien Chalva Odicharia. Et, justement, le Français Louis-Henri Chamberlin dit « Henri Lafont » ou encore « Monsieur Henri ».

Emprisonné après la guerre par les Américains, « Otto » se pendra dans sa cellule en août 1946. Plus chanceuse, Waltraute va connaître les prisons et la justice françaises jusqu'en 1954. Émigrée aux États-Unis, elle y disparaîtra mystérieusement vingt-trois ans plus tard, assassinée peut-être par des gens à l'affût des sommes faramineuses mises de côté par Hermann et elle sous l'Occupation. Le reliquat, en d'autres termes, des combines menées par le biais de leurs polices auxiliaires, que les Français appelleront la « Carlingue » ou la « Gestapo française ». Et parmi ces polices auxiliaires, la bande de l'avenue Lauriston et son chef.

La bande à « Monsieur Henri »

Orphelin né dans le ruisseau en 1902, Lafont est passé d'un seul coup de l'univers d'un roman de Zola à une série noire. Brune plus exactement : chef tortionnaire, ce voyou de petit calibre devenu patron de gang n'hésite pas à arborer l'uniforme d'officier SS que ses maîtres nazis l'ont autorisé à porter aux motifs de son efficacité (relative) dans la lutte contre la Résistance, de son aptitude (grande) à la traque des Juifs et, surtout, de son (immense) talent à faire du « business » avec « Otto ». Par Sonia Boukassi, membre de l'Institut des questions juives et du Comité d'action antibolchevique, et sa protégée l'ancienne top-model Natacha Kolnikov, il collecte aussi des informations sur les Russes blancs.

Les nazis se méfient en effet de ces milieux, pourtant anticommunistes. Non sans raison puisque, après l'invasion de la mère patrie en juin 1941, certains Russes blancs sont prêts à tout pour lutter contre l'agresseur. Pour ne citer qu'elle, la princesse Véra Obolensky dite « Vicky », membre de l'« Organisation civile et militaire », le plus grand mouvement de résistance non communiste en zone nord, arrêtée par les Allemands en décembre 1943, torturée puis décapitée à Berlin. Boukassi est utile à Lafont, donc aux nazis. C'est elle qui provoquera l'arrestation d'Euloge Gueorguievsky, métropolite de l'église orthodoxe de la rue Daru et recteur de l'Institut théologique Saint-Serge.

Le plaisir du maître de la rue Lauriston, avide de reconnaissance sociale, c'est de mener grand train, de sabrer le champagne et de coucher avec les dames de la « haute » qu'il couvre de bijoux. Ancienne dactylo, la duchesse par mariage Sylviane d'Abrantès fait partie de son tableau de chasse. Magda probablement aussi. La voilà une des égéries de la « Carlingue » tandis qu'un officier du SD, Hans Abele, devient son amant de prédilection. Il semble néanmoins que, résolue à jouer comme d'habitude plusieurs cartes à la fois, cette aventurière ait maintenu des liens avec le MI 6. De façon plus documentée, Luc Rudolph[4], historien reconnu de la police, a en tout cas établi les liens de Magda d'Andurain avec l'inspecteur Lucien Chabot alias « Thuillier », un des dirigeants du réseau de résistance « Béarn ». La comtesse a notamment convoyé des documents du réseau en Suisse. Du coup, la voilà contrainte de passer en Espagne, puis en Afrique du Nord.

Assignée à résidence en raison de son passé trouble qui n'a pas échappé à la longue mémoire des vétérans du SR comme Paillole, elle obtient en 1943 son élargissement du gaulliste Louis Vallon, ancien patron de la section non militaire du BCRA. Vallon, pas mécontent de jouer un tour aux hommes du « vieux

4. Luc Rudolph, *Policiers rebelles. Une Résistance oubliée : la police parisienne*, Paris, LBM Éditions, 2014.

SR », qui penchent du côté de Giraud dans la guerre des deux généraux entre de Gaulle et l'évadé de Königstein.

Pour l'ensemble de ses crimes, Lafont sera fusillé à Montrouge le 26 décembre 1944. Même si elle arborait opportunément un brassard FFI, l'aventurière risquait quelque mauvais sort à la Libération. Mais la chance, toujours la chance : ancien élève du collège américain de Beyrouth, son deuxième fils, Jacques d'Andurain, fut une figure des FTP, l'aile armée de la résistance communiste. C'est avec son pistolet 6.35 que Pierre Georges, le futur « colonel Fabien », abattit l'aspirant de marine Alfons Moser le 21 août 1941 sur le quai du métro Barbès. Un coup de feu qui allait donner le signal de l'entrée du PCF dans la lutte armée, mais pas vraiment précoce (quatorze mois après l'appel du 18 juin), contre l'occupant.

Soupçonnée une fois encore de meurtre, son neveu Raymond Clarisse d'Alaincourt ayant avalé un bonbon empoisonné en 1945, cette championne du non-lieu en arrache derechef un énième. S'installant à Tanger – Paris n'est tout de même pas très sain pour elle –, Jeanne recommence à faire ce qu'elle sait faire de mieux : des trafics en tout genre. Mais tout a une fin. En novembre 1948, au retour d'un voyage dans l'île de Lesbos, la baronne connaît une fin tragique, poignardée ou étranglée par Hans Abele à bord de son bateau de plaisance au nom délibérément provocateur dans le contexte moraliste de l'époque, le *Sapho*. À force de tirer toutes les cordes à la fois, elle a fini par se brûler elle-même.

Coco Chanel la mondaine aura plus de chance…

16

Falbalas, sexpionnage et trahison

Voici ce que révéla à l'issue d'une longue enquête l'ancien journaliste et diplomate américain de Paris Hal Vaughan : l'amant de Coco Chanel à partir de 1941, le baron Hans Günther von Dincklage alias « Spatz », travaillait pour l'Abwehr. Et Coco aussi.

Ancien officier de uhlans puis des corps francs engagés sur le front de la Baltique, Dincklage, de mère anglaise, parlait couramment le français aussi. Deux raisons pour que le renseignement militaire de la république de Weimar le recrute en 1919 sous le numéro d'immatriculation F-8680. À ce titre, l'officier se livre à l'espionnage naval à la fin des années 1920 à Sanary, près de Toulon. En octobre 1933, neuf mois après l'avènement de Hitler, ce bel homme très distingué, très élégant, très séduisant, est nommé attaché spécial à l'ambassade d'Allemagne, rue de Lille à Paris. Sa femme Maxilienne dite « Catsy » émarge pareillement à l'Abwehr. Quant à leur domestique, Lucie Braun, elle est membre de la section française du NSDAP, initiée par le baron justement. Un entre-soi qui alerte bien entendu le contre-espionnage français :

« La femme de Dincklage, Maximilienne, est la fille d'un ex-colonel de cavalerie allemand, von Schoenobeck et de Mélanie Hertz [...]. Dincklage voyage constamment, sa femme réside à Sanary, villa La Petite Casa [...]. À Paris, de jour comme de nuit, le couple reçoit la visite de Charles Coton et de Pierre Gaillard [deux Français que le couple courtise, dont un officier de marine]. »

Connaissant la répugnance du personnel politique français à sévir contre les espions ennemis, surtout quand ces agents bénéficient du statut de diplomate, les hommes du SR balancent tout aux médias. Le 27 novembre 1934, l'agence Inter Press publie un dossier bien informé – et pour cause – sur le réseau Dincklage. Une autre agente y est nommée, Christa von Bodenhausen, maîtresse, comme d'ailleurs « Catsy » Dincklage, d'un officier français.

Piqûre de rappel le 4 septembre 1935, quand l'hebdomadaire parisien *Vendémiaire* apporte sous le titre « Gestapo über alles » de nouvelles précisions, sorties en droite ligne d'un rapport du « 2 bis » d'octobre 1934.

« Spatz » von Dincklage quitte alors l'ambassade, se repliant sur le sud de la France, Antibes notamment. De là, il va téléguider des opérations contre les installations navales de Toulon mais aussi de Bizerte.

Et pourtant, ce n'est pas lui qui a recruté Marc Aubert. Cet enseigne de vaisseau du contre-torpilleur *Vauquelin*, de l'escadre de la Méditerranée, avait besoin d'argent pour entretenir sa maîtresse, une ancienne prostituée rencontrée dans un bordel de Brest. Alors, de lui-même, il s'est présenté à l'ambassade d'Allemagne, proposant de se vendre ! Avec sa compagne, le voilà à Anvers en octobre 1937 pour recevoir le premier salaire de la trahison : 5 000 francs, soit le double en euros. Aubert adressera les renseignements recueillis à Friedrich Unterberg-Gibhart, bientôt chef d'Hermann Brandl et Waltraute Jacobson à l'Abwehr. Lors de sa période sur le navire-école *Jeanne d'Arc*, ces plis transiteront par une boîte aux lettres de Dublin surveillée par le MI 5 britannique. Celui-ci en informe le « 2 bis ». Arrêté dans le plus grand secret en septembre 1938, jugé à huis clos par le tribunal maritime de Toulon, Aubert sera fusillé le 6 mars 1939. Sa complice et compagne, elle, n'écopera que de trois ans de prison.

Coco Chanel au service de l'Abwehr

Complice et compagne française, Dincklage vient justement d'en dénicher une l'année précédente. Quand un baron rencontre une baronne : celle-ci s'appelle Hélène Dessofly. Née à Paris en décembre 1900, cette aristo-espionne voyage avec lui entre Toulon, Paris et Tunis. C'est même elle qui aurait convoyé des postes radio à son usage. Ce qui n'empêche pas « Spatz » de rester en bons termes avec « Catsy », maîtresse, elle, de Pierre Gaillard, ingénieur et fils du directeur d'une société qui produit des filets en acier pour la lutte anti-sous-marine. Ainsi la quête du plaisir sexuel se conjugue-t-elle avec celle des renseignements. En bonne « intelligence » si l'on ose dire, sauf qu'il s'agit en l'espèce d'intelligence avec le futur ennemi.

Coco Chanel fait preuve de la même « intelligence ». Ayant déjà rencontré Dincklage avant guerre à Paris, la couturière le retrouve avec tant de satisfaction qu'à 57 ans elle va en faire son dernier amour. Rien d'infamant en soi si l'on se réfère à Arletty, très éprise elle aussi d'un officier allemand, et qui se défendra par cette boutade au moment de l'Épuration : « Mon cœur est français mais mon cul est international. »

Sauf que l'actrice des *Visiteurs du soir* n'avait trahi personne. Tout au plus pouvait-on lui reprocher un certain manque de discernement : la guerre représente une terrible contrainte pour tout le monde et, de ce fait, l'amour entre ressortissants de pays belligérants n'y a pas la même liberté que l'amour entre ressortissants de pays étrangers en temps de paix. En fin de compte, Arletty fut blanchie, sa célébrité lui évitant cette tache indélébile sur l'été de notre libération : l'ignoble carnaval machiste des femmes tondues par des résistants, le plus souvent de la onzième heure.

Les menées de Coco Chanel s'avèrent nettement plus compromettantes. Début 1941, Louis de Vaufreland alias « Piscatory », personnage trouble de la scène parisienne classé par l'Abwehr *V-Mann* (agent de confiance non salarié rémunéré à la prime), la présente à Hermann Nieburg alias « Neubauer », un lieutenant de l'Abwehr auquel Hal Vaughan attribue le grade bien supérieur de lieutenant-colonel mais qui n'en dirigera pas moins la section III-F de Paris à la fin 1943.

Mlle Chanel a une requête à présenter à l'occupant : ne pourrait-on pas libérer son neveu André Palasse, prisonnier de guerre en Allemagne ? Mais si, à condition de se montrer coopérative ! C'est qu'elle connaît du monde outre-Manche, Mlle Chanel. Marché conclu : la voilà immatriculée sous le nom de code de « Westminster » du fait qu'elle a fréquenté de longue date le duc de Westminster, Hugh Grosvenor.

Début août 1941, Vaufreland et Coco partent pour Madrid. Mission : nouer contact avec la communauté britannique de la capitale espagnole. De retour en France avec la couturière à l'automne, Vaufreland entame des démarches pour convaincre l'occupant que la propriété du parfum Chanel N° 5, vendue en 1924 à une famille juive émigrée depuis aux États-Unis, les Wertheimer, lui reviendrait de droit au titre de l'« aryanisation ». Collaborer avec l'ennemi pour un titre de propriété commercial : si Chanel se veut la prêtresse des élégances parisiennes, difficile à ce stade de la considérer comme celle de l'élégance morale ! Faut-il rappeler qu'au même moment des milliers de femmes combattent l'hitlérisme dans toute l'Europe ?

En route pour Madrid

En 1943, « Spatz » bâtit avec le service secret SS un plan de prise de contact éventuelle avec les Anglais. L'idée est d'utiliser Chanel pour bâtir un pont avec Winston Churchill, lequel apprécie la couturière depuis l'entre-deux-guerres. Pour le couple, il y a urgence à agir, car l'Abwehr, trouvant Dincklage trop dépensier avec l'argent du Service, envisage de le muter en Turquie. Une hypothèse qui affole Coco au plus haut point.

On peut aborder Churchill par l'intermédiaire de son ambassadeur en Espagne, Sir Samuel Hoare, explique Dincklage à ses supérieurs berlinois. Fin 1943, la couturière et son amant se rendent donc à Berlin pour y rencontrer le *SS-Brigadeführer* Walter Schellenberg. Patron depuis un an du SD-Ausland, le département espionnage à l'étranger du service secret SS, ce juriste de formation sait que Hitler ne s'oppose pas à une prudente ouverture vers l'Angleterre. L'essentiel est que de telles tractations, si elles venaient à prendre forme, restent secrètes.

La prise de contact avec la Grande-Bretagne exige la libération préalable de Vera Bate Lombardi, internée par les Allemands dans une prison romaine pour femmes, assure le couple. Cette amie lesbienne de Coco se trouve être apparentée à la famille royale anglaise. Comme Lombardi est simplement suspecte d'avoir partie liée avec le MI 6, Schellenberg s'exécute dès le

22 novembre. Le hic, c'est que l'Italienne, jouant franc jeu avec les Alliés, vend, une fois libre, la mèche aux Britanniques. Du coup, l'ensemble du projet tombe à l'eau.

Après l'échec de l'attentat du 20 juillet 1944 contre Hitler, Dincklage, suspect comme tous les vétérans de l'Abwehr dont le chef, l'amiral Canaris, mourra pendu l'année suivante à des cordes de piano, fuit la France en catastrophe pour se réfugier chez des amis en Allemagne puis en Autriche. Internée à la Libération pour intelligence – ô combien ! – avec l'ennemi, Coco Chanel sera mise hors de cause, l'étendue de ses relations d'avant guerre, à commencer par Churchill lui-même, faisant office de parapluie. Dans sa maison proche de Lausanne, cette soi-disant grande dame retrouvera « Spatz ». D'après la veuve de Schellenberg, la couturière aurait financé les soins médicaux en Suisse de son général SS de mari, libéré par les Alliés après cinq ans de prison seulement pour raisons de santé. Merci Coco, bonne samaritaine avant tout soucieuse de chambrer un témoin potentiellement dangereux pour elle – à l'approche de la mort, et c'était le cas de l'ancien chef du SD-Ausland, il arrive que l'on se venge en « balançant » à tout-va ! Après son retour en France, c'est toujours Coco qui consacrera beaucoup d'énergie à effacer les traces de l'acoquinement d'une distinguée figure de la haute couture parisienne avec les services secrets hitlériens.

Des services qui, au printemps-été 1943, furent à deux doigts de décapiter la Résistance française grâce à la trahison d'une autre femme, plus grave que la sienne encore…

Lydie Bastien, rabatteuse d'hommes

Trois quarts de siècle après, on sait comment Jean Moulin et d'autres chefs de la Résistance ont été arrêtés par Klaus Barbie le 21 juin 1943 à Caluire, dans la banlieue lyonnaise. Comment certes, mais pourquoi ? Impossible de déterminer aujourd'hui de façon rigoureuse à la suite de quels faiblesses, maladresses, imprudences, indiscrétions, luttes de fractions, conflits de personnes dans le cadre impitoyable de la vie clandestine, manipulations et pour finir trahisons cette catastrophe intervint.

Bien qu'innocenté après guerre lors de deux procès biaisés (un faux témoignage par exemple), René Hardy, un des cadres du mouvement « Combat », le plus important de zone sud, figure de façon certaine parmi les responsables du drame. Pour autant, l'historien ne saurait tenir pour quitte sa maîtresse, Lydie Bastien. Sans verser dans la chasse aux sorcières, sport très pratiqué après la Libération dans une France avide d'exorciser la défaite de 1940, Vichy et la Collaboration, cette femme mérite au contraire toute l'attention.

Elle est née à Paris en août 1922. Quoique amoureux d'une autre, Raoul Bastien, l'auteur de ses jours, a épousé sa mère Jeanne parce que celle-ci était enceinte de lui. Directeur administratif d'une entreprise américaine de Paris, il peut faire vivre sa famille dans l'aisance. Mais Lydie, plus ou moins amoureuse de papa, déteste maman. L'ambiance familiale devenant insupportable, décision est prise de mettre l'adolescente en pension à l'école Notre-Dame-de-la-Couture du Mans.

Dans ce cadre étroit où règne une discipline rigide à l'ancienne, Lydie étouffe. Elle se venge en haïssant la religion et les religieuses, en « allumant » les garçons tout en les surclassant du point de vue scolaire par ses excellentes notes. Retenons en effet ceci : vive et intelligente, celle que l'on surnommera avec quelque excès malsain la « diabolique de Caluire » est une manipulatrice-née. D'une beauté saisissante, chevelure brune, lèvres pleines, yeux immenses, silhouette élancée, Lydie s'emploiera toute sa vie à se servir des hommes.

Au printemps 1941, Raoul Bastien renonçant à la contrôler, la voilà enfin libre de ses mouvements. Elle vient à Paris et, dans quelles conditions nous l'ignorons, fait la connaissance du prince Henri Jehan de Castellane, membre éminent d'un parti collabo. Ce Mouvement social révolutionnaire a été créé en septembre 1940 par d'anciens, comme Castellane, de l'organisation d'extrême droite dite la Cagoule, démantelée sous le Front populaire par le ministre de l'Intérieur Marx Dormoy dont on a vu plus haut comment il sera assassiné en 1941 par Annie Mouraille et ses complices.

Au sein du MSR, Castellane s'occupe de questions de renseignement. Comme l'établira le regretté Pierre Péan, il travaille en liaison directe avec Raymond Richard[1]. Membre à la veille de la guerre du mouvement nationaliste de Georges Loustaunau-

1. Pierre Péan, *La Diabolique de Caluire*, Paris, Fayard, 1999.

Lacau et de Marie-Madeleine Fourcade, Richard, activiste né en octobre 1903 dans le Nord, a choisi la voie inverse de ces deux grandes figures de la Résistance. D'abord partie prenante sous le pseudonyme de « Rocher » du Service de police anticommuniste, le SPAC, remplacé en juin 1942 par le Service de répression des menées antinationales, cet agent de l'Abwehr III-F de Paris matricule « E.7122 » a été écarté pour indiscipline des organismes para-officiels de Vichy au printemps 1943.

Le traître a de la ressource. Ainsi crée-t-il aussitôt une nouvelle police auxiliaire au service des Allemands, l'Équipe Médéric, dont le lieutenant Nieburg alias « Neubauer », que nous avons vu actif dans le recrutement de Coco Chanel, révélera après la guerre aux enquêteurs français de la Direction de la surveillance du territoire qu'il fut particulièrement en pointe dans la lutte contre le PCF clandestin. Encore faut-il tenir compte des rapports de force entre les SS et la Wehrmacht, car très vite l'Équipe Médéric va passer de la coupe de l'Abwehr à celle du SD.

Estampillée Abwehr

À l'époque où il travaillait au SPAC, Richard a « tamponné » Lydie Bastien. Fin 1942, la jeune femme, encore estampillée Abwehr, débarque à Lyon. Par hasard ou pour cause de manœuvre d'approche soigneusement mûrie, c'est le 23 janvier 1943 dans une brasserie lyonnaise qu'elle fait la connaissance de René Hardy, responsable de « NAP-Fer », la section ferroviaire du service de Noyautage des administrations publiques, une des branches les plus efficaces de la Résistance. Coup de foudre : voilà cet ancien attaché d'exploitation à la SNCF de onze ans son aîné raide dingue d'une quasi-adolescente au charme sexuel débordant assorti, on l'a dit, d'une intelligence manipulatrice supérieure.

Une possibilité peut-être d'enfoncer un coin entre les clandestins puisque « Combat », l'organisation d'origine de Hardy, ne cesse de batailler avec Jean Moulin pour le contrôle des Mouvements unis de la Résistance. Car autant le dire tout de suite même si c'est triste : dans le contexte draconien de la vie clandestine où le moindre écart de langage prend des proportions invraisemblables, où le soupçon se fait jour à la moindre occasion, il arrive que la détestation entre les deux tendances en lice, pro ou anti-Moulin, tourne à la haine. Qu'espérer de mieux quand on n'a jamais le temps de s'expliquer à cœur ouvert, quand l'arrestation et la torture sont peut-être pour le quart d'heure qui suit ?

Contrôlée désormais par le SD sous le pseudonyme de « Béatrice », Lydie Bastien profite de l'amour fou de Hardy pour le guider vers les filets nazis. Une manière de contenter ses maîtres à croix gammée tout en satisfaisant le désir sadique d'humilier ceux des hommes qui se vautrent à ses pieds. Les résistants de « Combat » s'inquiètent bien de l'emprise de Lydie, dont ils feront commodément après la guerre l'unique cause de la déchéance du chef de « NAP-Fer ». Mais que faire quand Hardy alias « Didot » ne supporte pas d'être éloigné d'elle ?

Pas du tout faite pour la clandestinité, au demeurant, Lydie, avec ses tenues vestimentaires extravagantes. La description qu'en fera *a posteriori* Henri Frenay, le chef de « Combat », permet d'en juger : « Cette femme est inquiétante. Elle est trop belle. Grande, mince, toute en jambes, sa démarche est nonchalante et soigneusement étudiée. Sa mise est élégante, un peu tapageuse. De ses yeux immenses pleins de langueur, elle fixe les hommes avec une insistance doucement provocante. Un type de femme qu'un metteur en scène rêve de rencontrer pour en faire l'héroïne d'un film d'espionnage. »

Deux femmes au cœur de l'énigme de Caluire

C'est bien d'espionnage qu'il s'agit. D'espionnage pour l'Allemagne teinté de sexualité avec ce corps, cette démarche qui aimantent les regards masculins. Y compris celui du beau ténébreux Harry Stengritt. En charge de l'Amt VI du *Kommando der Sipo-SD* de Lyon, cet adjudant SS travaille en liaison étroite avec son supérieur hiérarchique au KdS, le lieutenant Klaus Barbie.

Maîtresse de Stengritt en même temps que de René Hardy, Bastien continue un double jeu dont elle jubile intérieurement, certaine de tirer toutes les ficelles. Or une autre femme se présente bientôt dans le collimateur du Sipo-SD. Beaucoup plus honorable certes puisque agente du réseau de renseignements

« Gilbert », qui, dirigé depuis la Suisse par le colonel résistant Georges Groussard, travaille en liaison avec le MI 6.

Arrêtée le 15 avril 1943 en Savoie dans le cadre d'une manœuvre d'infiltration menée par deux agents de l'Abwehr, l'Alsacien Robert Moog et le résistant retourné Jean Multon alias « Lunel », Edmée Deletraz, 36 ans, se voit forcée de mener un double jeu. Enceinte très probablement des œuvres d'André Devigny, un des adjoints de Groussard, la jeune femme est de ce fait plus malléable. Qui lui jetterait la première pierre la sachant aux mains des SS ?

Manipulée par Moog, dont elle est devenue la maîtresse par peur sans doute plus que par sentiment, la malheureuse ne parvient pas à s'extirper du piège nazi. Le 27 mai 1943, soit treize jours seulement après la création à Paris du Conseil national de la Résistance sous l'égide de Moulin, le tandem Moog-Multon va se servir d'elle pour procéder à la capture de Bertie Albrecht à Cluny. Dirigeante du mouvement « Combat », cette tout juste quinquagénaire l'avait cofondé en 1941 avec son ancien ami de cœur et cadet de dix ans, Henri Frenay.

Lydie Bastien n'a joué aucun rôle dans cette chute. On ne peut en dire autant dans la rafle de Caluire. A-t-elle signalé aux nazis la montée à Paris de Hardy, qui devait y rencontrer le général Charles Delestraint, chef de l'Armée secrète ? Hardy dont elle a organisé personnellement le voyage en wagon-lit jusqu'à la capitale dans la nuit du 7 au 8 juin 1943. Seule certitude : sur le quai de gare de Lyon-Perrache, « Didot » prévient en douce un résistant qu'il connaît de vue, Lucien Rachline : « Dites à Bénouville [son supérieur au sein de « Combat », ancien de la Cagoule dont il partage l'anticommunisme] que s'il m'arrive quelque chose, ce sera de la faute de "Lunel". »

Circonvenu par Lydie, le chef de « NAP-Fer » cherche-t-il à sauver les apparences aux yeux de camarades qu'il a déjà trahis ? Au contraire, son esprit de résistance reste-t-il intact à ce moment précis ? Le fait est que le voilà sous peu arrêté, puis retourné par Barbie. Comme Deletraz, « Didot » n'est désormais rien d'autre qu'un agent double. Et plus que Deletraz, il va accepter de jouer le jeu des nazis.

Le 21 juin, le voilà désigné pour contrebalancer Moulin dans le processus de désignation du remplaçant de Delestraint arrêté. La concurrence entre résistants de tendances opposées est en effet à son comble. Comme l'écrira avec lucidité l'un d'entre eux et pas des moindres : Rémy Roure, codétenu avec de Gaulle pendant la Grande Guerre au fort d'Ingoldstadt puis, dans la guerre suivante, membre à la fois de « Combat » et du Bureau d'information et de presse, une création de Moulin, c'était l'heure « où les dissensions internes éclatent, où le vent des divisions politiques s'élève, l'heure de l'énervement, de la fatigue d'être unis, de la peur ».

Hardy va mener l'équipe de Barbie à la réunion de Caluire. Impliquée mais à part moins importante dans une rafle qu'elle a tenté de prévenir en avertissant au dernier moment deux officiers résistants, le commandant Delabrosse et le lieutenant André Fluhr, qui n'ont pas pu agir faute de temps, Deletraz parviendra à prendre la fuite pour se réfugier en Suisse près de Groussard et de Devigny.

Une nouvelle vie pour Lydie

De leur côté, Lydie et son amoureux transi sont passés en Algérie où, soupçonnant quelque chose de trouble dans leur trajectoire après le drame de Caluire, Frenay demande une enquête à Paillole, patron de la Sécurité militaire. Mais comment dénicher des preuves depuis Alger alors que tant de témoins sont morts et qu'il n'existe pas d'archives de la période lyonnaise de la Résistance ? Faute d'éléments à charge précis, Paillole, redoutable chasseur de taupes pourtant, doit jeter l'éponge. De retour en France, Frenay commet sur ce la lourde erreur de garder à ses côtés Hardy, promu colonel, comme directeur des services techniques quand il prend la tête du ministère des Prisonniers et Déportés.

Par la suite, l'ancien chef de « NAP-Fer » sera rétrogradé au grade de capitaine. Car suite il va y avoir. Elle commence après la découverte dans les anciens locaux du Sipo-SD de Marseille d'un document nazi sur l'infiltration de la Résistance dit « rapport Flora ». Par voie de conséquence, le 12 décembre 1945, Hardy est arrêté sur ordre de Jacques Soustelle, patron de la Direction générale des études et recherches, les services spéciaux de la Libération. Et bientôt inculpé de trahison.

Tandis que Lydie Bastien soutient dans un premier temps son ancien amant avant de le laisser choir, les deux procès successifs de René Hardy, le premier en janvier 1947 et le second en avril-mai 1950, vont opposer deux clans issus de la Résistance. D'un côté, les proches de Moulin, conduits par son ancienne amie Antoinette Sachs, qui accusent de trahison l'ex-chef de « NAP-Fer ». De l'autre, les anciens de « Combat », avant tout soucieux d'exonérer leur camarade même si certains n'en pensent pas moins.

Les solidarités claniques prédominent. Puisque Edmée Deletraz lui sert de témoin contre Hardy, Antoinette Sachs passe allègrement l'éponge sur le rôle de l'agente du réseau « Gilbert » dans l'arrestation de Bertie Albrecht. Frenay préfère pour sa part incriminer Bastien, rendue seule responsable de la faiblesse de son amant Hardy face à l'occupant. Quant à Pierre de Bénouville et René Lacombe, deux autres dirigeants de premier plan de « Combat », ils blanchissent carrément leur ami René, considéré par eux comme une victime des staliniens tant les communistes se servent du drame de Caluire pour accabler comme prétendument complice Frenay, une de leurs bêtes noires.

La compagne et bientôt épouse de Georges Groussard, Suzanne, presse le colonel de prendre parti en faveur de sa sœur Antoinette Sachs (elles sont toutes les deux nées Kohn). Bien qu'éprouvant lui aussi quelques doutes, l'ex-patron du réseau « Gilbert » choisit de soutenir son ancienne agente Deletraz, dont on a vu qu'elle n'était pas blanche-bleue même si elle méritait à coup sûr des circonstances atténuantes. Aucune charge n'ayant été retenue contre elle, la jeune femme se fera oublier en Savoie où elle mourra en septembre 1989.

Lors du second procès Hardy, Lydie Bastien, citée comme témoin, se serait présentée à la barre, écrira un témoin masculin, « en roulant des hanches comme une vamp du cinéma muet ». Indisposé par cette attitude jugée provocatrice, l'auditoire comprend qu'elle vient accabler son ancien amant sous prétexte de confirmer ses dires sur deux points : les nuits des 11 et 20 juin passées en sa compagnie à l'extérieur alors que l'accusation soutient qu'il dormait chaque soir de cette époque au siège lyonnais du KdS, avenue Berthollet. Mais surprise : le défenseur de Hardy, Maurice Garçon, refuse de prendre ce témoignage en considération.

« Le témoin vous fournit un argument, Maître, souligne le président du tribunal.

— Je n'en veux pas ! » réplique le ténor du barreau, impérieux et impérial comme à son habitude.

Un refus qui ne nuira pas à son client puisque Hardy est acquitté, mais à la « minorité de faveur » seulement, quatre juges sur sept s'étant tout de même prononcés pour sa culpabilité.

Lydie Bastien, elle, poursuit une trajectoire personnelle que l'on pourrait trouver baroque si elle n'était passée au préalable par la case trahison. L'aventurière devient ainsi l'égérie d'une secte occultiste venue d'Amérique latine, la Fraternité blanche universelle, dont le gourou, Maha Chohan, sera interdit de séjour en France en 1950, année justement du second procès Hardy. Puis la maîtresse d'un homme lié aux affaires financières soviétiques, Samuel Ogus, qui, lâché par les banques, se jettera sous les rails du métro le 12 novembre 1955. Retour vers l'ésotérisme mais « indien » l'année suivante, quand Bastien se fiance à un maharadjah et crée, à Paris, la Société pour la recherche psychique.

Le parfum que dégage à présent l'ex-« Béatrice » sent surtout l'arnaque. À New York en 1960, elle crée un centre « bouddhiste » puis, de retour à Paris en 1962, le centre culturel de l'Inde. Son charme vénéneux, faut-il croire, opère toujours malgré sa beauté détruite – Lydie pèsera bientôt près du quintal. Voilà la « diabolique de Caluire » lancée dans des business douteux mais juteux avec l'Afrique. Prudente, elle ne souffle pas mot en 1973 quand Frenay l'attaque bille en tête dans son livre de souvenirs *La nuit finira. Mémoires de Résistance 1940-1945*.

De son côté, dès 1955, René Hardy reçoit le prix des Deux-Magots pour *Amère victoire*, roman probablement autocritique qui conte une histoire de trahison au sein d'une unité de commando de l'armée britannique. Succès de librairie, le livre sera adapté au grand écran deux ans plus tard par Nicholas Ray. Outre son œuvre romanesque, l'écrivain Hardy fréquente dès lors les milieux du cinéma, devient scénariste, prend sa retraite puis meurt le 13 avril 1987 à Melle, dans les Deux-Sèvres. « À l'ombre d'un doute », comme l'écrira le quotidien *Libération*.

Lydie Bastien suivra dans la tombe son ancien amant devenu un ennemi le 25 février 1994. Sans avoir payé le prix de sa trahison, énième preuve que le crime paie plus souvent que la morale ne le voudrait.

Le mythe de la « Hyène de la Gestapo »

Dans le rôle de la venimeuse-sulfureuse de mœurs trop libres pour son temps, Lydie eut, après la Libération et nonobstant sa célébrité médiatique, deux très sérieuses concurrentes.

La première de ces rivales ne risquait plus de lui nuire : elle était morte et enterrée. Nulle autre que Violette Morris. Fille d'un officier de cavalerie née en avril 1893, ambulancière courageuse de la Grande Guerre, cette personnalité détonante sera connue dès l'entre-deux-guerres pour son physique très masculin (à l'époque, on disait « hommasse » avec une forte nuance de rejet) et ses exploits sportifs. Et au moins autant pour son homosexualité, jugée scandaleuse.

Pratiquant avec succès la natation, le football, le rugby, la course à pied, la moto, le lancer de javelot ou encore celui du poids, Violette Morris pousse à la fois le non-conformisme et l'automutilation jusqu'à se faire retirer les seins parce qu'ils la gênaient dans l'habitacle étroit des voitures de course, car de ce côté-là aussi, ce fut une championne. Depuis 1930, elle affronte la Fédération française de sport féminin, qui ne veut pas renouveler sa licence. Trois ans plus tard, nouvelle forme d'anticonformisme, cette tout juste quadragénaire achète une péniche, la *Mouette*, amarrée à Neuilly. C'est là qu'elle recevra ses amantes mais aussi ses amis comme le poète homosexuel Jean Cocteau.

Sans doute fut-elle séduite, lors des Jeux olympiques de 1936, par l'accueil de l'Allemagne du IIIe Reich, plus chaleureux que celui de son pays natal. Chambrée par les nazis, Morris ne les rejette pas au plan idéologique, loin de là. Rien de concret, sinon des rumeurs, n'indique toutefois qu'elle deviendra leur agente, une tortionnaire, la « Hyène de la Gestapo » comme sa légende noire post-Libération le voudra.

Après la défaite de 1940, l'ex-championne renoue certes avec une ancienne rivale sportive immatriculée au SD, Gertrude Hannecker. Violette fait du marché noir, et pas qu'un peu. Elle se livre à quantité de combines, dirige même le garage de la Luftwaffe, boulevard Pershing à Paris, a partie liée avec la « Carlingue ». Autant d'activités qui suffisent à la classer sans conteste dans la catégorie des collabos.

Est-ce la revanche d'une femme aigrie sur les milieux sportifs et la presse qui l'ont accablée car trop provocatrice, incapable de camoufler ses penchants sexuels comme il aurait fallu, eu égard à la morale de l'époque ? De fait oui, Violette parade, Violette triomphe, Violette se venge, Violette festoie avec Henri Lafont (rue Lauriston, elle a certainement croisé Magda d'Andurain), Violette se remplit les poches. Mais quid de ses activités d'espionnage supposées pour le compte du SD ? Quid de cette rumeur qui fera d'elle la maîtresse du commandant SS Karl Boemelburg, une tortionnaire prenant, paraît-il, un plaisir sadique à mutiler de jeunes résistantes ? De preuves tangibles, nenni. Tout ce que l'on peut retenir de documenté contre l'ancienne championne, ce sont ses relations suivies entre 1940 et 1944 avec Marcel Bucard, le chef du Francisme, cet activiste qui se prenait pour le « Mussolini français » et qui sera exécuté le 19 mars 1946 pour trahison. Sauf que ces rapports n'étaient pas politiques dans leur essence. Surnommé la « Grande Marcelle » et vivant de notoriété publique avec un ancien boxeur, le tout dévoué Georges Denjan, Bucard était homosexuel. De ce fait, il fréquentait les mêmes cercles que la lesbienne Morris. Une affaire de ghetto plus que d'espionnage : les fantasmes ont fait le reste.

Le 26 avril 1944, la quinquagénaire, en tournée de rapines en Normandie, tombe avec des complices dans une embuscade montée par le maquis Surcouf. Un ordre du BCRA londonien résolu à faire abattre la « Hyène de la Gestapo », assurera-t-on, mais sans en apporter la preuve. Autre version, encore moins documentée, une commande du MI 5 britannique, lequel ne s'occupait pourtant pas d'opérations homicides, apanages du SOE ou du MI 6. L'embuscade elle-même pose problème. À supposer qu'ils aient agi de façon sélective contre Morris au lieu d'ouvrir le feu au hasard, comment les maquisards pouvaient-ils savoir à quelle heure précise l'ancienne championne et sa 15 CV Citroën passeraient sur la D 27 entre Épaignes et Lieurey ? Partie prenante d'un groupe de collabos et de trafiquants du marché noir, Violette Morris a été tuée comme telle. Pour autant, elle ne méritait pas d'être présentée abusivement comme une des « espionnes du siècle ».

On l'appelait « La Chatte »

Mathilde Carré, si, dans une certaine mesure. Ne concurrença-t-elle pas Lydie Bastien dans le rôle très exposé de « nouvelle Mata Hari » ?

Fille d'un ingénieur née au Creusot en février 1910, passionnée de littérature, Mathilde Lucie Bélard se pique de psychopathologie, de psychiatrie et même de sciences occultes mais a suivi plus conventionnellement des études d'infirmière. Cheveux brun foncé, yeux gris, elle évite de porter des lunettes en public quoique très myope. L'aspect compte il est vrai beaucoup pour cette coquette, qui souffrira au mental plus qu'au physique d'une légère claudication consécutive à un accident d'auto. Mariée en 1933, elle se sépare six ans plus tard de son époux officier quand celui-ci part rejoindre son poste en Afrique du Nord – il sera tué au combat contre les Allemands en Italie le 30 janvier 1944.

Sur ordre du 2e Bureau de l'état-major polonais de Londres, le capitaine Roman Czerniawski (alias « Armand » ou « Walenty ») travaille dès la fin 1940 à la mise en place du réseau « Interallié », une importante agence de renseignements en liaison avec le MI 6. Ce jeune aviateur rencontre Mathilde à Toulouse, puis la recrute sous le pseudonyme de « La Chatte » à cause, croit-on, des griffures qu'elle aurait infligées à un fauteuil en cuir lors d'une colère. Du même âge, ils deviennent amants. Belle histoire romanesque sauf qu'arrêtée en novembre 1941 sur dénonciation de l'ancienne maîtresse de Czerniawski et chiffreuse du réseau, Renée Borni, « La Chatte », rebaptisée « Victoire », accepte de collaborer avec l'Abwehr.

Chef d'orchestre d'un jeu d'intoxication radio, un *Funkspiel,* l'adjudant Hugo Bleicher, cadre de banque dans le civil et as de la manip au sein de la *Geheime Feldpolizei,* le bras armé du service de renseignements de l'amiral Canaris, pousse la conscience professionnelle jusqu'à devenir lui aussi l'amant de Mathilde deux jours seulement après son arrestation. Cette femme instable tombe en effet amoureuse des hommes avant de s'en détacher le plus froidement du monde pour mieux les renier en cas de danger pour elle. Ainsi le renseignement militaire allemand commence-t-il à pénétrer « Interallié » mais aussi le réseau Action britannique « Autogiro » qu'anime son nouvel amant Pierre de Vomécourt (pseudo : « Lucas), un aristocrate d'origine mauricienne.

Récupérée en février 1942 par une vedette rapide anglaise sur une plage de Bretagne en compagnie de Vomécourt, « La Chatte » est mise sous surveillance discrète par Gisela Ashley alias « Susan Barton », officier du MI 5 de naissance allemande mais mariée à un Anglais qui joue un rôle important dans les opérations d'intox des nazis. Ashley qui s'inquiète de voir Mathilde tenter de séduire Roundell Palmer, comte de Selborne et ami personnel de Winston Churchill. C'est que, ministre de la Guerre économique, Selborne a autorité sur le *Special Operations Executive*, le service Action britannique du temps de guerre (*cf.* chap. suivant).

« Elle peut parfois être très amusante, mais elle a un penchant pour les histoires grivoises et un sens de l'humour presque puéril, pointe Ashley dans un rapport digne d'un examen psychiatrique. Ajoutez à cela, bien sûr, son goût pour les hommes. Elle a l'impression que, de toute façon, ils la trouvent irrésistible, et coucher avec un homme semble être pour elle un besoin. Lorsqu'elle met le grappin sur un homme, c'est elle qui décide à son gré de le laisser tomber ou de lui être infidèle. Malheur à l'homme – ou au service pour lequel elle travaille d'ailleurs – qui aura l'audace de se séparer d'elle. » Et de conclure par cet avertissement : « Cette femme est dangereuse. »

Jeu dangereux

Dangereuse pour l'écrivain Richard Llewellyn Lloyd en tout cas, puisque sous le charme à son tour, l'auteur du best-seller *Qu'elle était verte ma vallée* lui laisse son appartement dont, officier de réserve mobilisé, il est éloigné. Alerté par Vomécourt, dont les soupçons, peut-être teintés de jalousie, ne font que croître et embellir, Jona von Ustinov dit « Klop », as du contre-espionnage de Sa Majesté et père du futur acteur Peter Ustinov, s'intéresse de près à la Française. Quel meilleur test pour « Victoire » qu'un petit séjour en compagnie de Nadia et « Klop » von Ustinov à Barrow Elm House, le nid campagnard du MI 5 ? Un contre-interrogatoire feutré qui se révèle négatif, l'officier refusant de croire que le sex-appeal de Mathilde lui aurait permis de duper l'ennemi comme elle le prétend avec son culot habituel :

« À mon avis, ce n'est pas le lendemain de son arrestation que les Allemands ont commencé à faire confiance à Victoire, mais bien avant. Pour bénéficier d'un tel crédit, il faut des fondations plus solides qu'un simple lit [allusion à ses rapports sexuels avec Bleicher pour lequel Mathilde prétend désormais n'avoir éprouvé que dégoût]. Les Allemands avaient triplement besoin d'elle : ils en avaient besoin pour cueillir le reste du réseau Walenty, ils en avaient besoin pour maintenir les liaisons radio avec l'Angleterre et ils en avaient besoin comme futur appât pour les gros poissons aussi bien que pour le menu fretin. »

Ses secrets avec elle

Verdict sans appel. De juillet 1942 à la fin de la guerre, Mathilde sera internée à l'île de Man. Extradée à Paris le 1er juin 1945, les autorités françaises l'incarcèrent à leur tour au fort de Charenton puis à Fresnes. En janvier 1949, son procès devant la cour de justice de la Seine déchaîne les passions, assorties d'un tombereau de misogynie. « La veuve Carré rêvait d'être une nouvelle Mata Hari », titre par exemple le quotidien *Libération*, issu du grand mouvement de résistance du même nom fondé par Emmanuel d'Astier de La Vigerie.

Surprise toutefois quand deux anciens officiers résistants au sein des services de renseignements de Vichy, Léon Simoneau et André Achard-James, viennent témoigner à la barre que Mathilde travaillait bien pour le « 2 bis » avant la guerre. Certains s'interrogent : à travers cette agente double ou triple, Bleicher et son chef hiérarchique, le colonel Oscar Reile, patron de la section III-F en France, tentaient-ils d'ouvrir un canal de liaison avec Londres ? Plausible si les faits s'étaient déroulés en 1944, l'hypothèse ne tient guère dans la mesure où ils remontent à fin 1941-début 1942, époque où l'Allemagne semblait encore gagner la guerre. Mais qu'importe, les imaginations s'enflamment toujours dès lors qu'il s'agit d'une femme.

L'attitude provocatrice de Mathilde n'arrange pas les choses. Quand le procureur requiert contre elle : « Cette femme a trahi la France parce qu'elle n'avait pas de sens moral », l'assistance, médusée, la regarde mâcher du chewing-gum.

Condamnée à mort le 7 janvier 1949, Carré voit sa peine commuée en détention à vie dès mai, puis réduite à vingt ans de travaux forcés en août 1952. Elle sera libérée le 7 août 1954 sans que cette étrange affaire, véritable nid de fantasmes masculins, ait vraiment été débrouillée. En 1958, le cinéaste Henri Decoin tentera d'exploiter la charge sexuelle recelée par son double jeu en réalisant un film au titre explicite, *La Chatte*. Françoise Arnoul y joue le rôle-titre, occasion d'une scène de strip-tease qui aura tellement d'effet que Decoin va récidiver l'année suivante avec la même actrice sous le titre cette fois de *La Chatte sort ses griffes*. Deux pellicules de circonstance qui ne marqueront guère le septième art.

Quant à « La Chatte », la vraie, elle s'éteindra en 2007 à 97 ans, et ses secrets avec elle.

17

Les saboteuses de Sir Winston

Winston Churchill a toujours eu la passion des opérations spéciales et des services secrets. Une passion qu'il va assouvir à partir de mai 1940, quand cet homme d'État déjà chevronné accède au poste de Premier ministre au moment de la débâcle franco-anglaise.

Le 22 juillet 1940, le Cabinet de guerre britannique décide la mise sur pied d'un service Action autonome indépendant du MI 6. Cet organisme portera le nom explicite de *Special Operations Executive* (SOE, Bureau des opérations spéciales).

La charte du SOE a été établie dès le 19 juillet. Elle le dit sans ambages : « Une organisation va être mise en place pour coordonner toutes les actions visant les ennemis extérieurs par la voie de la subversion et du sabotage. »

Pour le Vieux Lion il s'agit de créer, sous la tutelle du ministère de la Guerre économique, des réseaux mobilisant les patriotes des pays sous la botte. Un « Komintern britannique », diront ses (nombreux) détracteurs. À lui toutes les formes non conventionnelles de combat : subversion des organismes officiels des pays occupés, paralysie des transports, sabotage des usines, des voies ferrées et d'autres installations à caractère stratégique, destruction des dépôts d'armes et de carburant, coups de main audacieux, exfiltration vers l'Angleterre des équipages alliés abattus par la Flak, la DCA allemande, ou la chasse à croix gammée. Bref, contrarier à tout moment la machine de guerre ennemie et, le moment venu, l'affronter les armes à la main en organisant les maquis locaux.

En mai 1942, le ministère de la Guerre économique étant passé sous la coupe du comte de Selborne, cet ami personnel du Vieux Lion que Mathilde Carré va poursuivre de ses assiduités sous l'œil méfiant de Gisela Ashley, le premier directeur du SOE, Frank Nelson, sera remplacé par son adjoint Charles Hambro, banquier de profession, ancien officier du MI 6 puis député conservateur. Pour autant, la feuille de route reste la même.

La *French Section* du SOE (ou F Section) est dirigée par Maurice Buckmaster. Cet ancien représentant du constructeur automobile Matford à Paris va créer à partir de juin 1941 une petite structure de coordination avec le BCRA gaulliste, la Section RF (pour République française) du capitaine Éric Piquet-Wicks. Reste que si les « réseaux Buckmaster » travaillent quelquefois avec les Français libres, c'est toujours de leur propre initiative, et pour certaines opérations spécifiques seulement.

Vera n'a pas toujours vécu à Mayfair

Francophone et francophile, « Buck » s'appuie sur une assistante des plus remarquables. Bien qu'elle se fonde à merveille dans le brouillard londonien, maniant l'anglais et maîtrisant les codes de la haute société britannique comme si elle avait toujours vécu à Mayfair, Vera Atkins ne s'appelle pas Atkins mais Rosenberg. Née en juin 1908 d'un homme d'affaires juif allemand et d'une mère juive anglaise, Vera a vécu son enfance en Roumanie aux côtés de ses quatre frères. Éduquée à la Sorbonne, à Lausanne, à Oxford, la banqueroute de Max Rosenberg puis son décès l'année suivante la contraignent à travailler pour gagner sa vie. Secrétaire du représentant polonais d'une compagnie pétrolière américaine, cette intellectuelle aussi froide qu'élégante va vivre au début des années 1930 une liaison avec le comte Friedrich Werner von der Schulenburg, alors ambassadeur d'Allemagne à Bucarest. Un diplomate antinazi qui, posté à Moscou, tentera, début juin 1941, d'avertir les Soviétiques que Hitler s'apprête à envahir leur pays. Il ne sera pas cru. Par la suite, impliqué dans l'attentat manqué de juillet 1944 contre le Führer, le comte sera exécuté à la prison de Plötzensee.

On ne sait pas dans quelles conditions Schulenburg et Vera vont rompre, ni s'ils ont déjà rompu en mars 1933, quand l'ancienne élève de la Sorbonne sympathise avec une Américaine encore plus polyglotte et cosmopolite qu'elle, de deux ans son aînée. Nulle autre que Virginia Hall, secrétaire à l'ambassade des États-Unis à Bucarest.

Après la mort au combat du pilote de la RAF Richard Ketton-Cremer en mai 1941, il semble que le cœur de Vera se soit fermé une fois pour toutes à l'amour. Immigrée à Londres en 1937 avec sa mère Hilda, Vera Rosenberg, désormais « Miss Atkins », assiste depuis février Buckmaster à la F Section. Et, paradoxe, il semble que le patron de la branche française du service Action ignore l'essentiel du passé de sa propre adjointe, que tout le monde surnomme « F Int » (le F pour *Female* et le Int pour *Intelligence*). De quoi donner à penser qu'elle lui aura été suggérée, sinon imposée.

Suggéré, sinon imposé, c'est justement le cas du bras droit de « Buck », le journaliste Nicolas Bodington. Ancien correspondant en France du *Daily Express*, de l'*Evening Standard* ou encore de l'agence Reuters, « Nick », 36 ans, a lui aussi des choses à cacher à son supérieur hiérarchique. Des choses troublantes. Le fait par exemple qu'avant guerre il s'est lié déjà à Paris, sa ville natale, avec deux hommes appelés à jouer un très vilain rôle dans le destin de la F Section : le pilote français Henri Déricourt, futur directeur des opérations aériennes des « réseaux Buckmaster », et le conseiller criminel de la police allemande, Karl Boemelburg. Un nazi bon teint qui, après en avoir été expulsé, retrouvera la France en juin 1940 comme chef du *Kommando der Sipo-SD* dans la capitale ! Le fait surtout que l'allégeance ultime de Bodington aille non à Buckmaster mais à Claude Dansey, le numéro 2 du MI 6, en proie à son obsession d'instrumentaliser, voire de détruire cette « bande d'amateurs » du SOE.

L'allégeance de « F Int » aussi ? C'est moins certain. Dans l'appartement d'Orchard Court qui sert de lieu de rendez-vous à la *French Section*, la jeune femme va en tout cas renouer avec Virginia Hall, recrue américaine unique en son genre du « Komintern » de Churchill.

L'amie américaine

Née en avril 1906 d'un père propriétaire de plusieurs salles de cinéma et d'un grand magasin de meubles et de tapis qui a épousé sa secrétaire, Virginia Hall – « Dindy » pour les siens – passe son enfance dans les quartiers aisés de Baltimore. À d'excellentes études scolaires et universitaires aux États-Unis, elle ajoute un amour immodéré des animaux, une pratique sportive intense et un goût prononcé pour les séjours universitaires sur le Vieux Continent : Paris, présente sinon assidue aux cours de l'École libre des sciences politiques de la rue Saint-Guillaume, Strasbourg, Grenoble, Toulouse. Sans oublier Vienne où, inscrite à la Konsular Akademie, « Dindy » tombe amoureuse d'un jeune officier polonais, liaison toutefois sans lendemain du fait tant de la réticence familiale que du rappel à Varsovie du militaire.

Le rêve de Virginia : intégrer en qualité de diplomate le ministère américain des Affaires étrangères, le Département d'État. Pourquoi pas puisque son éducation très internationale l'y prédispose : elle parle le français quoique avec un fort accent, l'allemand, un peu de russe, d'espagnol et d'italien. Par-dessus le marché, l'attaque cardiaque qui tue son père en juin 1931 la contraint à travailler – un autre point commun avec Vera Atkins.

Six mois plus tard, Virginia décroche un emploi de secrétaire à l'ambassade américaine de Varsovie. Le poste est administratif et non diplomatique, mais il n'empêche : le pied de cette cavalière accomplie semble une fois pour toutes à l'étrier. La preuve : en avril 1933, elle est mutée en Turquie.

Au consulat d'Izmir très précisément, cette ville autrefois appelée Smyrne et qui connut, en septembre 1922, de terribles massacres quand l'armée de Mustapha Kemal la reprit aux Grecs en déroute[1]. Or, drame stupide : en décembre, cette sportive accomplie manque de dévisser lors d'une escalade. Son fusil de chasse glisse alors sur son épaule. Le coup part, déchiquetant son pied gauche. Pour stopper la gangrène, le chirurgien doit

1. Rappelons aux amateurs de romans et de films d'espionnage que c'est lors du sac de Smyrne que le héros du *Masque de Démétrios*, le chef-d'œuvre d'Éric Ambler, met à profit la panique générale pour égorger Sholem, le Juif converti à l'islam, et lui voler son argent.

l'amputer au-dessus du genou. Au matin de Noël, Virginia se découvre mutilée à vie.

Rétablie à l'issue d'une longue convalescence, cette jeune femme volontaire et qui le prouvera amplement à l'avenir sollicite un nouveau poste. En décembre 1934, la voilà au consulat de Venise, dont elle ne peut parcourir les arcanes et les canaux qu'avec l'aide d'une prothèse. Des années de démarches aboutissent, en février 1938, à cette décision lapidaire du Département d'État : faute de remplir les conditions réglementaires d'aptitude physique, Miss Hall ne pourra jamais appartenir au corps diplomatique et ne dépassera pas le stade de secrétaire.

Insupportable ! En avril 1939, sa démission devient effective. Quand la guerre avec l'Allemagne éclate, Virginia demande à servir dans l'armée française. Le service de santé militaire l'affecte à un groupe d'ambulancières où elle sympathise avec une jeune Française très patriote de six ans sa cadette, Gabrielle Picabia-Martinez, fille du peintre dadaïste Francis Picabia. Démobilisée en juillet 1940 après la défaite, Virginia arrive à Londres en septembre. Sa demande de rapatriement aux États-Unis se voit refusée par l'ambassade. Raison administrative, toujours : cela fait plus d'un an et un jour que Miss Hall a donné sa démission, or le Département d'État ne veut pas tenir compte de sa période humanitaire en France du fait de la neutralité des États-Unis dans la guerre européenne.

Que faire, car Virginia n'est pas du genre à rester inactive ? En janvier, lors d'un repas, elle fait la connaissance de Nicolas Bodington, lequel la recrute pour le SOE tout en rendant compte à Claude Dansey et au MI 6 dans le dos de son supérieur Maurice Buckmaster.

Au-delà de son double jeu personnel, « Nick » voit très bien l'utilité de cette ressortissante d'un pays non belligérant volontaire pour toute mission en France. D'où l'idée de la « réimplanter » de l'autre côté de la Manche sous couverture journalistique. Sélectionnée à l'issue d'un mois de probation, Virginia retrouve, stupéfaite, son amie Vera, connue on s'en souvient en 1933 à Bucarest sous le nom de Rosenberg. Vera qui va superviser en personne sa formation.

Correspondante en France du *New York Post* à partir d'août 1941, Hall donne le change en publiant papiers et reportages. À partir d'octobre, elle prend ses quartiers à Lyon. Objectif : créer un réseau de renseignements et de logistique clandestin, la « base Heckler », support du développement des groupes Action du SOE en zone non occupée par les nazis.

Nouer des contacts politiques aussi. L'amie américaine aide ainsi un autre agent du SOE ancien journaliste comme elle, George Langelaan, à entrer en relation avec une figure de la gauche radicale-socialiste, Édouard Herriot. Mais cet ancien ministre, ancien président du Conseil, ancien maire de Lyon et ancien président de la Chambre des députés décline les propositions du SOE comme il le fera en mars 1943 face à un nouvel émissaire du service Action churchillien, l'homme d'affaires mauricien France Antelme, lui-même en liaison avec le poète suisse Armel Guerne.

Sera-t-elle plus heureuse avec Raoul Dautry ? Un des architectes de l'effort de guerre français en 1939-1940, ce polytechnicien a déjà tenté deux fois de gagner Alger. Virginia le rencontre en octobre 1941 dans sa retraite du Vaucluse. L'idée d'un départ aux États-Unis *via* Londres semble prendre tournure, puis, comme souvent dans les affaires clandestines, capote. Échouera de même cet autre projet de Virginia alias « Marie » : exfiltrer en Angleterre l'ancien secrétaire général de la CGT non communiste, Léon Jouhaux.

Dans l'intervalle, tandis que les réseaux SOE de zone sud commencent à se développer, Hall noue des contacts avec les mouvements de résistance français. Malheureusement, seuls deux opérateurs radio du Service sont à pied d'œuvre, ce qui limite beaucoup les liaisons avec Buckmaster et Atkins. Et par-dessus le marché, la police vichyssoise veille, arrêtant coup sur coup plusieurs agents, français comme britanniques.

Maquerelle et patriote

Sans se décourager, Virginia, toujours favorisée par sa couverture journalistique et son statut de non-belligérante, poursuit son travail. Des soutiens inattendus apparaissent comme Germaine Guérin. Propriétaire de la moitié des parts d'un bordel lyonnais où se pressent officiers allemands, bourgeois ou flics français, cette maquerelle patriote sollicite ses « filles » pour la collecte d'informations sur l'oreiller. Reine du marché noir, elle veille à la matérielle et fait passer grâce à un ami des messages en zone nord par-delà la ligne de démarcation. Mieux encore : par la suite, des fonds transitant par l'attaché militaire américain à Berne, le général Barnwell Rhett Legge, puis par la vice-consul des États-Unis à Lyon et agente du service de renseignements du Département d'État, Constance Harvey, seront virés mensuellement à Germaine. Celle-ci reversera en liquide la totalité de la somme à Virginia pour le financement de la « base Heckler »[2].

Une manière pour Germaine Guérin de se situer dans la continuité de « Boule de suif », cette héroïne du roman éponyme de Guy de Maupassant qui, bien que fille de mauvaises mœurs, refuse de coucher avec un officier prussien après la défaite de 1870. Des maquerelles dénuées de scrupules comme Fabienne Jamet, patronne avec son mari Marcel du célèbre bordel parisien le One Two Two, font certes un chaleureux accueil aux gradés de la Wehrmacht, dûment surveillés par la section III-F de l'Abwehr afin d'éviter qu'ils ne s'épanchent trop auprès des filles. Mais un peu partout, de nouvelles « Boule de suif » vont, telle Germaine, venir en aide aux résistants qu'elles cacheront et dont elles abriteront certaines réunions. Gageons que, par-dessus le marché, certaines d'entre elles vont leur apporter un réconfort « psychologique[3] ».

Virginia sur tous les fronts

Providence des agent(e)s du SOE en cavale, « Marie » aide Gabrielle Pierre-Bloch, qui, grâce à Lucien Rachline, organise en juillet 1942 l'évasion de son mari, de plusieurs autres résistants français ou officiers anglais du camp de Mauzac, près de Bergerac.

2. Après l'évasion spectaculaire d'Allemagne de Giraud et son retour en France, Constance Harvey va nouer les premiers liens entre les Américains et le général en cavale, qui gêne déjà Vichy par sa volonté de reprendre le combat contre l'Allemagne.

3. À force, SD et Abwehr finiront malheureusement par s'apercevoir de ces complicités, effectuant des rafles et contraignant les clandestins à des mesures de sécurité drastiques. Début 1944, par exemple, Gilbert Grandval, un des responsables du mouvement Ceux de la Résistance, se verra contraint d'ordonner à ses camarades de dénicher d'autres planques que celles qu'ils utilisaient depuis le printemps précédent à l'intérieur de bordels.

Elle utilise aussi les mêmes filières que Jacques Legrand alias « SMH ». Né la même année qu'elle mais à Douai, ce chimiste de l'Institut Pierre-et-Marie-Curie travaille avec cette vieille connaissance du temps des ambulancières : Gabrielle Picabia-Martinez alias « Gloria » ou « Tar » au sein du réseau de renseignements « Gloria-SMH », créé dès janvier 1941. La mère de « Gloria », Gabriële Picabia-Martinez née Buffet, fait elle partie de la filière d'évasion associée au réseau, la ligne « Brandy ».

Dépendant à la fois des états-majors polonais et britanniques, « Gloria-SMH » mobilise aussi bien l'ethnologue Germaine Tillion, rescapée du réseau du Musée de l'Homme démantelé par l'occupant au printemps 1941, que le dramaturge irlandais francophone Samuel Beckett. Or, infiltré par un prêtre au service de l'Abwehr, l'abbé Robert Alesch, vicaire de La Varenne à Saint-Maur-des-Fossés, dans la banlieue de Paris, « Gloria-SMH » tombe en août 1942. Douze de ses membres seront fusillés, 80 déportés. Gabrielle Picabia réussit toutefois à passer à Londres, où elle va travailler au sein du BCRA.

Par miracle, Virginia échappe aussi au coup de filet. Disons plus exactement que l'Abwehr épargne l'Américaine dans l'espoir d'infiltrer le SOE. Comme il n'y a pas d'état de guerre entre l'Allemagne et les États-Unis, la laisser en liberté permet au surplus d'éviter un incident diplomatique. Mais, le 8 novembre 1942, les alliés anglo-américains débarquent en Afrique du Nord. Une initiative qui déclenche non seulement une tension entre Vichy et Washington, mais surtout la déclaration de guerre en bonne et due forme de Hitler aux États-Unis.

Le 11 novembre, tandis que la Wehrmacht envahit la zone non occupée, Virginia Hall entame le long processus d'exfiltration passant par le franchissement clandestin des Pyrénées : marche en montagne très douloureuse pour sa jambe gauche mutilée, enfermement à la prison pour femmes de Figueras puis à celle de Gérone, libération le 2 décembre 1942 puis étape de Lisbonne. Le 19 janvier 1943 enfin, la voilà de retour à Londres où, malgré ses protestations, Atkins et Buckmaster décident qu'elle serait trop « grillée » pour revenir clandestinement en France.

Pour Virginia, ce n'est là que partie remise. On verra au chapitre suivant comment cette acharnée de la lutte clandestine reviendra opérer dans l'Hexagone. Son internationalisme

– résistance française, services secrets britanniques puis américains – est loin de faire figure d'exception au SOE. Le service Action obéit en effet à la consigne churchillienne : « Mettez le feu à l'Europe ! » L'Europe occupée par les nazis s'entend. Une tâche herculéenne à laquelle s'attelleront jusqu'en 1945 les quelque 13 500 agents du SOE en France, répartis entre 35 grands réseaux.

Agents et, on va le voir, agentes très souvent...

Le « Komintern » de Churchill

Alors que le MI 6 et le MI 5 restent des temples machistes, le SOE va mobiliser de nombreuses filles d'Ève – près de 40 % des agents de terrain pour sa *French Section.*

Elles sont cosmopolites. Américaines comme Virginia ou Elizabeth Reynolds, dont l'action a commencé en France dans les filières d'évasion et qui, la guerre finie, s'installera en France. Britanniques, françaises, belges. Franco-hollando-suisse comme Yolande Beekman ; anglo-espagnole comme Eileen Nearle ; anglo-russes comme Lilian Rolfe, Sonia Olschanezky ou Muriel Byck ; franco-tchèque comme Odette Wilen ; irlandaise comme Laureen O'Sullivan ; franco-anglo-irlandaise comme Cecily Lefort ; néo-zélandaise éduquée en Australie comme Nancy Wake ; anglo-polonaise comme Marguerite Knight ; fille d'un comte polonais et d'une Juive polonaise comme Maria Krystyna Skarbeka alias « Christine Granville ».

Greta Garbo, l'immense star de cinéma, a aussi prêté la main aux activités du SOE, mais en tant qu'agente de circonstance non immatriculée à titre officiel. Bien introduite dans l'entourage du roi Gustav V de Suède, celle que l'on surnomme la « Divine » recueille en effet des informations sur les entrevues à Copenhague de Werner Heisenberg, le plus brillant physicien allemand, avec son maître danois Niels Bohr, prix Nobel de physique 1922. Les hitlériens, confirme-t-elle aux Britanniques, veulent se procurer en Norvège de l'oxyde de deutérium – autrement dit de l'eau lourde, élément indispensable dans la fabrication de la bombe atomique.

Reste à protéger Niels Bohr, que les nazis envisagent de transférer en Allemagne où il pourrait soit être assassiné comme juif, soit plus probablement mobilisé de force pour la fabrication de la bombe. Exfiltré d'urgence le 29 septembre 1943 par voie maritime vers la Suède grâce à une équipe du SOE, le physicien prodige danois sera transféré à Londres une dizaine de jours plus tard à bord d'un bombardier léger Mosquito. Ainsi la « Divine » s'est-elle trouvée à l'origine de cette opération majeure du Service : la destruction en plusieurs phases du stock norvégien d'eau lourde et de l'usine où elle était produite.

La plus originale des femmes du « Komintern » de Churchill, toutes plus originales les unes que les autres pourtant, fut peut-être la princesse Noor-un-Nisa Inayat Khan, née dans un monastère moscovite en janvier 1914 d'un père indien et maître soufi, une tendance mystique et hétérodoxe de l'islam marquée par l'ascétisme et l'aspiration à communiquer directement avec Dieu, et d'une mère américaine d'origine anglaise. Par son père, mort alors qu'elle n'avait que 13 ans, la princesse Noor descendait de Tippoo Sahib, le sultan de Mysore qui tenta, en vain, de s'appuyer sur les Français pour secouer la tutelle britannique à l'époque de Bonaparte.

Avec son accent, ses cheveux noirs de jais, sa peau brune, cette recrue ne semble guère faite pour la clandestinité en France. De plus, Noor est non violente, ce qui rend tout de même problématique son engagement au sein d'un service voué au sabotage et à l'action. Qu'elle soit une bonne opératrice radio ne suffit pas à expliquer pourquoi le tandem Atkins-Buckmaster la désigne au printemps 1943 pour opérer en France sous l'identité fausse de « Jeanne Renier, infirmière puéricultrice ». Pénurie de personnel qualifié sans doute, car c'est seulement dans les films d'espionnage un peu parano que les services secrets s'ingénient à livrer à l'ennemi leurs agents les plus dévoués.

Le 17 juin 1943, première opératrice radio de la *French Section* déposée par avion, Noor atterrit de nuit au nord-ouest d'Angers avec deux de ses camarades, Cecily Lefort et Diana Rowden. Cette opération a été organisée par Henri Déricourt, responsable des affaires aériennes du SOE sur le sol français. Un aventurier amoral qui, sur ordre de Claude Dansey, le numéro 2 du MI 6, répercuté par « Nick » Bodington, est devenu agent triple. Déricourt transmet en effet pour copie les documents du service Action à son ami d'avant guerre Karl Boemelburg, chef du KdS de Paris, avant de les récupérer et de les transmettre à

Londres. Une manœuvre tordue à l'image de Dansey lui-même. « Uncle Claude », comme l'appellent ses fidèles, l'a conçue en deux volets : gagner la confiance du SS pour mieux l'intoxiquer au moment opportun tout en affaiblissant ces « amateurs » du service Action qu'il déteste et méprise.

Dans la même perspective, le MI 6 est en train d'utiliser, voire même d'accélérer la pénétration par le SD du réseau « Prosper », la plus importante structure du SOE en zone nord. Et, là encore, c'est Déricourt, l'homme lige de Dansey et Bodington, qui se trouve à la manœuvre.

En principe, Noor vient épauler Gilbert Norman, le radio du chef de « Prosper », le major Francis Suttill. Sauf que le major, Norman et les Français Jacques Bureau, responsable de la réparation et de l'entretien des postes, et Andrée Borrel, une des deux premières femmes du SOE parachutées sur notre sol, sont capturés par le SD dès septembre 1943. Et que la chute du réseau va coûter 400 vies de résistants français mais aussi de 35 officiers britanniques du SOE. Aujourd'hui encore, elle constitue un des secrets les mieux gardés d'Angleterre, ne serait-ce que le rôle trouble de Dansey dans cette tragédie.

Dénoncée aux hommes de Boemelburg par une personne anonyme, du moins c'est ce qu'assurera la version officielle d'après guerre, Noor tombe à son tour en octobre. Comme nombre de ses compagnes résistantes ou agentes du SOE, la voilà soumise à la torture et, selon toute probabilité, aux viols répétés des bourreaux, ravis de pouvoir ainsi disposer de jeunes femmes sans défense. Le stade suivant, c'est la mort. Le 6 juillet 1944, Andrée Borrel et trois de ses camarades se voient injecter par les nazis une dose quasi mortelle de poison au camp de concentration du Struthof-Natzweiler, en Alsace, avant que leurs corps ne disparaissent dans un four crématoire. Le 12 septembre 1944 à Dachau, Noor, réduite à l'état de loque, sera achevée d'une balle dans la tête.

Tels étaient les risques du métier au sein du « Komintern » de Churchill…

Odette et les « ouvriers serruriers »

Les « ouvriers serruriers » : ainsi les initiés désignent-ils les gens du SOE. Née Brailly à Amiens en avril 1912 d'un directeur de banque, Odette Samson s'est mariée à 19 ans à un Anglais, Roy Samson. Cette jeune Française et son époux ont trois filles, Françoise, Lily et Marianne.

Sur ce, la guerre vient bouleverser leur paisible vie familiale. Roy est mobilisé. Par-dessus le marché, événement d'apparence anodine, au printemps 1942, une émission de radio assure les Britanniques que les renseignements préalables au raid de commando nocturne de février 1942 sur la station radar normande de Bruneval auraient été obtenus par photographie aérienne. Faux puisque c'est le réseau BCRA « Confrérie Notre-Dame » du colonel Gilbert Renault alias « Rémy » qui a effectué ce travail de repérage. Une contribution française remarquable à l'effort de guerre allié : plongeant Hitler dans un état de rage, le raid comptera dans la disgrâce progressive de l'amiral Canaris et de l'Abwehr.

Le petit mensonge de la BBC vise à inciter les sujets de Sa Majesté ou ressortissants étrangers présents sur le sol britannique à fournir aux autorités tout document utile sur le littoral européen : cartes postales, photos de vacances, guides touristiques, etc.

Dans un fond de tiroir, Odette déniche justement quelques clichés à peine jaunis. Par loyalisme, elle les expédie avec une lettre d'accompagnement qui précise qu'elle est française et qu'ayant vécu environ quatre ans près de Boulogne, elle connaît bien cette région. Sur ce, une erreur d'adresse va bouleverser le cours de son existence. Par distraction, la jeune femme expédie en effet le courrier au War Office, le ministère de la Guerre, et non à l'Amirauté.

Un certain major Guthrie se manifeste alors par lettre, lui demandant si elle voudrait bien passer le voir le jeudi suivant à 15 heures à la caserne des Horse Guards. Odette accepte, mettant ainsi le doigt dans un engrenage qui va la happer tout entière. Guthrie l'adresse en effet chambre 238 à l'hôtel Victoria sur Northumberland Avenue aux bons soins du capitaine Selwyn Jepson, le meilleur dénicheur de talents du SOE. Jepson qui la renvoie à Buckmaster.

Le problème, ce sont les trois filles de la recrue potentielle. En même temps qu'il lui expose les dangers d'une telle entreprise, « Buck », à la fois honnête et retors, la pousse à se porter volontaire pour une mission en France. Il obtient gain de cause. Le 2 novembre 1942, Odette débarque nuitamment près de Cassis de la *Dewucca*, un bateau de pêche qui sert aux liaisons méditerranéennes du SOE à partir de la base britannique de Gibraltar. L'embarcation est commandée par un officier de marine polonais que la Française a dû convaincre de la mener à bon port : trop dangereux pour une femme, estimait-il.

Pas tant que cela croit savoir Odette alias « Lise », matricule S-23 : il s'agit simplement de monter jusqu'à Auxerre, de nouer quelques contacts avec un réseau local et de regagner l'Angleterre pour y retrouver ses trois filles, provisoirement scolarisées dans un internat catholique de l'Essex.

Deux éléments vont toutefois perturber ce plan. Le premier, ce sont les tensions au sein de « Carte », une organisation française de résistance interlocutrice privilégiée du réseau SOE « Spindle » que dirige un officier anglais au visage paisible et aux lunettes rondes. Il s'agit du capitaine Peter Churchill, simple homonyme du Premier ministre.

« Carte » est le pseudonyme du fondateur de cette organisation, l'artiste-peintre René Girard. Une figure des milieux intellectuels et artistiques, père de la future actrice de cinéma Danièle Delorme et ami de l'écrivain-journaliste Joseph Kessel, qu'il a d'ailleurs recruté lui-même. Très actif, « Carte » souffre cependant d'un grave défaut : l'imagination galopante de Girard. Elle lui a permis de faire gober au SOE que son mouvement, véritable armée clandestine, rassemblerait des dizaines de milliers de soldats. Or à son apogée à la fin de l'été 1942, le réseau comptera au maximum 3 000 membres concentrés en zone sud, dont un dixième de permanents rémunérés grâce à de l'argent britannique.

Les ongles arrachés

Si le SOE a choisi de prendre au sérieux les allégations du peintre, cela tient à un facteur politique plus qu'à la conduite de l'action clandestine proprement dite. Non content de vomir le communisme, « Carte » affiche en effet un antigaullisme tellement virulent que Londres voit dans l'expansion du réseau sous contrôle britannique le moyen de rabattre le caquet de l'homme du 18 Juin.

Au moment où Odette Samson apparaît, le climat se dégrade justement au sein de « Carte ». Girard vient en effet d'entrer en conflit ouvert avec son adjoint, Henri Frager, qui, appuyé par une bonne partie de la base et fort d'un séjour à Londres en juillet-août 1942, estime que la sécurité de tous les membres du réseau est menacée par l'imprudence et la mythomanie de leur propre chef.

Dans cette sourde lutte d'influence, Peter Churchill a choisi les siens, soit les partisans de Frager. Dont son bras droit Roger Bardet, que certains présentent comme son amant tant les deux hommes sont proches.

Compte tenu de cet embrouillamini, Churchill va détourner Odette de sa mission à Auxerre. Il la garde auprès de lui et de son radio, le capitaine Adolphe Rabinovitch, ancien soldat de la Légion étrangère. Bachelier ès arts de Cambridge et ex-membre de l'équipe de hockey de son université, Churchill a une raison supplémentaire de vouloir la jeune femme à ses côtés : il en est tombé amoureux, et elle de lui ! Comme souvent dans les organisations clandestines où on peut disparaître du jour au lendemain sans laisser de traces, ils n'ont pas tardé à devenir amants.

Justement, un limier hors pair s'est lancé sur les traces conjointes de « Spindle » et de « Carte » : nul autre que Hugo Bleicher. Se faisant passer pour un officier antinazi de l'Abwehr, une de ses ruses favorites, l'ancien manipulateur de « La Chatte » entend profiter de l'infiltration déjà avancée de ces deux réseaux suite au climat de tension croissant, toujours préjudiciable à la sécurité. Il aborde « Odette Métayer », l'identité fausse de la jeune femme, lors d'une mission de liaison à Saint-Jorioz, en Haute-Savoie. Le moment est d'autant plus propice pour lui que, Churchill et Frager ayant été rappelés en Angleterre dans l'espoir de stopper le cancer qui ronge le réseau français, elle est seule patronne de la mission SOE sur place. « Je suis le lieutenant-colonel Henri, annonce Bleicher. Voici des nouvelles de votre ami Roger Marsac. Nous le détenons à Fresnes. »

Marsac, c'est le résistant de « Carte » dont l'imprudence – il avait oublié une liste nominale dans le train – constitue une des pommes de discorde au sein du réseau.

Assurant ne rien avoir de commun avec les brutes du SD, le « lieutenant-colonel Henri » prétend appartenir à un cercle d'officiers antihitlériens désireux d'entrer en contact avec Londres pour envisager ensemble les conditions d'une paix séparée à l'Ouest. Sa bonne volonté est manifeste : ne pourrait-il pas tout aussi bien faire arrêter la jeune Française du SOE ?

« Mais enfin monsieur, qu'attendez-vous au juste de moi ?, s'enquiert Odette, soucieuse de gagner du temps.

— Que vous me fournissiez un poste émetteur et un code qui me permette d'entrer directement en relations avec le War Office. »

Les ingrédients incontournables d'un *Funkspiel*, un jeu d'intox radio dont Bleicher et l'Abwehr sont très friands.

« Impossible, réplique la jeune femme, prudente, car je ne possède ni l'un ni l'autre. En revanche, je vois un autre moyen de contacter Londres. Je vais rendre compte. »

Elle rédige un bref rapport à l'attention de la F Section. À quoi Buckmaster et Atkins répondent qu'il faut cesser sur-le-champ toute tractation avec le « lieutenant-colonel Henri », mettre le réseau en sommeil. « Raoul » reviendra bientôt pour régler tous les détails. De fait, Churchill débarque d'un bombardier Hudson dans la nuit du 15 au 16 avril 1943. Mais c'est pour tomber dans le piège : comprenant que sa tentative de *Funkspiel* a fait long feu, Bleicher arrête les amants le lendemain matin dans leur chambre d'hôtel de Saint-Jorioz...

Pour des raisons internes au dispositif italo-allemand de répression, c'est le SD qui va prendre Peter Churchill et Odette Samson en charge après l'interrogatoire infructueux de la jeune femme par l'OVRA, la police secrète mussolinienne d'Annecy. Transférée à Fresnes le 8 mai, Odette tente de protéger son couple en assurant qu'ils sont époux légitimes et que Peter, dont les Allemands connaissent le patronyme, serait un neveu de Winston Churchill. Bleicher gobe-t-il ce mensonge ? Guère évident au vu du traitement que les nazis vont faire subir à Odette en douze interrogatoires.

Cette marche vers l'enfer commence par une énième tentative de séduction de Bleicher dans le rôle du « flic gentil ». En l'occurrence, l'officier de tradition auquel les méthodes nazies répugnent mais qui ne pourra rien faire si elle ne parle pas…

Sachant les liens qui unissent Odette et Peter, l'homme de l'Abwehr propose à l'une comme à l'autre d'épargner son conjoint moyennant des aveux. Nouveau refus. Les nazis en reviennent alors à leur méthode de prédilection : la torture. Selon le témoignage d'Odette, ses ongles de pied lui sont arrachés avec des tenailles !

Quelques jours plus tard, un tribunal militaire la condamne à mort. Ce qui n'empêche pas Bleicher de lui rendre une dernière visite. S'il comptait lui rejouer mais avec succès le grand air du moi-je-suis-gentil, il en sera pour ses frais. Transférée à la prison de Karlsruhe en compagnie d'autres héroïnes du SOE dont on a parlé plus haut, Yolande Beekman, Andrée Borrel et Vera Leight, puis au camp de concentration de Ravensbrück, sa réputation de « parente de Churchill » finit par payer. Le 16 avril 1945, quand l'ordre de Himmler – exterminer celles qui en savent trop – parvient au camp, elle sera la seule épargnée. Au moment où le commandant SS du camp, Fritz Sühren, abandonne son poste pour faire sa reddition aux Américains, il prend soin de leur annoncer : « Voici *Frau* Churchill. Elle est parente du Premier ministre anglais. »

De retour à Londres, l'opinion s'indigne en apprenant le traitement qu'Odette a subi. Plus peut-être qu'à l'annonce du destin tragique de ses camarades du SOE torturées comme elle, violées à de multiples reprises et, pour finir, assassinées puis brûlées dans les fours crématoires. Violette Szabo pour ne citer qu'elle…

« La meilleure tireuse de l'armée anglaise »

Dans *La Corde et les Souris*, la suite de ses *Antimémoires*, Malraux, brouillé une fois de plus avec la vérité historique, évoque un rendez-vous sous l'Occupation au jardin du Trocadéro avec « [m]on agent de liaison, Violette, la "meilleure tireuse de l'armée anglaise" ». Une façon de suggérer qu'il aurait travaillé dans la clandestinité avec Violette Szabo.

Deux faits vrais surnagent dans cette affabulation toute malrucienne. Violette Szabo fut une héroïne du SOE au même titre que les deux demi-frères de Malraux, Roland et Claude.

Et oui, c'était une formidable tireuse à la carabine. Le reste est inventé.

Voici sa véritable histoire. Violette naît en juin 1921. Charles Bushell, son père, un Anglais, et Reine Bushell Leroy, sa mère française, se sont connus pendant la Grande Guerre dans la région d'Abbeville, où le jeune soldat conduisait des camions militaires. Le 14 juillet 1940, elle assiste avec une amie au premier défilé des Français libres.

Ce jour de fête nationale, cette beauté francophone de 19 ans est en mission : les Bushell, aussi atterrés l'un que l'autre par la défaite de nos armes, lui ont demandé d'inviter un de ces héros à dîner chez eux à Brixton, dans la banlieue de Londres. L'embarras du choix est plutôt réduit car ils sont à peine 140 aviateurs, marins, tankistes et légionnaires à saluer leur chef, le général de Gaulle, impassible. Violette jette son dévolu sur Étienne Szabo, 30 ans dont treize sous les drapeaux, sergent-chef à la 13e demi-brigade de la Légion étrangère.

Entre les deux, c'est le coup de foudre. Le 21 août, le général Pierre Koenig célèbre leur mariage au camp d'Aldershot. Mais, quelques jours plus tard, les 983 légionnaires « dissidents » de la 13e DBLE, fer de lance de la micro-armée gaulliste, repartent en campagne. En 1941, Étienne est de retour pour une courte permission. C'est là que sera conçue la fille du couple, Tania. Elle naît le 8 juin 1942. À cette date, hélas, son père n'a plus que quatre mois et demi à vivre : l'adjudant-chef Szabo tombe en effet le 24 octobre, pendant la bataille d'El-Alamein.

Résolue à venger son mari, Violette, déjà membre de l'*Army Auxiliary Territorial Service*, se porte volontaire pour les missions les plus dangereuses. Une détermination farouche qui n'échappe pas aux dénicheurs de talents du SOE, toujours à l'affût. Une lettre confidentielle atterrit dans sa boîte aux lettres. Le pli vaut convocation dans un local londonien du SOE. Un certain Mr Potter la reçoit (sans doute pas prénommé Harry, la coïncidence serait trop belle).

La jeune veuve accepterait-elle d'être envoyée en France pour y mener « la vie dure » aux Allemands ? Oui, sans hésitation. Dès septembre 1943, Violette subit l'entraînement des agents secrets du SOE. Habituée avant guerre des stands de tir forains et des chahuts avec ses frères, elle brille dans la partie armes-explosifs et les exercices de commando. Moins pour le cryptage-décryptage, car incapable de mémoriser les codes. À telle enseigne que son instructeur, Leo Marks, lui fait apprendre par cœur le long poème déchirant d'un homme quittant à jamais sa femme. Bouleversée, elle le retient vers par vers. « Servez-vous de ce texte pour coder vos messages », décrète Marks, sans avouer que ce poème est de sa main, écrit après la mort de sa compagne.

Le chef de mission de Violette, le journaliste français Philippe Liewer, la présente à un compatriote du SOE, Robert « Bob » Maloubier, né en février 1928 à Neuilly. Maloubier qui, m'a-t-il assuré, tombe aussitôt sous le charme. Mais de l'aveu de « Bob » à l'auteur, dans le seul cadre de relations de frère à sœur sans connotation sexuelle.

Le 5 avril 1944, Szabo et Liewer atterrissent de nuit près de Chartres. La jeune femme se rend ensuite à Paris et à Rouen pour éclaircir les raisons de la chute du réseau « Salesman ». Elle regagne ensuite l'Angleterre en compagnie de trois robes de chez Molyneux, le grand couturier de la rue Royale, offertes par Liewer en remerciement de son enquête sur les circonstances de la fin du réseau. Draguée par un major de la Kommandantur de Rouen, Violette a profité de son charme pour voyager avec lui jusqu'à Paris dans un wagon bourré d'officiers allemands. Au retour, le pilote du Lysander, avion léger de reconnaissance récupéré par l'escadrille spéciale de la RAF pour les atterrissages-décollages de nuit, a tellement secoué l'appareil que la jeune femme écope d'un bon coup sur la tête. À moitié groggy, lors de l'atterrissage, elle prend le malheureux aviateur pour un Allemand, jusqu'à se trouver à deux doigts de le tuer à mains nues selon les méthodes que lui ont enseignées ses instructeurs du SOE ! L'accent oxfordien du pilote lui sauve cependant la vie : aucun nazi ne prononcerait l'anglais comme ça…

L'équipe Szabo-Liewer-Robert Maloubier se reconstitue avec l'apport du radio canadien d'origine française Jean-Claude Guiet. Nouvelles missions : les maquis du chef communiste FFI Georges Guingouin pour les hommes, et pour Violette, une liaison avec Jacques Poirier, le patron français du réseau SOE « Nestor », dont la recrue n'est autre qu'André Malraux lui-même, entré en résistance à la fin 1943.

Les maquis rouges du colonel Guingouin

Dans la nuit du 6 au 7 juin, le trio, flanqué de son radio canadien, est largué en Haute-Vienne. L'annonce du débarquement surexcite les maquisards. À telle enseigne que les FFI de Guingouin font fi de la prudence imposée d'ordinaire par leur très énergique chef.

L'un d'eux, Jacques Dufour, doit convoyer Violette pour son contact avec « Nestor ». Histoire de passer inaperçue, la jeune femme porte le tailleur qu'elle cachait sous sa combinaison de saut en parachute et les souliers élégants qui vont avec.

Le 10, Dufour, Szabo et un autre FFI partent pour Pompadour, un bourg de Corrèze tenu par les maquisards de l'Armée secrète qui doivent mettre l'agente du SOE en relation avec Poirier et le réseau « Nestor ». Or les SS de la division « Das Reich » ont installé des barrages sur les routes. Dont la leur...

Dufour saute du véhicule, envoie une rafale et court se planquer. Au même moment, Violette fait feu.

« J'en ai eu un, j'en suis sûre ! clame-t-elle.

— Je t'avais dit de filer...

— Pas mon genre de te laisser tomber. Je vise bien, tu sais », réplique la « meilleure tireuse de l'armée anglaise ». Sauf qu'on n'est pas dans un roman de Malraux, les balles nazies claquent de partout.

Tandis que les deux résistants zigzaguent à travers les épis de blé, Violette, victime voici peu d'une entorse à l'entraînement au parachutage, s'effondre, trahie par ses chaussures de ville.

« Accroche-toi à mon cou, on va y arriver, lance Dufour.

— Je te retarderai, nous serons pris tous les deux. Sauve-toi.

— Pas question !

— Va-t-en, imbécile ! Je suis lieutenant de l'armée britannique ; c'est un ordre... »

La mort dans l'âme, le jeune maquisard s'exécute. Le pistolet-mitrailleur Sten en main, Violette couvre la fuite de son camarade. Ses chargeurs vides, elle tente de s'enfuir à son tour. Rattrapée, emprisonnée à Limoges, battue, torturée, elle garde le silence.

Pour sauver Violette, FFI et SOE tentent de bâtir un plan d'évasion. Quand il est prêt, hélas, on apprend que les nazis ont transféré leur captive au 84, avenue Foch, le siège parisien du SD où Pierre Brossolette s'est jeté par la fenêtre en mars dernier, préférant la mort au risque de trahir ses camarades sous la torture.

De la même trempe que ce héros, Violette refuse toujours de parler. Le 8 août, on la transfère dans l'enfer de Ravensbrück, qu'elle quitte quelques mois plus tard pour le camp de concentration de femmes du château de Lichtenburg. De retour à Ravensbrück, elle y sera exécutée d'une balle dans la nuque le 27 janvier 1945 en même temps que la Juive parisienne Denise Bloch, opératrice radio du réseau « Clergyman » ; qu'une autre membre du SOE, Lilian Rolfe, fille d'un comptable anglais et d'une Française ; et que quatre membres d'organisations de résistance proprement françaises, Pierrette Louin, Marie-Louise Cloarec, Suzanne Mertiszen et Jenny Silvani. Jusqu'au bout, elle aura soutenu le moral de ses sœurs de misère.

« Je ne pense pas que j'aurais eu le courage de faire ce que votre magnifique mère a accompli », dira le roi George VI en décembre 1946, alors qu'il remettait à Tania Szabo la *George Cross* de Violette. Pour la première fois depuis sa création en septembre 1940, cette prestigieuse décoration était décernée à une femme. À titre posthume, Violette Szabo est également titulaire de la croix de guerre française et du *Most Excellent Order of the British Empire*.

Que les lecteurs et lectrices me permettent d'écraser de nouveau une larme : incorrigible sentimental, je préfère les héros et les héroïnes. Reste ce tournant majeur de la Seconde Guerre mondiale à partir de 1943 : « Komintern » ou pas, Churchill se voit contraint de passer la main aux Américains...

18

Des Américaines bien tranquilles

Ô combien révélateur ce surnom de « Wild Bill » hérité des années d'études à la Columbia University Law School. Irlando-américain né en janvier 1883, William Joseph Donovan a d'ailleurs confirmé sa réputation de dur à cuire, forgée sur les terrains de sport, en devenant l'un des deux officiers de l'US Army les plus décorés de la Grande Guerre.

« Bill le sauvage » est républicain. S'il ne partage pas ses idées politiques, le président démocrate Franklin Roosevelt apprécie pourtant son ancien condisciple de Columbia. En juillet 1940, il le charge donc d'une tournée semi-officielle à Londres sous couleur d'une mission pour le *Chicago Daily News*. Trois semaines de rencontres et d'observations qui vont permettre à Donovan de conclure qu'à l'inverse des assertions pronazies de l'ambassadeur des États-Unis dans la capitale britannique, Joseph Kennedy, père du futur président JFK, la carte britannique reste la bonne face à l'Allemagne. Fermement conduits par Winston Churchill, dotés par-dessus le marché d'une Royal Navy en pleine forme, d'une RAF de grande qualité et d'excellents services de renseignements, les Anglais vont tenir le coup, estime « Wild Bill ». L'Histoire ne le contredira pas.

Entre novembre 1940 et février 1941, une deuxième tournée de Donovan, en Méditerranée cette fois, va confirmer cette bonne impression. Et pour cause : conscient de l'influence de l'émissaire du président Roosevelt à la Maison-Blanche, Churchill a exigé qu'on l'autorise à visiter les installations militaires britanniques les plus secrètes au Moyen-Orient, dans la Méditerranée et les Balkans. La confiance envers l'allié potentiel américain avant tout.

Simples employées de bureau ?

Une confiance bien placée. De retour aux États-Unis, Donovan précise en effet ses propositions dans la perspective de la guerre à mener sous peu contre les dictatures de droite en Europe, et contre le militarisme japonais en Asie. Tout spécialement la mise sur pied d'un service secret adapté aux circonstances nouvelles. Mélange de MI 6 et de SOE, cet organisme à créer de toutes pièces ménagera une place de choix à l'Action et à la guerre psychologique, aussi utiles aux yeux de « Wild Bill » que le renseignement proprement dit.

D'abord modeste, cette *« kind of super intelligence organisation »* (Roosevelt *dixit*) prendra une autre dimension à partir de décembre 1941 et du coup en traître japonais de Pearl Harbor. Le 13 juin 1942, Donovan crée officiellement l'*Office of Strategic Services* (OSS), le service secret américain du temps de la Seconde Guerre mondiale. En trois ans et demi d'affrontements presque partout dans le monde, ses effectifs vont monter à 12 000, voire 15 000 officiers, agents et administratifs répartis sur tous les continents, avec une prédilection logique pour l'Asie et l'Europe.

Parmi cette masse impressionnante, nombre de femmes. Voici comment Donovan présentera à ses proches leur rôle au sein de l'OSS : « La grande majorité des femmes qui œuvrèrent au sein de la première agence de renseignements américaine organisée et intégrée ont passé des années derrière des bureaux à éplucher des dossiers à Washington, invisibles fibres protectrices d'une organisation qui concernait tous les théâtres d'opérations de la guerre.

« Elles furent celles qui, au pays, lisaient patiemment et classaient les dossiers secrets, cryptaient et décryptaient les messages, répondaient au téléphone, vérifiaient les courriers et géraient les archives. Telles étaient les tâches indispensables à l'existence et à l'efficacité d'une organisation de quelque 21 000 personnes [un chiffre exagéré à dessein] tant civiles que militaires. De leur vigilance dépendait la sécurité de l'organisation tout entière.

« Certaines atteignirent des positions élevées dans la hiérarchie administrative. D'autres, possédant des connaissances linguistiques ou régionales de grande valeur, virent leurs talents spécifiques affectés à un travail précis et minutieux comme l'établissement de cartes ou la cryptographie.

« Seul un petit pourcentage de ces femmes furent amenées à opérer à l'étranger, et un pourcentage plus restreint encore furent envoyées en mission derrière les lignes ennemies[1]. »

L'hommage est ambigu et, dirait-on aujourd'hui, paternaliste. Ainsi les femmes de l'OSS furent-elles, selon leur ancien chef, des petites fées du logis, gardiennes vigilantes des lieux de secret, mais rarement plus. Pour qui se souvient qu'au même moment leurs homologues des mouvements de résistance européens, les Marie-Madeleine Fourcade ou Dédée De Jongh, luttaient directement contre l'occupant comme d'ailleurs leurs camarades du « Komintern » de Churchill, rien n'interdit de juger un peu plat cet hommage.

Sans doute « Wild Bill » avait-il des raisons personnelles pour s'exprimer ainsi. Le créateur de l'OSS, dissoute en octobre 1945 sur ordre du président Truman, remâchait son ressentiment d'avoir été écarté la guerre mondiale finie. Son allusion à « la première agence de renseignements américaine organisée et intégrée » est très claire : l'OSS aurait dû perdurer dans le contexte nouveau né de la victoire et de l'affrontement à venir avec l'URSS. Or la Maison-Blanche a fait tout le contraire. C'est seulement en septembre 1947, et sans Donovan, que va apparaître à l'issue d'un processus extrêmement complexe l'Agence centrale de renseignements qu'il appelait de ses vœux. Cette CIA amenée à jouer pendant toute la guerre froide un rôle peu connu d'« équilibreuse » institutionnelle entre les pouvoirs du Pentagone et ceux du FBI[2].

Si « Wild Bill » réduit pour l'essentiel le rôle de ses anciennes subordonnées à des tâches de bureau, c'est un peu pour rassurer : lui n'a jamais risqué, ou si peu, les vies d'Américaines. Un peu pour masquer l'entrée à la CIA d'anciennes de l'OSS aussi,

1. David Donovan, interviewé en juillet 1995 par Elizabeth P. McIntosh dans *Sisterhood of Spies, Women of the* OSS, Annapolis, Naval Institute Press, 1998.

2. Sur ce point, je me permets de renvoyer à mon livre *Les Hommes des présidents. Les chefs d'État et leurs services secrets*, Paris, Perrin, 2017.

à commencer par son ex-secrétaire Eloise Page. Un peu, enfin, parce que la geste littéraire et cinématographique de l'OSS sera presque exclusivement masculine. Des héros, pas d'héroïnes.

Dans *13, rue Madeleine* de Henry Hathaway, sorti dès 1946 sur les grands écrans, le rôle féminin est par exemple dévolu à une résistante française jouée par Suzanne de Bouchard. Mais le véritable héros, officier de l'OSS, se voit, lui, incarné par cet autre Irlando-Américain aussi *tough guy* que « Wild Bill » quoique plus petit de taille, l'électrique James Cagney. Affaire d'hommes en bref...

Parmi les architectes de l'OSS

En matière de services secrets américains, l'*Office of Naval Intelligence* mis à part, tout est à construire à partir de pas grand-chose. Naissent ainsi la branche renseignement *(Secret Intelligence)* ; la branche sabotage-subversion-guérilla (*Special Operations*, calquée sur le SOE mais qui, contrairement à son modèle, emploiera très peu de femmes : 38 d'entre elles par exemple seront brevetées parachutistes, contre près de 4 000 hommes) ; la branche maritime ; la branche contre-espionnage ou X-2. La branche R&A (Recherche et analyse) et la branche guerre psychologique-propagande « noire » *(Morale Operations)* seront, et de loin, les plus féminisées de toute l'organisation.

Outre Eloise Page, Lucie McGuire et Margaret Griggs, qui œuvrent directement aux côtés de Donovan elles aussi, vont figurer parmi les architectes initiales de l'OSS. « Une grosse partie du boulot exigeait des connaissances en langues arabe, européennes ou asiatiques », expliquera par exemple « Maggie » Gribbs à son ancienne camarade des *Morale Operations*, Elizabeth McIntosh, dont on détaillera plus loin les techniques raffinées de désinformation. « Nous cherchions aussi des femmes familières d'un pays étranger, qui y avaient résidé ou suivi leurs études[3]. »

L'assistant administratif de « Wild Bill », Edwin Putzell, est lui-même assisté d'Irene Nelson, une ancienne élève du Sim-

3. Elizabeth P. McIntosh, *Sisterhood of Spies*, *op. cit.*

mons College de Boston dont le mari travaille à Arlington Hall, cette ancienne école de jeunes filles de Virginie qui abrite le très performant centre de décryptage de l'armée. Les deux époux sont tenus mutuellement au secret. Pas question pour Irene de révéler que, tel jour, elle a établi un ordre de mission pour Séan Alosius O'Feeney, autrement dit le grand metteur en scène John Ford, chef du service photographique de l'OSS. Ou que, tel autre, elle a reçu Sterling Hayden, jeune premier de Hollywood qui, affecté à sa demande aux opérations maritimes en Yougoslavie, se prendra plus tard d'amour pour le communisme dans sa version titiste au point d'en supporter les conséquences au moment de la chasse aux sorcières maccarthyste. Irene a également vu John Wayne lui-même assis dans un fauteuil face à elle. Le roi du western se portait volontaire pour toute mission dangereuse. Trop voyant peut-être, il ne sera pas admis. De cela aussi, Irene n'a pas soufflé mot à son mari.

Avant d'être mutée à sa demande aux opérations clandestines et de vivre une promiscuité difficile avec des dizaines d'hommes arabes, chinois, français et même allemands dans un camp d'entraînement de Virginie, Wanda Di Giacomo a essuyé les plâtres au service du personnel. Quant à Virginia Rathbun, réaffectée à Washington après une première mission au Caire, elle voyagera jusqu'en Angleterre dans l'avion personnel de Donovan, d'ailleurs très attentionné et jamais importun. À Londres, ils rencontreront Lord Louis Mountbatten, chef des opérations combinées britanniques, et son épouse Edwina avant que Virginia ne gagne Kunming, quartier général de l'OSS en Chine où elle va faire la connaissance de son futur mari, l'Australien Gilbert Stuart.

On l'a dit, la branche Recherche et analyse que dirige un historien de Harvard, William Langer, mobilise pas mal de filles d'Ève. Des femmes de tête, bardées de diplômes ou tout au moins dotées d'une bonne connaissance du monde extérieur. Après un bref passage à l'Institut des relations pacifiques de New York à sa sortie du Vassar College, Patricia Barnett sera ainsi affectée à la section Asie du Sud-Est, où elle va s'occuper de dresser des listes de sites à bombarder :

« Pour déterminer des cibles potentielles en Asie du Sud-Est, je devais savoir ce que les Japonais retiraient de ces régions, des métaux par exemple, de la nourriture ou du fuel. Ensuite, il fallait déterminer où ces éléments étaient stockés. À la fin, nous avions construit un système de dossiers incroyable mais, au début, il fallait additionner les fruits de notre propre imagination, les interférences matérielles et la connaissance des gens qui avaient été sur place. »

Ancienne analyste de l'Office des affaires américaines du milliardaire Nelson Rockefeller, fille du vice-président Henry Wallace, Jean Wallace Douglas s'est occupée des opérations de renseignements sur le front européen. Quantité de rapports lui parvenaient de France, lieu choisi pour les deux débarquements alliés sur le Vieux Continent, celui de Normandie et celui de Provence. Même très inférieurs en effectifs à leurs homologues des réseaux du BCRA gaulliste (35 000 agents), du SOE (13 500), du MI 6 (5 000), les onze réseaux de l'OSS dans l'Hexagone, plus tard à l'œuvre que les autres il est vrai, mobiliseront quelque 1 300 personnes.

Ancienne élève de Vassar College et elle-même d'origine italienne, Julia Cuniberti, patronne du *desk* Italie, trembla longtemps pour ses oncles, tantes, cousins et cousines restés au pays dont elle n'avait aucune nouvelle. C'est fin 1945 seulement que la jeune femme apprit que sa parentèle était indemne.

On pourrait multiplier les cas individuels : Elizabeth McIntosh, ancienne de la maison comme nous le verrons un peu plus loin, a fait œuvre incroyablement utile en interviewant plus de 60 de ses camarades de l'OSS et en épluchant des dizaines d'archives collectives ou personnelles pour un livre malheureusement inédit en français.

Espionner Vichy

À défaut d'une impossible exhaustivité, et si l'on se penchait sur le cas, précoce et instructif, d'Amy Elizabeth Thorne ? Née en novembre 1910 à Minneapolis d'un père officier du corps des Marines et d'une mère ancienne étudiante à la Sorbonne ainsi qu'à l'université de Munich, cette grande et belle femme aux cheveux auburn et aux yeux verts, modèle d'élégance toujours tirée à quatre épingles, a suivi des études en France. C'est lors de vacances d'été à Rhode Island qu'elle va faire la connaissance d'Arthur Joseph Pack, attaché commercial à l'ambassade de Grande-Bretagne à Washington. Marié en avril 1930, le couple a eu deux enfants, Anthony et Denise. L'attirance d'Amy pour les aventures masculines a toutefois contribué au divorce qui fait d'elle, début 1942, une femme libre. Et depuis dix mois la compagne du diplomate français Charles Emmanuel Brousse, un tout juste quinquagénaire en poste aux États-Unis depuis 1940 qui ne cache pas son aversion pour Vichy (ancien pilote de la Grande Guerre remobilisé en 1939, Brousse a travaillé avec le renseignement aérien britannique jusqu'à la débâcle).

À cette époque, Vichy continue d'entretenir des relations diplomatiques avec Washington. Roosevelt a même nommé un proche, l'amiral William Leahy, ambassadeur auprès du maréchal Pétain.

Antigaulliste acharné comme le président (mais le chef de l'OSS changera d'opinion, et pas Roosevelt), « Wild Bill » veut tout de même savoir ce que trament Pétain et son gouvernement. Pour ce faire, quel meilleur moyen que de se procurer le code de l'ambassade de l'État vichyssois à Washington et celui de la Marine nationale ? Partenaire de squash de Donovan qui en a fait le chef de la sécurité de l'OSS en construction, avec le grade de colonel, Ellery Huntington demande à William Stephenson alias « Intrepid » s'il verrait un moyen de se procurer lesdits codes. C'est frapper à la bonne porte, car, ancien pilote de la Grande Guerre, le Canadien Stephenson a mis en place l'année précédente la *British Security Coordination* (BSC), chargée de la liaison entre le MI 6, le SOE et le FBI.

Pour « Intrepid », la personne à lancer d'urgence sur cette affaire n'est autre qu'Amy Thorne. Cette espionne de charme n'a-t-elle pas déjà procuré à la BSC des codes allemands et italiens ? C'est dit. Fin mars 1942, Huntington rencontre Thorne à l'hôtel Ritz Carlton de New York.

« Je travaille pour John Highroad », explique la jeune femme alias « Cynthia ». Le bon moyen de tester le sérieux de son interlocuteur. De fait, Huntington sait qui se cache derrière ce pseudonyme de « Highroad » : un des meilleurs officiers de la BSC du nom de John Pepper.

Se présentant à son tour comme « Mr Hunter », le chef de la sécurité de la future OSS explicite la mission qu'il propose à Amy et qu'elle va accepter. Une ambassade, c'est sacré : la moindre maladresse provoquerait un incident international. Donc prudence avant tout.

De retour à Washington, « Cynthia » reçoit d'ailleurs à sa résidence, la suite 215 B du Wardman Park Hotel, l'inquiétante visite d'un homme en bleu de travail. « Je suis l'exterminateur ! » laisse tomber l'inconnu d'une voix caverneuse. Pas un agent nazi comme elle le croira un bref instant, mais le technicien de l'OSS venu vérifier qu'aucun dispositif d'écoute n'a été installé dans sa chambre...

« Cynthia » et le perceur de coffres

Avec Brousse, d'accord pour participer à l'opération, un plan de bataille est mis sur pied. Le coffre-fort contenant les documents convoités se trouve dans le bureau de l'attaché naval de Vichy. Amy devra trouver le moyen d'y faire pénétrer le perceur de coffres de l'OSS, un « spécialiste » au lourd casier judiciaire que l'on vient d'extraire de sa prison de Géorgie. De la taille d'une grande bible familiale, les deux livres de codes seront ensuite sortis de l'ambassade, portés dans la suite 215 B où une équipe de l'OSS les photographiera avant leur remise en place ni vu ni connu.

Nous voilà dans l'univers de *Mission impossible*. Habitué aux rendez-vous galants nocturnes du couple Brousse-Thorne, le veilleur de nuit ne constitue pas un danger. Son chien peut-être, mais il les connaît tellement bien. Le 19 juin 1942 dans la nuit, Amy et Charles entrent dans l'ambassade bras dessus, bras dessous, chacun portant une bouteille de champagne.

« On vient fêter le jour anniversaire de notre rencontre, explique le couple. Venez trinquer avec nous. » Un verre de champagne, ça ne se refuse pas. Sauf qu'Amy a glissé un somnifère dans celui du veilleur, lequel ne tarde pas à tomber dans les bras de Morphée. Tout irait à merveille si, malgré un travail acharné, le perceur de coffres ne venait à bout de la combinaison qu'à 4 heures du matin seulement !

Trop tard, il faut tout refermer. Nouvelle tentative le 21 juin. Le coup du somnifère impossible à rééditer, c'est « Cynthia » qui, munie de la combinaison cette fois, devra ouvrir le coffre. Hélas, n'étant pas du « métier », la nouvelle recrue de l'OSS fait chou blanc. Quand elle regagne son hôtel à 3 heures du matin, Huntington la met dans un avion pour New York. Dès son arrivée, John Pepper la conduit sur la plage déserte de Long Island où le spécialiste ex-taulard qu'elle connaît déjà l'attend à bord d'un camion bâché. À l'intérieur, un modèle de coffre identique à celui de l'ambassade dont il lui fait la démonstration sur-le-champ.

De retour une nouvelle fois à Washington, Amy accepte une troisième tentative à la condition *sine qua non* que le perceur soit à ses côtés : elle ne se fait pas assez confiance pour opérer seule. Un mode opératoire est convenu. Le soir dit, Brousse expliquera au veilleur qu'il ne peut rencontrer Amy en tête à tête que dans les locaux de l'ambassade. Clin d'œil, coup de coude : vous comprenez ?

Si le veilleur comprend ? Il est français, tout de même, et entre hommes, il faut bien s'entraider. D'accord, on ne contrariera pas les amours du secrétaire d'ambassade. Le jour J au moment T, Charles et Amy s'enferment au salon, parlent fort, rient et commencent à émettre quelques soupirs indiquant un couple en plein rapprochement amoureux.

« Déshabille-toi et vite ! » souffle soudain la jeune femme, non à cause d'une pulsion sexuelle irrépressible mais parce que alertée par son sixième sens. De fait, la porte s'ouvre. Le pinceau lumineux de la lampe-torche éclaire Amy, nue à l'exception de son collier de perles, et Charles, un peu plus habillé, ayant tardé à réagir.

« Merde ! » siffle le veilleur de nuit. Gêné, il bafouille quelques excuses, s'en va et laisse le champ libre. Ouvrant une des fenêtres de l'ambassade, « Cynthia » introduit le perceur de coffres. Lequel ne tarde pas à repartir en sens inverse, les deux précieux livres de codes à la main. Pour Amy et Charles, qui, nerveux, attendent son retour du Wardman Park Hotel en fumant cigarette sur cigarette dans l'obscurité, les minutes semblent interminables. Mais qu'est-ce qu'ils font, là-bas ? Ils lambinent. On a dit retour à 4 heures du matin dernier carat et il est déjà presque 4 h 30 ! Sur le chemin de l'ambassade, « Cynthia » se souvient d'avoir repéré deux voitures de police. Le FBI avec qui elle a eu affaire l'année précédente – et pour cause – comme suspecte de travailler pour la BSC ? Quel désastre au cas où les G-Men, dont c'est le boulot de protéger les ambassades étrangères, auraient arrêté le perceur de coffres au moment où il redescendait avec les codes !

À 4 h 40 un grincement à la fenêtre les avertit que l'homme est de retour sain et sauf. Soulagement. Le temps de remettre les livres en place, de fermer le coffre, d'effacer ses empreintes et l'ex-taulard disparaît comme il était venu. Le couple n'a plus qu'à quitter l'ambassade enlacé comme deux amants après une folle nuit et à regagner le suite 215 B où Huntington l'attend dans une pièce bourrée d'équipements photo.

Un accord franco-britannique intervient sous peu pour transférer officiellement l'agente Amy Thorne de la BSC à l'OSS. Dans l'intervalle, les photocopies des codes français ont été expédiées à Londres sous bonne garde. Elles serviront quelques mois plus tard lors du débarquement allié de novembre 1942 en Afrique du Nord, cause, on s'en souvient, de l'exfiltration précipitée de Virginia Hall hors de France...

Reprenez donc un peu de service secret...

Dès son retour à Londres en février 1943, Virginia Hall (*cf.* chap. précédent) s'est vu soumettre à une batterie d'interrogatoires. Posées par le contre-espionnage de la section française du MI 6 que dirige toujours le *Commander* Kenneth Cohen alias « Crane », les questions portaient en particulier sur les conditions de la chute du réseau « Gloria-SMH » de son amie Gabrielle Picabia-Martinez, dont l'arrivée à Londres dès mars 1943 permettra d'ailleurs de dissiper certains points obscurs.

Pour autant, le MI 6 va prolonger l'enquête. Il a ses raisons. Outre la phobie anti-SOE de Claude Dansey, qui aimerait attribuer à Virginia la responsabilité du désastre, « Gloria-SMS » dépendait de l'état-major polonais en exil mais aussi du renseignement anglais. Christopher Harmer, du MI 5, s'en mêle également, de sorte que la trahison de l'abbé Alesch, le vicaire de Saint-Maur-des-Fossés, apparaît désormais quasi certaine. De fait, il s'agissait bien d'un agent de l'Abwehr, qui sera condamné à mort par la justice française en 1948 et exécuté en janvier 1949.

Dans ces conditions, quel rôle pour Virginia Hall ? Jugeant qu'il ne faut pas tenter le diable nazi, Buckmaster refuse de la renvoyer en France. Ne pourrait-elle pas venir assister son amie Vera Atkins dans le fonctionnement administratif de la

F Section ? C'est non : le travail de bureau, merci ! Le SOE décide alors de l'envoyer en mission sous couverture de correspondante du *Chicago Times* en Espagne, pays neutre dont elle manie la langue. C'est en juillet à Madrid que l'Américaine apprend que le roi George VI vient de lui décerner la très prestigieuse distinction de *The Order of the British Empire*. La même qui, on l'a vu au chapitre précédent, sera attribuée par le souverain à Violette Szabo, à titre posthume malheureusement.

Dans la capitale espagnole opère une *female-intelligencer* du X-2, le contre-espionnage de l'OSS : Aline Griffith, alias « Butch ». Branchée sur les milieux de l'aristocratie espagnole au point d'épouser trois ans après la guerre le comte de Quintilla, cette New-Yorkaise sera ensuite connue sous son nom d'écrivain, Aline Romanones. Mais Virginia-la-bougeotte, elle, s'ennuie. Trop de routine, pas du tout d'action. De retour à Londres fin novembre à sa demande, ses fonctions sédentaires s'avèrent encore moins satisfaisantes, fût-ce au côté de Vera Atkins. Un stage d'opératrice radio, pourquoi pas ? Ça peut toujours servir… mais peut-être pas à la F Section qui l'y a inscrite. Hall prend en effet discrètement contact avec William Grell, une vieille connaissance qui travaille pour l'OSS. Contente d'accueillir une recrue dotée d'une pareille expérience de terrain, compatriote de surcroît, l'agence de « Wild Bill » Donovan négocie alors avec Buckmaster son transfert à la branche *Special Operations* qui correspond le mieux à un tempérament de battante comme le sien.

Le 10 mars 1944, Virginia cosigne son contrat d'engagement de un an avec le colonel Paul Van der Stricht, chef des Opérations spéciales de l'OSS en Angleterre. Une équivalence du grade de sous-lieutenant lui est délivrée. Guère flatteuse pour une femme de son calibre, au point qu'on peut se demander si un monsieur aux états de service secret comparables n'aurait pas été bombardé d'emblée lieutenant ou capitaine. Demandant que la majeure partie de sa solde soit versée à sa mère aux États-Unis, Virginia se contente néanmoins de cette promotion *a minima*.

Ce qui compte pour elle, c'est l'action. Opératrice radio de la mission « Saint » sous le pseudonyme de « Diane », elle fait partie de la petite trentaine d'agents américains expédiés en France pour préparer le débarquement en Normandie. Avec son chef de mission Henri Laussucq alias « Aramis », d'un quart de siècle plus âgé qu'elle, Hall devra créer l'infrastructure pour la réception d'autres agents et la mise en œuvre de deux émetteurs-récepteurs. Sa fausse identité ? « Marcelle Montagne », employée du Secours national, un organisme vichyssois.

« Limping Lady »

Les cheveux teints pour se vieillir un peu, « Limping Lady » (la dame qui boite, son surnom familier à l'OSS) porte une jupe longue cachant sa jambe artificielle. Or paradoxe, c'est Laussucq, blessé au genou lors de leur débarquement par une vedette rapide près de Brest le 21 mars 1944, qui traîne la patte, et elle qui doit charrier le poste émetteur-récepteur...

Logée dans la Creuse dans une cabane sans eau ni électricité par un agriculteur résistant, Eugène Lopinat, « Limping Lady » émet depuis la ferme familiale. Une fois par semaine, Laussucq descend la retrouver mais, physiquement, il accuse le coup. Trop vieux pour ce boulot, estime-t-elle. Renouant par hasard avec le trio franco-belge du réseau SOE « Labourer » dont elle connaît un des membres, Élysée Allard, depuis son séjour précédent en France, Virginia tente de venir en aide à ceux qu'elle appelle « ses neveux », mais les trois hommes sont pris. Non contente de quitter la Creuse vu le risque d'arrestation, elle aidera une de ses cadettes des « réseaux Buckmaster », l'Anglaise Pearl Witherington, à exfiltrer par l'Espagne l'opératrice radio de « Labourer » de mère française et de père tchèque, Odette Wilen.

Planquée à la mi-mai dans une ferme de la Nièvre sans contact avec « Aramis », « Limping Lady » reçoit le soutien d'une veuve de guerre, Estelle Bertrand, ainsi que du colonel de gendarmerie Vessereau et de son fils Fernand. Ensemble, ils supervisent plusieurs petits maquis FFI dont les effectifs vont croître dès l'annonce du débarquement en Normandie, le 6 juin. Mais déjà l'OSS confie une autre mission à sa super *female-intelligencer*. C'est dans la région du Chambon-sur-Lignon, haut lieu de la solidarité avec les Juifs pourchassés par Vichy et les Allemands, qu'elle va établir le contact entre les FFI, très nombreux dans cette zone, et Londres. Dans la nuit du 11 au 12 juillet, la voilà déjà en mesure d'organiser un parachutage d'armes – par phonie, elle peut converser directement en anglais avec les pilotes. Mais c'est début septembre seulement, soit après le débarquement franco-américain en Provence, qu'elle va faire la connaissance de celui qui deviendra son compagnon puis son mari : le New-Yorkais d'origine française Paul Goillot alias « Hemon », parachuté par l'OSS pour lui venir en aide. Dans Paris libéré à la fin du mois, Virginia fait la connaissance de sa future belle-sœur Jacqueline Goillot, heureuse de retrouver ce frère aîné qu'elle n'avait plus vu depuis des années et qu'elle reconnaît d'ailleurs à peine tant il a changé.

Préparé et entraîné à partir de la fin 1944 pour une mission périlleuse en Autriche, le couple Virginia-Paul n'aura pas le temps de l'entamer pour cause de capitulation allemande. Le 12 avril 1945, sur proposition de « Wild Bill » Donovan, le nouveau président des États-Unis, Harry Truman, décerne à la Maison-Blanche la *Distinguished Service Cross* à Virginia. Laquelle brûle ainsi la politesse à notre compatriote du plan « Sussex », Jeannette Guyot (*cf.* chap. 14, p. 219).

Passée ensuite comme Paul à la CIA, « Limping Lady » y connaîtra cependant une progression hiérarchique extrêmement modeste eu égard à ses états de service, retour d'après guerre au machisme traditionnel sur lequel nous aurons l'occasion de revenir au chapitre 20.

La guerre. Si elle se termine en Europe, elle bat encore son plein en Asie, là où elle a commencé avec les agressions japonaises contre la Chine...

Le front asiatique

Sur ce théâtre de la guerre secrète aussi, les femmes des nations protagonistes ont été mobilisées. La plus notable côté japonais fut à coup sûr Kawashima Yoshihiko. Née Jin Binhui en 1907, c'était la fille d'un prince mandchou, chef du *Zongli Yamen*, l'Office impérial chinois des Affaires étrangères. Or pour les questions de police, le prince Jin suivait les conseils de son conseiller et ami nippon descendant de samouraï, Kawashima Nawina.

À la mort du prince en 1916, Kawashima adopte la gamine. Tout en lui donnant son nom, et même un prénom nippon, il en fera plus tard sa maîtresse. Ce membre actif du Dragon noir, société secrète xénophobe qui prône un impérialisme nippon radicalement antichinois, envoie Yoshihiko suivre des études à Tokyo. Bisexuelle, la jeune femme se fait surtout entretenir par les unes et par les autres.

À la fin des années 1920, elle devient la maîtresse d'un as des services secrets du Mikado, Tanaka Ryūkichi. Son officier traitant, Tanaka charge Yoshihiko de plusieurs missions en Mandchourie, province chinoise convoitée par l'empire du Soleil levant. Pour les mener à bien, elle se déguise en homme. Très masculine avec ses cheveux courts, la jeune femme donne en effet le change.

La Mandchourie justement. Dans la nuit du 18 au 19 septembre 1931, Doihara Kenji, officier de renseignements nippon mais membre éminent du Dragon noir aussi (la double appartenance est courante), monte, avec son complice Ishiwara Kenji, une provocation que Hergé dépeindra en quelques vignettes bien senties de *Tintin et le Lotus bleu*. Le lieutenant Kawamoto et son équipe de saboteurs font dérailler le Transmandchourien sur une section appartenant aux Japonais tandis que Doihara se fait voir en public à Moukden (aujourd'hui Shenyang), histoire de « prouver » son innocence.

Comme représailles à cette « insulte à l'honneur » du Soleil levant, les artilleurs nippons prépositionnés par Ishiwara ouvrent le feu. À la fin de la journée, le bilan de l'incident de Moukden est tiré : 500 Chinois morts et 2 Japonais. Les troupes du Mikado occupent alors le sud de la Mandchourie, qui échappait encore à leur domination directe.

Doihara n'a plus qu'à préparer sa deuxième salve : la mise sur orbite de Pu Yi, l'empereur de Chine déchu. C'est là qu'intervient Yoshihiko. Héroïne d'un best-seller romanesque de Muramatsu Shōfu, *Dansō no reijin (Belles femmes dans des habits d'homme)*, Doihara, son supérieur hiérarchique au sein du Dragon noir, charge l'agente d'une nouvelle mission. Il s'agit de persuader Pu Yi, et surtout sa femme l'ex-impératrice Wan Rong avec qui elle entretiendra une liaison homosexuelle, d'accepter l'offre japonaise de devenir le « souverain » fantoche de l'État bidon du Mandchoukouo. Un État que les grandes puissances ne reconnaîtront pas à l'exception de l'URSS, toujours soucieuse de ménager le Japon.

Mission réussie. Et d'autres encore, mais tout a une fin. En novembre 1945, Yoshihiko est arrêtée à Pékin par les hommes de Dai Li. Chef du principal service de renseignements de Chiang Kai-shek, le *Juntong*, Dai est lui-même grand consommateur de ses propres agentes secrètes. Par exemple Ye Xiadi, diplômée de l'École de police du Zhejiang, qu'il pousse à accorder des faveurs sexuelles aux visiteurs de marque ainsi qu'à ses propres amis. Pour la récompenser d'avoir « sacrifié les apparences » en se prostituant sur ordre supérieur, il l'enverra suivre des études économiques aux États-Unis avant de lui trouver une place d'enseignante à l'université de Chendu puis de la donner en mariage à son meilleur ami, le général Hu Zongnan.

Fasciné par le personnage de Yoshihiko à qui la rumeur prête le commandement de raids de cavalerie meurtriers contre les patriotes chinois opposés à la mainmise nippone, a-t-il rencontré sa prestigieuse captive en chair et en os ? On ne sait. Pour autant, il la garde sous les verrous. Mais, le 17 mars 1946, en route pour Shanghai où l'attend sa maîtresse, Hu Die dite « Butterfly Wu », le directeur du *Juntong* périt dans le crash d'un C-47. Exécutée le 25 mars 1948 d'une balle dans la nuque, Yoshihiko lui a survécu deux ans seulement.

À cette époque, Velvalee Dickinson croupit derrière les barreaux d'une prison nord-américaine. Quinquagénaire à lunettes d'apparence inoffensive, cette veuve croyait avoir trouvé le moyen d'arrondir ses fins de mois en travaillant pour les services secrets du Mikado. Pas de meilleure couverture que sa boutique de poupées de collection de Madison Avenue, à New York. Jusqu'au jour où une stupide erreur d'adresse attire sur Mrs Dickinson l'attention du FBI. La dame correspond par la poste avec ses commanditaires sous le faux nom de Mary Wallace, or un de ses plis parvient un jour à une homonyme. Ne comprenant goutte à ce courrier codé où il est question de trois « poupées irlandaises » – des navires de la Navy en réalité –, la vraie Mary Wallace le rapporte au bureau postal de son quartier de Springfield, dont le responsable aura l'idée de le transmettre aux hommes de John Edgar Hoover.

« Je me suis conduit en mercenaire, avoue Velvalee Dickinson, une fois confondue. Toutes mes économies avaient été dévorées par la maladie de mon mari. Je me sentais vieillir et j'étais seule au monde. J'avais peur de l'avenir. Je luttais pour amasser de l'argent en vue d'adoucir ma vieillesse. » Et d'ajouter en toute naïveté : « J'étais sûre de ne pas être découverte. »

Son procès aura lieu en juillet 1944. Première Américaine à risquer sa tête pour espionnage, elle n'écopera au final que de dix années de prison.

Zhou Enlai et son écurie d'espionnes

Côté opérations secrètes, les communistes chinois ne sont pas en reste. À Yan'an, ville où les maoïstes jouissent d'une certaine liberté au titre du Front uni antijaponais conclu en 1936, Kang Sheng, directeur du *Zhongyang Shehuibu*, le Département des affaires sociales du PCC qui s'occupe pêle-mêle de l'espionnage, du contre-espionnage, des liaisons avec les services de renseignements étrangers et de la répression politique, ne s'est pas seulement occupé de jeter son ancienne maîtresse, Jiang Qing, dans les bras de Mao. Avec sa propre épouse, Cao Yi-ou, ce maître espion dirige le processus de normalisation du Parti et de chasse aux dissidences dit « Campagne de rectification du style de travail ».

Maître espion, Zhou Enlai ne l'est pas moins. Numéro 2 du PCC, il représente parallèlement son parti auprès de Chiang Kai-shek. À Chongqing, la capitale de guerre du Guomindang, Zhou actionne des réseaux de renseignements et d'infiltration en profondeur du gouvernement nationaliste. Une de ses jeunes agentes, Zhang Luping, recrute ainsi un lieutenant-colonel haut placé dans le *Baomiju*, le service secret militaire de Chiang. Cette filière sera mise au jour en février 1942, après avoir causé d'importants dégâts au sein du dispositif nationaliste.

Dans l'écurie d'espionnage personnelle de Zhou Enlai, comptez aussi avec les sœurs Gong, filles d'un général nationaliste. L'aînée, Gong Pusheng, a suivi des études aux États-Unis, à l'université Columbia, avant de se retrouver au Comité des droits de l'homme de la Société des Nations, l'ancêtre de l'ONU. Parmi les amies personnelles de ce membre secret du PC chinois, rien de moins que l'épouse du président Roosevelt, Eleanor. La cadette de Pusheng, Gong Peng, secrétaire de Zhou, remplit pour sa part des missions diplomatiques qui sont autant de missions de renseignements.

Contre les Japonais, les Américains peuvent compter sur la résistance des populations locales. Josephina Guererro aux Philippines, par exemple. Atteinte de tuberculose, cette jeune chrétienne est jugée trop fragile pour entrer au couvent comme elle le souhaitait. Mariée et mère d'une petite Cynthia, c'est à l'âge de 23 ans que ce petit bout de femme d'un mètre cinquante apprend son nouveau malheur : la lèpre. Trois semaines plus tard, l'empire du Soleil levant lance son attaque surprise de Pearl Harbor. Les troupes nippones occupent les Philippines. Accostée ainsi que quatre autres jeunes femmes par des militaires japonais dans une rue de Manille, Josephina, furieuse, les chasse à grands coups de parapluie. Les occupants disparus, on discute, on échange des adresses. Le soir même, Josephina et son mari, qui ont la chance d'être équipés du téléphone, reçoivent un appel : « Venez chez moi, lui dit une de ses nouvelles amies. Mon mari voudrait vous parler. »

L'époux en question est, comme sa femme, membre d'un réseau de résistance qui travaille en liaison directe avec les Américains, chassés des Philippines mais qui espèrent bien y revenir comme l'a proclamé leur commandant en chef local, le général Douglas MacArthur, avant d'être exfiltré par mer sur ordre exprès de Roosevelt.

Josephina débute au stade le plus basique du renseignement : l'observation directe. Habitant en face d'une caserne japonaise, n'est-elle pas à même de noter les allées et venues, les types d'unités, les numéros des véhicules ? Ses compétences vite démontrées, la Résistance la charge alors de surveiller la région côtière comme agente itinérante. Ainsi repère-t-elle les emplacements des batteries nippones au fur et à mesure de leur installation. Assez pour qu'en septembre 1944, quand les Américains pilonnent les environs de Manille, leurs tirs de contre-batterie, très précis, s'avèrent meurtriers pour les artilleurs du Mikado.

La dernière mission de Josephina, c'est son supérieur hiérarchique Manuel Colayco, professeur à l'université Santo Thomas, qui va la lui confier au début 1945 : transmettre à l'état-major de la 37e division américaine installé à Calumpit, à 60 kilomètres de Manille, une carte des champs de mines nippons aux alentours de la capitale. Il faudra deux jours et demi à cette jeune femme malade pour y parvenir. En cours de route, son visage marqué par la lèpre lui aura permis d'éviter les fouilles de soldats du Mikado effrayés par le risque de contagion.

« Bon travail ! » la félicite quelques jours plus tard Colayco agonisant – ce chef de la Résistance a été grièvement blessé dans les combats pour la libération de Manille. C'est la même appréciation d'excellence que ses supérieurs de l'OSS porteront sur le travail d'Elizabeth McIntosh, orfèvre en guerre psychologique...

Une de l'intox

Née à Washington de parents journalistes mais élevée à Hawaï, Elizabeth Peet, elle-même femme de presse débutante, a épousé en juillet 1937 à Honolulu un confrère à peine plus expérimenté, Alexandre MacDonald. Pour préparer un voyage au Japon dans l'espoir d'y décrocher des postes de correspondants de la presse américaine, le jeune couple réside chez les Wananabe, une famille nippone. Ainsi Betty s'initie-t-elle à une culture si différente de la culture américaine.

Au matin du 7 décembre 1941, la jeune femme se trouve aux premières loges quand l'aéronavale japonaise attaque par surprise la flotte du Pacifique à Pearl Harbor, tuant 2 008 marins, la plupart à bord de l'*USS Arizona,* 109 marines, 218 soldats et 68 civils. L'article où elle décrit le naufrage de l'*Arizona* sera toutefois censuré pour raisons de secret militaire. Betty ne pourra le publier qu'en... 2012 !

Officier de réserve de l'US Navy, Alex MacDonald est appelé sous les drapeaux. Betty, qui couvre à Washington la Maison-Blanche pour le *Scripps Howard News,* trouve la routine un peu pesante. Mais au printemps 1943, alors qu'elle effectue un reportage au ministère de l'Agriculture, la voilà approchée par un major du service secret de « Wild Bill » Donovan :

« Avez-vous jamais envisagé de travailler pour le gouvernement ?

— Pas vraiment.

— Songez-y. Vous pourriez apporter votre contribution à l'effort de guerre. Avec en prime la possibilité de voyager à l'étranger. »

Et le major d'expliquer que la nature d'un tel travail demeure secrète, mais qu'à coup sûr Betty fera l'affaire. Quelques jours plus tard, une lettre de convocation à E Street, l'immeuble en briques rouges de l'OSS, lui parvient.

Dans une antichambre, elle fait la connaissance d'une autre candidate potentielle, la blonde et souriante Jane Foster, peintre et caricaturiste assez connue, qui, outre quelques sympathies communistes, a voyagé aux Indes néerlandaises (l'actuelle Indonésie alors colonie des Pays-Bas), aux Philippines, en Malaisie, en Thaïlande, au Japon et en Chine. Du même âge, un peu moins de 30 ans, les deux jeunes femmes sympathisent, se demandant à quelle sauce on veut les manger.

Cette sauce, plutôt trouble, c'est celle des *Morale Operations*, le secteur de guerre psychologique de l'OSS. « Wild Bill » croit énormément à cette méthode d'action. À telle enseigne qu'il a obtenu du président Roosevelt une répartition du travail : tandis que l'*Office of War Informations* délivrera uniquement de la « propagande blanche » sans ajouts pervers dite *white mail*, l'OSS va se livrer au *black mail* qui mobilise au contraire des éléments de désinformation.

Sur ce point, la vision américaine diffère de celle des Britanniques. Pour avoir créé pendant la Grande Guerre à Crewe House, dans le quartier de Mayfair à Londres, le premier centre de *black mail*, l'allié anglais connaît bien ce domaine. Mais il ne met pas sur le même plan la propagande de masse, qui s'adresse aux soldats et aux populations civiles ennemies, et la *Deception*, cette désinformation stratégique visant les élites adverses, et en l'espèce les hauts commandements militaires allemands et japonais.

Dès lors que le débarquement allié en Europe a été fixé en Normandie, un comité supervise les canaux très divers de cette *Deception*. Sous le nom anodin de *London Controlling Section and Joint Security Control* (Section de contrôle de Londres et Contrôle de sécurité commun), ce brain-trust travaille à duper les Allemands sur le lieu et la date du débarquement en Normandie.

Sur son importance aussi, puisque, une fois l'assaut déclenché, on devra faire croire le plus longtemps possible qu'il ne s'agit que d'une opération de diversion destinée à masquer le « vrai » débarquement dans le pas de Calais. Pour ce qui nous concerne, la *London Controlling Section*, club masculin, ne comprend qu'une seule femme : sa secrétaire, Jane Pleydell-Bouverie. Fille du comte de Raynor, donc membre de la haute aristocratie britannique, on la considère à ce titre comme assez digne de confiance pour noter et classer les idées les plus farfelues de ces messieurs.

En Asie, les Britanniques ne croient cependant guère à l'efficacité de la « propagande noire » visant les Japonais proprement dits, trop fanatiquement dévoués au Mikado selon eux pour prêter le flanc aux attaques contre leur moral dont Donovan et l'OSS sont si friands. Les peuples sous la botte du Soleil levant oui, mais vouloir influencer les Nippons dans leur masse, c'est perdre son temps.

La *Deception*, par contraste, reste plus que jamais d'actualité sur le continent jaune où le SOE prendra le nom de Force 136. Induire en erreurs tactiques et stratégiques le haut commandement nippon dans la veine de la *London Controlling Section*, telle est la tâche de Peter Fleming. Un de ces hurluberlus auxquels le commandement britannique a, dans les deux sens du mot, l'intelligence de faire confiance pour désorienter l'ennemi. Écrivain de voyage, Peter est, soit dit en passant, le frère aîné du numéro 2 de la *Naval Intelligence Division* Ian Fleming, père en 1953 de James Bond 007...

« Propagande noire »

Quand Betty MacDonald accepte d'œuvrer à la propagande noire antijaponaise dans les rangs de la division MO *(Morale Operations)* de l'OSS, elle n'est évidemment pas informée de ces points de vue divergents entre alliés. « Wild Bill » n'a pas hésité à demander à la star allemande Marlene Dietrich d'enregistrer des appels à destination de ses compatriotes. Une tâche dont cette antinazie convaincue s'est acquittée avec joie, « Ange bleu » luttant avec ses armes contre les diables bruns.

À l'instar de son chef, Betty, femme de presse, considère la guerre psychologique comme une arme essentielle, sinon l'arme absolue contre l'impérialisme nippon. D'où son ardeur dès lors qu'elle part pour le théâtre d'opérations CBI (Chine-Birmanie-Inde) :

« Nous, Américains respectueux jusque-là des lois étions autorisés à contacter et à manipuler des groupes clandestins et des agents provocateurs », expliquera-t-elle à Ann Todd dans le livre que cette historienne auprès du musée national du corps des Marines a consacré à sa trajectoire personnelle et qui paraîtra en 2017 : « Dans le travail de *Morale Operations*, nous n'avions pas à restreindre notre imagination. Sur vingt schémas débridés, il pouvait toujours y en avoir un qui marche et épargne des vies humaines[4]. »

Affectée à partir de juillet 1944 d'abord à New Delhi, puis à Calcutta, Betty arrive à Kunming en avril 1945. Commandée par un ami personnel de Donovan, Richard Heppner, la base de l'OSS du Yunnan, province chinoise au nord de l'Indochine, subit à cette époque la vive concurrence de la *Sino-American Special Technical Cooperative Organisation*, organisme Action commun aux services secrets nationalistes de Dai Li et au renseignement naval US du *Commander* Milton Miles.

Pendant toute sa période aux *Morale Operations*, Betty n'aura de cesse d'éplucher les rapports des unités combattantes américaines décrivant le comportement des soldats du Mikado. Son objectif : en tirer toute observation de nature à démoraliser l'ennemi. Autant d'éléments qu'elle insère dans des faux journaux ou des émissions de radio censés provenir de l'archipel nippon, réponse en quelque sorte à la « rose de Tokyo », cette speakerine japonaise américanophone dont la voix suave fait tant d'effet sur les GI's ou les Marines. Plusieurs « roses » différentes en fait, car il s'agissait d'un pool propagandiste censé démoraliser les soldats des États-Unis en leur donnant le mal du pays. Citons parmi ces femmes Iva Ikuko Toguri, réquisitionnée de force, Fumi Saisho dite « Madame Tojo », Myrtle Lipton alias « Little Margie » ou encore Ruth Hayakawa, « le Rossignol de Nankin ».

Fin 1944, Betty découvre dans un sac postal saisi à l'ennemi dans la jungle birmane quelque 500 cartes postales de soldats nippons à leurs familles qui ont franchi le cap de la censure. Rédigés au crayon, ces textes peuvent être modifiés assez facilement. Ainsi peut-on inquiéter les civils nippons par un tableau assombri des conditions de combat de leurs proches sous l'uniforme : pas assez de munitions, beaucoup de morts, des bombardements ennemis intenses qui pourraient affecter à bref délai l'archipel du Soleil levant...

4. Ann Todd, *OSS. Operation Black Mail. One Woman's Covert War against The Imperial Japanese Army*, Annapolis, Naval Institute Press, 2017.

Désinformation

Dans la même veine, on demande aux unités américaines d'intercepter les cartes des familles aux soldats ennemis pour y ajouter au passage quelques fausses nouvelles soigneusement pesées.

Bien que l'URSS et l'empire du Soleil levant ne soient pas en guerre, un faux écrivain créé de toutes pièces par la jeune femme, Watanabe Shugi, publie aussi une *Lettre aux soldats japonais* insistant sur le péril soviétique à venir. Férocement antinippon, le maréchal russe Vassili Blioukher, missionné en Chine auprès de Chiang Kai-shek au début des années 1920, préparerait une offensive générale en Mandchourie – exécuté par Staline en 1937, le malheureux serait bien en peine de le faire, l'OSS l'ignore mais pas Chiang ; dès la prise de Berlin et la fin de l'Allemagne nazie, l'URSS passera à l'attaque contre le Japon – presque vrai, même si elle le fera le 9 août 1945, quelques jours seulement avant la capitulation japonaise ; au nombre de 300 000, les communistes nippons sont prêts à s'emparer du pouvoir – beaucoup moins nombreux que cela et complètement désorganisés par la mobilisation aux armées de leurs compatriotes, ils n'en rêvent même pas. Et ainsi de suite…

De son côté, le sage Pandit Ibramunyun Rao, prétendument habitant de Yokohama, annonce une catastrophe planétaire pour le mois d'août 1945 en raison d'une configuration particulière des astres. Fausse prédiction au doigt mouillé – une simple opératrice des *Moral Operations* de l'OSS n'était évidemment pas informée du largage des bombes de Hiroshima puis de Nagasaki. Mais qui va acquérir une crédibilité après l'hécatombe nucléaire des 6 et 9 de ce mois tragique…

Difficile d'apprécier le bilan pratique de toutes ces opérations de *black mailing* auxquelles se sont livrées avec tant d'ardeur Betty et ses camarades du CBI : Rosamunde Frame dite « Rosie » ; Cora DuBois ; Julia McWilliams, qui épousera un officier de l'OSS, avant, très versée dans l'art culinaire, de devenir chef dans un restaurant à Paris ; Marj Severyns, future biographe officielle de Chiang Kai-shek.

Que ces femmes et leurs homologues masculins aient fait preuve d'une imagination sans bornes dans la guerre psychologique contre les Japonais est indéniable. Il en va tout autrement de leur efficacité, considérable pour qui fait siens les critères de leur chef « Wild Bill » Donovan, assez restreinte en revanche si on se place du point de vue des Britanniques. D'une certaine manière, terrible il est vrai, les faits tendront à donner raison à ces derniers puisque le moral japonais ne s'effondrera véritablement qu'après Hiroshima puis Nagasaki.

Après avoir travaillé à la Radio de l'Amérique puis servi dans les rangs de la CIA jusqu'à sa retraite en 1973, Betty MacDonald (Elizabeth McIntosh après son divorce avec Alexandre) collectera les témoignages de ses camarades, en fera un livre et mourra centenaire en 2015. Trente-six ans après le suicide de son amie Jane Foster, poursuivie par la justice américaine pour espionnage au profit de l'URSS.

Un espionnage intensif que la Seconde Guerre mondiale n'a pas interrompu, bien au contraire…

19

L'une meurt, pas les deux autres

On a vu au chapitre 9 comment Igor Gouzenko, le chiffreur des messages du GRU à l'ambassade d'URSS à Ottawa, passa à l'Ouest en septembre 1945, et comment Janet Archer fut la seule femme d'un service de contre-espionnage occidental à interroger ce transfuge.

Ce qu'apportait Gouzenko, c'est cette révélation que beaucoup auraient préféré ignorer : pendant les années 1941-1945 où ils étaient censés marcher la main dans la main avec les Alliés, les Soviétiques et leurs auxiliaires locaux n'avaient cessé d'espionner les États-Unis et la Grande-Bretagne. Dans le domaine nucléaire en premier lieu, mais pas uniquement, car tout était bon à prendre, ou plutôt à voler, pour Lavrenti Beria, le grand maître des services secrets de Staline.

Dans cette quête effrénée au renseignement, l'appareil clandestin du Parti communiste des États-Unis, le CPUSA, s'est trouvé aux premières loges. Cinquième colonne de Moscou outre-Atlantique, cette partie immergée du CPUSA (nom de code à Moscou : « Compatriote ») servait pêle-mêle de « dénicheuse de talents », de recruteuse et de fournisseuse de planques ou de moyens matériels. Sur grande échelle par-dessus le marché puisqu'une statistique ultérieure du FBI établira que près du dizième des militants du PC américain aura prêté la main à ces activités clandestines de renseignements ou de soutien logistique aux réseaux d'espionnage.

D'où le FBI tirait-il ses données chiffrées ? D'un travail systématique d'infiltration. Le processus de « montée en structure », comme on dit dans les services de contre-espionnage, était déjà parfaitement rodé : un jeune homme ou une jeune femme politiquement vierge prend sa carte, participe avec assiduité à toutes les réunions et s'y met en valeur par son zèle. Toujours d'accord pour la confection et la vente à la criée du journal, les distributions de tracts, des pancartes et autres banderoles, l'organisation des manifs et des réunions, il (elle) ne tarde pas à grimper dans la hiérarchie. Surtout qu'il (elle) avale sans broncher tous les changements de ligne. Et Staline sait s'ils ont été fréquents au sein du CPUSA : antifascisme modèle Front populaire au milieu des années 1930 ; retour à l'internationalisme révolutionnaire après la signature du pacte germano-soviétique d'août-septembre 1939 ; grande alliance mondiale antinazie dès l'agression hitlérienne de juin 1941 contre l'URSS ; lutte à mort contre les capitalistes américains après l'avènement de la guerre froide !

Par son inconditionnalité, notre militant(e) gagne la confiance des chefs, qui lui donnent toujours plus de responsabilités, donc toujours plus d'occasions de ficher les adhérents, voire d'identifier ceux qui travaillent pour l'appareil clandestin. Sans doute finit-il (elle) par être repéré(e) un jour ou l'autre, mais qu'importe : l'essentiel est fait.

Les découvertes sur les liens entre l'appareil clandestin et les services soviétiques furent aussi le fruit de l'opiniâtreté du colonel Carter Clarke, du renseignement militaire. Dès le 1er février 1943, à la demande de cet officier méfiant, le *Signal Intelligence Service*, les « grandes oreilles » de l'armée, a en effet initié un programme d'enregistrement des communications de l'ambassade soviétique à Washington, des deux consulats de New York et San Francisco, ainsi que des missions commerciales russes aux États-Unis. Autant de données dont Clarke a obtenu, à force de persévérance, qu'elles ne soient pas détruites dans l'optimisme béat de la fin de la guerre.

Justement, à partir de novembre 1946, soit un an après la défection de Gouzenko, une équipe de petits génies du décryptage conduite par le jeune Meredith Gardner et composée en particulier des trois femmes qui ont pratiqué dès la fin 1944 les premières brèches dans le système de cryptage soviétique – Genevieve Feinstein, Lucille Campbell et Gloria Forbes – va commencer à tirer au clair une partie de ces échanges. Assez pour révéler aux plus incrédules des responsables politiques américains tout un pan ignoré de la Seconde Guerre mondiale.

Voilà pour le facteur technologique. Mais, comme toujours, on aurait grand tort de minimiser l'importance du facteur humain. À preuve, l'aventure d'Elizabeth Bentley...

Red Queen Spy

Dirigeant non officiel du Parti communiste des États-Unis dont il commande l'appareil clandestin directement branché sur les services soviétiques, Jacob Golos alias « Zvuk » (« Son » en russe), persuade dès 1938 Elizabeth, 30 ans et d'excellentes études supérieures, de cesser le militantisme public pour devenir son courrier personnel. Un ticket d'entrée en bonne et due forme dans les services d'espionnage soviétiques : Moscou a en effet réalisé de longue date que le CPUSA, trop étranger à la mentalité américaine, ne deviendrait jamais un parti de masse comparable au PC français par son ancrage dans la population. D'où l'idée de le « spécialiser » dans le renseignement et, par conséquent, l'impressionnant pourcentage de ses membres affectés aux « tâches secrètes ».

La militante de choc et son chef et aîné ne tardent pas à devenir amants. Un couple fusionnel tant pour la vie sentimentale que pour l'action illégale sous couverture. Et ne croyez pas qu'elle se borne à jouer les agentes de liaison : Elizabeth « traite » personnellement certaines des recrues.

Helen Tenney par exemple. Fille d'un officier de marine néerlandais installé aux États-Unis, Jeanne Van Den Bosch Begg dirige, entre autres, le *desk* espagnol de l'OSS à Washington. C'est elle qui a eu l'idée d'y intégrer Helen. Très active dans le soutien aux républicains pendant leur guerre civile contre Franco, cette fille d'Ève aux idées marquées à gauche va prendre rang dans la branche Nationalités étrangères de l'organisation. Hispanophone accomplie, elle travaille aux côtés de Jeanne Begg, preuve de l'ouverture d'esprit de l'OSS.

Ce qu'ignore la patronne du *desk* espagnol, c'est l'appartenance il est vrai clandestine de Helen Tenney au CPUSA. Très solitaire, son point faible on le verra, mais grosse travailleuse aussi, Tenney insiste auprès de Begg pour rester au bureau après la fermeture, arguant qu'elle n'a pas grand-chose d'autre dans la vie. Or, toutes les deux semaines, cette vieille fille vient visiter sa mère à New York. Et à chaque fois, elle emporte dans ses bagages quantité de documents classés « secret » bientôt remis en mains propres à Elizabeth Bentley.

Très productif, jugent les officiers traitants soviétiques. Pour eux, le problème, ce serait plutôt Elizabeth elle-même. Raide dingue de Golos, la jeune femme a tendance à confondre son attachement pour l'homme de sa vie avec le dévouement pour la Cause. C'est son caractère, un fond de naïveté et d'idéalisme. En proie au désir éperdu de fraternité qui l'a conduite vers le communisme, « Oumnitsa » (« Gentille fille » : son pseudonyme à Moscou) considère les membres des réseaux clandestins comme autant d'amis personnels.

Une affectivité exacerbée qui n'ira pas sans poser de sérieux problèmes à l'avenir. Surtout qu'en mai 1941 l'Arménien Gaïk Ovakimian, responsable pour les États-Unis de la ligne KhU, le département d'espionnage scientifique et technologique soviétique à l'étranger, finit par se faire pincer par le FBI en cours de réception de documents secrets. Arrêté puis libéré sous caution, cet officier de renseignements d'élite doit quitter le pays.

Pour reprendre le contrôle d'une situation épineuse débarque outre-Atlantique, comme on l'a vu au chapitre 11, un couple d'opératifs expérimentés, Vassili Zaroubine et Elizaveta Zaroubina. Entre eux et Golos, soupçonné de trotskisme depuis 1939, la défiance s'installe, d'autant que « Zvuk » n'est pas long à comprendre que les nouveaux venus entendent le déposséder de ses sources. Épuisé par des années de dissimulation et d'action clandestine, le chef de l'appareil clandestin du CPUSA meurt en 1945 d'une crise cardiaque.

Liquider « Gentille fille »

Désespérée, elle qui ne supporte pas la solitude, « Oumnitsa » inquiète son officier traitant, Anatoli Gorsky, au point qu'il suggère de l'éliminer physiquement de façon à supprimer tout risque. « Elle ne nous trahira pas », tranche Moscou en retour. Grave erreur puisque, le 6 novembre 1945, Elizabeth Bentley craque et vient d'elle-même déclarer au FBI ses activités coupables. Brûlant ses vaisseaux, cette transfuge providentielle commence à révéler à deux G-Men tout ouïe, Edward Buckley et Donald Jardine, ce qu'elle sait des filières clandestines de l'INO et du CPUSA. C'est-à-dire énormément : au final, 100 pages bourrées de 150 noms, de dates, de détails pratiques. Parmi les personnes visées par ses révélations, Jane Foster, que nous connaissons comme l'amie de « Betty » MacDonald au temps de l'OSS mais qui, exilée, poursuivie en justice pour espionnage au profit de l'URSS, finira par se suicider à Paris en septembre 1979.

Pour l'opinion publique américaine empreinte de religiosité, Bentley, que la presse surnomme *Red Queen Spy*, n'est rien d'autre qu'une pécheresse qui, à force d'errements, a fini par trouver la voie du salut. Pour les communistes et les Soviétiques, auxquels l'idéologie marxiste-léniniste tient lieu de religion, il s'agirait au contraire d'une véritable diablesse. Plus de « Oumnitsa » à présent, mais cette renégate qui s'est jetée d'elle-même dans les ténèbres extérieurs à la Cause. Certains de ses anciens camarades du CPUSA rêvent de lui faire un mauvais sort. Aucun n'ira toutefois jusque-là, les Soviétiques ayant donné des conseils de prudence. Le mal est fait, pas la peine de l'aggraver en se rendant coupable d'un crime qui ne ferait que se retourner contre ses auteurs.

Bentley ne sera d'ailleurs pas la seule activiste de l'appareil clandestin du CPUSA à craquer sous la pression et l'isolement. Des années après que la « veuve » de Golos se fut rendue au FBI, son ex-agente double au sein du *desk* espagnol de l'OSS, Helen Tenney, est ramassée par la police dans une rue de New York alors qu'elle hurlait à la cantonade : « Je suis une espionne ! Je suis une espionne ! » Transférée à l'hôpital Bellevue, elle y subira un traitement psychiatrique de choc. Pour les nerfs aussi, espionnage et infiltration sont des épreuves terribles que tout le monde ne supporte pas.

Dans l'espoir d'un rachat, Elizabeth Bentley se convertit au catholicisme. En 1952, l'ex-*Red Queen Spy* trouve un emploi de consultante du FBI sur le communisme. Ses renseignements commencent certes à dater, mais elle possède une compréhension intime, donc utile, du fonctionnement de l'appareil.

En décembre 1963, Elizabeth meurt d'un cancer dans l'anonymat le plus total. Le double scandale qu'elle incarnait – scandale de celle qui trahit son pays pour les uns, scandale de celle qui trahit la Cause pour les autres – disparaît à une époque où le CPUSA, totalement discrédité, n'est plus que l'ombre (rouge) de ce qu'il fut.

Un parti dont certain(e)s militant(e)s passé(e)s au service secret de l'URSS tireront leur épingle du jeu quand d'autres en paieront le prix. Et parmi les malchanceuses condamnées d'avance par leur propre fanatisme, Ethel Rosenberg...

Ne marchez pas sur les pieds d'Ethel !

Née en septembre 1915, Ethel Greenglass, originaire d'une famille juive new-yorkaise pauvre, fut une lycéenne sérieuse. Elle a d'ailleurs sauté plusieurs classes à la Seward Park High School. Un mois après sa sortie diplôme en poche, l'adolescente décroche un travail dans une compagnie de navigation. Pas facile dans ce contexte d'après crise économique de 1929 qui continue à laisser des millions d'Américains sur le pavé à une époque où, comme le montreront le roman de Horace McCoy et le film éponyme réalisé en 1969 par Sydney Pollack avec Jane Fonda, *On achève bien les chevaux*.

Dans une période un peu moins défavorable (l'action d'*On achève bien les chevaux* se situe en 1932, et nous sommes quelques années après), Ethel cultive l'esprit syndical. Renvoyée après quatre ans de bons et loyaux services pour avoir organisé la grève de 150 de ses camarades féminines ponctuée par un spectaculaire sit-in sur la chaussée de la 36e rue afin de bloquer les camions de livraison de son employeur, elle porte plainte pour licenciement abusif devant le National Labor Relations Board, l'institution officielle qui s'efforce de régler les problèmes entre employés et employeurs. Et, tenace, elle obtient gain de cause. Mieux, elle dégotte un travail équivalent pour un salaire deux fois supérieur.

En sus de son boulot, Ethel est membre d'une troupe de théâtre amateur. Elle prend des cours de chant, devient la cadette d'une chorale d'amateurs réputée, la Schola Cantorum. Il lui arrive même de se produire dans les cabarets. Le tout sous l'œil sévère de sa mère, persuadée qu'une fille devrait avoir une seule chose en tête : se marier.

Tu dois te battre, sinon tu n'auras jamais rien : c'est au contraire la leçon qu'Ethel prêche à son petit frère David, impulsif mais moins volontaire qu'elle. Lors du gala de la Saint-Sylvestre 1938 du syndicat international des marins, la jeune activiste va faire la connaissance de Julius Rosenberg, adhérent du Steinmetz Club, le nom « politiquement correct » de la section universitaire de la Ligue des jeunesses communistes des États-Unis.

Sorti comme elle mais plus tard de la Seward Park High School, ce brillant sujet issu d'une famille juive polonaise plus proche de la classe moyenne que les Greenglass a abandonné ses études rabbiniques pour suivre les cours d'ingénieur en électricité du New York City College. Petite, boulotte, pas jolie mais terriblement dynamique, Ethel tape immédiatement dans l'œil de son cadet, maigre et un peu gauche, mais redoutable dialecticien s'il s'agit de donner la réplique aux trotskistes, assez influents encore dans les sphères marxistes-léninistes new-yorkaises.

Un couple fusionnel

Il a 18 ans et elle, 21. Dans le couple fusionnel qui se forme aussitôt, c'est Ethel la plus déterminée, celle qui donne le ton et imprime le mouvement. La jeune femme contraint Julius à rompre avec le cercle des copains pour préparer son examen de sortie du New York City College. Du coup, la cuisine de l'appartement familial des Greenglass à Sheriff Street se transforme en lieu de révision. De discussions idéologiques aussi.

Normal puisque le jeune couple est d'accord sur tout, la politique et le reste. Ils s'aiment et se marient après que Julius a obtenu son diplôme d'ingénieur. Les voici qui emménagent à Brooklyn. Au cours de ce même été 1939, l'Union soviétique se lie à l'Allemagne nazie par le pacte Hitler-Staline. Ethel et Julius n'y voient pas malice. Le pays de la révolution d'Octobre a le droit de se défendre contre les capitalistes occidentaux, fût-ce en s'alliant avec les hitlériens. Dès novembre, alors que la guerre mondiale commence en Europe, ils prennent ensemble leur carte du CPUSA dont Julius, employé civil du service de transmissions de l'US Army, dirige la cellule 16-B de la section industrielle.

Tout change le 22 juin 1941, quand Hitler lance en traître ses troupes à l'assaut de l'Union soviétique. Après avoir approuvé le pacte germano-soviétique deux ans plus tôt, le CPUSA reprend sans broncher la ligne de « front antifasciste » qui prévalait auparavant. Les Rosenberg suivent : le Parti a toujours raison !

Ingénieur au très stratégique US Army Signal Corps en charge du système de communication de l'armée américaine, Julius pourrait-il aller plus loin dans « l'engagement internationaliste » ? C'est l'avis d'un de ses meilleurs amis. Bernard Schuster figure justement parmi les interfaces entre l'appareil clandestin du CPUSA, qui le connaît sous le pseudonyme de « Chester », et les services secrets soviétiques dont les dossiers le désignent comme « Écho ». Encore dirigé par le couple Golos-Bentley, cet appareil clandestin mobilise plusieurs centaines de militants pour des tâches illégales : pourquoi pas Julius Rosenberg ?

Après examen de son dossier, Vassili Zaroubine, chef de la *rezidentura* américaine du NKVD, et Liza Zaroubina, responsable de l'espionnage nucléaire soviétique aux États-Unis, donnent leur accord.

Le 7 septembre 1942, Schuster présente en conséquence Rosenberg à Semion Semionov, son officier traitant. Dans les jours qui suivent, Julius accepte de travailler pour le NKVD. Son premier nom de code sera « Antenne ».

Bien entendu, il faut donner le change au FBI. En 1943, le jeune ingénieur et son épouse cessent donc leurs relations publiques avec le CPUSA. Le prétexte est tout trouvé : Ethel vient de mettre au monde un premier enfant. Ce qui ne l'empêche pas d'aiguillonner son mari, chef d'un réseau qui étend ses ramifications à New York et dans l'Ohio, avec une prédilection pour les radars et l'aéronautique.

Toujours bardés de certitudes, les Rosenberg recrutent plusieurs agents dans leur entourage familial ou politique : le frère cadet d'Ethel, David Greenglass ; un ami du couple, Morton Sobell ; Joel Barr puis Alfred Sarant, anciens camarades de Julius au sein de la cellule 16-B. Employé par Western Electric puis Speery Gyroscope, Barr fournira au NKVD des informations de première main sur les radars, notamment l'APQ-13 destiné aux superforteresses volantes B-29. Physicien, Sarant travaillera pour sa part dans l'équipe du synchrotron de l'université Cornell, dans l'État de New York. Un expert aéronautique, William Perl, rejoint également le réseau avec, dans ses bagages, une documentation complète sur les plans du futur chasseur-bombardier à réaction, le Lockheed P-80 « Shooting Star ».

Deux courriers permanents, Ann et Michael Sidorovitch, plus trois courriers occasionnels, Ethel, sa belle-sœur Ruth Greenglass née Printz et Vivian Glasmann, la petite amie de Joel Barr, complètent un dispositif qui gravite autour des Rosenberg.

Rien d'autre que de l'espionnage industriel à caractère militaire. Mais les membres du réseau, gavés d'idéologie marxiste-léniniste, estiment, eux, remplir un « devoir internationaliste ». Quel mal y a-t-il à renseigner l'URSS, « patrie du socialisme », sur les plans secrets de ses alliés temporaires, les États-Unis capitalistes ? D'autant que l'Armée rouge affronte quotidiennement les antisémites nazis. Or si les Rosenberg ignorent selon toute vraisemblance l'existence de la Solution finale (de même qu'ils n'ont certainement jamais pris la mesure des crimes staliniens), ils savent, comme beaucoup d'Américains, que l'État hitlérien pratique la violence raciste à grande échelle.

Ainsi qu'en attestent leurs nombreuses lettres d'amour, le couple Rosenberg était fusionnel. L'un n'avait pas de secret pour l'autre et réciproquement. Du fait qu'Ethel incarnait l'absolu dans l'engagement révolutionnaire, elle a accompagné, et plus probablement incité son mari à franchir, pour motif idéologique, le fossé qui sépare le militantisme de l'espionnage.

Espionnage atomique

Déjà le nouvel officier traitant de Julius, Alexandre Feklissov, lance son agent sur la piste d'une nouvelle technologie : l'atome. La perspective de voir les Anglo-Américains en possession d'une arme nucléaire surclassant les équipements conventionnels de l'Armée rouge hante en effet les nuits du Kremlin. Dès qu'il a appris par Beria l'existence de ce projet ultra-secret dit « Manhattan », Staline l'a désigné à ses services spéciaux comme une cible prioritaire.

Les Soviétiques possèdent justement un agent au cœur du projet « Manhattan ». Nous le connaissons déjà puisqu'il s'agit de Klaus Fuchs, dont l'officier traitant sera bientôt Sonia Hamburger (*cf.* chap. 12). Né en décembre 1911, ce physicien communiste allemand a fui le nazisme avant de passer en Angleterre. Admis en 1941 au sein de l'équipe anglo-américaine chargée de concevoir la bombe A, il a été recruté par le GRU dès la fin de cette même année. Fin 1943, Fuchs arrive aux États-Unis, appelé par les organisateurs de « Manhattan » à Los Alamos, une base hyper-protégée au Nouveau-Mexique. Début février 1944, le physicien allemand entre en contact avec son nouvel officier traitant, Harry Gold. Ce chimiste d'origine russe travaille pour Leonid Kvasnikov, le nouveau responsable de la ligne KhU à la *rezidentura* du NKVD.

En juillet 1944, David Greenglass, le petit frère d'Ethel Rosenberg, sur lequel elle exerce une emprise au moins aussi grande que sur Julius, intègre à son tour le projet « Manhattan ». Une occasion inespérée pour Kvasnikov ! Sur pression des Rosenberg, Ruth Greenglass persuade son mari d'exfiltrer toute la documentation possible de Los Alamos. Ruth qui sert désormais d'agent de liaison entre Julius (nouveau nom de code depuis septembre : « Libéral ») et David (« Calibre »).

Sur ce, fin 1945, Elizabeth Bentley révèle au FBI, comme on l'a vu plus haut, quantité de noms et de pseudonymes. De quoi permettre à l'*Army Signal Intelligence Division*, ancêtre de l'actuelle NSA, un début de décryptage des messages des missions diplomatiques et commerciales soviétiques aux États-Unis en 1942-1943. Ceux notamment qui établissent de manière irréfutable l'activité d'espionnage de Julius Rosenberg. Et conduisent le FBI à affecter à l'enquête un de ses meilleurs limiers, Robert Lamphere.

En janvier 1950, Klaus Fuchs est appréhendé en Grande-Bretagne, où il sera cuisiné par l'inévitable Janet Archer. Un événement qui n'étonne pas les Rosenberg, car, informés par le NKVD depuis un mois de la probabilité de ce coup dur, ils avaient conseillé aux Greenglass de préparer leur exfiltration prochaine des États-Unis. L'arrestation de Fuchs conduit le FBI sur la piste de Harry Gold, puis, en juin 1950, sur celle des Greenglass, restés malgré tout aux États-Unis. David et Ruth dénoncent Ethel et Julius, précisions à l'appui. Joel Barr, lui, s'enfuit en Tchécoslovaquie. Morris et Leontine Cohen quittent également le pays *via* Singapour. Munis de vrais-faux papiers néo-zélandais au nom de Peter et Elen Kroger, ils s'installent en Angleterre dès 1954. On entendra encore parler de ces clandestins endurcis.

Moins que des Rosenberg, bien sûr. L'étau se resserre sur ces derniers. Le 17 juillet, le FBI arrête Julius, déjà interrogé à plusieurs reprises. Mais, contrairement à Fuchs, Gold ou aux Greenglass, il nie tout en bloc. Le 18, Ethel donne une conférence de presse improvisée dans sa cuisine, un torchon de bonne ménagère américaine à la main.

« Nous ne sommes ni l'un ni l'autre communistes et nous ne l'avons jamais été, prétend-elle contre toute évidence. Nous ne connaissons pas de communistes. Toute cette histoire est ridicule. » Pas tant que ça puisque de telles déclarations, faciles à démolir, pourraient la faire inculper de faux témoignage si elle devait les répéter sous serment. Le 8 août, Ethel se présente devant le grand jury en robe toute simple et chapeau de paille. Mal conseillée au plan juridique, elle enfonce d'une certaine manière Julius en refusant de répondre aux questions au nom du 5ᵉ amendement, qui la préserve de témoigner contre son mari. Trois jours plus tard, convoquée à nouveau par le grand jury, le FBI arrête la jeune femme au sortir de palais de justice.

Fidèles jusqu'à la chaise électrique

Pour Lamphere et le Bureau fédéral, la question se pose ainsi : comment établir la culpabilité de Julius sans révéler l'existence du programme de décryptage « Venona », secret des secrets de la guerre froide dont les résultats, accablants pour Rosenberg, ne seront rendus publics, sécurité oblige, que le 12 juillet 1995 ? John Edgar Hoover, le chef du FBI, et le juge Kaufman, chargé du dossier, imaginent alors un stratagème : si Ethel et Julius sont condamnés à mort, la jeune femme ne pourra que craquer, ne serait-ce que pour sauver l'homme de sa vie et ne pas laisser seuls au monde leurs deux jeunes enfants. Très attaché à sa propre mère, Hoover croit dur comme fer qu'Ethel ne peut qu'avouer. Or c'est tout ce qui l'intéresse, ces aveux qui permettront au public américain de prendre la mesure de l'espionnage soviétique. La peau du couple, le directeur du FBI n'y tient pas plus que ça : comme punition, quelques années de cellule devraient suffire, croit-il.

Le problème, c'est qu'emprisonnée, menacée de la peine capitale, Ethel refuse toujours de parler. Mère certainement, mais avant tout militante marxiste-léniniste prête à mourir pour la Cause : un fanatisme que ni Kaufman ni Hoover, pris à leur propre piège et n'ayant prévu aucun plan B, ne parviennent à concevoir. Quant à Julius, bien qu'épris de la jeune femme comme au premier jour, lui non plus n'envisage pas de passer aux aveux, fût-ce pour épargner la peine capitale à la mère de ses enfants.

Les Rosenberg, en bref, ne constituent pas un couple normal dans une période qui ne l'est pas plus ! Par leur courage personnel, le fanatisme de leurs convictions et la force de leur amour, Ethel et Julius tissent eux-mêmes les lacets du nœud qui va les étrangler. Que des citoyens des États-Unis aient pu trahir ainsi leur pays révulse en effet l'opinion américaine. Quant aux campagnes internationales sur le thème « Sauvons les Rosenberg », leur efficacité même est fondée sur un mensonge : l'innocence d'un couple auquel on ne concède qu'un statut de victime alors que leur engagement militant fut la cause de leur collaboration avec le NKVD. Mais pour le Kremlin, il est beaucoup plus rentable de jouer sur la corde émotionnelle que de reconnaître qu'il a entretenu des réseaux d'espionnage sur le sol même d'un pays allié.

Ethel et Julius sont perdus. Leur procès s'ouvre le 6 mars 1951. Les voilà condamnés à mort. Vécue par beaucoup comme le comble de l'injustice, leur fin tragique sur la chaise électrique interviendra en juin 1953, à l'issue d'une procédure judiciaire interminable. Mais les faits sont têtus : impliqués dans des activités d'espionnage pour le compte de l'URSS, Ethel et Julius se sont sacrifiés pour un État qui ne les a jamais reconnus comme ses serviteurs clandestins mais seulement en qualité de victimes. Un État, l'URSS, qui, de surcroît, a disparu aujourd'hui. Quant à la Russie actuelle, elle a d'autres chats à fouetter que la glorification des agents secrets du défunt régime soviétique.

Demeure à l'automne 1950 l'émouvant cliché du « baiser des Rosenberg » pris par un photographe anonyme dans le fourgon cellulaire qui les ramenait vers la prison de Sing Sing à l'issue d'une audience où le procureur leur avait communiqué les charges retenues contre eux. Reste de même, chez beaucoup, le sentiment bien ancré d'une affaire monstrueuse où de purs innocents auraient perdu la vie, assassinés par une Amérique devenue folle d'antisémitisme lors même que ce dernier n'eut guère de part dans la tragédie. Le juge Kaufman était juif et, à la même époque, c'est en URSS que la chasse aux « blouses blanches », médecins israélites accusés de tentative d'assassinat contre Staline et les dignitaires du régime, battait son plein.

Si les Rosenberg méritaient un titre, c'est bien celui de héros de l'Union soviétique, qui ne leur fut jamais décerné pour des raisons d'opportunité. Autre espionne américaine au service de l'URSS, Miss Coplon aurait, elle, pu prétendre au surnom de « Lucky Judith »...

Une taupe russe au ministère de la Justice

En 1947, Lucille Campbell, Gloria Forbes, Genevieve Feinstein, Meredith Gardner et l'équipe des décrypteurs et décryptrices de l'ancienne école de jeunes filles d'Arlington Hall parviennent à tirer au clair plusieurs messages soviétiques qui concernent un espion russe aux États-Unis. Son pseudonyme ? « Sima. » Son identité ? Mystère. Les câbles établissent toutefois que ce fonctionnaire déloyal a d'abord travaillé à la section de la Guerre économique du ministère américain de la Justice puis, à partir de 1945, au service d'enregistrement des agents étrangers du département criminel du même ministère.

En octobre 1948, un accord avec le FBI donne aux G-Men du Bureau fédéral d'investigations l'accès direct à Arlington Hall. Des enquêtes conjointes seront menées côté *Armed Forces Security Agency* sous l'autorité de Meredith Gardner, et côté FBI sous la direction de Bob Lamphere, bientôt chargé de confondre les Rosenberg.

Sans attendre, les G-Men se lancent sur la piste de « Sima ». Ils finissent par l'identifier non pas comme un homme, mais comme une femme. Depuis ce même mois d'octobre 1948, Judith Coplon, son nom, traite en effet les dossiers des cas d'espionnage russe transmis par le FBI à son employeur. Lequel n'est autre que le ministère de la Justice. La renarde, autrement dit, se trouve au cœur même du poulailler...

Née en mai 1921 dans une famille d'origine juive polonaise, comme les infortunés Rosenberg, cette espionne est la fille d'un grossiste en jouets de Brooklyn, providence des enfants pauvres auxquels ce brave homme, franc-maçon de surcroît, expédiait des colis à chaque Noël.

Une élève particulièrement douée. Pendant ses quatre années d'études au lycée James Madison, toujours créditée d'une moyenne de notes supérieures à 9 sur 10, Judith fait ses premiers pas dans le journalisme comme rédactrice du magazine de l'école, *The Highwayman*. En 1939, le Barnard College, prestigieux établissement new-yorkais réservé aux jeunes filles, lui accorde une bourse. Malgré sa timidité initiale, Judith parviendra à s'y faire reconnaître de ses condisciples et de ses professeurs en s'inscrivant à toutes les associations étudiantes possibles et imaginables. Elle devient même une des trois rédactrices en chef du *Bulletin*, l'hebdomadaire du collège. Sa manière de vaincre un fort complexe d'infériorité : cette brune à la bouche pulpeuse se croit à tort pénalisée par la nature. Mais quand elle sort quatre ans après de Barnard diplôme d'histoire en poche, le complexe est déjà à demi vaincu.

Côté politique, ce serait difficile d'ignorer ses opinions. Prise de passion pour l'URSS en guerre, Miss Coplon n'a eu de cesse de dénoncer l'égoïsme des États-Unis, auxquels elle oppose les bienfaits du paradis de Staline. Ainsi en octobre 1942 a-t-elle aidé les délégués soviétiques à l'Assemblée internationale des étudiants à s'installer, décrochant à cette occasion l'interview dans le *Bulletin* d'une jeune héroïne russe de 26 ans qui aurait eu la peau de « 309 Allemands dans des actions de guérilla », pas moins.

Ce drapeau rouge qu'elle arborait sans complexe à Barnard, Coplon saura néanmoins le camoufler avec une rare maîtrise dès son entrée dans l'administration américaine en 1944, époque où elle commence à afficher un anticommunisme militant. Depuis Kim Philby et consorts, le schéma est bien rodé : quelqu'un lui a soufflé de se faire discrète…

En 1945, alors que l'on réduit les effectifs du ministère de la Justice, Judith prend du galon. L'année suivante, seule analyste politique encore en place, elle occupe en solitaire le bureau 2220 du bâtiment principal du ministère. Ce n'est qu'au début 1949 que la jeune femme devra le partager avec le nouvel avocat du service, Nathan Lenvin. Le domaine de compétence de cette fonctionnaire modèle : l'enregistrement des agents provenant d'URSS ou des démocraties populaires ! Ainsi a-t-elle accès aux rapports du FBI, dont beaucoup concernent les diplomates des pays de l'Est.

On imagine la tête des G-Men le jour où ils découvrent ce double jeu ! Furieux, le très misogyne Hoover charge un de ses hommes de confiance, Howard Fletcher, de boucler l'affaire. Or rien ne devant filtrer des décryptages top secret d'Arlington Hall, celle-ci s'annonce particulièrement délicate.

La suspecte passe un week-end sur trois à New York et consacre les autres à sa vie amoureuse avec un de ses collègues avocats, Harold Shapiro, dans des hôtels de Philadelphie ou de Baltimore. De la mi-décembre 1948 à la mi-février 1949, une bonne quarantaine de G-Men du FBI se relaient pour la filer entre Washington et la Grosse Pomme. Son téléphone et celui de Valentin Goubitchev, son officier traitant, sont mis sur écoute. Membre du GRU, ce Russe est arrivé aux États-Unis en juillet 1946. Il s'est fait embaucher au service des conférences de l'ONU. Un profil idéal, à mi-chemin entre son statut de détenteur d'un passeport de troisième secrétaire du ministère soviétique des Affaires étrangères et celui d'employé de l'organisme international. Selon les besoins, « Val », son pseudonyme pour Judith, peut se réclamer soit de l'un, soit de l'autre. Avantage supplémentaire : alors que le FBI surveille le personnel des ambassades et des consulats de l'Est, celui de l'ONU échappe à son attention.

Le 18 février 1949 à 19 heures, les deux complices ont rendez-vous au coin de Broadway et de la 193e rue. Comme elle vient de casser la boucle de sa chaussure, Coplon s'y présente en retard. Conformément à la procédure en cas d'absence de l'agent, le Russe doit s'éclipser pour regagner l'endroit une heure après. À 19 h 58, le voilà donc de retour face à « Sima », qui vient de faire réparer sa chaussure dans une échoppe. Mais alors que la jeune femme ouvre son sac bourré de documents, Goubitchev, flairant quelque embrouille, s'éloigne sans les prendre.

Après cet échec, Fletcher décide qu'il est temps d'en finir. William Foley, le chef de service de Coplon au ministère, accepte de se prêter à une manœuvre qui va faire couler beaucoup d'encre. Sa subordonnée lui a annoncé son intention de se rendre à New York pour le week-end. Le matin du 4 mars, il lui confie un mélange de vrais et de faux documents spécialement concoctés par le bureau du procureur général, lui demandant de travailler sur eux.

« Depuis quelques semaines, je reçois une foule de renseignements curieux et je suis l'objet d'un grand nombre de requêtes », objecte l'espionne, nouvelle preuve de sa perspicacité. Elle n'en accepte pas moins les « rapports à lire le week-end ».

« Que voulez-vous que j'en fasse, que je les prenne comme ça ?

— Oh non ! Mettez-les dans une enveloppe », répond Foley.

Le piège semble en place, mais qui va s'y faire prendre ?

Judith-la-Chance

À 17 h 30 ce même jour, Coplon arrive à Pennsylvania Station. Vingt-sept G-Men et six voitures radio banalisées quadrillent le quartier. La jeune femme s'engouffre dans le métro, en descend pour se rendre au coin de Broadway et de la 183e rue où Goubitchev l'attend. Faisant mine de ne pas se connaître, les deux agents effectuent alors séparément un long parcours de sécurité antifilatures à pied, en autobus puis en métro qui les conduit à 20 h 30 au coin de la Troisième Avenue et de la 16e rue. Là, « Val », qui a repéré les agents du FBI, entre dans une confiserie donner un coup de téléphone d'appel à l'aide tandis que sa complice reste sur place.

Panique chez les G-Men : quel scandale si le couple demandait l'asile au consulat soviétique ! « Tant pis, on les arrête », tranche le chef de groupe. Dans leur précipitation, les G-Men viennent d'agir sans le moindre mandat d'un juge. Mieux formé qu'eux, Goubitchev applique à la lettre les consignes du GRU. Certain de ne détenir aucun document compromettant, il nie tout. Rien ne prouve symétriquement que Coplon s'apprêtait à lui remettre les pièces que recelait son sac à main. Une partie lui a été confiée par son supérieur hiérarchique, quel mal y a-t-il à cela ? Le reste consiste en trente-quatre feuillets dactylographiés d'esquisses psychologiques de ses collègues du ministère bourrées de détails biographiques personnels.

Avec un aplomb infernal, la jeune femme décrit à l'interrogatoire sa relation avec Goubitchev comme un amour platonique inauguré le 4 septembre 1948 face à un tableau cubiste au Museum of Modern Art de New York. Ce MoMA dont le directeur, pur hasard qu'elle ignore certainement, se trouve être Thomas Braden, ancien de l'OSS et futur haut dirigeant de la CIA.

La prétendue liaison sentimentale Coplon-Goubitchev déclenchera, lors de leurs procès pour espionnage, une intéressante polémique, certains jurés trouvant immoral, donc impossible, qu'une jeune femme éperdument amoureuse, mais sans relations sexuelles, d'un Russe marié puisse passer des week-ends moins platoniques, qu'elle nie d'ailleurs, avec Harold Shapiro !

Procès au pluriel, mais tout aussi mal engagés les uns que les autres. Première civile américaine à se voir jugée pour espionnage au profit des Soviétiques, Coplon se défend en effet bec et ongles, mettant à profit ses ressources mentales qui, nous le savons, sont impressionnantes.

Les fiches individuelles brossant des portraits psychologiques de collègues trouvées dans son sac ? De malheureuses esquisses de caractère aux fins d'écriture d'un ouvrage autobiographique à moitié fictionnel intitulé *Employée du gouvernement*.

« Je prenais des notes sur les gens que je connaissais et j'avais l'intention de les utiliser dans le livre, en les développant, bien sûr. Mais je commis une erreur en gardant les vrais noms dans mes notes », prétend cette comédienne de talent, capable de jouer aussi bien les innocentes injustement accusées que l'Américaine victime d'insupportables violations de sa vie privée.

Le manuscrit d'*Employée du gouvernement* ? Le jugeant trop nul, Coplon l'a jeté au feu ! Les « esquisses psychologiques » considérées par le FBI comme des fiches préparatoires au recrutement d'agents potentiels ? Une vision paranoïaque !

Ce « Michel » non identifié présent dans ses notes et dont le FBI soutient qu'il s'agit du chef d'un réseau d'espionnage soviétique opérant à New York, Iouri Novikov, second secrétaire de l'ambassade soviétique ? L'archange saint Michel tout simplement, ira jusqu'à prétendre son premier défenseur, Archibald Palmer.

Du grand art ! Et cette manière de faire pleurer Margot avec la disparition de son père – Samuel Coplon est mort d'une attaque cérébrale un mois après l'arrestation de Judith. Libérée sous caution, l'accusée parle à la presse, pose pour des magazines comme elle se pose elle-même en victime.

Bien que condamnée à deux reprises, une première fois à New York en 1949 pour vol de documents secrets avec l'intention de les remettre à un agent d'une puissance étrangère, et une deuxième fois à Washington en 1950 pour tentative de passer de la main à la main les documents susvisés à Goubitchev, Judith Coplon n'aura jamais à purger ses peines d'un total de vingt années de détention.

En cause, on s'en doute, les erreurs de procédure. Un vrai festival ! Le FBI devra par exemple détruire en catastrophe les disques de cire des enregistrements de Goubitchev et de Coplon qu'il comptait produire comme preuve, mais qui étaient entachés d'illégalité.

L'interpellation de l'accusée en flagrant délit mais sans mandat judiciaire n'était pas la moindre des fautes techniques commises par les G-Men, défaillance qui entraînera d'ailleurs le vote, le 21 décembre 1950, d'un texte de loi autorisant le recours à cette méthode dans le cadre d'affaires d'espionnage ou de sabotage.

En mai de la même année, entre le procès de New York et celui de Washington, Judith Coplon a épousé l'un de ses avocats, Me Albert Socolov. De quoi laisser penser qu'outre ceux d'Archibald Palmer, elle bénéficia de meilleurs conseils juridiques que l'infortunée Ethel Rosenberg.

Le fait est qu'en 1950 la peine infligée à New York sera révoquée en appel, la cour ne rendant toutefois aucune ordonnance de non-lieu, position juridique ambiguë qui, sans annuler l'accusation, ne débouchera au final sur aucune autre poursuite. Et deux ans plus tard, la Cour suprême, refusant d'avaliser un pourvoi en cassation, va annuler de fait la condamnation initiale de Washington. Autant avouer que, dans les deux cas, on s'est accordé à ne plus pousser un bouchon devenu par trop encombrant.

De par la pugnacité des avocats de Miss Coplon, les deux procès ont rendu publics deux faits gênants : la mise sous écoute du personnel des Nations unies par le FBI et la présence d'agents du contre-espionnage US dans les ambassades, les consulats et les délégations des autres nations à l'ONU. Dans ces conditions, mieux valait arrêter les frais. Et J. Edgar Hoover d'expédier Howard Fletcher, le responsable de l'enquête, dans un placard administratif sans intérêt. La chance insolente de Judith-sauvée-des-geôles fait ainsi le malheur de ceux qui ont tenté de la coincer en s'y prenant aussi mal que possible au point de devenir un cas d'école !

Coupable d'espionnage contre son propre pays mais impossible à condamner pour cause de respect du droit, Judith va fonder une famille avec Albert Socolov, son ancien et très efficace défenseur. Elle mourra anonyme en février 2011, plus d'un demi-siècle après les malheureux Rosenberg.

À trois mois près, elle aurait eu 90 ans ; eux n'ont jamais atteint les 40. La vie ou la mort des espions est affaire de chance. Leur trajectoire ultérieure aussi, comme les survivantes dans les services secrets de la Seconde Guerre mondiale n'ont pas tardé à s'en rendre compte.

20

Le chasse-femmes du « retour à la normale »

Comme après 1918, le retour à la paix des années 1940 s'accompagne d'un « retour à la normale ». Mais quelle « normale » ? Pour une bonne part, celle du machisme traditionnel. Les héroïnes, c'était bien dans les réseaux de résistance et les services secrets. Mais à présent, on n'en a plus besoin, croit-on. Un « on » très masculin, cela va sans dire. Et qui se décline dans l'ensemble des pays hier belligérants.

L'Angleterre par exemple. Pour revenir à sa misogynie traditionnelle, le MI 6 n'aura guère à se faire violence, les dames s'y trouvant aussi absentes que dans les aventures de Blake et Mortimer, la bande dessinée du Belge Edgar Pierre Jacobs, fasciné, justement, par le mythe de l'Intelligence Service.

Pour le SOE, assez féminisé comme on l'a vu, le retour à la norme traditionnelle s'avère tout de même plus épineux.

Adieu, SOE...

À la fin des années 1990, alors que je m'intéressais à la chute ô combien douteuse du réseau « Prosper », l'un des plus importants du SOE en France avec ses 258 agents permanents ou semi-permanents répertoriés à titre officiel pour un total de 2 000 à 3 000 occasionnels, plusieurs anciens de la F Section, tous des hommes, m'ont décrit Vera Atkins, encore vivante (elle mourra en juin 2000), comme une bureaucrate froide et inhumaine prête à tout pour étouffer les scandales.

Était-ce si vrai ? Mal-aimée par certains d'entre eux, « F Int » resta pourtant fidèle à la mémoire de ses camarades décimés par la répression nazie. Et Dieu sait qu'ils étaient nombreux : sur plus de 400 agents infiltrés sur notre sol par voie maritime ou aérienne, 15 sont morts au combat et 80 en déportation dont 35 anciens de « Prosper ». Près du quart des effectifs.

Afin d'établir les circonstances de toutes ces disparitions, atroces généralement, et si possible d'en faire traduire les responsables en justice, Vera, infatigable, va sillonner l'Europe. L'Allemagne en particulier où elle interrogera les uns et les autres, y compris le chef du camp d'Auschwitz, Rudolf Hoess.

Par solidarité féminine, l'adjointe de Buckmaster s'intéresse tout particulièrement aux treize femmes de la F Section mortes en déportation : Yolande Beekman, Denise Bloch, Andrée Borrel, Madeleine Damerment, Noor-un-Nisa Inayat Khan, Cecily Lefort, Vera Leight, Sonia Olschanezky, Elaine Plewman, Diana Rowden, Lilian Rolfe, Yvonne Rudellat et Violette Szabo. Treize noms auxquelles il faut ajouter un quatorzième, Muriel Tamara Byck, fille de Juifs russes naturalisés décédée des suites d'une méningite au cours de sa mission en France.

Concernant l'affaire « Prosper », Atkins tente de confondre Henri Déricourt, l'agent triple SOE-SD-MI 6 dont l'ultime loyauté allait à Claude Dansey. Moins naïve que Buckmaster, « F Int » n'avait-elle pas douté dès le début de ce Français insaisissable ? La découverte des contacts de Déricourt avec Boemelburg et le SD semblent lui donner raison. Sauf qu'à propos de raison, c'est celle d'État qui va triompher. Atkins se voit contrainte de cesser ses « imprudentes » investigations. En foi de quoi, couvert par « Nick » Bodington, l'homme de Dansey à l'intérieur de la *French Section*, Déricourt se tire d'affaire. L'agent triple continuera sa vie d'aventurier plein de charme mais dénué de scrupules avant de s'écraser au sol au Cambodge, où il se livrait à toutes sortes de trafics[1].

L'histoire ne dit pas si ce 20 novembre 1962, on s'est senti soulagé au MI 6. Le scandale ne disparaissait-il pas avec celui qui en avait été la cheville ouvrière ? Quant à « Uncle Claude »

1. Sur le rôle de cet étrange personnage, le lecteur soucieux de détails peut consulter « Déricourt, l'espion aux trois râteliers », *in* Rémi Kauffer, *Les Maîtres de l'espionnage*, *op. cit.*

Dansey, lui aussi avait emporté ses secrets dans la tombe en juin 1947, fidèle à la devise du MI 6 : *Never explain, never complain*...

À la mort de Dansey, le SOE n'existait déjà plus. Estimant que l'Angleterre en paix n'avait nul besoin d'un « Komintern britannique », le Premier ministre travailliste Clement Attlee avait dissous le service Action britannique dès 1946, intégrant ses restes au MI 6.

Une décision qui déplut à son prédécesseur au 10 Downing Street, Winston Churchill, conscient, lui, de l'importance qu'aurait pu avoir à l'avenir pour l'Angleterre l'existence d'une infrastructure multinationale sous contrôle du renseignement de Sa Majesté. Vieux lion mais vieux renard aussi, Winston comprenait à quel point la vie clandestine génère des rapports de confiance, voire de subordination. Autant d'éléments psychologiques dont un service de renseignements expérimenté donc tordu, et à cet égard l'Angleterre n'était certes pas franchement novice, peut tirer le meilleur parti.

... *Mais bonjour SDECE et DST*

Marie-Madeleine Fourcade, pour ne citer qu'elle, m'a autorisé à écrire en 1989 qu'après la guerre, elle rendait régulièrement compte de la menace communiste en France au *Commander* Kenneth Cohen, son supérieur hiérarchique de la section française du MI 6 au temps où « l'Alliance » n'était pas encore passée sous la coupe du BCRA. Marie-Madeleine disposait en effet au sein du PCF d'un agent désigné comme « le garçon coiffeur ». Même s'il trouvait exagérés les avertissements de ce mystérieux informateur concernant d'énièmes projets de prise du pouvoir communistes par la force, Cohen n'en appréciait pas moins d'être tenu au courant.

La guerre terminée, l'ancienne patronne de « l'Alliance » n'a pas intégré le Service de documentation extérieure et de contre-espionnage (SDECE), créé en janvier 1946 pour devenir la centrale de renseignements française d'après libération[2].

2. Marie-Madeleine Fourcade œuvrera pour le retour aux affaires du général de Gaulle en 1958. L'année suivante, elle servira de modèle pour la chef du

Un SDECE tout neuf où les filles d'Ève furent rares. Sauf bien sûr Nicolle Follot, bras droit et peut-être, ricanaient certains médisants, main gauche de Henri Fille-Lambie alias « colonel Jacques Morlanne », créateur du service 29 de la centrale. Ce département Action devra beaucoup à Jean-Jacques Dupas, ancien méhariste puis commando de marine responsable des nageurs de combat, dont la très jolie mais aussi très énergique, voire coléreuse, épouse niçoise, Paule, surnommée « la Panthère », allait donner aux soldats du 11e bataillon parachutiste de choc, le bras armé du SDECE, l'idée d'adopter comme insigne Bagheera, en référence au *Livre de la jungle*, le chef-d'œuvre de Rudyard Kipling.

Dès la fin 1946 et jusqu'en 1954, le SDECE va se trouver plongé dans la guerre d'Indochine contre le Viêt-minh, front indépendantiste créé et contrôlé par le parti communiste d'Hô Chi Minh. Un combat lointain, impopulaire et difficile face à cet adversaire tenace, bien organisé et prêt à faire flèche de tout bois. L'« oncle Hô » sut jouer en artiste sur l'anticolonialisme naïf de la mission OSS du major Archimedes Patti. Il suffisait de se présenter aux officiers américains non comme le communiste pur et dur qu'il était depuis plus de vingt ans, mais comme un gentil démocrate asiatique admirateur des États-Unis en général, et du président Roosevelt en particulier.

Considérant de son côté « l'Indo » comme son apport majeur à la lutte contre le communisme, la « Piscine », surnom familier du SDECE dès son installation boulevard Mortier, près du bassin nautique des Tourelles, a donné, contrainte et forcée, la priorité à l'Action. Notamment sous la forme d'opérations de commandos anti-Viêt-minh.

De quoi freiner la modernisation du Service puisque, en Indochine, la guerre revêtait souvent des aspects « rustiques ». Mais aussi, et cela nous intéresse tout spécialement, de quoi retarder sa féminisation. En raison des risques de sévices et de mutilations dont le Viêt-minh, comme plus tard le FLN algérien, était très friand, la sensibilité occidentale ne permettait plus que des femmes soient engagées sur le terrain. Logiques avec leur vision non sexuée des conflits, les communistes n'avaient pas de ces

---

réseau Vaillance : Danielle Darrieux, dans *Marie-Octobre*, le film de Julien Duvivier.

réticences. Futur vainqueur de Diên Biên Phu, leur chef militaire Võ Ngûyen Giap ne s'était-il pas entouré dès 1945 d'une garde personnelle de 40 combattants, dont 7 femmes spécialisées dans l'assassinat des notables « réactionnaires » ?

Pendant ce temps, la Direction de la surveillance du territoire (DST), ancêtre de l'actuelle DGSI, affrontait les réseaux soviétiques en France même. Son directeur dès novembre 1944 fut Roger Warin alias Wybot. Se profilait dans cet ancien chef du contre-espionnage au BCRA un personnage coloré mais tordu, féru d'occultisme et de numérologie en dépit de sa formation scientifique de polytechnicien. Très jeune pour un chef de contre-espionnage puisque né en octobre 1912 à Paris, Wybot fut, comme son grand aîné le chef du FBI John Edgar Hoover, ce que l'on pourrait appeler un « homosexuel homophobe ». Par une étrange haine d'eux-mêmes, les deux directeurs considéraient en bloc ceux qui partageaient leur goût des hommes comme autant de traîtres en puissance faciles à « tamponner » pour les services secrets adverses. Quant aux femmes, pas question de leur faire confiance.

Dépendant du ministère de l'Intérieur, la DST va mobiliser presque uniquement des policiers hommes. Écartons toutefois d'emblée les fantasmes que pourrait générer la personnalité de Wybot : classique à l'époque, cette composition masculine ne fera pas de l'homosexualité le ciment du nouveau service. Rue des Saussaies, son siège, les us et coutumes se veulent distingués. « Le style DST était différent de celui de la PJ. Pas de familiarité de principe, pas de tutoiement obligatoire entre cadres », m'a ainsi confié Alain Montarras, chef de cabinet de Wybot de 1945 à 1959, date de l'éviction du patron de la DST par le général de Gaulle, puis directeur adjoint.

Au SDECE, milieu aussi masculin mais beaucoup plus militaire, guerres de décolonisation obligent, l'ambiance se veut à l'opposé. Comme dans l'armée, on se désigne par les grades et, du coup, on ne fraie le plus souvent qu'à grades comparables.

Le tableau est-il si différent à la toute jeune CIA ? Là aussi, il y a beaucoup à dire comme le démontre la suite de la trajectoire de Virginia Hall…

Plafond de verre à la CIA

De retour aux États-Unis en septembre 1945, Hall s'y est sentie décalée sinon étrangère après tant d'aventures clandestines en France. Une semaine après son arrivée, par-dessus le marché, le président Truman dissolvait l'OSS au grand dam de « Wild Bill » Donovan.

En janvier 1946 toutefois, la Maison-Blanche accepte la remise sur pied d'un organe spécialisé, le *Central Intelligence Group*. En décembre, « Limping Lady » se voit réintégrée au sein de cette structure dont elle va devenir la représentante sur le terrain en Italie. Mais, pur paradoxe, sa trop riche expérience la pénalise : que faire d'une spécialiste Action aussi éminente dans une agence de renseignements dont nul ne sait ce qu'elle deviendra ?

Ce que comprennent en revanche les « cow-boys de Park Avenue » qui, autour de son futur patron Allen Dulles mais sans la moindre « cow-girl », jettent les bases de ce qui deviendra la CIA, c'est que la guerre froide commence. Début 1950, alors que Paul Goillot et elle vivent en ménage à New York, l'Agence centrale de renseignements, née deux ans et demi plus tôt, propose à Virginia Hall un poste au sein du *National Committee for Free Europe*, structure périphérique de contre-propagande en direction des nations de l'Est captives derrière le rideau de fer. Entre mars 1950 et la fin de l'année suivante, l'ancienne journaliste y travaillera comme « assistante administrative » à préparer les émissions de Radio Free Europe.

Utile sans doute, mais fastidieux pour une femme aussi dynamique qu'elle. Du coup, en 1951, « Limping Lady » demande à intégrer la CIA de plein exercice comme officier de terrain. Après force contre-interrogatoires et formulaires à remplir (avec le maccarthysme, l'heure est au soupçon généralisé), elle obtient sa mutation à l'*Office of Policy Coordination* (OPC). Interface entre la CIA et le ministère des Affaires étrangères, l'OPC est en charge de la « guerre politique ». À savoir, selon la directive du 18 juin 1948 du Conseil national de sécurité : « Propagande, guerre économique, action directe préventive incluant sabotage, anti-sabotage, mesures de destruction et d'évacuation, subversion contre les États hostiles incluant aide aux mouvements souterrains de résistance, guérilla et groupes de libération des réfugiés. » Il s'agit en bref d'appliquer à la lutte contre le communisme les méthodes des mouvements de résistance antinazis que Virginia connaît de l'intérieur, et pour cause.

En novembre 1952, Hall quitte Washington pour se rapprocher du terrain, officier d'opérations dans les Balkans. La jugeant « franche », « agréable » avec une « grande motivation », son supérieur hiérarchique écrira dans un rapport d'évaluation de janvier 1954 : « Sa longue expérience de terrain, dont les presque cinq années passées comme agent clandestin, l'aide concrètement à assumer ses objectifs. Elle a une compréhension claire des opérations menées par les agents et de leurs problèmes. » Et de lui promettre un avenir brillant au sein de l'Agence.

Bienveillant, le pronostic est-il aussi exact que cela ? Virginia supervise certes la mise en place en Italie, Grèce, Espagne et Portugal des réseaux dits *Stay Behind*, dotés en cas d'invasion par l'Armée rouge des infrastructures (armes, caches, matériel, systèmes de liaison radio et autres) qui ont tant manqué à la Résistance sous l'occupation nazie. Mais sans promotion hiérarchique équivalente à l'étendue de ses responsabilités. De même quand on l'affecte en mai 1955 à la division Proche-Orient et Asie avec autorisation de quitter Washington pour renouer de temps à autre avec le terrain. Alors que « Limping Lady » semblait enfin pressentie pour une promotion dans les hautes sphères de la CIA, voilà que l'on gaspille encore son talent dans des tâches de bureau sans intérêt. Et pis, son rapport d'évaluation de la fin 1956 la décrit comme « très décevante ». Indignée, cette quinquagénaire se défend bec et ongles tout en épousant en avril 1957 Paul, qui, lui, a quitté l'Agence.

« Si je devais chercher un agent pour un travail similaire [en Europe], je choisirais Mme Goillot », estime néanmoins un des patrons de Virginia le mois suivant, preuve que l'héroïne de l'OSS compte encore des partisans au sein de son héritière la CIA. Mutée à la division Amérique du Sud, elle continue à y donner toute satisfaction, mais sans montée hiérarchique à la hauteur de ses compétences. Parce que l'heure désormais est au renseignement technologique et moins à l'action clandestine – pendant la crise des fusées de Cuba de la fin 1962, c'est une cryptanalyste formée pendant la Seconde Guerre mondiale, Juanita Moody, qui va diriger la cellule de crise de la *National Security Agency*, les « grandes oreilles » de l'Amérique ? En raison, plus sûrement, de la persistance du plafond de verre qui freine la promotion des femmes au sein de la CIA. On placardise Virginia sans lui assigner de mission. Même ses collègues masculins les plus rétifs aux sirènes féministes le déplorent. Ainsi d'Everett Howard Hunt, un des maîtres d'œuvre en juin 1954 du renversement du gouvernement de gauche guatémaltèque et plus tard, en 1972, de la peu recommandable équipe des « plombiers » du Watergate : « La froideur du traitement réservé à Virginia Hall vers la fin de sa carrière me déprimait. Personne ne savait quoi faire d'elle et elle était le plus souvent seule à son bureau des plans de guerre et des opérations paramilitaires. »

Et cet agent formé lui aussi aux réalités du terrain d'imaginer les motifs d'une telle discrimination : « Elle constituait une espèce de gêne pour ces non-combattants de la CIA, je veux dire les bureaucrates. On n'a jamais utilisé correctement ses compétences et ses capacités. »

Miss Page s'accroche

À force, la rescapée des combats clandestins aux côtés de la Résistance française jette l'éponge. Peu après ses 60 ans, elle fait valoir ses droits à la retraite le 19 octobre 1966. Malgré des états de service exceptionnels, Virginia Hall Goillot n'aura jamais dépassé le grade de GS-14, soit l'équivalent d'un lieutenant-colonel dans l'armée. Sans descendance, elle mourra en février 1982 dans un hôpital du Maryland.

Avant Virginia mais mieux lotie qu'elle, Eloise Page a commencé sa carrière à l'OSS comme secrétaire personnelle de « Wild Bill » Donovan. Vers la fin de la guerre, c'est elle qui dirigera le contre-espionnage X-2 à Bruxelles.

Dès la création de la CIA, « Miss Page » prend rang au sein de la direction des Opérations, dont elle commandera l'équipe scientifique. Surnommée par ses collègues le « Papillon d'acier », Eloise participe à partir des années 1960 à la sélection des membres du *Critical Collection Problems Committee* (CCPC), qui traite des questions de collecte des informations pour le compte du Conseil des directeurs du renseignement. Un CCPC dont elle prendra les commandes en personne pendant plusieurs années non sans avoir dirigé, première femme à une telle responsabilité de terrain, la station de la CIA d'Athènes. Un poste qui n'était pas sans risque : un de ses prédécesseurs, Richard Welch, n'avait-il pas été assassiné en décembre 1975 par un groupuscule terroriste d'extrême gauche qui ne sera démantelé qu'en 2002 ?

À propos de terrorisme justement, le « Papillon d'acier », promue GS-18 donc générale, deviendra une des premières expertes de l'Agence dans cette matière sensible. Responsable du budget de la CIA sous William Casey, son premier directeur à l'ère Ronald Reagan et lui-même ancien de l'OSS à Londres pendant la Seconde Guerre mondiale, elle le rencontre fréquemment en tête à tête pour discuter gros sous. Casey l'apprécie, dit-on. Tout de même pas au point de citer ne serait-ce qu'une seule fois son nom dans son livre posthume de souvenirs *The Secret War against Hitler* ! Fin novembre 1986, elle sera une des dernières à apercevoir ce directeur en état de lucidité avant que Bill Casey ne perde la tête puis décède d'un cancer l'année suivante. Soit en 1987, quand Page prendra sa retraite après quatre décennies de services secrets, première femme de la CIA ayant réussi à percer le plafond de verre de l'Agence.

« Quand la direction des opérations a besoin de faire valoir ses meilleurs éléments féminins, elle présente Page et sa collègue Virginia Hall Goillot », écrit John Prados, directeur de recherche au *National Security Archive* de l'université de Washington dans un livre sur l'Agence publié en 2007 aux États-Unis dans son édition originale, et en France en 2019 dans une version complétée[3]. Manière de montrer, statistiques à l'appui, que la féminisation de la CIA ne fut ni un long fleuve tranquille, ni un processus rapide. Au moins cette féminisation a-t-elle eu le mérite de commencer à une époque où, on vient de le voir, c'est plutôt une déféminisation qui sévissait dans les autres grands services secrets occidentaux, SDECE ou MI 6.

Et on ne parle pas du *Bundesnachrichtendienst*, le BND ouest-allemand du général Reinhard Gehlen où le recours à d'anciens officiers de renseignements de la Wehrmacht ou de la SS excluait pratiquement la présence de femmes à d'autres postes que les secrétariats ou les directions administratives. Il est vrai qu'à cet égard et à cette époque, la situation n'était guère plus avancée

3. John Prados, *Histoire de la CIA. Les fantômes de Langley*, Paris, Perrin, 2019.

à la *Hauptverwaltung Aufklärung* (Administration générale du renseignement), le département d'espionnage à l'étranger de la Stasi, la police politique est-allemande...

Les espions de Portland

On connaît la vision communiste, utilitariste pour ne pas dire asexuée sans que les Soviétiques puissent d'ailleurs passer pour des pionniers de la future « théorie du genre », possédant avec le marxisme-léninisme leur propre corps doctrinal, incomparablement plus élaboré.

Cette vision ne s'oppose pas à l'emploi de femmes dans les services. Pas plus à leur accession à certains grades assez haut placés, sinon aux sommets de la hiérarchie. Elle inclut de surcroît, nous l'avons vu dans le cas d'Ursula Kuckzinsky et de Rudolph Hamburger, une forte dose de fonctionnalité au sein des couples d'agents.

Prenez Elen et Peter Kroger. Le nom vous dit quelque chose ? Dans ce cas, vous avez déjà deviné qu'Elen et Roger ne s'appellent pas Kroger mais Cohen. Leontine Cohen, vous savez bien, cette agente qui assurait les liaisons avec le physicien espion au cœur de l'usine atomique de Los Alamos, Theodore Hall alias « Mlad ». Lona l'astucieuse qui cachait les documents volés au fond de sa boîte de Kleenex...

Comment le couple a-t-il échoué en Angleterre sous cette identité fausse ? C'est une histoire qui commence en 1949, quand Viliam Fisher, vétéran de l'INO infiltré aux États-Unis, a ouvert une boutique d'artisan photographe à New York sous le faux nom d'Emil Goldfus. Sa mission : reprendre en main les fils de l'espionnage soviétique. Mais ces fils, justement, ont commencé à se défaire, et c'est lui qui, sous l'identité factice de Milton, est venu avertir les Cohen en juillet 1950 que le réseau étant sur le point de tomber entièrement après l'arrestation des Rosenberg, ils devaient quitter le pays. Un nouveau venu assistait Fisher. Nul autre que Konon Trefimovitch Molody.

Né en janvier 1922 d'un scientifique russe, ce jeune homme a perdu son père très tôt, raison pour laquelle il est venu vivre à partir de 1934 en Californie chez sa tante Tatiana. De retour en URSS en 1938, mobilisé deux ans plus tard au sein de l'Armée rouge, sa parfaite maîtrise de l'anglais attire comme il se doit l'attention des services de renseignements. L'INO le forme comme agent illégal avant de l'introduire aux États-Unis *via* le Canada. Une tâche qui le contraint, comme Fisher d'ailleurs, à laisser au pays femme et enfants. Tel est en effet le lot des illégaux qui, non contents de vivre en permanence une double, voire une triple vie, ont une existence familiale qui ne peut avoir lieu qu'en pointillés entre deux missions bien entendu secrètes dans un pays où tout est déjà secret.

À cette époque, non seulement Molody se lie-t-il avec Fisher, mais ses pas croisent la trajectoire des époux Cohen. Tandis que ceux-ci sont exfiltrés, Molody quitte les États-Unis. Un pays où Fisher, spécimen d'agent couleur de muraille, va poursuivre son travail clandestin jusqu'au 21 juin 1957, date de son arrestation par le FBI. Cet épisode que Steven Spielberg décrira en 2015 dans son film *Le Pont des espions*.

Puisque Molody et les Cohen ont déjà travaillé ensemble aux États-Unis, le « Centre » de Moscou les désigne pour une mission commune en Grande-Bretagne. La « couverture » de Konon a été tissée bien longtemps à l'avance. Il répondrait au prénom de Gordon, fils né en 1924 d'un métis indien du Canada, Jack Emmanuel Lonsdale, et d'une paysanne finlandaise immigrée, Alga Bonsu. Bien entendu, le vrai Gordon Lonsdale est décédé de longue date. En 1954, Molody, débarqué clandestinement d'un cargo soviétique, se fixe à Vancouver sous cette identité bidon mais soigneusement travaillée (à quelques erreurs près, vite rectifiées, les détails d'état civil concordent). Grâce à ses faux papiers, il parvient à se faire délivrer le certificat de naissance authentifié qui lui permettra d'obtenir un passeport canadien en bonne et due forme.

Un an plus tard, Molody alias « Lonsdale » débarque en Angleterre, à Southampton. Inscrit à l'université à Londres, il apprend l'histoire, la philosophie et le chinois. Grand charmeur, le faux Canadien commence par sortir avec une vraie étudiante, Ann Campling. Père de famille et, semble-t-il, toujours épris de sa femme restée avec leurs enfants en URSS, à lui d'appliquer les consignes : un illégal peut s'autoriser les aventures féminines temporaires qui lui éviteront de craquer, mais jamais les transformer en liaisons stables, grosses de périls. Ce qu'il expliquera dans un livre d'interview paru bien après sa mort en ces termes que nous avons déjà cités : « Le Centre redoute fort les relations durables de son agent : l'amour, c'est bien connu, vous arrache les plus grands secrets et, si la partenaire de l'agent n'est pas son épouse, l'affaire prend une tournure dangereuse. »

Après l'université, « Lonsdale » entre dans la vie active. Directeur en 1958 pour Londres de l'Automatic Machine Company, il vend des juke-boxes, ces appareils à diffuser de la musique enregistrée sur disques dans les lieux publics. Quand la société fait faillite l'année suivante, il s'associe pour créer une petite entreprise de commutateurs et d'antivols électriques, la Master Switch Company. Travaillant à partir de son bureau de Wardour Street, l'illégal vit dans un studio au White House, un immeuble locatif mi-hôtel, mi-appartements. Rien d'extraordinaire à signaler dans sa vie sinon ses liaisons féminines, jamais très longues certes, mais répétées. Son père spirituel en espionnage, Viliam Fisher, apparaît comme la discrétion et la vie d'ascète faites agent secret : le FBI a mis huit ans à le repérer, et seulement à cause de la trahison de son adjoint, Reina Hayhanen. Molody, c'est tout le contraire. Adorant les femmes, il jette volontiers l'argent par les fenêtres et roule dans une voiture américaine assez voyante, cette Studebaker blanche qui lui vaudra d'être repéré.

Jours tranquilles au 45 Crawley Drive

Par contraste, « Elen et Peter Kroger » vivent une existence sans histoires. Le couple entretient des relations amicales avec ses voisins. Il habite une maison typiquement anglaise à Ruislip, petite commune du Middlesex à une bonne vingtaine de kilomètres de Londres. De là, on peut gagner le centre de la capitale en métro moyennant, tout de même, une quinzaine de stations.

Seule particularité : impossible d'entrer à l'improviste au 45 Crawley Drive. La porte d'entrée est munie d'une serrure Yale, d'une autre, encastrée, de marque Chubb, d'une chaîne et de deux verrous. La porte de la cuisine, qui donne, comme souvent en Angleterre, sur un petit jardin, comporte quatre verrous et deux serrures, tandis que du côté de la rue les portes-fenêtres sont dotées de verrous et de serrures.

Un luxe de précautions qui s'explique si l'on sait que derrière une trappe dissimulée sous le réfrigérateur le sous-sol de la maison abrite un émetteur-récepteur radio de 150 watts branché sur deux antennes dont une de terre, ainsi qu'une petite fortune en dollars américains et autres devises. Le briquet Ronson de Peter cache un plan de transmission radio pour huit mois. Dans la table de nuit de la chambre à coucher, un flacon de whisky camoufle une réserve de poudre servant au développement de micropoints, technique de réduction des clichés à une taille si minuscule que l'on peut les insérer sans risque dans un simple courrier postal (un innocent point sur un « i » par exemple). Bien en vue dans la salle de bains, des appareils de prise de vues et de développement. Et pour cause : Elen est connue de tout Crawley Drive pour ses talents de photographe amatrice.

Les cheveux presque blancs à la cinquantaine tout juste, Peter gagne la vie du couple comme vendeur de livres anciens. Dans une boutique d'abord puis à domicile, où il reçoit ses clients comme un quidam qui n'aurait rien à cacher. Blonde et bouclée, Elen a d'abord travaillé à ses côtés avant de s'autoconfiner aux tâches ménagères et aux commissions – la fonctionnalité du couple d'agents toujours. On les voit souvent jardiner ensemble, ce qui contribue à faire d'eux des gens normaux.

Officier subalterne de la Royal Navy et adjoint de l'attaché militaire britannique à Varsovie en 1950-1951, Harry Houghton, déjà en froid avec son épouse qui l'a dénoncé au MI 5 comme entretenant des contacts douteux à l'Est (le divorce interviendra en 1958), a commencé à faire du marché noir de médicaments occidentaux, rares derrière le rideau de fer. Un trafic assez rémunérateur pour qu'il le poursuive à son retour en Angleterre, où la Royal Navy l'a affecté au *Underwater Detection Establishment* (UDE). Installé dans la petite ville côtière de Portland, l'UDE, centre de recherches ultra-protégé, travaille sur les dernières générations d'ASDIC, les systèmes de repérage des submersibles adverses. Or les Soviétiques savent que la Navy s'est vu confier par l'OTAN la mise au point de l'arme de défense sous-marine.

Pour cette raison, Vassili Dojdalev, second secrétaire à l'ambassade d'URSS à Londres, a « tamponné » Houghton avant de repasser son traitement à « Lonsdale ». Officier d'élite de l'INO, transformée à l'ère Khrouchtchev en *Pervoye Glavnoié Upravlenié* (PGU), soit Première direction principale du KGB, Molody semble particulièrement qualifié pour prendre en charge la recrue de Portland. Ses vieux complices les « Kroger » feront parvenir à Moscou les documents secrets de Houghton soit par messages radio cryptés, soit par micropoints à l'intérieur d'une lettre parfaitement anodine.

En règle générale, ces documents – dont une partie des plans du *HMS Dreadnought*, le premier submersible nucléaire anglais – sont fournis par la maîtresse du marin, Ethel Gee. Entrée à l'UDE en 1950, cette quadragénaire est montée en grade en 1955, affectée à la section d'enregistrement du bureau des dessins qui conserve et classe les documents et fascicules des officiers et ingénieurs de marine travaillant sur les projets d'armes nouvelles. Harry et Ethel se sont rencontrés l'année précédente et cet homme de dix ans son aîné à la carrière navale bien remplie (il en rajoute beaucoup) l'a séduite. Orpheline de père, Ethel vivait jusque-là une existence morne et sans relief entre sa mère malade et ses oncle et tante.

Devenus amants, leur vie a changé. Avec l'argent de la PGU, Harry s'est acheté une Dauphine Renault bleue flambant neuve. Ethel, surnommée « Bunty », des robes et des vêtements. Le couple sort beaucoup, quittant souvent Portland le week-end pour Londres. Il dépense sans compter. Une prodigalité qui ne cesse d'accroître leur dépendance à Molody.

Compromission, corruption, trahison : rien que de très classique en matière d'espionnage. Mais voilà le caillou dans la chaussure : s'il n'a pas encore fait défection aux États-Unis, un officier du renseignement militaire polonais Z-2, Mikhaïl Goleniewski, entretient déjà des contacts secrets avec la CIA, à laquelle il a révélé qu'un ancien membre du *staff* de l'attaché naval anglais à Varsovie travaillait pour la PGU. Informé par les « cousins » américains, le MI 5 a donc repéré et placé sous surveillance Houghton dès février 1960.

C'est là que la « brigade des ménagères » va jouer sa partition...

La « brigade des ménagères »

L'idée viendra de John Smith, le surintendant de Scotland Yard chargé de l'affaire en liaison avec le contre-espionnage. Puisque les agents de la PGU, véritables professionnels, savent comme personne repérer les filatures effectuées par des officiers de police mâles, pourquoi ne pas varier les plaisirs en confiant une partie de ces missions à des volontaires féminines ? Cette méthode, originale à l'époque, le MI 5 ne l'a pas rejetée. Un peu moins machiste que le MI 6, c'est une maison où l'on respecte, pour ne citer qu'elle, la compétence en matière communiste de Janet Archer.

D'où le surintendant tire-t-il son idée ? Peut-être de la traduction de *Maigret tend un piège*, roman de Simenon paru en 1955 où le célèbre commissaire mobilise de jeunes policières volontaires pour servir d'appât à l'impuissant sexuel qui poignarde les femmes isolées avant de lacérer leurs robes ? A-t-il vu le film éponyme de Jean Delannoy sorti sur les écrans en 1958 avec Jean Gabin dans le rôle du célèbre commissaire ? Appris tout bonnement l'existence d'une série télé de la BBC avec Rupert Davies en Maigret ? Le fait est qu'il innove.

Convoquées à son bureau en juin 1960, une dizaine d'épouses de policiers de Scotland Yard acceptent de se prêter au jeu. Quelques-unes refuseront même d'être rémunérées.

« Cette mission est ultra-secrète, les a averties Smith. Aucun nom ne sera jamais prononcé, aucune identité ne sera révélée ni à un policier, ni aux journalistes. Et si nous réussissons, encore moins aux magistrats. Cette enquête peut durer des mois. Son succès repose sur le silence de chacune d'entre vous. »

Ainsi fut constituée ce que monsieur le surintendant, assez fier de la trouvaille, désignera comme sa « brigade des ménagères ».

Comment opère-t-elle tandis que le MI 5 et son bras armé en police judiciaire, la Special Branch de Scotland Yard, gèrent l'ensemble du dossier ? Après plusieurs filatures interrompues de crainte de repérage, le numéro minéralogique de la trop voyante Studebaker de « Lonsdale » finit par être noté en juillet 1960, lors d'un de ses rendez-vous avec Houghton. Pour remonter jusqu'à lui, la tâche est assez facile. On place son studio au White House sous surveillance : chaque jour, une « ménagère », pas toujours la même – et à cette fin Smith prendra soin d'en recruter de nouvelles –, guette ses allées et venues dans le hall près du téléphone tandis qu'un policier loue le studio voisin où la Special Branch a installé un dispositif d'écoute. Les téléphones de Houghton et « Bunty » Gee sont sous écoute, de même que le bureau de « Lonsdale ».

Un jour où Molody s'est rendu chez les « Kroger » pour leur remettre les documents à faire parvenir d'urgence à Moscou, une autre filature conduit la Special Branch à la maison du 45 Crawley Drive. Ancien officier des Horse Guards, le patron du pub d'en face, le Falcon, accepte d'y laisser l'usage de la chambre de son fils, absent, aux « ménagères ». Celles-ci se succèdent pour monter la garde autour de l'émetteur-récepteur radio qui leur permet des communications instantanées avec l'équipe de Smith.

Cloîtrées comme des nonnes, les jeunes observatrices ont vue sur la maison des « Kroger » ainsi que sur leur jardin où on les voit travailler ou se reposer, visiblement très amoureux. Ce qui est moins évident, c'est ce qui se passe à l'intérieur, car bien entendu, les rideaux, brodés de fleurs, sont épais. Sans même connaître le nom de leurs cibles, secret oblige, les « ménagères » du Falcon rendent compte de leurs moindres faits et gestes, comme des visites qu'ils reçoivent.

Sur ce, le 4 janvier 1961, Mikhaïl Goleniewski est exfiltré de Pologne par la CIA, qui en informe aussitôt l'allié britannique. Plus question d'attendre, l'enquête du contre-espionnage polonais et, très probablement, celle du « grand frère KGB » risquant de démontrer que le transfuge du Z-2 a pu apprendre la trahison de Houghton. Le 7, Scotland Yard arrête Houghton, Gee, « Lonsdale » et les « Kroger ». La perquisition du 45 Crawley Drive ne durera pas moins de trois jours avant qu'on n'en évente tous les secrets.

Les « ménagères » ont bien mérité de la Couronne britannique. Le 22 mars 1961, le bras de la justice s'abat sur ceux que la presse appelle les « espions de Portland » : vingt-cinq ans de prison pour « Lonsdale », qui n'a rien révélé aux enquêteurs, même pas son vrai nom ; vingt pour chacun des « Kroger », identifiés comme époux Cohen grâce à leurs empreintes digitales fournies par le FBI ; quinze pour Houghton en raison de son âge et quinze pour « Bunty » Gee. Peines confirmées en appel le 8 mai 1961.

La PGU fait profession de ne jamais abandonner les siens. En 1964, Molody sera échangé contre Greville Wyne, homme d'affaires anglais impliqué dans le recrutement d'un agent double du MI 6 et de la CIA au sein du GRU, Oleg Penkovsky. Wyne qu'incarnera Séan Connery, quoique avec un certain décalage dans le temps et l'intrigue, dans *La Maison Russie*, d'après le roman éponyme de John Le Carré. Le tour d'échange des Cohen viendra en 1969.

En URSS, Molody retrouve son aîné Viliam Fisher, échangé en février 1962 contre Gary Powers, pilote américain d'un avion U-2 de reconnaissance photographique à haute altitude dit « dame noire de la CIA » par les Russes. L'opération a eu lieu sur le fameux « pont des espions » de Glienicke qui enjambe la rivière Havel sur le lac du Wannsee, entre Potsdam et Berlin-Ouest. Victime d'une crise cardiaque lors d'une partie de tennis, croit-on, Molody disparaît en septembre 1970. Mais Lona Cohen décédera à un âge beaucoup plus avancé en décembre 1992, à quelques jours de son quatre-vingtième anniversaire. Trois ans et demi plus tard, Morris la suivra dans la tombe. Avec le trio des « espions de Portland » disparaissaient des figures importantes de l'espionnage soviétique. Mais au cœur d'un scandale mémorable qui marquera l'Angleterre du début des années 1960, Christine Keeler, leur cadette et de loin, les enterrera tous…

Party girl *et services secrets*

Le mercredi 1er novembre 2017, un mois et trois jours avant la mort à 76 ans de Christine Keeler, Michael Fallon, ministre britannique de la Défense au sein du gouvernement conservateur de Theresa May, remet sa démission. Oubliant, de son propre aveu à la BBC, que « ce qui aurait pu être acceptable il y a dix ou quinze ans ne l'est clairement plus », Fallon aurait eu, selon la formule consacrée, des comportements inappropriés avec les dames.

Il n'en faut pas plus pour réveiller outre-Manche le fantôme d'un scandale vieux de plus d'un demi-siècle qui contribua à affaiblir un autre gouvernement conservateur, celui de Harold Macmillan. Et provoqua – déjà – la démission du secrétaire d'État à la Guerre, John Profumo.

Un cocktail politiquement explosif où sexe, mensonge et espionnage s'entremêlèrent de façon inextricable sous le feu nourri de la presse people.

L'affaire s'amorce le 8 juillet 1961, quatre mois après le procès des « espions de Portland ». Profumo, 46 ans, brillant officier sur le front italien pendant la Seconde Guerre mondiale et député conservateur marié à l'actrice Valerie Hobson, rencontre Christine Keeler, 19 ans, lors d'une garden-party donnée à Cliveden par Lord Astor, ancien du renseignement naval britannique pendant la guerre. La fille d'Ève et le secrétaire d'État flirtent sur le bord de la piscine et ce qui pouvait arriver ne tarde pas : cette liaison passionnée qui ne cessera qu'en janvier 1963, dix-huit mois plus tard.

Du moins passionnée du côté de Profumo, en proie au démon de la quarantaine. Christine voit en effet les choses sous un jour différent. Prostituée, elle travaille pour le souteneur Stephen Ward. Un familier d'Astor qui a, justement, la réputation de fournir en filles les amis du noble lord.

Curieux sujet de Sa Majesté, ce Mister Ward. Ostéopathe de profession, bien introduit dans la haute société, il entretient parallèlement des rapports amicaux avec Evgueni Ivanov, adjoint de l'attaché militaire soviétique et responsable du GRU à Londres. Des liens que n'ignore d'ailleurs pas le MI 5 puisque, dès le 12 juillet, un de ses agents a déjeuné avec l'ostéopathe, s'inquiétant des événements de Cliveden. « Christine et Evgueni étaient complètement bourrés, assure le maquereau. À eux deux, ils ont descendu deux bouteilles de whisky. »

Sur les relations intimes de Profumo avec sa « protégée », Ward ne s'étend en revanche guère. Parce que cette liaison peut lui rapporter gros et qu'au surplus elle fait de lui, croit-il, un personnage important aux relations allant de l'ambassade russe au gouvernement anglais. La vanité, c'est son péché mignon, à Ward. Il aime jouer les intermédiaires entre les gens et adore avoir barre sur eux. Alors un secrétaire d'État, vous pensez...

Dans son rapport, l'officier du MI 5 note néanmoins qu'à ses yeux l'ostéopathe ne constitue aucun vrai danger pour la sécurité nationale. Ward peut-être pas – encore qu'avec son obsession de faire rencontrer tout le monde et de faire coucher tout le monde avec tout le monde... –, mais sa « protégée », si. Miss Keeler entretient en effet simultanément une liaison avec Ivanov !

Ce qu'on peut craindre à ce stade, ce n'est pas tant la fuite de secrets d'État : il semble peu probable que Profumo en livre sur l'oreiller à cette jeune *party girl* qui n'a ni la maturité ni la formation politique et technique pour les comprendre. Un chantage exercé par le GRU ? Possible à la rigueur, mais rien ne l'indique. Ce qui effraie le plus dans cette Angleterre toujours puritaine quoique déjà travaillée par le prurit de la libération sexuelle, c'est un scandale dont l'opposition travailliste ferait ses choux gras.

À propos de scandale, le MI 5 semble mal placé pour prendre la mesure de celui qui pointe à l'horizon. Un de ses fonctionnaires à partir de 1956, John Le Carré, dépeindra dans ses anti-Mémoires l'ambiance coincée qui régnait à son époque au sein du Service : « Pour le meilleur et pour le pire, le MI 5 était l'arbitre moral de la vie privée de tous les fonctionnaires et scientifiques du pays. Selon les consignes de sécurité en vigueur, les homosexuels et autres supposés déviants étaient considérés comme vulnérables au chantage, donc interdits de tout travail secret. »

Et le romancier d'assurer que le patron du MI 5 de 1956 à 1965 (Roger Hollis, dont il ne donne pas le nom par pure délicatesse) « cohabitait de façon notoire avec sa secrétaire pendant la semaine avant de rejoindre son épouse le week-end ». Et que pendant ce temps : « La secrétaire des archives dont la jupe était jugée trop courte et trop moulante, ainsi que l'agent de bureau marié qui lui faisait de l'œil » encourajent tous deux les foudres de supérieurs un tantinet faux jetons[4].

Shame and Scandal in the British Government

On comprend mieux pourquoi le contre-espionnage ne se sent guère à son aise dès lors qu'il s'agit de gérer l'égarement sexuel du secrétaire d'État à la Guerre. Que se passerait-il si l'opinion découvrait derrière cette affaire déjà embarrassante la possibilité d'une connexion Profumo-Keeler-Ward-Ivanov ? Ce, d'autant que l'ostéopathe continue à jouer les mouches du coche. À la fin de l'année 1962, au plus fort de cette crise des fusées de Cuba qui mettra le monde au bord de la guerre nucléaire, il va mettre en rapport le ministère anglais des Affaires étrangères et Ivanov ! Sur ordre de ses chefs, l'attaché naval doit délivrer

4. John Le Carré, *Le Tunnel aux pigeons. Histoires de ma vie*, Paris, Seuil, 2016.

au Foreign Office un message rassurant quant aux intentions soviétiques. Fidèle à sa vocation aussi bien politique que sexuelle – s'entremettre –, Ward fait passer ce message le 24 octobre à Sir Harold Caccia, le sous-secrétaire d'État aux Affaires étrangères : l'URSS considère une médiation britannique comme la meilleure chance d'aboutir à une issue pacifique de la crise. Trois jours plus tard, haussant encore la barre, l'ostéopathe se rend avec Ivanov lui-même au domicile du comte d'Arran, autre sommité du Foreign Office. Une initiative qui n'aura pas le temps d'aboutir, le numéro 1 soviétique, Nikita Khrouchtchev, annonçant qu'il renonce à son projet d'installation de missiles nucléaires à Cuba.

Certain d'avoir sauvé la paix dans le monde, Ward exulte. Mais voilà qu'en décembre un énième amant jaloux de Keeler, l'organisateur de concerts de jazz Johnny Edgecombe, vient tirer cinq coups de feu sur la maison du proxo où la jeune femme s'était réfugiée. La rumeur court Fleet Street, la rue londonienne des grands quotidiens anglais : Profumo serait l'amant de cette fille à scandale. « Enquêtez là-dessus et ramenez-moi du saignant », ordonnent les patrons de tabloïds à leurs spécialistes des faits divers.

Dans ce contexte déjà lourd, l'annonce du passage à l'Est de notre vieille connaissance Kim Philby, exfiltré par le KGB fin janvier 1963 de Beyrouth où il était, côté cour, représentant du quotidien anglais l'*Observer* et, côté jardin, correspondant pas du tout honorable du MI 6 puisque repéré de longue date comme agent soviétique, apporte de l'eau au moulin de l'opposition travailliste au gouvernement Macmillan. Ne démontre-t-elle pas que la classe dirigeante protège les siens au point que, même convaincus de trahison, on leur évite la geôle avant de les laisser filer bien tranquillement chez leurs commanditaires russes ? Quant à Profumo, cet hypocrite, Dieu sait ce qu'il a pu confier à Christine Keeler, maîtresse d'un espion de Moscou…

En mars 1963, le patron du Home Office Henry Brooke, ministre de tutelle du MI 5, demande à Roger Hollis s'il est exact qu'en 1961 le contre-espionnage, inquiet de la double liaison de Miss Keeler avec Profumo et Ivanov, a fait parvenir à la femme du secrétaire d'État des lettres anonymes dans l'espoir de provoquer une rupture. Hollis nie. « De toute façon, vous auriez dû me mettre au courant », remarque Brooke, vexé.

Débat aux Communes

Retournant le couteau dans la plaie, le leader travailliste, Harold Wilson, exige un débat aux Communes : « Il ne s'agit pas de fouiller dans la vie privée de M. Profumo. Mais le pays doit être assuré qu'aucune atteinte n'a été portée à sa sécurité nationale. » L'erreur viendra de Profumo lui-même. Le 22, lors du débat aux Communes, le secrétaire d'État croit bon de mentir, jurant aux élus que jamais au grand jamais il n'a entretenu le moindre « contact inapproprié » avec Miss Keeler.

Le 28 mars, Hollis fait savoir à Brooke que, dans le cas visé, le rôle du *British Security Service* (ainsi commence-t-on à désigner le contre-espionnage) se limitait aux contacts en Angleterre de l'officier soviétique de renseignements Ivanov, sans vocation à s'étendre aux intrigues sexuelles des *party girls* de Ward. Sous-entendu : ça regardait la brigade mondaine, pas nous. Même s'il est clair qu'en l'occurrence, le MI 5 s'est montré inférieur à sa tâche consistant à protéger le royaume, le ministre est bien obligé de s'incliner.

Si le *British Security Service* et le Foreign Office se montrent mal à l'aise avec ce scandale mêlant sexe, haute société et soupçon d'espionnage, c'est encore pire pour le Premier ministre. L'affaire horrifie tellement Macmillan que, désarmé par sa propre pudibonderie, il ne sait plus comment la gérer. Or la pression médiatique s'accentue à telle enseigne que Profumo, forcé d'admettre qu'il a menti devant les Communes, donne sa démission le 4 juin. Le secrétaire d'État quitte à la fois son ministère et son mandat de député pour se consacrer à des actions humanitaires.

Par son côté scabreux, le scandale aura des retentissements internationaux peu compatibles avec la dignité britannique. « Que vous ne me réserviez pas une affaire Profumo, messieurs, et tout ira bien », lance, indigné ou amusé, le général de Gaulle à ses ministres réunis autour de lui en conseil le 19 juin.

Une affaire qui ne s'arrête pas là. Du 22 au 31 juin a en effet lieu le procès pour proxénétisme de Stephen Ward. Or on le retrouve mort à son domicile du 17 Wimpole Mews. Empoisonnement par overdose de barbituriques, conclut l'enquête officielle. Élimination d'un témoin gênant par les services secrets, tranchent les sceptiques.

Keeler est désormais une people. *La* people. Pour le photographe Lewis Morley, elle pose nue sur une chaise à l'envers dont le dossier cache son sexe, ses bras croisés lui camouflant les seins. Un cliché affriolant. En décembre 1963, l'ex-*party girl* comparaît devant le tribunal, écopant de neuf mois de détention pour parjure. À cette date, Macmillan, affaibli par l'affaire Profumo, a déjà jeté l'éponge. Lui succédera au 10 Downing Street Harold Wilson, bientôt cible de tentatives de déstabilisation répétées ourdies dans les chaudrons à magouilles du MI 5, mais ceci est une autre histoire...

Celle de Christine Keeler n'est pas achevée. Londres l'inconstant s'est lassé. L'ex-*party girl,* qui, au temps de sa splendeur médiatique, ne roulait plus qu'en Rolls, a bientôt du mal à joindre les deux bouts. Mère de famille dépassée par sa propre légende de femme fatale, elle réapparaîtra à la une des tabloïds en 1988, au moment de la sortie sur les écrans de *Scandal,* médiocre pellicule où Joanne Whelley-Kilmer interprète son personnage, et de la publication de ses très décevants Mémoires. Oubliée, Christine Keeler meurt donc le 4 décembre 2017, un mois et trois jours après la démission de Michael Fallon...

21

Manipulées

Le patron de la CIA, Allen Dulles, ne décolère pas. En assimilant Fidel Castro à un simple romantique révolutionnaire de style latino, ce maître espion croyait faire preuve d'ouverture, à rebours des schémas obtus de guerre froide. Le problème, c'est qu'il s'est roulé lui-même dans la farine. Les *barbudos* sont entrés à La Havane en janvier 1959. Or c'est seulement après cette arrivée victorieuse que l'Agence a réalisé que Raúl Castro, le frère du *Lider Màximo*, était un ancien militant du PSP, le Parti communiste cubain, avec qui son aîné Fidel entretenait des relations avant même de se lancer dans la guérilla. Ou encore que l'Argentin Ernesto « Che » Guevara avait appartenu à une milice communiste dirigée par un Nicaraguayen, la brigade Augusto Cesar Sandino, en juin 1954, époque où la CIA parvenait à déstabiliser le gouvernement guatémaltèque de gauche du colonel Jacobo Arbenz.

Si Dulles peste, le président Eisenhower rage. N'accuse-t-il pas la CIA d'avoir nourri en son sein « un diable pire que Batistá », l'ancien dictateur cubain notoirement lié à la mafia nord-américaine ?

Or, les renseignements sur le nouveau régime manquent cruellement. Et pour cause : comme au temps de la guérilla, le noyau dirigeant cubain fonctionne en vase clos. Un groupe hermétique qui ne partage ses secrets qu'en tout petit comité : Raúl Castro ; Célia Sànchez, très influente ex-maîtresse du *Lider Màximo* ; Manuel Piñeiro dit « Barberousse » et Ramiro Valdés qui, dès septembre 1959, ont commencé à construire « El Apparato », l'équivalent cubain du KGB.

Faites quelque chose contre Castro, exige pourtant Eisenhower. Mais quoi ? La CIA va miser sur deux femmes. La première est une Nord-Américaine d'origine allemande...

Notre agente à La Havane

Llona Marita Lorentz est née en août 1939, quelques jours avant la signature du pacte Hitler-Staline et l'invasion de la Pologne. Sa mère, Alice June Lofland, était citoyenne des États-Unis. C'est en embarquant en 1932 à New York pour une croisière à bord du *Bremen* qu'elle rencontrera l'homme de sa vie, l'Allemand Heinrich Lorentz, capitaine en second de ce transport de passagers.

Alice et Heinrich s'installent en Allemagne, à Bremerhaven. Ils se marient. Le couple aura deux garçons et deux filles. Marita prétendra par la suite que ses parents auraient œuvré contre Hitler au sein d'un réseau de renseignements lié aux États-Unis, mais cette personne, d'une fiabilité toute relative, a tendance à voir des espions nord-américains partout : là où ils sont comme là où ils ne sont pas.

Sa mère Alice est déportée au camp de Bergen-Belsen. Marita survit près de Bremerhaven, dans un hôpital de fortune géré par la SS, avant d'être internée elle aussi à Bergen-Belsen.

En 1946, ses parents divorcent. Alice fréquente d'un peu trop près des Américains de l'armée d'occupation, ce qui vaudra à Marita d'être violée par un soudard. Quatre ans plus tard, la mère et l'adolescente partent pour les États-Unis. En 1951, Alice y décroche un job au *Criminal Investigation Department* de l'armée de terre. Ce qui n'empêche pas Marita de continuer à voir Heinrich. Toujours marin de croisières touristiques, son père l'embarque de temps à autre à bord de son navire. Or, fin février 1959, le *Berlin* jette l'ancre dans le port de La Havane. Des *barbudos* montent à bord. En tête, Castro lui-même, dont la haute silhouette et le regard pénétrant aimantent celui de la jeune femme de 19 ans. Sans modestie excessive, le *Lider Màximo* de la révolution cubaine se présente en mauvais anglais : « *My name is Dr Castro, Fidel... please I'am Cuba. I please come to visit your great ship, I'am Cuba. You is aleman ?* »

Castro la dévore des yeux. Marita lui fait les honneurs du navire jusqu'au moment où le *Lider Màximo* l'embrasse fougueusement avant de l'entraîner à l'intérieur de sa cabine. Quoique incomplète, ce sera du propre aveu de la jeune femme sa première relation sexuelle consentie.

De retour aux États-Unis, Marita reçoit un appel téléphonique impérieux de Fidel. Il lui dépêche un appareil des Cubana Airlines. Une fois à La Havane, on installe la jeune femme dans la suite du *Lider Màximo*, au 24e étage du Habana Hilton, rebaptisé Cuba Libre. S'ensuit une liaison torride quoique discrète. Certains savent quand même : en mai 1959, Marita est ainsi abordée par Frank Fiorini. De son vrai nom Frank Sturgis, cet aventurier nord-américain a aidé les castristes à l'époque de la clandestinité. Ce qui ne les empêche pas de s'en méfier bien qu'ils l'aient nommé chef des services secrets de l'armée de l'air et directeur de la surveillance des casinos.

« Ne lui parle pas et garde tes distances », ordonne Fidel à sa compagne. Bien qu'utile, Sturgis fricoterait avec la mafia, mécontente d'être privée de ses établissements par le nouveau régime. Peut-être même avec la CIA. Ce qui n'empêche pas la jeune femme de continuer ses rencontres avec l'Américain auquel, par lassitude dira-t-elle, elle accepte de remettre certains des documents que Castro, très brouillon, laisse traîner dans sa suite. Trahir aussi légèrement les secrets de l'homme qu'elle aime : on se demande vraiment ce qui peut lui passer par la tête.

Accouchement sous drogue

À l'automne 1959, enceinte des œuvres du dictateur, Marita nage dans le bonheur. Survient un épisode confus alors que Fidel effectue une tournée dans la province d'Oriente. Droguée, la jeune femme aurait été conduite dans un établissement hospitalier pour y subir un accouchement prématuré.

La CIA a-t-elle trempé dans cette sombre affaire ? Peu probable. Non seulement l'Agence centrale de renseignements n'avait guère les coudées franches dans l'île caraïbe (sinon Castro serait déjà mort), mais, en l'occurrence, on ne discerne pas son intérêt à agir. Une manœuvre d'« El Apparato », le KGB cubain, semble en revanche tout à fait plausible. Fidel préférait sans doute que, fruit de sa liaison avec une Yankee, l'enfant à venir soit ignoré du peuple cubain.

Camilo Cienfuegos, un des *barbudos* les plus spontanés, découvre alors Marita. Elle baigne dans son sang non dans la suite de Castro, mais dans une pièce à l'écart. Qui a averti si opportunément ce sauveur ? Mystère. Le fait est qu'il met dare-dare la maîtresse de Fidel dans un avion de ligne cubain en partance pour les États-Unis. Par ses Mémoires publiés en 2015, on connaît la version de la jeune femme[1].

Impossible, par contraste, de recueillir celle de Camilo. Peu après, le 28 octobre 1959, son Cessna se volatilise en effet sans laisser de traces. Accident, diront les officiels : Camilo continuait à piloter lui-même au mépris des consignes de Fidel. Assassinat, répliqueront les opposants : Cienfuegos ne se remettait pas d'avoir arrêté sur ordre du dictateur un de leurs vieux camarades de la guérilla, Huber Matos. Il est peu probable que l'on acquière à l'avenir la moindre certitude sur ce drame.

Quoi qu'il en soit, Marita s'installe dans l'appartement de sa mère Alice, toujours employée de l'US Army. Bien entendu, elle ne tarde pas à recevoir la visite du FBI. On l'interroge sur son séjour cubain et ses relations avec Castro. Alice la met ensuite en relation avec un jésuite défroqué qui se prétend lié au clan Kennedy. Ancien du *Counter-Intelligence Corps*, le contre-espionnage de l'armée d'occupation américaine en Allemagne, Alex Rorke, journaliste free-lance lié tant au FBI qu'à la CIA, sympathise avec elle.

« Alex devint une sorte de frère pour moi », écrira cette jeune femme meurtrie et paumée. Il lui fait rencontrer le gratin des Cubains anticastristes réfugiés aux États-Unis. Sturgis aussi : revenu au bercail nord-américain, l'aventurier l'informe de la création d'une troupe d'exilés qui prépare le renversement *manu militari* de Castro. Décidément tous azimuts, Marita fréquente par ailleurs les organisations castristes présentes sur le sol nord-américain comme cette « Commission de propagande de la cellule H » dont elle est nommée secrétaire. Autant d'activités aussi parallèles que contradictoires dont elle rend scrupuleusement compte au FBI.

1. Marita Lorentz, *J'étais l'espionne qui aimait Castro*, Paris, First Document, 2016.

Quel double jeu croit-elle pouvoir mener impunément ? À la fin de l'année 1959, un télégramme de Cuba l'invite à appeler un numéro de l'île caraïbe. Certaine d'être sous écoute, Marita descend téléphoner d'une cabine publique quand, rapportera-t-elle, des coups de feu en brisent les vitres. Un avertissement sans doute, mais de qui : CIA (on voit mal le FBI se livrer à de telles extrémités) ou « El Apparato » ? De toute façon, Sturgis décide qu'en effet Lorentz n'a qu'à se rendre à Cuba pour espionner Castro et son entourage. Une fois encore, Marita accepte, et le lecteur de ses Mémoires de s'interroger : pourquoi cette candidate à la manipulation se plie-t-elle toujours aux volontés des uns et des autres ? Quand ce n'est pas Castro qui commande ses faits et gestes, ce sont sa mère, Sturgis ou Rorke.

L'ancien jésuite fait alors paraître dans un tabloïd un article à sensation. Signé Alice Lorentz, il s'intitule : « L'histoire effrayante d'une mère américaine : Fidel a violé ma fille, encore ado. » Manœuvre propagandiste à n'en pas douter. Furieuse, Marita part en Allemagne se consoler auprès de son père, puis revient à New York.

Va, et tue Castro !

De son propre aveu et dans une intention qui nous échappe, la jeune femme part alors pour la Floride aux côtés des anti-castristes cubains de la brigade 2506, financée par la CIA et entraînée par les forces spéciales américaines.

Au cours d'une marche dans les marais des Everglades, Marita sympathise avec Gerry Patrick Hemmings. Agent de liaison et saboteur castriste au temps de la guérilla, ce double de Sturgis en plus sympathique a détesté l'évolution du régime vers le communisme. Ancien des forces spéciales de la fin de la Seconde Guerre mondiale, c'est un excellent instructeur en tir et en explosifs.

Fin 1960 ou début 1961, Marita revient à New York, où Rorke lui aurait carrément proposé la botte : se rendre à La Havane pour assassiner Castro. En finir avec le dictateur, c'est de fait l'obsession de l'équipe du président Kennedy nouvellement élu. Tandis qu'Allen Dulles peaufine son plan de débarquement de la brigade 2506 à Cuba, un ancien du FBI passé au service de l'Agence, Robert Maheu, met à profit ses relations dans la mafia, John Rosselli et Sam Giancana. Deux gangsters dont les intérêts bien compris – abattre Castro et son régime – convergent avec ceux des Cubains en exil, de la CIA et de la Maison-Blanche où Kennedy va prendre ses fonctions en janvier.

C'est à l'hôtel Fontainebleau de Miami qu'à l'issue d'une bonne vingtaine de séances de persuasion (on l'aurait assommée en permanence par des drogues, ce qui cadre mal avec la suite de l'affaire) Maheu, Sturgis, Rorke et d'autres personnages inconnus lui remettent deux capsules de poison à verser dans le verre de Fidel. « Ceci va changer le cours de l'histoire », l'aurait même encouragée Sturgis.

C'est dotée de cet étrange bagage que la jeune femme embarque pour Cuba dans un avion de la Panam. Conduite sans coup férir dans la suite de Castro au Cuba Libre, Lorentz dit avoir constaté sur-le-champ que les capsules empoisonnées s'étaient autodissoutes à l'intérieur du pot de crème pour le visage où elle les avait cachées de peur d'être découverte à la douane.

« Que s'est-il passé avec notre enfant ? demande-t-elle au *Lider Màximo* dès leurs retrouvailles. C'est la principale raison pour laquelle je suis ici.

— Pas pour me tuer ?

— Si », avoue-t-elle, le regard de Castro interdisant paraît-il toute esquive.

Dans une scène digne de Hollywood, le dictateur lui tend son arme[2].

« Nul ne peut me tuer. Personne.

— Moi, je peux.

— Tu ne le feras pas. »

Coupez, c'est dans la boîte. Fidel annonce alors que le médecin « coupable » de la mystérieuse opération a été liquidé. Faire disparaître un gêneur est procédure courante sous son régime, celui-ci payant en lieu et place de ses supérieurs.

Aucune réponse, sinon ces deux phrases ô combien laconiques : « Il n'y a pas de problème. Le petit garçon va bien. » Un enfant « entre de bonnes mains » à la garde d'un couple de

2. Jennifer Lawrence est d'ailleurs pressentie pour jouer le rôle de Marita dans un prochain biopic.

professeurs, mais que sa propre mère n'aura pas le droit de voir ! La vie privée du dictateur reste secret d'État.

À la place de Marita, beaucoup de mamans auraient fait le siège de Fidel. Or, selon ses dires, elle se contente de laisser les 6 000 dollars reçus de la CIA en cas de besoin avec une note demandant à Fidel d'utiliser la somme pour leur enfant. Le soir même à 18 heures, cette femme décidément étrange rembarque seule pour Miami.

Un accueil plutôt frais l'y attend. Sturgis, en particulier, semble excédé. Il n'entraîne pas moins sa protégée dans des vols et trafics d'armes en direction du Guatemala et du Nicaragua, dictatures associées aux projets de renversement de Castro.

Au final, John Kennedy donne à Dulles le feu vert pour l'entrée en lice de la brigade 2506. Un demi-feu vert plus exactement puisque le jeune président impose trois conditions à son chef de service secret. Il faut changer le site de débarquement pour celui de la baie des Cochons, plus éloigné de La Havane ; les moyens aériens américains destinés à clouer au sol la flotte de Castro seront divisés par deux ; aucun soldat des États-Unis ne devra être impliqué de façon directe. Pas question, autrement dit, de l'appui au sol que Dulles et la CIA envisageaient si l'assaut des 1 500 Cubains de la brigade 2506 contre les 30 000 hommes des forces armées castristes tournait mal.

Or, tel sera le cas. Déclenché le 17 avril 1961, le débarquement se traduit par un cuisant échec. De même le « putsch des généraux » lancé quelques jours plus tard, dans la nuit du 21 au 22 avril, contre la politique algérienne du général de Gaulle…

Les transfuges féminines du FLN

Comme son ancêtre l'OSS, la CIA de Dulles accorde beaucoup d'importance à la guerre psychologique. À l'époque, ses analystes se sont penchés avec attention sur la lutte des services secrets français contre le Front de libération nationale algérien, le FLN, en 1957-1958. Un cas d'école qui les passionnera une deuxième fois au début des années 2000, quand les États-Unis se seront embourbés en Irak.

Leur intérêt concerne la bataille d'Alger, où, comme on le sait, les parachutistes du général Massu, confrontés à une vague meurtrière de terrorisme urbain, ont usé et abusé de la torture. Mais aussi son prolongement immédiat : cette opération majeure d'intox des maquis de l'ALN, l'Armée de libération nationale, qui portera le nom de « Bleuite ».

Les « bleus-de-chauffe », ainsi appelait-on à l'époque certains auxiliaires autochtones de la contre-insurrection française. Militants « frontistes » arrêtés et retournés, ces transfuges étaient vêtus de cottes de travail bleues, d'où leur nom. Ils opéraient aux ordres d'un officier particulièrement imaginatif, le capitaine Paul-Alain Léger.

Parachutiste, Léger a sauté sur la France en 1944 puis sur la Hollande en 1945. En Indochine, il monte des commandos très efficaces à base, déjà, d'ex-viêt-minhs ralliés. On a vu au chapitre précédent pourquoi ce type de contre-guérilla excluait les Françaises : capturées, elles auraient été soumises par l'ennemi à des traitements inhumains.

Un danger qui n'effrayait guère Léger. Jeune officier tourné entièrement vers le combat, il en connaissait les risques. Diriger un commando de ralliés, c'était déjà jouer sa vie à quitte ou double.

Cette guerre terminée, Léger effectue des missions pour le service Action du SDECE. Quand il débarque à Alger en 1957 pour une autre guerre, la capitale est à feu et à sang. Créateur du Groupement de renseignement et d'exploitation (GRE), qui recueille des informations sur la zone autonome d'Alger du Front, la ZAA, le capitaine ne tarde pas à connaître les méandres de la casbah, la vieille ville indigène. C'est de là que le patron de la ZAA, Yacef Saadi, lance de jeunes militantes vêtues à l'occidentale qui, munies de bombes, ensanglantent l'Alger européen.

À la tête de ses « bleus », Léger, adaptant à l'environnement urbain les méthodes apprises en Indochine, se livre à des incursions toujours plus audacieuses dans la casbah. Sa première recrue féminine algérienne sera « Ouhria la Brune », agente double de grande valeur dont il ne révélera jamais le nom (âgée de 83 ans, elle vit aujourd'hui en France). Internée pour menées nationalistes au camp de Beni-Messous, Ouhria a été dénoncée à la police par son mari, un militant du FLN arrêté. L'homme faisait coup double : en se débarrassant de son épouse, il protégeait sa maîtresse, elle aussi agente de liaison frontiste.

« La Brune », on s'en doute, prend très mal cette trahison. Le directeur de Beni-Messous la signale à Léger comme un cas intéressant.

Intéressant est le mot. « Elle n'a que dix-huit ans et sa bouche aux lèvres pleines s'ouvre sur des dents régulières et blanches au-dessus d'un petit menton volontaire. Les cheveux assez courts sont frisés et tombent sur les oreilles et la nuque de la jeune femme », écrira l'officier pour situer leur première rencontre.

« Étant allée à l'école communale et au lycée où ses meilleures amies étaient européennes, c'est dans un français parfait qu'elle me raconte l'histoire de sa jeunesse, le mariage imposé par son père, la petite fille née il y a un an, et enfin son internement à l'issue des déclarations de son mari. » Quand elle évoque cet époux et sa maîtresse, note Léger, le rictus de colère qui lui tord le bas du visage fait soudain paraître Ouhria plus âgée.

« Elle est certes musulmane, croyante et pratiquante, analyse l'officier, mais, par l'éducation occidentale qu'elle a reçue, elle ne peut admettre certaines coutumes et critique vivement la place faite à la femme dans la société islamique[3]. »

C'est un des problèmes de cette guerre en effet. Quantité de jeunes Algériennes se sont lancées tête baissée dans le combat nationaliste, voyant dans le FLN et ses proclamations révolutionnaires l'amorce d'un changement radical de leur statut. Après l'indépendance, certaines seront de fait promues « héroïnes nationales ». Mais sans que l'Algérie nouvelle leur accorde de rôle politique et social autre que décoratif. Retour à la normale, là encore.

Libérée de Beni-Messous, Ouhria devient de ce fait suspecte aux yeux d'une ZAA particulièrement expéditive. Pour « blanchir » son agente, Léger manigance alors une fausse arrestation suivie d'une évasion tout aussi bidon mais spectaculaire : tirs, hurlements, course-poursuite « infructueuse » dans les ruelles de la casbah.

Persona grata aux yeux des frontistes à l'issue de cette mise en scène, Ouhria devient une des principales agentes de liaison de la ZAA. Peu après, Léger recrute une autre jeune musulmane dont le mari, membre d'une tendance rivale, le Mouvement nationaliste algérien (MNA), a été abattu par le FLN. Elle aussi

3. Paul-Alain Léger, *Aux carrefours de la guerre*, Paris, Albin Michel, 1983.

veut se venger. Kabyle au français impeccable, son opulente chevelure blonde la fera surnommer « Ouhria la Blonde » par opposition à « la Brune ».

« Ouhria la Brune » et « Ouhria la Blonde »

Dans un premier temps, les deux Ouhria travailleront en tandem. Si la ZAA dépend des femmes tant pour son système de courriers que pour la pose des bombes dans les quartiers européens, la répression aussi sera féminine, quoique dans une mesure moindre.

La preuve : se substituant à une autre agente de liaison arrêtée, « Ouhria la Brune » va jouer un rôle clé dans la localisation et l'arrestation de Yacef Saadi et de sa compagne Zohra Drift le 24 septembre 1957. Un événement que Léger, en permission en métropole auprès de sa femme et de ses deux enfants, apprendra par la presse ! Elle fait aussi arrêter Ben Hamida, le commissaire politique de la casbah. Survient, le 8 octobre, la fin de l'exécuteur des basses œuvres Ali Amara dit « Ali la Pointe », qui, contrairement à Saadi, se fera tuer avec sa compagne Hassiba Bent Bouali et un agent de liaison, Petit Omar, 12 ans, plutôt que de se rendre.

L'affaire pourrait s'arrêter là, mais Léger se veut l'homme des opérations à long terme. La véritable ZAA réduite à peu de choses, il en bâtit une, imaginaire et entièrement à sa main.

Afin d'en accréditer l'existence, ce maître de l'action clandestine monte quelques attentats bidon. Dès le 10, « Ouhria la Brune » lance par exemple si « maladroitement » sa grenade que l'explosion n'atteint personne. Suivra un attentat au quartier général du GRE – cette fois, c'est Léger lui-même qui a lancé l'engin, s'arrangeant pour qu'aucun bleu ne reçoive d'éclat. Les journaux en parlent, et c'est l'essentiel : le FLN aussi lit la presse.

À travers un réseau d'agents de liaison (dont bien entendu « Ouhria la Brune »), la ZAA fantôme de Léger échange des courriers avec la très réelle willaya III, celle de Kabylie, et son chef le colonel Aït Hamouda dit « Amirouche ». Un manège qui va durer presque six mois.

Dirigeant brutal, voire cruel, « Amirouche » appartient à l'espèce des purs : ceux qui voient des traîtres partout et tuent tous ceux en qui ils voient des traîtres. L'objectif est de jouer sur la paranoïa de ce chef de guérilla courageux mais limité. Difficile de réfléchir sereinement en termes politiques, il est vrai, quand on vit sous la pression militaire continuelle de l'armée française. Du coup, l'homme prête le flanc à l'intox.

Enfumer « Amirouche », c'est vite dit, mais comment ? Léger n'entend pas sacrifier « Ouhria la Brune », trop précieuse. Mais une jeune militante frontiste, Zohra Tadjer, « Roza » pour ses amis du quartier populaire de Belcourt, va se porter involontairement candidate au poste.

Il n'y a pas grand-chose à reprocher à cette jeune fille. Tout au plus la confection d'un drapeau aux couleurs algériennes. Fin janvier 1958, Léger, à l'affût, se la fait quand même présenter à Bordj Menaïel, son lieu d'internement : « C'est une belle plante de dix-huit ans, dont le corps, pourtant enfermé dans une longue robe kabyle, laisse deviner des formes sculpturales. Le nez fin et légèrement retroussé, la bouche large et sensuelle donnent un charme étrange au visage éclairé par d'immenses yeux noirs. La chevelure brune, longue et soyeuse, croule en épaisses torsades sur les épaules. »

L'officier lui propose de travailler pour la cause française. Ce qu'elle accepte avec tant d'empressement que Léger et son adjoint algérien, Hacène Ghandriche, n'y croient pas. Pour eux, c'est couru d'avance : à peine libérée, « Roza » retournera au FLN.

« Roza » sacrifiée

Son destin est scellé. Puisqu'elle mime si bien la comédie du ralliement, le capitaine lui fait avaler par petits morceaux un savant dosage de vérités (un peu) et de mensonges (beaucoup). Il contrôlerait une grande partie de la willaya 3... des traîtres existeraient à tous les étages de la hiérarchie des autres willayas...

Le téléphone est situé dans le couloir. Sous prétexte d'appels urgents, Léger, machiavélique, laisse sa captive seule dans son bureau. « Roza » profite de l'occasion pour lire et mémoriser les dossiers marqués « secret » que le capitaine fait mine d'oublier sur la table : de vrais noms de rebelles assortis de faux détails « prouvant » leur complicité avec l'armée française. Par souci d'authenticité, certaines pièces livrées à la sagacité de la jeune fille sont extraites de la correspondance que le chef du GRE entretient avec la willaya 3 dupée par ses soins, y compris des réponses de la main même d'« Amirouche ». Sachant que, même affaibli, le FLN a encore des yeux pour voir, Léger prend soin de s'afficher avec la jeune femme en ville. Il la renvoie ensuite chez sa mère à Belcourt. Dix jours après, plus la moindre nouvelle de « Roza ». Et pour cause : comme prévu, l'ex-prisonnière, persuadée de détenir des secrets vitaux pour le FLN, a pris contact avec une filière frontiste qui l'a acheminée dans un maquis de la willaya 3. Comme prévu là encore, disons même franchement comme espéré, la voilà interrogée par le responsable politico-militaire de la zone I, le capitaine Hacène Mayouz.

« Tu es une traîtresse : on t'a vue à Bordj Menaïel dans la Jeep de Léger.

— Avant de m'accuser, tu ferais mieux de regarder autour de toi. Ce ne sont pas les traîtres qui manquent. »

Et de donner des noms. Brute primaire et soupçonneuse, Mayouz présente « Roza » à « Amirouche » une semaine plus tard.

« Fais-lui dire tout ce qu'elle sait, exige le chef de willaya. Liquide les premiers traîtres qu'elle t'a désignés, on verra pour les autres. »

Hacène-la-torture, le surnom du responsable de la zone I, a un truc pour ça. Le supplice de l'hélicoptère : on fait tourner le corps nu du suspect pieds et poings liés au-dessus de braises incandescentes ! Pour échapper à ce traitement monstrueux, « Roza » inventerait n'importe quoi. Réduite à l'état de loque humaine, la malheureuse aligne détail imaginaire sur détail imaginaire avant d'être égorgée. Cette horreur, Léger l'avait anticipée sans le moindre état d'âme. Elle l'arrange. Sur la base des « révélations » de la jeune suppliciée, « Amirouche » se persuade en effet, comme il l'écrira aux autres chefs de willayas, qu'il vient de découvrir « un vaste complot ourdi depuis de longs mois par les Services secrets français contre la RÉVOLUTION ALGÉRIENNE ».

La machine de mort est en marche. Torturés, les suspects désignés par « Roza » font comme elle : dans l'espoir de faire cesser leurs souffrances, ils disent n'importe quoi, balancent n'importe quels noms. Bons patriotes, les malheureux savent qu'ils n'ont trahi personne, certitude qui ne fait qu'accroître leur détresse : pourquoi leurs frères de combat les traitent-ils ainsi ? Particulièrement visés, les lycéens et étudiants, que leur niveau d'instruction rend suspects de ralliement à la France. Et plus particulièrement visées parmi eux, les filles d'Ève, coupables de vouloir transgresser les règles de la société traditionnelle.

La révolution algérienne est en train de dévorer ses propres enfants, laminant d'avance les élites potentielles sur lesquelles elle aurait pu s'appuyer. Une méga-purge bientôt nommée la « Bleuite » en référence aux bleus-de-chauffe.

Voyez ce qu'en a dit Paul-Alain Léger, interviewé en mai 1983 par Roger Faligot. Des propos où transparaît une sorte de joie mauvaise puisque, au final, cette intox de masse, même parfaite au plan technique, n'a pas empêché l'accession du pays à l'indépendance : « Les Algériens arrêtaient des types, les torturaient. Les gars disaient n'importe quoi, donnaient les noms qu'ils connaissaient, avouaient qu'ils travaillaient effectivement pour moi. Sous la torture, ils avouaient toutes sortes d'histoires. Et c'est monté jusqu'à Amirouche, c'est monté jusqu'à la willaya 4. Évidemment, le doute s'est porté sur les gens venant d'Alger, généralement des étudiants, des militants plus instruits que les simples fellahs de Kabylie. C'est comme ça que s'est déclenché un massacre de cadres, ou des gens qui pouvaient devenir des cadres par la suite. Environ 4 000. On a trouvé des charniers. »

La « Bleuite » ayant affecté principalement la willaya d'« Amirouche », moins les willayas 4 et 6 et pas du tout la willaya 2 d'Ali Kafi, seul colonel de l'ALN à garder la tête froide dans ces circonstances terribles, le chiffre est trop élevé. Deux mille morts probablement, un maximum de trois mille. Reste qu'en effet ces jeunes urbains éduqués manqueront cruellement au mouvement nationaliste. Et on ne parle pas des ravages psychologiques induits par cette paranoïa fratricide.

Pour autant, ce succès tactique n'empêche pas l'embourbement stratégique français dans la guerre d'Algérie. Impliqué dans le « putsch des généraux » qui a suivi de quelques jours le débarquement anticastriste raté à la baie des Cochons, Léger, amer, voit s'évanouir ses rêves de victoire. En 1965, l'ancien chef du GRE quitte l'armée. Pour lui, la « Bleuite » n'est plus qu'un souvenir. Et pour l'Algérie indépendante, un secret honteux à cacher de toute urgence à la jeunesse.

Ce type de secrets, Cuba a déjà les siens…

Marita, tous azimuts

Bien que hostile aux efforts de la France pour se maintenir en Algérie, Allen Dulles apprécie le savoir-faire d'hommes comme Léger. En sacrifiant lui aussi un pion, le communiste américain Noel Field ne se vante-t-il pas d'avoir mené avec succès l'opération « Splinter Factor » (Facteur d'éclatement). Une manœuvre subtile qui, à l'en croire, déclencha au début des années 1950 la méga-purge dans les toutes jeunes « démocraties populaires » de l'est de l'Europe illustrée, entre autres, par les procès de Prague ? Revendication abusive, là encore : Staline n'avait nul besoin de la CIA pour pratiquer des coupes sombres dans les rangs communistes comme il le faisait déjà périodiquement en URSS depuis les années 1930. Mais pas totalement inexacte, l'Agence centrale de renseignements ayant de fait aggravé la paranoïa inhérente au régime.

Après le retentissant échec de la baie des Cochons, Dulles doit démissionner en septembre 1961. S'il se montrera à son avantage dans un peu plus d'un an lors de la crise des missiles de Cuba, son remplaçant, John McCone, ancien directeur de l'Autorité de l'énergie nucléaire, est plus attiré par le renseignement technique, le TECHINT, que par l'intox et la guerre psychologique.

Une orientation nouvelle qui n'empêche pas Sturgis et consorts de continuer à manipuler le pion Lorentz. Jetée par leurs soins dans les bras de l'ex-dictateur vénézuélien Marcos Pérez Jiménez, dont elle aura une fille, Marita portera par la suite de graves accusations contre ses officiers traitants. Sous ses yeux, ces hommes, dont Sturgis et Rorke, auraient ourdi avec Lee Harvey Oswald l'assassinat de JFK. Un témoignage qui n'emportera pas la conviction du Comité spécial d'investigations de la Chambre des représentants sur les assassinats politiques, lequel verra plutôt en Marita une femme devenue mythomane à force d'instrumentalisations par les uns et les autres.

Le fait est qu'à lire la prose de Lorentz, on se dit qu'elle charge beaucoup la barque sans détails probants à l'appui. Qu'elle ait fréquenté des mafieux à New York, les considérant comme de « véritables gentlemen », alarme sur sa santé morale, probablement détraquée par les nombreuses manips dont elle fut victime et qui continueront quand le FBI s'en servira pour espionner des diplomates soviétiques en qualité de contractuelle. Que Frank Sturgis se soit trouvé impliqué en juin 1972 dans le scandale du Watergate est fait public. Qu'après sa libération il ait menacé de tuer Marita est possible mais, là encore, pas prouvé. En septembre 1981, de retour à Cuba, Lorentz rencontrera Andrès, un étudiant en médecine qui, d'après les sous-entendus de Fidel, gêné, serait leur fils. Castro a toujours eu un sens particulier de la famille.

Plus qu'un gros poisson, Marita Lorentz apparaît comme du menu fretin immergé par les hasards d'une existence sinueuse dans une mer de requins, du clan Castro et du KGB cubain à la mafia, au FBI et à la CIA.

La sœur de Fidel passe à la CIA

Un gros poisson, au sens guerre psychologique du terme, l'Agence centrale de renseignements en a pêché un à l'articulation de l'ère Dulles et de l'ère McCone. Nulle autre que la propre sœur du *Lider Màximo* !

On vient juste de le dire : Fidel a toujours eu un sens assez particulier de la famille. De sorte que, même après sa mort, la plus ancienne dictature de tout le sous-continent sud-américain trouvera un second souffle d'ailleurs très relatif sous la férule de son petit frère Raúl.

Juanita Castro a refusé très tôt de manger de ce pain-là. Née en mai 1933, cette jolie brune, petite sœur de Fidel, a pourtant commencé comme une révolutionnaire de choc. Elle achetait des armes pour la guérilla, et fit même de la propagande aux États-Unis. De quoi la propulser parmi les sommités du régime à l'heure de la prise du pouvoir.

Un régime dont elle comprend rapidement la vraie nature. En mars 1960, Luis Conte Agüro, vieil ami de la famille Castro et conseiller politique de Fidel, écrit au dictateur, ému du rapprochement de Cuba avec l'URSS concrétisé par la viste du vice-Premier ministre soviétique, Anastase Mikoyan. Auteur d'une biographie laudative de Fidel, Luis compte récidiver, ce qui est beaucoup plus dangereux potentiellement pour le régime, avec un livre sur Camilo Cienfuegos, dont la disparition mystérieuse aux commandes de son Cessna l'année précédente fait beaucoup jaser. Or lors d'un de ces longs discours qu'il affectionne, Castro se livre à une attaque en règle contre Conte Agüro. Sur le conseil de Juanita, celui-ci se réfugie alors à l'ambassade d'Argentine.

Juanita propose à sa mère, Lina Ruz Castro, de quitter l'île caraïbe. Mais, trop âgée, cette dernière refuse le projet d'expatriation. De plus en plus amère, Juanita ne repousse pas l'offre de la femme de l'ambassadeur du Brésil à La Havane : se mettre clandestinement au service de la CIA, l'ennemie jurée, celle dont tout bon Cubain sait qu'il n'est de pire horreur au monde ! Choquée dans un premier temps, elle se fait peu à peu à cette idée, de sorte qu'à partir de 1961 la sœur du dictateur sera immatriculée à Langley, le siège tout neuf de l'Agence en Virginie, sous le nom de code de « Donna ».

Mue elle aussi par le sens de la famille quoique de manière fort différente, Juanita n'a posé qu'une seule condition : pas question de lui demander d'attenter à la vie de ses frères. Ni de quiconque d'ailleurs, car elle est plus soucieuse de la vie des gens que Fidel. Mais des liaisons, du renseignement, ça elle veut bien. Sa première mission : transbahuter des boîtes de conserve bourrées soit de messages, soit d'argent à destination des rares agents clandestins de la CIA encore en activité dans l'île caraïbe, répression d'« El Apparato » oblige. Assez facile quand on est la sœur bien-aimée du dictateur.

Aider à l'exfiltration d'opposants, cette tâche politico-humanitaire plus délicate lui convient encore mieux. Jusqu'en juin 1964 où craignant d'être repérée par le KGB de son frère elle met à profit un voyage au Mexique pour s'exfiltrer elle-même. « Je romps avec la révolution », annonce-t-elle.

Colère noire de Fidel. Bon prince ou tout simplement fataliste – le mal est déjà fait –, Raúl accepte de fournir à sa sœur les documents d'identité dont elle était démunie. Ils lui permettront de s'installer chez le diable nord-américain. Toujours patron de la CIA, McCone peut se frotter les mains. Même si elle n'est pas pour grand-chose dans cette défection spectaculaire, l'Agence aura justifié son important budget aux yeux de la Chambre des représentants et du Sénat.

Belle réussite en effet : un membre d'un clan familial marxiste-léniniste au pouvoir répudie publiquement le système. De fait, c'est avec vigueur que Juanita Castro prend à partie la dictature de son frère. En mars 1967, nouveau choc dans le monde marxiste-léniniste : ayant arraché au politburo du PC soviétique l'autorisation d'accompagner la dépouille de l'homme qu'elle aimait, le communiste Brajesh Singh, afin que ses cendres soient jetées dans le Gange selon la tradition, Svetlana Alliloučeva, la fille de Staline, demande à son tour l'asile politique à l'ambassade des États-Unis ! Une fois encore, la CIA justifiera les crédits abondants qui lui sont alloués en acheminant sans anicroche la fugitive au pays de l'Oncle Sam après deux détours par l'Italie et la Suisse.

Svetlana deviendra citoyenne des États-Unis bien avant Juanita. Naturalisée en 1984 seulement, cette dernière gère une pharmacie à Miami, là où les exilés cubains rêvent de revenir un jour dans l'île caraïbe. Le coup de théâtre intervient en 2009, quand, du vivant de son frère, la sœur du dictateur Fidel reconnaît dans un livre avoir travaillé contre son régime avec la CIA. Contrairement à Marita, aux deux Ouhria et à l'infortunée « Roza », Juanita Castro aura du moins agi en pleine connaissance de cause…

22

Les guerrières secrètes d'Israël

Une des grandes forces du service secret israélien, le Mossad (Institut pour le renseignement et les missions spéciales), c'est que ses adversaires, ses adversaires arabes en particulier, le voient partout. Là où il agit, certes, mais aussi là où il n'opère pas. Une paranoïa qui contribue à nourrir la légende de service secret tout-puissant qu'il se plaît à répandre et qui favorise certains de ses recrutements.

Dès le début de l'interminable conflit entre l'État hébreu et les États voisins, les Arabes jugèrent en outre déloyal qu'Israël, en rupture avec la tradition moyen et proche-orientale, ait mobilisé les femmes au sein de son armée. À plus forte raison au sein de ses services secrets : le Mossad donc, chargé de l'espionnage et de l'Action à l'extérieur ; le contre-espionnage intérieur Shin Beth ; le renseignement militaire Aman, voire les diverses unités de forces spéciales de l'armée.

Rares seront, de fait, les ennemis directs de l'État hébreu à recourir, comme lui et contre lui, à des opérationnelles femmes. Parmi ces forces hostiles, citons tout de même le Front populaire de libération de la Palestine (FPLP) de Georges Habache, médecin formé à l'université américaine de Beyrouth. À la fin des années 1960 et au début des années 1970, la branche terroriste du FPLP, le Commandement des opérations spéciales (Cose-FPLP) dirigé par Waddie Haddad, chirurgien-dentiste particulièrement fanatique, engagea des militantes dont la plus célèbres d'entre elles, Leïla Khaled.

« Internationalistes » contre Israël

Née en 1944 à Haïfa, cette fille d'Ève a adhéré à 15 ans au Mouvement nationaliste arabe, matrice du FPLP fortement influencée par l'expérience du FLN algérien. En août 1969, elle réussit avec Salim Issaoui, un ancien boxeur, le détournement d'un avion de la TWA qui va en faire une icône photogénique de la cause palestinienne kouffieh sur la tête et kalachnikov à la main.

En septembre 1970, nez et menton refaits pour ne pas être reconnue, Khaled tente avec un gauchiste nicaraguayen, Patrick Argüello, le détournement du vol 219 de la compagnie israélienne El Al entre Amsterdam et New York. Cette fois-ci, les officiers de sécurité, formés par le Shin Beth, réagissent efficacement. Argüello est abattu, Khaled grièvement blessée. Le cliché qui la représente ensanglantée sur un brancard mais levant deux doigts en forme de « V » en fera une célébrité mondiale. À l'issue de vingt-huit jours d'emprisonnement à Londres, où le vol 219 s'était posé, un autre détournement d'avion débouchera sur sa libération puis son transfert au Liban, où elle reprendra sa place au sein du FPLP, échappant d'ailleurs de peu à une roquette vengeresse du Mossad.

Au nom de l'internationalisme et de l'anti-impérialisme, Haddad et le Cose-FPLP utilisèrent aussi, ce fut leur spécificité principale, des femmes non arabes issues d'organisations satellites.

Parmi ces satellites, citons les Cellules révolutionnaires allemandes, voire, dans une certaine mesure, la Fraction armée rouge, la célèbre « bande à Baader ».

L'Armée rouge japonaise *(Nihon Sekigun)*, dont trois membres tueront 26 passagers le 30 mai 1972 à l'aéroport de Tel-Aviv lors d'un attentat coordonné par sa représentante au Liban, Fusako Shinogahu, née en septembre 1945 d'un ultra-nationaliste nippon dont elle a repris les méthodes, sinon l'idéologie.

L'Armée secrète pour la libération de l'Arménie, brûlant de concurrencer la traditionnelle Fédération révolutionnaire arménienne, la *Dachnaktsoutioun*. Ou encore, plus tardives car créées en 1979 seulement, les Fractions armées révolutionnaires libanaises (FARL). Composées de chrétiens issus du FPLP, les FARL commettront plusieurs attentats en France au début des années 1980.

En dépit de son charabia à la mode gauchiste de l'époque, le FPLP n'était pas marxiste-léniniste. Pas au sens plein du terme du moins. Mais comme le FLN algérien pendant la guerre d'indépendance, Habache s'inspirait des techniques communistes, moins sexistes comme nous le savons parce que en quelque sorte plus asexuées. À ce titre, le Cose-FPLP ne vit que des avantages pratiques à engager sur le terrain des femmes venues du monde occidental. D'autant que, depuis 1968, Haddad et les siens étaient fournis en armes, en explosifs, en appui technique et certainement en « bons conseils » par le KGB.

En première ligne face aux États arabes et aux mouvements palestiniens dont bien entendu le plus important d'entre eux, le Fatah de Yasser Arafat, la communauté israélienne du renseignement s'est révélée à l'usage moins machiste que la plupart de ses homologues occidentales. Pour autant, on ne se hasardera pas à soutenir que les femmes y jouèrent un rôle égal à celui des hommes. Dans un livre très documenté et plutôt critique envers le Mossad (plus assez efficace, trop politisé à gauche, trop mou envers les chefs palestiniens, trop conciliant avec les Américains) publié à Paris en février 1995, le journaliste Uri Dan ne cite aucun nom propre, ni aucun témoignage de femme des services secrets israéliens alors que ceux de leurs collègues masculins, directs ou indirects, abondent. De même pour les autres ouvrages sur les services secrets d'Israël.

Même très atténuée au regard de celle qui sévissait encore au sein des services secrets occidentaux, cette inégalité entre sexes subsista entre février 1969 et juin 1974, quand une sioniste blanchie sous le harnais, Golda Meir, dirigeait le gouvernement de l'État hébreu. En représailles à l'attentat de l'Armée rouge japonaise du 30 mai 1972 et à la prise d'otages sanglante de septembre frappant onze athlètes israéliens venus participer aux Jeux olympiques de Munich, la Première ministre travailliste du gouvernement d'union nationale donna le feu vert au Mossad pour une série d'attentats meurtriers contre des responsables du Fatah ou du FPLP.

Baptisée « Colère de Dieu », cette opération d'envergure internationale sera l'œuvre du Kidon (« la Baïonnette »), crème de la crème de la division des Opérations spéciales du Mossad. Elle n'aboutit cependant pas à l'élimination de ses cibles principales. À savoir, côté Fatah, Yasser Arafat, Salah Khalef dit « Abou

Iyad » (le chef de ses services secrets, finalement assassiné en 1991 en Tunisie), Ali Hassan Salameh (le patron du cache-sexe terroriste du Fatah, le groupe Septembre noir). Et côté FPLP Georges Habache, Leïla Khaled pour le symbole et surtout Waddie Haddad, le spécialiste des attentats spectaculaires, des prises d'otages et des détournements d'avions.

Confiée au chef du Kidon, Michael Harari dit « Mike », la vengeance de Munich allait déboucher sur un désastre. Y furent impliquées à leurs dépens, puis emprisonnées, deux agentes du Service.

Parmi ces malchanceuses, Sylvia Rafael.

Elle venait d'Afrique du Sud

Sylvia est née d'un père juif ukrainien et d'une mère d'origine anglaise à Graaff-Reinet, petite ville de 10 000 habitants en Afrique du Sud. Elle n'est qu'une gamine à l'été 1946 quand un cousin rescapé de l'Holocauste se présente à ses parents en état d'épuisement. Alex Rafael va apprendre à sa toute jeune parente ce que fut l'entreprise d'extermination nazie. Pourquoi ce crime de masse qui dépasse l'entendement ? Pour cause d'idéologie raciste et mortifère du IIIe Reich, cela va de soi. Mais aussi, assure-t-il, parce que les hitlériens détenaient seuls la force face à des Juifs non armés. Une explication qui cadre avec la vision qui prévaudra à l'avenir dans l'État hébreu : sous peine d'un nouvel Holocauste, les Juifs doivent savoir où et quand frapper.

Quand Alex Rafael meurt, Sylvia est de ceux qui conduisent son deuil. Immédiatement après, le 29 novembre 1947, l'Assemblée générale de l'ONU vote le plan de partage de la Palestine en deux : un État juif et un État arabe. Une résolution 181 qui convient, pour l'instant du moins, aux dirigeants sionistes comme David Ben Gourion. Mais s'ils l'acceptent, les pays arabes, eux, la rejettent en bloc.

Dès lors, la guérilla palestinienne, déjà active contre la communauté juive et la puissance mandataire britannique sur le départ, s'intensifie. Parmi ses chefs militaires, Hassan Salameh. Un nom à retenir car il va beaucoup compter dans la trajectoire de Sylvia Rafael. Issu d'une modeste famille d'ouvriers agricoles, ce trentenaire a créé dès 1936 un groupe de combat contre la communauté juive de Palestine. Pendant la guerre, on l'a vu gagner Berlin où la division Brandebourg, les forces spéciales de l'Abwehr, l'a entraîné avant de le parachuter en novembre 1944 près de Jéricho pour des tentatives de sabotage de grande envergure qui ne donneront d'ailleurs aucun résultat probant. En 1947, il a regagné la Palestine, toujours aussi décidé à en découdre.

Chacun fourbit ses armes en effet, quand elles n'ont pas déjà servi. Proclamée le 14 mai 1948 par Ben Gourion, la naissance de l'État hébreu déclenche, dès le 15, l'assaut conjugué des armées régulières égyptienne, irakienne, jordanienne, syrienne et même libanaise aux côtés des guérillas palestiniennes. La première guerre israélo-arabe vient de commencer.

Au sein du nouvel État, les tensions restent vives entre les éléments venus de la Haganah, l'armée clandestine juive politiquement à gauche comme la majorité du mouvement sioniste de l'époque, et leurs adversaires de droite issus soit de l'*Irgoun Zvai Leumi* (Organisation militaire nationale), soit des Combattants pour la liberté d'Israël (*Lohamei Herout Israel*, le LEHI).

Au sein du camp arabe, la division est encore pire, d'autant qu'il ne dispose pas d'un leader de l'envergure de Ben Gourion. La seule armée capable de rivaliser avec Tsahal, les Forces de défense d'Israël toutes neuves, est la Légion arabe de Transjordanie, encadrée par des officiers anglais. Quant aux guérillas palestiniennes, elles vont perdre au combat deux de leurs principaux commandants, Abdelkader al-Husseini en avril et Hassan Salameh en juin.

Par sa férocité même, la guerre accélère l'exode des Palestiniens, coincés entre les proclamations les incitant à quitter leurs terres pour favoriser le déploiement des armées arabes supposées invincibles et la progression inexorable qui vide au fur et à mesure de son avancée les villages où viendront s'installer des colons juifs.

Plus de solution pacifique à ce stade. Pour les Palestiniens, c'est la Nakba, la « Catastrophe », qui transforme une grande partie d'entre eux en réfugiés. Pour les Israéliens victorieux, l'installation dans une guerre sans fin avec le monde arabo-musulman.

De son Afrique du Sud natale, Sylvia Rafael a suivi avec passion ces événements tragiques, dont elle retiendra logiquement la seule version israélienne. En mai 1954, cette adolescente de 16 ans, longiligne et déjà jolie, organise une cérémonie de la jeunesse juive pour le sixième anniversaire de la création de l'État hébreu. C'est là-bas qu'elle veut aller vivre. « Termine tes études », lui conseillent ses parents sans se prononcer sur le fond.

Quatre ans d'université dont elle sort munie d'un diplôme d'art et de sciences humaines. Bientôt amoureuse d'un avocat de six ans son aîné, Avery Simon, la voilà qui tente de convaincre l'élu de son cœur d'émigrer en Israël. Mais les Simon voient la chose sous un autre jour. Seule sa mère Miriam, qui n'est pourtant pas juive, soutient la résolution de Sylvia. Sans doute a-t-elle senti que la jeune femme ne conçoit pas l'existence sans engagement personnel fort, ni d'engagement personnel fort autre qu'au service d'Israël...

Sylvia en Israël

À l'été 1959, la jeune femme atterrit à Tel-Aviv. Elle prend contact avec le mouvement Kibboutz Artzi. Politiquement à gauche dans un pays où le gouvernement est l'apanage de la gauche travailliste, les kibboutz, fermes collectives où l'on travaille, étudie et élève les enfants en commun, ont le vent en poupe. C'est là, croit l'arrivante, que s'élabore un monde nouveau sous le signe de l'altruisme. Là que se construit en tout cas l'élite politico-militaire travailliste qui dirigera sans partage le pays jusqu'en 1977.

L'eau, d'ailleurs rare dans la région où elle constitue une source supplémentaire de conflits, aura le temps de couler avant cette échéance électorale. Ben Gourion dirige toujours le pays. Sylvia, elle, déniche une place dans un kibboutz lié comme il se doit au mouvement sioniste de gauche. Très vite, son hébreu rudimentaire s'améliore au rythme d'un enthousiasme vibrant.

Prof d'anglais dans un lycée de Holon, près de Tel-Aviv, la jeune femme persiste à se chercher un avenir dans ce pays qu'elle adore, mais, avoue-t-elle dans une lettre à ses parents, sans y trouver sa place.

D'autres s'en chargent à son insu. Issue du « secteur arabe » du Palmach, l'aile gauche du sionisme armé, l'Unité 188 est encore placée sous la coupe de Tsahal. C'est seulement à l'automne 1963 qu'elle fusionnera avec l'Hamifratz, les Opérations extérieures du Mossad.

Une amie de la colocataire de Sylvia appartient justement à cette Unité 188. Ses discussions avec la jeune prof venue d'Afrique du Sud pour aider à bâtir l'État d'Israël l'ont convaincue de sa valeur. Cette fille est déterminée, elle brûle de servir, elle manie l'anglais à la perfection. On devrait la tester pour voir…

Recrutée par le Mossad

Un soir de la fin octobre 1962, un inconnu joint de fait Sylvia par téléphone. Accepterait-elle de travailler pour une institution gouvernementale dont il ne donne ni le nom ni l'adresse, préférant fixer à la jeune femme un rendez-vous le lendemain au café Hadley, rue Yehouda-Halevy ? Là, le directeur de l'école d'entraînement de l'Unité 188, Moti Kfir, va soumettre cette impétrante qui s'ignore à une batterie de questions avant d'évoquer « un travail très exigeant, qui implique beaucoup de voyages à l'étranger[1] ».

Lors d'une autre rencontre quelques jours plus tard, Kfir se montre plus précis : « Si je vous disais que je peux m'arranger pour que l'on vous recrute dans le corps du renseignement, que diriez-vous ? »

C'est oui sans la moindre réserve. Oui malgré la perspective de longs mois de tests psychologiques et d'enquêtes de sécurité, car on n'entre pas au sein de l'Unité 188 comme ça. L'évaluation de Kfir n'en est pas moins positive : « Elle a un goût exacerbé pour l'indépendance, un solide esprit d'initiative, un talent pour créer des liens et une grande réactivité, à condition que tout soit bien structuré. Sylvia fonctionne bien dans un environnement cadré, à condition de bénéficier d'un certain degré de liberté. Elle est fière d'avoir trouvé un cadre sur lequel elle peut

1. Le récit du recrutement de Sylvia Rafael est l'œuvre de Moti Kfir lui-même, assisté de l'écrivain Ram Oren dans *Sylvia, une vie au cœur du Mossad* (Paris, Nouveau Monde, 2013). Un texte on ne peut plus officiel puisque préfacé par le major général Shlomo Gazit, chef du renseignement de Tsahal entre 1974 et 1978.

s'appuyer, quelque chose auquel elle peut appartenir avec fierté. Elle n'est pas à l'aise avec une trop grande proximité mais en a besoin dans une certaine mesure. Le Mossad, ses instructeurs et ses responsables représentent pour elle un bon équilibre entre proximité et distance. »

Encore faut-il former la nouvelle recrue aux techniques de la clandestinité dont elle ignore tout. Rendez-vous rue Dizengoff, dans l'appartement qu'un couple âgé a mis à la disposition de Tolka Rosen, une responsable de l'Unité 188 chargée de dégotter des lieux sûrs pour l'entraînement des recrues.

L'instructeur de Sylvia s'appelle Abraham Gemer. Un quadragénaire plutôt beau gosse, calme et pondéré. Jour après jour, il inculque à la petite nouvelle l'art de peaufiner sa couverture, de se sentir à l'aise sous une fausse identité, de casser les filatures, de se repérer sur une carte, de manier armes, explosifs et matériel radio. Suivent bien entendu des exercices pratiques comme pénétrer dans une zone interdite sans se faire prendre, poser un paquet à l'intérieur d'une centrale électrique, résister à un interrogatoire musclé. Autant d'épreuves dont elle se tire avec succès comme en témoigne le rapport final de Gemer : « La candidate s'est avérée avoir des traits de caractère remarquables. Elle est rigoureuse et extrêmement intelligente. Elle est également capable d'assimiler rapidement une grande quantité d'informations [...]. Elle ne fuit pas les difficultés et sait distinguer une information essentielle d'une information superflue. Elle fait preuve d'une grande motivation et s'identifie totalement au peuple juif. »

Espionne et reporter photographe

Bonne pour le service secret, autrement dit. L'Unité 188 lui mitonne un « vrai-faux » passeport au nom de Patricia Roxborough, photographe de presse canadienne. D'où un séjour à Vancouver pour se familiariser avec le pays sans risque de croiser une connaissance de la vraie Patricia Roxborough, originaire, elle, de Montréal. Et, bien entendu, un stage de formation aux techniques photo.

En route pour la Vieille Europe. Un producteur de cinéma sympathisant, Michel de Carson, la met en contact avec Louis

Dalmas, directeur de l'agence de presse parisienne qui porte son nom. Pas exactement du reste, car de mère américaine, Dalmas est né Louis de Polignac en 1920. Son appartenance à l'une des plus prestigieuses familles de l'aristocratie française ne l'a pas empêché d'adhérer en 1942 au mouvement trotskiste, dont il sera candidat en Bretagne aux législatives de novembre 1946, puis de soutenir la dissidence titiste en Yougoslavie avant de se tourner vers le photoreportage.

En décembre 1971, « Patricia Roxborough » débarque à Paris, munie d'un portfolio où n'apparaît aucun cliché de l'Afrique du Sud ou, à plus forte raison, d'Israël. Une référence qui n'effraierait sans doute pas Dalmas. En avril 1947, ne fit-il pas partie du petit groupe de trotskistes qui logèrent à Paris la militante sioniste Betty Knout alias « Iranda » avant que cette descendante du compositeur russe Alexandre Scriabine ne s'en aille poser à Londres deux bombes d'ailleurs symboliques, l'une au Colonial Office et l'autre au Foreign Office ?

Professionnellement parlant, Rafael est vraiment douée. Impressionné par la qualité de son porfolio, Dalmas l'embauche pour un premier reportage à Djibouti. Tellement réussi que l'agence photo et le ministère français des Affaires étrangères organisent une exposition de ses clichés. À cette occasion, Sylvia rencontre un diplomate jordanien qui l'invite à venir visiter les camps de réfugiés palestiniens, nombreux dans son pays.

La Jordanie se relève à peine d'un drame sanglant. En septembre 1970, craignant que le Fatah, le FPLP et les autres mouvements palestiniens, de plus en plus intrusifs, ne s'en prennent au trône, le roi Hussein a lancé son armée contre eux au prix de 3 000 morts. Écrasés, les fedayines ont dû s'incliner, Yasser Arafat connaissant l'humiliation suprême d'être exfiltré dans le coffre de la voiture du Premier ministre tunisien et président du Comité de suivi arabe Bahi Ladgham.

Peu après, le Fatah créait en son sein une unité terroriste dédiée à la vengeance sous le nom de Septembre noir, référence explicite aux morts palestiniens de Jordanie. Depuis, ce groupe clandestin multiplie les attentats et les sabotages antijordaniens, anti-israéliens et antioccidentaux.

Désigné par Yasser Arafat en personne, le chef de Septembre noir n'est autre que le fils de Hassan Salameh, ce chef guérillero palestinien tué au combat en juin 1948. Surnommé par les Israéliens le « prince rouge » (de sang, sous-entendu), Ali Hassan Salameh, né en 1941 à Damas, figure parmi les cibles prioritaires du Mossad. Pour autant, il court toujours.

Bien entendu, Sylvia ne le croisera pas lors de son reportage en Jordanie. Tandis qu'elle peaufine sa couverture auprès de l'agence Dalmas, la jeune femme tombe amoureuse d'un photographe allemand d'une agence concurrente, Magnum. Dans ces cas-là, la règle, impérative, est d'en informer son officier traitant du Mossad. Sylvia s'y plie. Après enquête auprès des services de sécurité allemands, il s'avère que le jeune homme est *clean*. Dans l'espoir de stabiliser leur liaison, Sylvia propose alors de recruter elle-même Hans, son amant allemand. D'accord, répond l'officier traitant après consultation avec Tel-Aviv. C'est bientôt chose faite. Les deux photographes-espions étant affectés à des opérations différentes, leurs liens ne tarderont cependant pas à se distendre.

« Colère de Dieu » contre Septembre noir

Au sortir d'une séance de photos d'Yves Montand dans sa loge de l'Olympia, « Patricia Roxborough » reçoit un appel l'avertissant que sa sœur, victime d'un accident, serait dans un état critique. Le message codé qu'elle guettait depuis si longtemps : une opération est prévue. Tôt le lendemain, son officier traitant lui détaille la mission. Elle doit intégrer une équipe de repérage attachée aux pas d'Ouael Zwaiter. Représentant à Rome de l'Organisation de libération de la Palestine, l'OLP, que Yasser Arafat préside en même temps que le Fatah, les renseignements collectés par le Mossad désignent ce traducteur en italien des *Mille et Une Nuits* comme un chef important de Septembre noir.

Munie d'un sac à main camouflant son appareil photo, Sylvia arpente les rues aux côtés d'un agent masculin du Kidon. Zwaiter se rend à l'ambassade de Libye, que le dictateur Muammar Kadhafi met fréquemment à la disposition de Septembre noir, chez un éditeur, dans un supermarché, chez une de ses maîtresses, puis prend le bus pour rentrer chez lui. Le couple de faux amoureux du Mossad le suit dans une voiture de location. À 22 h 30, Sylvia et son compagnon font clignoter les phares de leur auto. Quand Zwaiter, après avoir ouvert la porte de son immeuble, se dirige vers l'ascenseur, deux membres du Kidon surgissent et l'abattent. Douze balles de Beretta à silencieux : ce 17 octobre 1972, le représentant de l'OLP à Rome vient d'être la première victime de l'opération « Colère de Dieu ».

De retour à Paris, Sylvia accélère la procédure de recrutement de Hans pour le Mossad. Son traitant lui demande alors de nouer le contact avec Mahmoud Hamchari, le représentant de l'OLP à Paris. Facile après son reportage sur les camps de réfugiés palestiniens de Jordanie : un simple coup de téléphone suffit. Rendez-vous pour une interview avec photos à 10 heures du matin dans un café situé au rez-de-chaussée de l'immeuble du Palestinien, avenue des Champs-Élysées.

« Retiens-le le plus longtemps possible », lui a ordonné son officier traitant. C'est-à-dire suffisamment pour qu'une équipe du Kidon installe une bombe télécommandée dans la base du combiné téléphonique du Palestinien posé sur un guéridon. L'interview terminée, Sylvia effectue les marches et contremarches réglementaires histoire de vérifier qu'elle n'est pas suivie avant de sauter dans un taxi direction l'agence Dalmas, près d'Orly.

Le lendemain matin, d'autres kidonim vérifient que Hamchari est bien seul, sa femme française conduisant leur fille à la crèche. Une fois à son bureau, la sonnerie du téléphone retentit. Hamchari décroche, déclenchant lui-même l'explosion de la bombe qui va le blesser grièvement aux jambes et au bas-ventre. Il mourra le 9 janvier à l'hôpital Cochin.

Pour une dent, toute la gueule

Victime d'une crise d'appendicite aiguë, Sylvia loupe l'opération « Fontaine de jouvence » pour laquelle elle était pressentie sous couverture d'un faux reportage à Beyrouth. Dans la nuit du 9 avril 1973, renseignés par six éclaireurs du Mossad infiltrés (mais pas Sylvia comme prévu initialement), une quarantaine de soldats en civil de la *sareyet* Matkal, l'unité des forces spéciales directement rattachée à l'état-major de Tsahal, débarquent dans la capitale libanaise. Plusieurs assaillants sont déguisés en femmes. Parmi ces derniers, Ehoud Barak, futur Premier ministre de l'État hébreu.

Trois cibles majeures pour « Fontaine de jouvence » : Yasser Arafat, Ali Hassan Salameh et Georges Habache. À défaut, divers activistes palestiniens seront abattus. Parmi eux, Kamel Nasser, le porte-parole du Fatah, ainsi que Mohammed Youssef Nadjar et Kamel Oudouan, deux pivots de Septembre noir selon les Israéliens.

Prochaine cible de Sylvia enfin remise de son appendicite : Mohammed Boudia. Ancien militant de la fédération de France du FLN, cet Algérien a été arrêté par la police française après l'explosion du dépôt de carburants de Mourepiane, près de Marseille, le 27 août 1958. Libéré en 1962, acteur et metteur en scène, Boudia est retourné à Alger prendre la direction du Théâtre national. Mais, en 1965, il franchit la Méditerranée en sens inverse comme l'ont déjà fait beaucoup d'opposants au régime. Longtemps administrateur du Théâtre de l'Ouest parisien à Boulogne-Billancourt, Boudia aime la scène. Les femmes aussi, entretenant pas moins de six liaisons simultanées.

Le service secret hébreu sait que l'ancien du FLN assure désormais les contacts européens entre Septembre noir, le FPLP, et sa filiale « internationaliste », l'Armée rouge japonaise, dont certains membres sont basés à Paris. De quoi faire de lui une cible triplement privilégiée. Il faut cependant le localiser, car, prudent à l'extrême, l'Algérien bouge sans cesse, tantôt chez une de ses maîtresses françaises ou étrangères, tantôt chez telle autre. On ne lui connaît pas vraiment de point de chute fixe qui permettrait de préparer une liquidation sûre et ciblée.

Un facteur de permanence quand même : sa voiture, une Renault 16 bleue. Flanquée d'une jeune débutante de 28 ans, Sylvia se met en chasse. Par bribes, les deux agentes collectent des informations sur les partenaires sexuelles de la cible. L'une, algérienne, vient de débarquer à Paris ; une autre est maîtresse de conférences à l'université ; la troisième, bénévole dans une association d'aide aux réfugiés palestiniens ; deux dirigent des magasins, tandis que la dernière travaille dans un cabinet d'avocats.

Sylvia et sa jeune collègue pistent l'Algérien un peu partout. De leurs rapports, le commandant de l'opération déduit que le seul moyen d'atteindre Boudia à coup sûr sans carnage malvenu dans Paris serait de piéger sa R 16. La difficulté, c'est que, formé à l'école du FLN, Boudia n'a rien d'un débutant. Avant de monter dans sa voiture, ce clandestin blanchi sous le harnais vérifie tout : le coffre, le tuyau et le pot d'échappement. Il se penche pour regarder le dessous du véhicule, et ne manque jamais d'en soulever le capot.

La solution est quand même trouvée : une bombe à pression équipée d'une plaque métallique suffisamment épaisse pour que l'explosion produise ses effets meurtriers de bas en haut et non l'inverse. Le 28 juin 1973, Boudia saute sans qu'on ait à déplorer de victime collatérale.

Quelques jours plus tard, Tel-Aviv croit avoir enfin localisé Ali Hassan Salameh. Le « prince rouge » serait au Danemark ou en Norvège...

« À cent pour cent, c'est lui ! »

Dès que l'information est tombée, Zvi Zamir, le patron du Mossad, convoque « Mike » Harari, le grand patron des Opérations spéciales : « Forme d'urgence une équipe capable d'opérer là-bas. »

Tout naturellement, Harari pense à Dan Arbel, originaire du Danemark, à Abraham Gemer, l'ancien instructeur de Sylvia Rafael dont le sang-froid est connu de tous, ainsi qu'à Sylvia elle-même : n'a-t-elle pas fait amplement ses preuves ? Puisqu'on agira en Scandinavie, il adjoint à ce premier noyau Marion Goldnikoff dite aussi Marianne Gladnikoff. Une novice malgré ses 30 ans, certes, mais qui, née à Stockholm, parle suédois. Un groupe du Kidon commandé par un vétéran sera bien entendu à leurs côtés pour procéder à l'assassinat du cerveau de Septembre noir.

L'équipe se réunit à Oslo, la filature d'un subordonné de Salameh semblant indiquer qu'il a rendez-vous avec son chef en Norvège. Dan Arbel parvient à se faufiler dans la chambre d'hôtel de cet Algérien marié à une Suissesse. Il y trouve un horaire de chemin de fer pour Lillehammer. Fonçant à la gare, l'agent du Mossad repère l'homme, qui, après avoir hésité, prend en effet le train pour cette petite cité à 185 kilomètres d'Oslo. Destination dont Arbel rend aussitôt compte en téléphonant d'une cabine au numéro qu'on lui a indiqué. L'ordre qu'il reçoit est des plus simples : louer là-bas un appartement pour les chefs et des chambres d'hôtel de deux ou trois places pour les membres de l'équipe Action.

Les chefs, ce seront respectivement Zvi Zamir et « Mike » Harari, flanqués du vétéran en charge de l'opération sur le terrain. Les deux pontes du Mossad se rendent-ils compte de la difficulté d'opérer dans une petite ville de 20 000 habitants presque vide de touristes, Lillehammer étant une station de sports d'hiver mais pas d'été ? Pas plus sans doute que dans douze ans leurs homologues de la DGSE française quand ils ordonneront de couler un bateau de Greenpeace en Nouvelle-Zélande au cœur de l'hiver austral, moment où les très rares touristes se voient comme le nez au milieu de la figure. Dans les deux cas, la pression du pouvoir politique exigeant des résultats l'a emporté sur le bon sens. Dans les deux cas, il y aura mort d'innocent.

Le 17 juillet, l'Algérien suspect quitte son hôtel, marche à travers la ville puis s'installe dans un café où deux inconnus s'attablent avec lui. L'un d'eux ressemble à la photo assez floue de Salameh distribuée aux membres de l'équipe. Tout au plus porte-t-il une moustache en supplément, mais c'est une technique de camouflage trop élémentaire pour qu'on s'y attarde.

« Êtes-vous certain que c'est lui ? demande le chef d'équipe à l'agent qui filoche l'Algérien depuis sa sortie de l'hôtel.

— À cent pour cent. »

Bavure à Lillehammer

D'autres kidonim vont se succéder pour prendre le moustachu en filature. Marion Goldnikoff loue un maillot pour le suivre dans la piscine municipale de Lillehammer où elle l'entend deviser avec un autre dans une langue qu'elle ne manie pas mais peut reconnaître : c'est du français. « À mon avis, ce n'est pas le bon type », observe la jeune femme. Peine perdue. Dans l'excitation générale, personne n'écoute cette débutante qui prétend donner des leçons aux professionnels du Kidon.

« Parmi les informations concernant Salameh, rien n'indique qu'il parle français, surenchérit Sylvia. Vu la mauvaise qualité de la photo de lui dont nous disposons, on pourrait le confondre avec quelqu'un d'autre. Je sais de quoi je parle, je suis du métier après tout. »

À force, le chef d'équipe lui-même commence à douter. Avant de frapper, on ferait mieux de procéder à des vérifications, admet-il. Mais la guigne s'en mêle : en repérage nocturne autour du bâtiment où loge l'inconnu à la moustache, le vétéran glisse dans un fossé. Déchirure du ligament de la jambe droite : il faut l'évacuer d'urgence. « Mike » Harari décide de prendre lui-même la direction des opérations.

Le 21 juillet, mauvais présage, il pleut. Suivi par des agents israéliens peu familiers des us et coutumes norvégiens, donc facilement repérables par l'habitant, le moustachu entre en fin de journée dans un cinéma de quartier au bras d'une blonde en imperméable jaune clair. Le film à l'affiche, *Quand les aigles attaquent* d'Alistair MacLean, met en scène… un commando britannique chargé de libérer un général américain prisonnier des Allemands. Un des kidonim s'est installé derrière le couple.

Sylvia fait partie de l'équipe de surveillance extérieure. L'attitude même de la cible l'inquiète : jamais l'homme ne s'est retourné histoire de vérifier qu'il n'est pas suivi. Peut-on imaginer pareille décontraction chez le chef de Septembre noir, dont les subordonnés tombent comme des mouches sous les coups de l'ennemi israélien ? Le « prince rouge » est fanatique, certes, mais pas cinglé. Et imprudent, encore moins.

D'autres agents partagent probablement les doutes de la photographe-espionne, mais pas question de bavardages en cours d'opération. Surtout quand on sait que Zvi Zamir, le grand chef, est là, tout près, à attendre que le gibier soit abattu.

Vers 22 h 15, le cinéma se vide. Le couple cible repart bras dessus, bras dessous, attend son autobus, en descend quatre arrêts plus loin. À peine les amoureux commencent-ils à traverser la rue qu'une Volvo grise leur barre le passage. Deux kidonim en descendent, le Beretta à la main.

« Ne tirez pas ! » supplie le moustachu. Mais à part lui et sa compagne, tétanisée, personne ne parle norvégien dans cette rue vide ! Quatorze fois, les tueurs du Kidon tirent, prenant bien garde à ne pas toucher la blonde. Mort, le malheureux s'effondre dans une mare de sang.

Pays de gens tranquilles, la Norvège est aussi l'une des nations d'Europe où la résistance contre le nazisme fut la plus déterminée. L'état-major du Mossad l'ignorait, qui n'avait même pas prévu de plan B au cas où l'assassinat du « prince rouge » tournerait mal. Or c'est le cas, puisque l'inconnu à la moustache n'a rien à voir avec Ali Hassan Salameh. Serveur de bar de nationalité marocaine (d'où sa connaissance du français), Ahmed Bouchiki vit toute l'année à Lillehammer. Un réfugié politique sans histoires en général, sans histoires de terrorisme moyen-oriental en particulier, même si le Mossad, dans l'espoir de rattraper ce qui peut l'être, lui prêtera par la suite une activité pro-palestinienne.

Ne réveillez pas un Norvégien qui dort

Comme plus tard la police néo-zélandaise au moment de l'affaire Greenpeace, son homologue norvégienne réagit promptement : les petites nations, que voulez-vous, n'apprécient pas que de plus grandes par la taille ou le rôle international les considèrent comme quantité négligeable ! Des ados ont noté le numéro de la Volvo grise ; ils le disent à la police. Le lendemain, tandis que Zamir, Harari et sept autres membres de l'équipe gagnent Oslo pour quitter le pays, Marion Goldnikoff et Dan Arbel viennent rendre leurs véhicules à l'agence de location.

Pour la jeune femme, les choses semblent se dérouler sans anicroche. Moins pour Arbel, car un jeune Norvégien venu lui aussi rendre sa voiture repère la Volvo grise dont la radio a parlé. Bon citoyen, il fait signe à un policier. Interpellé, Arbel commet alors une bévue supplémentaire. Croyant accréditer sa bonne foi, il désigne Marion comme sa petite amie. Résultat : les deux agents sont conduits au commissariat pour interrogatoire.

Les policiers accusent Marion de faire partie d'un réseau de vendeurs de drogue. Le pensent-ils vraiment ou s'agit-il d'une ruse pour déstabiliser la jeune femme ? Le fait est qu'à force, cette agente sans expérience désignée à la légère sur le seul critère linguistique craque : « Je ne suis pas une trafiquante, mais une citoyenne d'Israël en mission pour le Mossad. »

Exactement ce qu'elle n'aurait jamais dû avouer. Même si Marion n'en dira guère plus, le résultat est là. D'autant que Dan Arbel, claustrophobe non détecté lors des nombreux tests auxquels il a été soumis au cours de son entraînement, cède à son tour. Avouant tout, il donnera jusqu'aux adresses des logements des autres membres de l'équipe. Dans ses vêtements, les Norvégiens découvrent par-dessus le marché sept passeports différents et un morceau de papier couvert de chiffres :

« C'est quoi ça ?

— Le numéro à appeler en cas d'urgence. »

Celui, en l'occurrence, de Yigar Eyal, attaché de l'ambassade israélienne à Oslo bientôt déclaré *persona non grata* par les autorités, furieuses : on ne piétine pas impunément la souveraineté norvégienne.

Arrêtée à son tour avec Gemer et les membres de l'équipe trop lents à quitter Lillehammer, Sylvia aussi va faire les frais de la fermeté norvégienne. En prison, elle rencontre certes celui qui va devenir l'amour de sa vie, Annæus Schjødt, son avocat. Mais, en janvier 1974, lors du procès, elle écope de cinq ans et demi de détention pour complicité de meurtre. Même peine pour Gemer. Six mois de moins pour Dan Arbel, sans doute parce qu'il a renseigné la police. Et deux ans et demi pour Marion Goldnikoff, jugée coupable de complicité d'homicide involontaire seulement.

Libérée par anticipation puis autorisée à revenir en Norvège, Sylvia épousera Me Schjødt. Morte des suites d'un cancer le 9 février 2005 dans son Afrique du Sud natale, elle sera enterrée en Israël conformément à son vœu. Le Mossad lui devait tout de même bien ça.

Un service secret peu enclin au pardon…

Sur la piste du « prince rouge »

Le 3 juillet 1976, les forces spéciales et les services secrets de l'État hébreu redorent leur blason à Entebbe, en Ouganda. Un assaut spectaculaire permet en effet de libérer les otages d'un Airbus d'Air France détourné après l'escale d'Athènes par des Palestiniens du Cose-FPLP et deux gauchistes allemands des Cellules révolutionnaires, Wilfried Böse et Gabriele Kröcher-Tiedeman, qui seront d'ailleurs abattus.

La liste noire du Kidon se réduit deux ans plus tard, en mars 1978, quand Waddie Haddad meurt dans des circonstances mystérieuses, victime officiel d'une leucémie mais beaucoup plus probablement d'un dentifrice empoisonné aux bons soins de Tel-Aviv. Ses obsèques ont lieu en grande pompe à Bagdad.

Une mort qui va accélérer la dislocation du Cose-FPLP. En accord avec la Stasi est-allemande et son homologue hongroise, les Moukhabarat irakiens, libyens et syriens vont s'en partager les restes.

Yasser Arafat ayant adopté une ligne moins extrémiste, Septembre noir, cache-sexe du Fatah déjà très affaibli par l'opération « Colère de Dieu », n'existe plus en tant que structure organisée.

Son ancien chef, le « prince rouge » Ali Hassan Salameh, reste toutefois dans l'entourage proche du leader palestinien. Basé à Beyrouth, il y commande la Force 17, la garde personnelle d'Arafat. Une activité qui lui permet une vie publique plus large. Noceur invétéré – boîtes de nuit, argent et filles faciles –, sauf pendant la clandestinité forcée de la période Septembre noir, Salameh s'est marié en secondes noces le 8 juin 1977 avec la très belle Georgina Rizk, qui fut successivement Miss Liban puis Miss Univers.

Autant de péripéties que le Mossad suit de près. Ce qui irrite son directeur depuis 1974, Yitzhak Hofi, ce sont les liens que le « prince rouge » entretient désormais avec la CIA. Depuis l'accession de Jimmy Carter à la Maison-Blanche, les Américains ont en effet réévalué leur politique au Proche et au Moyen-Orient. S'ils continuent à entretenir de bonnes relations avec Israël, ils entendent désormais jouer les messieurs bons offices avec les Palestiniens. D'où la nécessité pour leur Agence centrale de renseignements de disposer dans la région d'autres sources que le Mossad.

Salameh est justement la principale de ces sources. Il renseigne en effet les Américains sur les luttes d'influence au sein des organisations palestiniennes et des pays arabes, leurs alliés plus ou moins sincères.

Plus ou moins sincère, le « prince rouge » l'est aussi bien entendu. Les informations qu'il délivre à la CIA, parfois exactes, parfois erronées à dessein, vont globalement dans le sens de son ami Arafat. Mais ce poker menteur, n'est-ce pas la règle dans les échanges entre services secrets d'allégeances différentes ?

Comme la CIA, le Mossad préfère disposer de plusieurs cordes à son arc. Après le fiasco de Lillehammer, des agents ont été formés à long terme pour, le cas échéant, agir contre les cibles palestiniennes dans le cadre du Kidon. Toujours commandé par « Mike » Harari, ce super-service Action n'est pas étoffé numériquement : quelques dizaines de professionnels désignés comme « combattants » dans le jargon maison. Des hommes et des femmes dans la proportion approximative d'une pour six, qui, comme autrefois Sylvia Rafael, manient les langues étrangères et connaissent les us et coutumes des pays étrangers au sein desquels ils ont été formés sous le contrôle d'instructeurs de terrain. Ils (elles) doivent faire illusion partout, savoir comment se comporter quand on réserve une chambre d'hôtel, comment louer un appartement ou une voiture, comment ouvrir un compte bancaire. Le tout sous identité fausse bien entendu.

Une de ces agentes répond, en principe du moins, au nom d'Erika Maria Chambers. Voici son itinéraire tel que restitué à partir de sources uniquement israéliennes, donc susceptibles de distorsions pour motifs de « sécurité nationale » dans un État où beaucoup de choses restent marquées du sceau du secret.

Agente du Kidon

Seconde d'une fratrie de deux, Erika Maria Chambers voit le jour à Londres le 10 février 1948, un peu plus de trois mois avant la proclamation de l'État hébreu par Ben Gourion.

Son père, Marcus, est ingénieur automobile. Originaire d'une famille juive aisée de Prague, les Gross, sa mère Lona a connu la Mitteleuropa et plus largement l'Europe de l'entre-deux-guerres dont elle conservera la nostalgie. Élève d'un cours d'art dramatique à Vienne, la jeune femme doit fuir le nazisme triomphant, une partie de sa parentèle disparaissant lors de l'Holocauste. Actrice de théâtre à Londres, elle épouse Marcus en 1944.

En 1950, la famille part pour la Tanzanie. Ce qui n'empêche pas son éclatement trois ans plus tard, quand les parents divorcent. Lona obtient la garde d'Erika. Elle veille à lui faire suivre de bonnes études primaires puis secondaires qui, en 1966, permettront à cette jeune fille encore timide et solitaire d'intégrer l'université de Southampton. Trois ans de géographie et de botanique lui vaudront d'en sortir son diplôme de *Bachelor of Science* en poche et beaucoup plus d'assurance personnelle que précédemment. Elle a fait du sport, pratiqué la moto et connu quelques garçons qui ne lui laisseront pas un souvenir impérissable. Et là, surprise : sur un coup de tête, Erika part en Australie où, admise au sein du centre de recherches du ministère du Développement national, elle se penche pendant trois ans sur les remèdes à apporter à l'aridité des régions centrales de ce pays-continent.

L'aridité dans les déserts du Néguev et du Sinaï, c'est aussi un des problèmes qu'Israël entend résoudre. À l'été 1972, Erika postule à l'université hébraïque de Jérusalem où elle est admise sans difficulté : mère juive plus connaissances scientifiques utiles...

Nous voilà loin du Mossad, objecterez-vous. Jamais en Israël, au contraire. Un pays que la jeune femme découvre en août 1972, en proie bientôt au choc émotionnel du massacre de ses athlètes à Munich. Dans quelles conditions sera-t-elle contactée par le service secret de l'État juif ? Nous l'ignorons, mais le fait est qu'Erika présentait quatre qualités majeures susceptibles d'intéresser le Kidon : éducation cosmopolite, goût des voyages, maîtrise de l'anglais et passeport britannique. Pour le reste, « Mike » Harari et ses adjoints savaient y faire, nonobstant la tragique bavure de Lillehammer.

Identité fausse

En mai 1975, la jeune femme revient en Angleterre où, pour commencer, elle s'installe dans un modeste *bed and breakfast*, prenant bien garde à ne pas rendre visite à sa mère. De quoi s'agit-il ? De se forger, quoique sous son vrai nom, l'identité nouvelle qui doit lui permettre de « travailler » au Moyen-Orient sans attirer l'attention.

Un véritable parcours du combattant, ou plutôt de la combattante puisque les femmes du Kidon s'autodésignent ainsi.

Première étape : on se procure un passeport vierge. « Avec les tampons israéliens du mien, impossible de voyager dans n'importe quel pays arabe comme c'est mon intention, fait-elle valoir devant l'administration. Il m'en faut un autre. » Sur la base d'un document délivré en Australie, elle obtient le passeport demandé, valable jusqu'en 1985.

Deuxième étape : on se trouve, en toute légalité, un domicile fixe en Allemagne, assorti de références universitaires allemandes capables de résister à une contre-enquête pas trop poussée.

Se revendiquant de ses anciens enseignants de Southampton, Erika prend donc contact avec le professeur Wolfgang Hütterot. Impressionné par ses connaissances, ce ponte de l'Institut de géographie d'Erlangen, en Bavière, se déclare prêt à la prendre comme étudiante. Une petite complication d'équivalence de titres universitaires se présente toutefois, exigeant une demande de dérogation dont la jeune femme n'attend pas de recevoir la réponse à l'adresse donnée, celle d'un hôtel de Francfort.

Troisième étape : on rend compte à ses chefs et on peaufine avec eux la suite des opérations. De retour à Londres, Erika en disparaît alors pendant deux mois qu'elle va passer en Israël.

Le 26 août 1975, l'agente réapparait à Francfort. Elle y séjourne un mois avant de se rendre à Wiesbaden solliciter la carte de séjour indispensable pour poursuivre ses études. Nouveau domicile à partir de novembre dans une résidence de luxe à Wiesbaden, ouverture d'une boîte postale et de deux comptes bancaires, le tout avec les fonds que le Mossad lui fait parvenir par le canal d'une « organisation caritative » suisse créée de toutes pièces par le Kidon.

Au printemps 1976, les services administratifs de « sa » bonne ville de Wiesbaden lui délivrent un permis de conduire. Et comme deux permis valent mieux qu'un, elle en reçoit un autre à sa demande, britannique cette fois, en octobre 1977.

Au printemps 1978, la jeune femme met pour la première fois le pied à Beyrouth, dont elle a minutieusement étudié le plan et la topographie de manière à s'y repérer très vite. Après quoi, se présentant comme une humanitaire venue d'Allemagne, elle demande à rencontrer les organisations palestiniennes qui s'occupent des jeunes enfants en difficulté.

Une démarche presque inverse de celle de « Charlie », la jeune actrice anglaise manipulée par le Mossad dans le roman de John Le Carré, *La Petite Fille au tambour*. Ici, c'est toujours le Mossad qui tire les ficelles, mais en la personne de son agente aux airs faussement évaporés.

L'étape suivante de ce processus complexe mais conçu comme tel pour brouiller définitivement les pistes sera le retour en Allemagne en mai 1978. Nouveau changement d'adresse, installation à Cologne, plusieurs allers-retours d'une quinzaine de jours à Beyrouth histoire de familiariser les Palestiniens avec sa silhouette : du travail de professionnelle. Pendant ce temps, d'autres agents du Kidon viennent effectuer des repérages dans la capitale libanaise.

En septembre 1978, les accords égypto-israéliens de Camp David sous l'égide du président américain Jimmy Carter sèment le trouble dans les pays arabes en général, et parmi les Palestiniens en particulier. Plus que jamais homme de confiance d'Arafat – c'est aussi lui qui assure les communications secrètes de l'OLP avec les chrétiens libanais –, le « prince rouge » a eu beau se plaindre auprès de ses interlocuteurs de la CIA, il n'a obtenu d'eux que des réponses circonspectes. Réalise-t-il que Camp David constitue, outre la vengeance de Munich et sa proximité avec Arafat, une raison supplémentaire pour que les Israéliens s'en prennent à sa vie ? Le Mossad n'apprécie en effet guère la politique américaine dans la région, trop conciliante à ses yeux. Sans rompre avec la CIA, chose impossible, pourquoi ne pas liquider son principal contact au sein de l'OLP ?

Télécommande mortelle à Beyrouth

Un soir par hasard, du moins si l'on croit au hasard, les pas d'Erika croisent ceux d'Ali Hassan Salameh. Dragueur invétéré en dépit de son mariage, il l'aborde. Elle accepte un rendez-vous à la piscine de l'hôtel Coral Beach auquel le « prince rouge » se rend, protégé par plusieurs de ses gardes de la Force 17 : à Beyrouth, où la guerre entre milices chrétiennes, druzes, musulmanes, gauche libanaise et Palestiniens s'est pour l'instant stabilisée, la présence d'hommes en armes reste banale.

Erika et Ali auraient fait l'amour dès ce premier soir. Une intimité qui permet à l'agente du Kidon d'apprendre que son amant pratique le karaté au Coral Beach, qu'il effectue au moins une séance de tir par jour et qu'il va au hammam du club de sport de l'International Hotel au moins une fois par semaine. C'est là, croit-on savoir, qu'un agent (forcément masculin dans un tel lieu) l'aurait aperçu en tenue d'Adam, confirmant les dires d'Erika.

Trop risqué toutefois de l'assassiner dans l'hôtel ou à la sortie. Quant à piéger sa voiture, pas question : la puissante Chevrolet du chef est surveillée en permanence par ses subordonnés de la Force 17. Il faut trouver autre chose.

Erika, dans l'intervalle, s'est dégotté une location au huitième étage d'un immeuble avec vue directe sur le bâtiment de la rue Marie-Curie où logent Salameh et sa femme, enceinte de plusieurs mois. Or les consignes du nouveau patron du Mossad, Yitzhak Hofi, sont strictes : éviter la mort de Georgina Salameh-Rizk, qui ne manquerait pas de soulever l'indignation aux dépens de l'État hébreu. La Force 17 autant qu'on veut : ce sont des hommes armés dont chacun, au Proche et au Moyen-Orient, peut comprendre qu'ils meurent sous les coups des Israéliens. Mais cette femme-là, non.

Qu'Erika retourne en Allemagne pour les fêtes de fin d'année, c'est logique. Ce qui l'est moins, c'est qu'à ce moment sera mise au point la procédure de l'assassinat du « prince rouge ». À Beyrouth comme dans les autres pays arabes, pas d'ambassade israélienne, donc pas d'agents du Mossad sous couverture diplomatique, ce qui oblige le Kidon à opérer de façon totalement clandestine, sans relais local.

Le 13 janvier 1979, voilà la jeune femme de retour à Beyrouth avec un talkie-walkie et un coffret muni d'un bouton dans ses bagages. Les jours suivants, de sa fenêtre, elle note avec soin les horaires de déplacement de Salameh. Or, le 17, un « Anglais » du nom de Peter Scriver et un « Canadien » nommé Ronald Kohlberg descendent le premier au Royal Garden Hotel de Beyrouth et le second au Méditerranée. Quoi d'anormal si ces touristes louent une Volkswagen Golf ? Quoi de surprenant si Erika Maria Chambers en fait de même avec une Datsun ? Cela peut-être : dans la nuit du 21 au 22 janvier, une vedette lance-missiles quitte le port de Haïfa. À son bord : une forte quantité d'explosifs, ainsi que « Mike » Harari, le chef du Kidon, qui, contrairement à Zvi Zamir, l'ancien patron du Mossad, a conservé son poste malgré le désastre de Lillehammer.

Vers 3 heures du matin, des nageurs de combat convoient dans des sacs étanches les explosifs jusqu'à un endroit convenu du nord de Beyrouth où « Scriver » et « Kohlberg » les prennent en charge pour les installer à bord de la Golf de location qu'ils garent sur l'itinéraire le plus habituel de Salameh. Sur ce, ils quittent Beyrouth, l'un pour Chypre et l'autre pour le port libanais de Jounieh.

« Faites attention à vous, il y a des risques d'attentat, ont averti les interlocuteurs du "prince rouge" à la CIA.

— Je dois me rendre à Damas pour le Conseil national palestinien », leur a répondu Salameh. Ses réflexes de prudence ont fini par s'émousser faut-il croire.

À 15 h 45, bagages bouclés, il quitte son appartement beyrouthin, monte à l'avant de sa Chevrolet à la droite du chauffeur, trois gardes de la Force 17 s'installant sur la banquette arrière. Une Range Rover bourrée d'hommes en armes suit la voiture du chef.

De son huitième étage, Erika Chambers observe le départ. Quand la Chevrolet longe la Golf bourrée d'explosifs, elle écrase le bouton du coffret qu'on lui a remis. S'ensuit une explosion énorme qui creuse le revêtement de la rue comme le ferait un bombardement. Une dizaine de passants sont tués sur le coup, une vingtaine plus ou moins gravement blessés. Tandis que les gardes survivants emmènent Salameh pissant le sang à l'hôpital américain, Erika quitte sans attendre son appartement pour rejoindre « Kohlberg » à Jounieh. Là, une vedette israélienne viendra les récupérer.

Salameh meurt à l'hôpital américain. La page Septembre noir est définitivement tournée.

Ancienne du Mossad mais pas Première ministre

En août 1982, le départ forcé d'Arafat et de l'OLP du Liban vers la Tunisie sous la pression de Tsahal et la protection de l'armée française marque une autre page. Depuis deux ans à l'époque et pour deux ans encore, Tzipi Livni est alors officier du Mossad. Née en 1958 d'un couple de vétérans de l'*Irgoun,* cette agente du Kidon en a dirigé, malgré son jeune âge, l'antenne parisienne sous couverture d'étudiante en droit. Le contre-espionnage français la soupçonne avec insistance d'avoir coordonné, en juin 1980, l'assassinat, à Paris toujours, de Yahia al-Meschad, un ingénieur atomiste lié au programme nucléaire irakien. Avant d'être exécuté, ce physicien venait de quitter une prostituée. Celle-ci aura, dès juillet 1980, le malheur de périr dans un « stupide accident de la circulation » quelques jours avant son audition par la police (l'épisode fournira une partie de la trame du film d'Éric Rochant *Les Patriotes*, avec Sandrine Kiberlain).

Dans un État où avoir occupé un poste dans l'armée ou les services représente un passage quasi obligé, Livni entame ensuite une carrière politique au sein du Parti travailliste. Or, en novembre 2005, Shimon Peres, 82 ans, un ancien proche de Ben Gourion, quitte le parti pour créer avec Ariel Sharon, 77 ans, auréolé du rôle clé qu'il joua en 1973 au moment de la guerre du Kippour, une formation centriste, Kadima (« En avant »). Tzipi Livni se joint à eux. Un mois et demi plus tard, une attaque cérébrale dont il ne se relèvera jamais frappe Sharon.

Ministre des Affaires étrangères, Livni est bien vue de l'administration Bush comme elle le sera plus tard de l'administration Obama. Mieux en tout cas que Benyamin Netanyahou, leader du parti de droite le Likoud, dont le frère, Yonathan, chef de la *sareyet* Matkal, perdit la vie en menant l'assaut contre les preneurs d'otages de juillet 1976 à Entebbe (Benyamin lui-même a également servi dans cette unité d'élite quoique à un rang hiérarchique inférieur).

En septembre 2008, le leader de Kadima, Ehoud Olmert, est contraint de démissionner pour des affaires de corruption. L'ex-chef de station du Mossad à Paris prend les commandes du parti centriste. En vue des élections de février 2009, « Bibi » Netanyahou, en tête des sondages, envisage alors un gouvernement de coalition Likoud-Kadima. Pour ce faire, son épouse Sarah et lui acceptent l'invitation à dîner de Tzipi Livni.

Cet ancien officier de renseignements qui est tout sauf une femme d'argent reçoit le couple dans son modeste appartement de Tel-Aviv. Malheureusement, le repas se passe très mal, la patronne de Kadima n'étant pas un cordon bleu, qualité qu'on exige rarement à l'entrée du Mossad (ni Sylvia Rafael, ni Erika Chambers par exemple n'ont été soumises au test des fourneaux).

À défaut de plaire aux papilles gustatives de ses hôtes, Livni et Kadima arrivent en tête de la législative avec 28 sièges, « Bibi » et le Likoud n'en obtenant que 27. En théorie, Shimon Peres, désormais président d'Israël, devrait inviter la patronne du parti centriste auquel il a appartenu à former le prochain gouvernement. Une décision que la Maison-Blanche ne peut qu'approuver. Mais machisme ou combine entre vieux briscards de la politique, fussent-ils de bords différents, il lui préfère Netanyahou.

Une fois aux commandes, « Bibi » commence à préparer une action armée contre l'Iran, parrain du Hezbollah libanais qui a infligé à Tsahal un échec lors de la « deuxième guerre du Liban » de l'été 2006 et dont il craint la puissance atomique naissante. Pour faire capoter ce projet jugé dangereux, Tzipi Livni se range alors aux côtés de Gaby Ahskenazy, le chef d'état-major général, de Meïr Dagan, directeur du Mossad depuis 2002, ce qui n'est pas rien en Israël, mais aussi de Shimon Peres, ce qui l'est encore moins. Ministre de la Justice chargée notamment des relations avec les Palestiniens à partir de 2013 et « Bibi » réélu en 2019, cette ancienne des services spéciaux ne sera pas la deuxième Israélienne après Golda Meir à occuper la plus haute fonction dans l'État juif. Pas cette fois-ci du moins…

23

Sexe, mensonges et attentats

Trois décennies durant, Markus Wolf fut le chef du département XV (espionnage à l'extérieur) de la Sécurité d'État est-allemande, la Stasi, sœur cadette du KGB. Ce n'est pas lui qui a inventé la technique des agents playboys : d'autres l'ont mise en pratique, et pas seulement dans les films de James Bond. D'autres y compris les « grands frères » du KGB, qui appelaient familièrement « Micha » cet Allemand soviétisé. Ou, dans le camp opposé, ses adversaires de la CIA (*cf.* chap. 25, p. 432).

Il n'en reste pas moins que, tout au long de la guerre froide, le service secret de Wolf, la *Hauptverwaltung Aufklärung* (HvA, soit Administration générale du renseignement) eut recours à grande échelle à cette méthode de recrutement. Une obstination qui n'a d'ailleurs pas empêché l'effondrement du régime dictatorial de l'Allemagne de l'Est, énième preuve que, contrairement aux thèses complotistes, l'espionnage ne mène pas le monde à lui tout seul même s'il y joue un rôle important en certaines circonstances.

Ce procédé des agents playboys « industrialisé » par la HvA, en quoi consistait-il ? En une analyse lucide du fonctionnement des sociétés « capitalistes » en général et de leurs bureaucraties administratives en particulier. Si les femmes n'y jouaient qu'un rôle hiérarchique mineur – assistantes, secrétaires ou archivistes par exemple –, elles se trouvaient bien placées pour collecter en douce les renseignements convoités par la HvA. Une assistante ou une secrétaire en sait long sur son patron, une archiviste sur les documents confidentiels, voire secrets, et ainsi de suite.

Pour peu qu'elles connaissent une existence personnelle comblée – vie de famille, vie relationnelle et vie sexuelle toutes trois heureuses –, ces femmes n'intéressaient guère « Micha » Wolf. Ses cibles, ou plutôt celles de ses hommes, c'étaient les esseulées, les mal-aimées, les mal dans leur peau. Autant de détresses personnelles à exploiter par le biais de dragueurs professionnels, désignés par la HvA comme ses « Roméos ».

Vrais « Roméos »...

Ces séducteurs de métier agissaient sous différentes identités : compatriotes de l'Est réfugiés à l'Ouest ou faux citoyens de la République fédérale. Quelquefois agents bidon des services secrets de petits pays démocratiques (Danemark, par exemple) auxquels l'Allemagne fédérale refusait, mauvaise alliée paraît-il, l'accès à certains renseignements vitaux pour eux.

Sous ces couvertures mensongères, aux « Roméos » d'approcher de façon « fortuite » les femmes-cibles repérées à l'avance par la HvA. Ou, dans quelques cas, de s'abattre sur leurs proies personnelles, déterminées au hasard de rencontres féminines que ces agents multipliaient sur ordre de leurs chefs.

Une fois ces filles d'Ève séduites, à eux encore de leur demander, par petites touches, quelques menus services « entre amoureux » : photocopier un document confidentiel, renseigner sur l'agenda et les habitudes de leur patron, espionner une réunion interne. En tête des prétextes invoqués pour justifier un tel comportement, la prétendue résurgence du nazisme en République fédérale, habile manière de jouer sur le sentiment de culpabilité allemand d'après Seconde Guerre mondiale.

Si la cible cédait aux instances de « l'homme de sa vie » sans informer ses supérieurs de son comportement bizarre ou sans aviser la DGSI ouest-allemande, le *Bundesamt für Verfassungsschutz* (BfV, soit Office fédéral de protection de la Constitution), on pouvait parier gros qu'une fois sur cette pente, il lui serait impossible de s'arrêter. Elle devenait alors une « collaboratrice non officielle » de la HvA, immatriculée auprès de sa maison mère la Stasi.

Cette affiliation acquise, le « Roméo » était invité par ses supérieurs à stabiliser leur liaison, à la concrétiser par un mariage en bonne et due forme, voire par la naissance d'un ou plusieurs enfants. Soit autant de chaînes de nature à inféoder la victime à la HvA : même prise de doutes, même convaincue qu'il travaille pour l'Est, dénonce-t-on facilement le père de ses enfants à la police ?

Pour les hiérarques de la RDA, ce qui était vertu du côté occidental du mur de Berlin devenait en revanche trahison de l'autre. À l'Ouest, chaque « collaboratrice non officielle » avait vocation à protéger son « Roméo » du BfV et de la Justice fédérale. À l'Est, au contraire, l'épouse qui refusait d'espionner son compagnon pour le compte de la Stasi « trahissait le socialisme ». Telles furent les règles du jeu dans cette république des mouchards.

... et fausses « Juliettes »

Ville rhénane de 300 000 habitants qui servit de capitale à l'Allemagne de l'Ouest entre 1949 et la réunification de 1990, Bonn comptait à cette époque quelque 20 000 secrétaires employées par les divers ministères et administrations centrales. À ce compte, les camarades-dragueurs du camarade « Micha » ne manquaient pas de cibles potentielles.

Et puisque le jeu était profitable, tant pis pour les dégâts humains qu'il entraînait. Pensons à Eleonor Heinz. « Dis-moi que tu m'aimes encore ! » avait hurlé la malheureuse le matin du 13 octobre 1967 à son époux-agent secret tandis qu'ils passaient tous deux devant un tribunal de République fédérale pour espionnage dans le cadre d'une opération interservices HvA-KGB. Le mari ne répondit rien, et pour cause : s'il l'avait conduite six années durant sur le chemin de la trahison, ce n'était pas par amour mais sur ordre de ses supérieurs de l'Est. Le soir même, Eleonor, désespérée, se pendit dans sa cellule...

Dans les années 1990, quelque 500 « collaborateurs non officiels » de la Stasi furent ainsi inculpés dans l'Allemagne réunifiée. Parmi eux, 110 femmes selon la très rigoureuse administration du pasteur Joachim Gauck, commissaire de l'organisme fédéral en charge des archives de l'ex-Stasi et futur président de la République fédérale.

Ces agentes avaient été recrutées par des « Roméos » est-allemands dans la proportion de 70 %. Sauf dans quelques cas spécifiques comme les opérations communes avec le KGB, service secret étranger, leurs séducteurs furent rarement inquiétés par la Justice. En tant qu'agents de la HvA, ces hommes avaient œuvré pour le compte d'un État certes dictatorial, la République « démocratique » allemande, mais reconnu par la communauté internationale. Sous peine de contrarier le processus de réconciliation des deux Allemagnes, on ne pouvait donc pas les accuser de trahison. Leurs malheureuses dupes durent, en revanche, payer la note.

À la fin des années 1970, certaines agentes de la HvA bien placées dans l'appareil fédéral s'enfuirent coup sur coup en RDA. Avec leurs passeports de Bonn, cette auto-exfiltration était facile. Il suffisait de prendre un billet d'avion pour une grande ville occidentale, Bruxelles par exemple, puis de gagner Pankow, la mini-capitale de la RDA.

Employée depuis douze ans du secrétariat général de l'OTAN, Ursel Lorenzen gagne ainsi Berlin-Est pour y délivrer à la télé des informations concernant les plans forcément belliqueux des « impérialistes ». Une semaine après cette défection spectaculaire, une ressortissante belge, Imelda Verrept, demande l'asile politique en RDA, qui, par un heureux hasard, lui sera accordé sur-le-champ. Mais peu après, Ursula Höfs, secrétaire au siège de la démocratie chrétienne, la CDU, est arrêtée en compagnie de son époux.

Deux ans après le premier procès d'un « Roméo » en Allemagne fédérale, le signal d'alarme était on ne peut plus clair pour Markus Wolf : le BfV avait pigé la combine. D'urgence, la HvA devait mettre ses agentes à l'abri. « Micha » donne l'ordre de repli général. Dans la foulée, deux autres espionnes est-allemandes passent à Pankow. Agente de la HvA depuis dix ans, Inge Goliath occupait les fonctions d'assistante d'un des membres du comité des experts de la CDU pour la politique internationale, Werner Marx. Christel Broszey était pour sa part la collaboratrice de Kurt Biedenkopf, le vice-président de la démocratie chrétienne.

Avant de s'enfuir, cette espionne au sang froid aurait salué son patron avec le plus grand calme : « Je vais chez le coiffeur, à demain. » Un peu plus tard encore, Helga Rödiger met à son tour les voiles direction Pankow. Secrétaire de Manfred Lahnstein, un haut fonctionnaire des Finances proche de l'ancien chancelier social-démocrate Helmut Schmidt, elle occupait jusque-là un poste clé.

Les histoires d'amour finissent mal en général. Les histoires d'amour manigancées par la HvA plus que les autres encore. Le point commun entre ces fuyardes en effet : toutes avaient un « Roméo » pour compagnon.

Ces « moineaux » qui faisaient chanter

Cette technique dont on vient d'exposer les grandes lignes fut, en quelque sorte, le négatif photographique de la méthode des « hirondelles » et autres « moineaux », très prisée du KGB pour harponner des « gros poissons » masculins et les faire passer de la chambre à coucher à la chambre aux révélations forcées sous la menace du chantage.

Plusieurs diplomates de haut niveau à Moscou tombèrent dans ce sex-panneau vieux comme le monde à l'image de l'ambassadeur de France Maurice Dejean (« Alors Dejean, on couche », aurait lancé ironiquement le général de Gaulle à l'adresse de cet ancien Français libre) ou, pour faire bonne mesure, de son collègue britannique Sir Geoffrey Harrison. Sorti sur les grands écrans en 2018, le film de Francis Lawrence *Red Sparrow* (« Moineau rouge ») illustre cette méthode à travers la performance de son homonyme, l'actrice Jennifer Lawrence.

Dans une veine comparable, informée de l'existence de tensions au sein du ménage de Willy Brandt, la HvA tentera à plusieurs reprises de les mettre à profit. Une agente de la centrale est-allemande, Susanne Svieres, est ainsi dépêchée avec ordre de séduire le leader social-démocrate, grand coureur de jupons devant l'Éternel. Or c'est le contraire qui va se produire : Susanne tombe amoureuse de Willy. Pour la punir, la Stasi lui infligera huit années de prison.

Sauf à l'exploiter à son avantage, il est vrai que la police secrète communiste n'inspirait guère l'amour. Elle possédait en revanche l'art de scruter *La Vie des autres*, titre du film de Florian Henckel von Donnersmarck qui révéla au public allemand et international les procédés d'intrusion de la Stasi dans la vie quotidienne des Est-Allemands.

La raison d'État socialiste avait ses raisons, et ses raisons méprisaient et instrumentalisaient celles du cœur. Décidément malchanceuse avec Brandt, la HvA a d'ailleurs essuyé un autre échec après avoir tutoyé une grande réussite. Infiltré dès le début des années 1950 selon une technique très usitée par « Micha » Wolf, celle d'Allemands passant en toute légalité de l'Est à l'Ouest en tant que réfugiés, le couple formé par Christel et Günter Guillaume avait pour mission de s'infiltrer au sein du Parti social-démocrate, le SPD.

Espionnage en couple

Günter s'installe d'abord à Francfort où la mère de Christel tient un tabac. Sa couverture ? Le métier de photographe indépendant, déjà exercé aux États-Unis, on s'en souvient, par Viliam Fisher, mentor de l'ancien « espion de Portland » Gordon Lonsdale confondu, entre autres, par la « brigade des ménagères » de la police britannique (*cf.* chap. 20, p. 344).

Pour remettre en catimini à ses correspondants de la HvA les pellicules de documents volés cachées à l'intérieur de boîtes de cigares, l'inventif Guillaume se sert du tabac de sa belle-mère. Côté « montée en structure » au sein du SPD, le couple progresse méthodiquement.

Pour écarter d'eux les soupçons, les époux professent par exemple une violente aversion envers la RDA. Classé à la droite du mouvement, Günter se fait parallèlement remarquer par son zèle mais aussi son désintéressement. Repoussant toute candidature publique aux élections – on comprend pourquoi ! –, l'agent de la HvA apparaît comme un militant dévoué, organisé et sans ambition personnelle, toujours prêt à donner son temps au parti. Le type de posture (et ici d'imposture) qui vous fait immanquablement grimper au sein de l'appareil. Ainsi devient-il un des principaux apparatchiks socio-démocrates de Francfort.

Plusieurs concours de circonstances favorables propulsent ensuite cet homme trapu aux cheveux taillés en brosse et aux lunettes foncées dans l'ombre de Willy Brandt, dont il sera bientôt le principal conseiller. Après l'élection du leader social-démocrate à la tête du gouvernement en octobre 1969, au titre, entres autres, d'une politique de rapprochement avec les pays de l'Est en général et la RDA en particulier, la HvA peut se frotter les mains. Quelle chance pour elle de disposer d'un agent si bien placé auprès de lui ! D'autant que les élections de 1972 vont permettre à Brandt de rester à la chancellerie pour y poursuivre son Ostpolitik de réconciliation avec l'Est.

Trop de chance vient alors tuer la chance. Militante modèle elle aussi (ça fait partie de sa mission), Christel se voit en effet pressentie pour un autre poste clé : celui d'assistante du secrétaire d'État SPD à la Défense, Georg Leber. De quoi déclencher une enquête de routine du BfV. Pas si routinière que ça en l'occurrence puisque le contre-espionnage fédéral commence à flairer le pot aux rouges. Au printemps 1973, la quasi-certitude est là : les Guillaume travaillent pour Markus Wolf.

Un an plus tard, le couple est arrêté. Le scandale qui s'ensuit entraînera la démission de Brandt, dont l'Ostpolitik plaisait si fort à l'Est. Homme de confiance des Soviétiques, « Micha » Wolf ne perdra pas son poste pour autant puisque toujours considéré comme indispensable par les « grands frères socialistes » du KGB.

Le négatif, disait-on plus haut en comparant la méthode des « Moineaux » à celle des « Roméos ». Dans le cas des « sexpionnes » rouges, il s'agissait de faire tomber de hauts responsables (par exemple les deux ambassadeurs à Moscou cités plus haut) dans les filets kaguébistes. Dans celui des « Roméos », on cherchait au contraire à circonvenir une femme peu élevée dans la hiérarchie mais bien placée pour collecter des renseignements.

Et parmi elles la star des stars de la HvA, Fräulein Gabriele Gast...

De la condition féminine à celle d'espionne

Née pendant la guerre, Gabriele a suivi d'excellentes études de chimie qui lui ont permis de s'inscrire à l'Institut universitaire de technologie d'Aix-la-Chapelle pour, plus tard, enseigner dans un centre de formation professionnelle. Or, chemin faisant, la jeune femme se découvre une passion pour les sciences politiques. Elle suit avec le plus grand intérêt les cours de Klaus Mehnert. Éminent spécialiste des pays communistes, notamment de la République « démocratique » allemande et de la Chine maoïste, ce professeur suit de près la vague contestataire qui commence à déferler sur la jeunesse estudiantine d'Europe occidentale. Ce phénomène que l'on appellera la « nouvelle gauche » à laquelle il va consacrer un livre.

Justement, Gabriele, que tout le monde surnomme Gaby, se trouve en pleine évolution. Si elle prend quelque distance avec une famille plutôt conservatrice, elle ne plonge pas pour autant dans le bouillonnement gauchiste dont le caractère débridé, désordonné ne lui convient guère. Sauf sur un point : la remise en cause de la conception traditionnelle de la famille.

En accord avec Mehnert, Gast nourrit dès lors le projet d'une thèse doctorale comparant la condition féminine dans les deux Allemagnes. À l'Ouest, rencontrer des interlocutrices est chose facile. Mais comment procéder à l'Est, qui vit replié derrière le mur de Berlin et qu'on visite seulement sous des prétextes jugés valables par une bureaucratie communiste tatillonne et paranoïaque ? La jeune doctorante pense à la partie de sa famille paternelle domiciliée en Saxe à Karl-Marx-Stadt (Chemnitz aujourd'hui) et à qui elle a déjà pu rendre visite à plusieurs reprises. Elle vient d'en recevoir une invitation pour un baptême, autant profiter de cette circonstance favorable.

En mai 1968, alors que la vague contestataire atteint de plein fouet la France gaulliste, Gaby gagne Karl-Marx-Stadt. Pour ne pas risquer d'ennuis, sa famille a prévenu les autorités locales du but universitaire de la visite. Filiale de la Stasi, l'Institut pour l'encadrement des étrangers [*sic*] lui ménage donc une entrevue avec des représentantes locales de l'Union démocratique des femmes allemandes, la DFD, une des branches du Parti socialiste unifié, le nom est-allemand du parti communiste. Et figurez-vous que, parmi ces femmes, il y a deux hommes : Herr « Müller » qui se présente comme un expert syndical de la condition féminine, et Herr « Schmidt ». Trapu, les cheveux en brosse avec un soupçon de ventre, ce dernier se prénomme Karl-Heinz. Comme son acolyte, c'est un « officier en opération spéciale » de la Stasi.

La Stasi tend son piège

Moment crucial, les deux hommes annoncent qu'ils doivent retourner à Dresde, capitale de la Saxe. Une ville que Gaby ne connaît pas tant elle semble hors d'atteinte d'une citoyenne de la République fédérale. « Est-ce que je peux venir avec vous ? » demande-t-elle, fonçant tête baissée dans un piège que la Stasi a monté par routine plus que par conviction.

C'est d'accord, bien entendu. Le trio monte à bord de la Coccinelle Volkswagen du service. Après la visite de Dresde, « Schmidt », dont elle n'apprendra le vrai nom – Schneider – que vingt ans plus tard (il lui a même donné une fausse date de naissance), l'emmène danser dans une auberge où ils vont finalement passer la nuit ensemble. Un moment d'amour, car côté Gabriele, c'est le coup de foudre. Pourront-ils se revoir à l'occasion de son travail universitaire à l'Est ? s'enquiert-elle. Facile, répond Karl-Heinz, je peux t'avoir toutes les autorisations administratives nécessaires car je travaille au conseil municipal.

Un conseil nommé Stasi mais est-ce bien utile de le préciser à cette jeune femme qui manifestement en pince pour lui ? Toujours aussi mal inspirée dans le choix de ses dates de visite, Gast revient en RDA dès août, à l'heure où les troupes du pacte de Varsovie envahissent cette Tchécoslovaquie rebelle qui avait cru instaurer un « socialisme à visage humain » en prenant ses distances avec le sacro-saint modèle soviétique.

C'est parti pour trois semaines d'enquête sur les femmes d'Allemagne de l'Est le jour, et d'amour passionné la nuit. Gaby condamne le nouveau coup de Prague, Karl-Heinz argumente en sens inverse. Un désaccord politique qui n'empêche pas les sentiments et que Schneider, discipliné, pointe dans le rapport à ses supérieurs. Si l'on parvient à « tamponner » cette ingénue, il faudra la manier avec des pincettes compte tenu d'un caractère personnel assez affirmé. Pas gênant, on peut faire avec, tranche « Micha » Wolf, dont le service secret est d'ores et déjà associé à la tentative de recrutement. Les membres de « l'Orchestre rouge », argue-t-il, n'étaient pas tous communistes mais ils ont quand même bien servi la cause soviétique.

Pendant ces échanges entre départements de la Stasi, l'hameçonnage se poursuit. En novembre, Gaby retrouve son « Karliczek » à Berlin-Est. Schneider lui fait rencontrer un « ami ». Admettant faire partie de la Stasi, ce dernier lui propose de se retrouver à Karl-Marx-Stadt pour examiner ensemble les moyens d'assurer des retrouvailles régulières au couple amoureux. Au final, on débouche sur un donnant-donnant : la police secrète laissera entrer la jeune femme aussi souvent que possible en échange de menus renseignements, trois fois rien, sur l'Institut universitaire de technologie d'Aix-la-Chapelle et ses enseignants. Markus Wolf, dont nous savons qu'il considère par principe ses adversaires occidentaux comme adeptes des mêmes méthodes que lui, soupçonne en effet certains d'entre eux de servir de sergents recruteurs au *Bundesnachrichtendienst*, le BND, vis-à-vis ouest-allemand de sa HvA. Dont Klaus Mehnert justement.

Au-delà de cette vision mécanique, marxisme-léninisme oblige même chez un homme aussi intelligent que Wolf, c'est de recrutement qu'il s'agit en effet. Mais de recrutement en sens inverse : de l'Est en direction de l'Ouest. En acceptant de donner des informations qui lui paraissent des plus anodines et le sont encore à ce stade, Gast va mettre la main dans l'engrenage…

« *Tamponnée* »

Début 1969, à l'hôtel Unter den Linden de Berlin-Est, Gotthold Schramm, le chef de l'antenne de la HvA à Karl-Marx-Stadt, joue enfin cartes sur table : accepte-t-elle de devenir une agente moyennant des rencontres régulières avec son « Karliczek » ? Après quelques hésitations, c'est oui. Devenue « Gisela Gehlert » côté Est du mur de Berlin, Gast reçoit en guise de cadeau de bienvenue un sac à main muni d'une pochette secrète pour dissimuler son passeport de RDA. Des spécialistes lui enseignent le déchiffrage et les techniques de la clandestinité, qui la fascinent. Comme la plupart des jeunes recrues, « Gisela » trouve en effet très romantique l'appartenance à un service secret et la double vie qui en résulte.

De retour à l'Ouest, « Gisela » devra se procurer un transistor Grundig Ocean Boy, modèle très courant et d'excellente qualité. Chaque mardi entre 21 et 23 heures, la HvA va diffuser à son usage des consignes cryptées sur une longueur d'onde précise. Tous les deux mois, passant la frontière sans difficulté grâce à son passeport bis, elle ira rendre compte en RDA.

Bon psychologue, Wolf a exigé qu'on se décarcasse pour cette agente dont il attend beaucoup. Son débriefing à l'Est terminé, Gaby a droit à des séjours enchanteurs avec « Karliczek » dans une des maisons de repos de la HvA. Généralement une auberge à la périphérie des grandes villes d'où, traitée comme une reine, elle peut visiter le pays en compagnie de cet amoureux supposé qui est aussi son surveillant. Sauf que l'amour ne se décrète pas et que, petit à petit, le lien de la fille d'Ève avec « Karliczek » va se distendre.

En février 1972, côté Ouest, Gabriele passe brillamment sa thèse de doctorat sur le *Rôle politique de la femme en République démocratique allemande*. La condition féminine en République fédérale ayant déjà fait l'objet de nombreux travaux universitaires, elle a volontairement restreint le sien aux seules filles de l'Est.

La difficulté consiste à présent à dénicher un travail qui intéresse Fräulein Gast tout en intéressant la HvA. Le ministère fédéral des Affaires étrangères peut-être ? Dommage, ça ne marche pas. Une ancienne collègue la branche alors sur l'Institut pour la sécurité et les questions internationales. C'est à Munich, pas loin du quartier général du BND. Mais si elle décroche le poste, Gaby le perd au bout de quelques mois, l'Institut mettant la clé sous le paillasson dès 1973 pour cause de manque de financement.

Agente sur voie de garage ? Non, en dépit des apparences. Sentant la société évoluer et moins enclin désormais à tolérer dans ses rangs la présence d'ex-nazis, le BND cherche en effet à féminiser son personnel dont nous savons que pendant plus d'une décennie il était surtout composé d'anciens officiers de renseignements issus de la Wehrmacht et même de la SS. Par leur qualité informative, les travaux de Gabriele sur l'Allemagne de l'Est ont attiré l'attention du renseignement fédéral. D'où cet appel téléphonique inattendu d'un nommé « Gafrath » qui, après un premier entretien, lui propose de passer dans les rangs du BND comme analyste au *desk* RDA.

Que faire ? Certain de la nécessité de maintenir à tout prix le lien entre « Gisela » et « Karliczek », Wolf fait organiser de temps à autre des vacances à l'étranger, Autriche ou Italie, pour les deux amants. Cette fois, c'est à Rimini où, informé des propositions du BND, Schneider applique les consignes de prudence de la centrale : on rompt provisoirement les ponts en attendant de voir si l'enquête préliminaire de sécurité du BND détecte quelque chose.

Recrutée par le renseignement fédéral

Un mois plus tard, la jeune femme passe haut la main les tests d'entrée. Et non, le service de sécurité de la centrale ouest-allemande ne trouve rien à redire à son recrutement. Par transmission cryptée, Gast ne tarde pas à recevoir des félicitations. Et pour cause : Wolf (le « loup » en allemand) vient d'introduire la renarde « Gisela » dans le poulailler du BND.

Elle prend ses fonctions le 1er novembre 1973 pour gravir à toute vitesse l'échelle hiérarchique : stage de formation ; cours intensif de russe ; entrée au département Analyse et interprétation des données en avril 1974 ; promotion au grade d'attachée administrative en juin 1976 ; haute attachée administrative deux ans plus tard ; en 1983, responsable de « l'information de premier plan » à la section Analyse de la situation, poste qui lui donne accès à tous les télégrammes chiffrés du ministère des Affaires étrangères comme aux synthèses quotidiennes du renseignement fédéral ; en 1987, directrice administrative et responsable de l'analyse et de l'interprétation au sein du département « Politique de l'Union soviétique » de la centrale ouest-allemande.

« Leinfelder », son pseudonyme au sein du BND, peut accéder de droit à une grande variété de renseignements dont elle fait profiter la HvA. Pour sa défense, l'agente double affirmera plus tard avoir agi dans le sens de la réconciliation entre les deux Allemagnes en fournissant à chacune d'entre elles du matériau documentaire de qualité. L'a-t-elle vraiment cru à l'époque ou s'agit-il d'un argument souvent utilisé *a posteriori* par les agents doubles démasqués ? Difficile de le dire. On peine tout de même à penser qu'une femme aussi intelligente que Gabriele Gast ait pu se dauber elle-même à ce point.

Après son admission officielle au BND, le contact est rétabli avec la HvA. Dans les premiers temps, « Gisela » photographie puis microfilme les documents volés au renseignement fédéral, les cache dans des flacons de déodorant qu'elle dépose dans les chasses d'eau des toilettes de certains trains directs pour la RDA à partir de Munich. Procédé vite abandonné : trop aléatoire et inadéquat au volume de renseignements que la jeune femme subtilise au BND.

Un nouveau mode de transmission est mis au point : au jour et à l'heure fixés par des messages radio soigneusement cryptés, Gabriele se rend dans une piscine munichoise. Elle prend la cabine portant le numéro stipulé par la HvA. Sans avoir échangé ne serait-ce qu'un mot ou un geste de connivence avec elle, sa vis-à-vis de la centrale est-allemande s'installe dans la cabine d'à côté. Les deux femmes tapotent sur un rythme convenu la cloison qui les sépare. Par-dessus la cloison, « Gisela » passe ensuite ses microfilms à l'agente. Cette dernière s'éclipse tandis que Gast parfait sa « couverture » en plongeant dans le bassin comme une jeune femme parfaitement innocente. Un ou une collègue du BND venu(e) barboter en même temps qu'elle ne remarquerait rien de suspect dans le comportement de Fräulein Gast. Fräulein, car Gabriele reste toujours célibataire à l'Ouest même si la HvA a organisé de l'autre côté du mur un mariage « à la Potemkine » (c'est-à-dire valable à l'Est uniquement) avec « Karliczek »...

Tête-à-tête avec Wolf

Le chef de la HvA n'hésitant jamais à se rendre en personne au contact de ses meilleurs agents, sa première rencontre avec « Gisela » a eu lieu dès 1975 en Yougoslavie, pays sûr même s'il occupe une place à part parmi les États socialistes. Ils se reverront ensuite sept fois, souvent à Split, sur la côte dalmate, pour discuter plan de carrière à l'Ouest mais aussi existence personnelle. Peu liante et probablement inquiète à l'idée de se dévoiler par inadvertance, Gast n'a pas d'amis au BND. Recrutée parce que solitaire, elle l'est de plus en plus parce que agente double. Et ses rencontres avec Schneider se révèlent incapables de rompre son isolement.

« Je ne saurais dire si, après son emballement initial avec "Karliczek", Gaby était vraiment amoureuse de lui, écrira Wolf en 1997. Ce qui est sûr, en tout cas, c'est qu'elle vécut une sorte d'idylle avec mon service. Il y avait, dans ses relations avec nous, quelque chose de sentimental, procurant à cette femme qui n'avait jamais eu de rapports aisés avec les hommes, une satisfaction tant sur le plan affectif que professionnel. » Le moins que l'on puisse dire c'est que son ex-agente favorite n'appréciera guère ce type de déclaration d'un chef plus empressé à bâtir sa propre légende de maître espion « aux mains blanches » qu'à protéger ses anciens subordonnés.

Malgré l'inquiétude qui travaillait son agente numéro 1, « Micha » ne fera en effet rien pour l'exfiltrer de la République fédérale. C'est huit ans après la chute du mur seulement que le patron déchu de la HvA livrera un demi-acte de contrition : « Bien plus tard, quand la RDA se fut effondrée et que Gaby eut été démasquée, j'ai souvent regretté de ne pas lui avoir rendu plus tôt sa liberté, afin de lui laisser le temps de couvrir ses traces. » À cette époque, l'aveu ne lui coûtait guère.

Que Gast ne fût guère heureuse en amour reste néanmoins la vérité. La passion avec Schneider se transformant en vague complicité lors de leurs rencontres de « vacances » dans les Alpes ou en Méditerranée, elle tente de se consoler dans les bras d'un collègue du BND spécialiste du « contre-espionnage offensif », soit, rappelons-le, l'art et la manière d'infiltrer les services adverses ! Éprouvant comme tant d'autres avant elle et tant d'autres après le syndrome de l'agent double, la jeune femme aurait été à deux doigts de lui révéler la vérité.

Son rôle de « taupe » entre deux Allemagnes ennemies lui rend en outre impossible cette maternité qu'elle souhaite tant. Qui serait le père ? Comment justifier de cette naissance au BND sans éveiller les soupçons ? Auprès de sa famille ? Où naîtrait l'enfant, à l'Ouest ou à l'Est ? Qui l'élèverait, « Karliczek » ou elle ? Qui en aurait la garde ? Serait-il citoyen de la RFA ou de la RDA ? Autant d'interrogations auxquelles Gaby, coincée entre deux mondes incompatibles, celui de la « démocratie populaire » et celui de la démocratie tout court, ne trouve aucune réponse susceptible de satisfaire ses aspirations. Sans compter les réticences de Schneider : s'il n'ose pas l'avouer à « Gisela » histoire de ne pas rompre à jamais un charme déjà en train de s'estomper, l'officier de la Stasi est père de famille.

Famille justement. Pleins de bonne volonté, la sœur de Gaby et son beau-frère ont adopté un garçon handicapé de cinq ans. Or, ayant trop compté sur leurs forces, ils ne parviennent pas à s'en sortir. Qu'à cela ne tienne, décrète l'agente double, je vais le prendre chez moi. Matériellement, elle en a les moyens et, psychologiquement, cette maternité d'adoption s'impose. Elle s'y adonnera à fond jusqu'à ce que son passé la rattrape...

Le mur de Berlin s'effondre

« Micha » Wolf a pris sa retraite en 1986. Mais, dans l'ombre, il prépare dès le début 1989 avec Vladimir Krioutchkov, le chef du KGB, le putsch silencieux qui devrait permettre le débarquement en douceur du dinosaure Erich Honecker et la mise en place d'une solution est-allemande compatible avec les projets du nouveau numéro 1 soviétique, Mikhaïl Gorbatchev. Or c'est déjà trop tard pour ce plan tantôt dit « Rayon », tantôt « Poutre ». La contestation populaire contre le régime du Mouvement des citoyens prend Moscou de vitesse. Le 14 octobre 1989, Honecker est limogé. Le 4 novembre, Wolf prend la parole à Berlin devant plusieurs dizaines de milliers de manifestants qui le huent copieusement, comme tout ce qui leur rappelle l'État-Stasi. Des sifflets qui résonnent de façon inquiétante aux oreilles de Gaby Gast : son ex-patron vient d'être désavoué par ce même peuple qu'ils étaient censés servir tous les deux.

Le 9 novembre 1987 au soir, l'agente double se trouve à Londres pour une réunion interservices germano-britannique. Elle dîne dans un restaurant avec des collègues du MI 6 quand quelqu'un vient leur dire : « Tenez-vous bien, on a ouvert les frontières. »

Rien de plus exact : suite à la série de cafouillages d'une bureaucratie d'État au bord de la crise de nerfs, l'accès à Berlin-Ouest devient possible sans formalités pour les citoyens de la RDA. Tandis que l'Allemagne entame son processus de réunification, l'inquiétude taraude « Gisela » : Wolf a-t-il tenu sa promesse de tout faire pour que sa « collaboration non officielle » avec la HvA ne soit jamais connue ?

Lui oui. Le coup viendra d'un responsable du contre-espionnage défensif de la Stasi chargé de repérer les espions qui venaient de l'Ouest. Sans être officiellement au courant des opérations de la HvA, Christoph Grossmann, c'est son nom, a entendu parler de la taupe au sein du BND. Il n'en connaît pas l'identité mais peut en faire la description. À l'heure où les rats quittent le navire de feu la « démocratie populaire », ce lieutenant-colonel se rue à Munich livrer tout ce qu'il sait au renseignement fédéral moyennant l'impunité. Entre autres informations, il livre aux anciens ennemis ce portrait : « Entre

40 et 45 ans, célibataire, porte des lunettes, monte à cheval, un peu vieille fille, exubérante, des idées politiques de gauche. »

Avec une description aussi précise, la femme sans nom ne saurait le rester longtemps. Le département sécurité du BND met Gaby sous surveillance. Le 30 septembre 1990, alors qu'elle tente de prendre la fuite à Innsbruck pour retrouver « Karliczek », dont elle attend beaucoup au prorata de l'aide financière qu'elle lui a apportée après la disparition de la Stasi, deux officiers du BND l'arrêtent au poste frontière avec l'Autriche.

Un an plus tard, Gast retrouve Schneider sur les bancs de la troisième chambre pénale de la cour de justice de Bavière. Si l'ex-officier de la Stasi tire son épingle du jeu aux dépens de celle qu'il a entraînée deux décennies plus tôt sur le chemin de la trahison, Gabriele écope de neuf ans et six mois de prison dont quinze mois en cellule d'isolement.

Une vie brisée, mais qui en est le responsable : le BND qui l'a démasquée, ou la HvA qui a fait d'elle une espionne ? Markus Wolf fut le manipulateur que l'on sait. Du moins n'a-t-il pas transformé en tueuses Gabriele et ses consœurs espionnes. D'autres chefs de services secrets communistes, si…

Les tueuses de Pyongyang

Le 13 février 2017, Kim Jong-nam attend un vol pour Macao. Deux femmes l'aspergent d'un produit toxique, le VX, à l'aéroport de Kuala Lumpur, en Malaisie. Elles s'enfuient en taxi après que l'une des deux a été filmée par une des caméras de l'aéroport. Nous n'aurons plus de nouvelles de ce tandem de tueuses agissant visiblement en service commandé.

Pris d'un malaise, Kim Jong-nam, demi-frère aîné en disgrâce du dictateur nord-coréen Kim Jong-un, succombe dans l'ambulance qui le conduisait aux urgences hospitalières. Issu d'une liaison secrète de Kim Jong-il, lui-même fils de Kim Il-sung, fondateur de la seule dynastie de l'Histoire à la tête d'un régime communiste, on le surnommait « le bâtard de Pyongyang », la capitale nord-coréenne. Il vivait à Macao et à Pékin sous la protection des services secrets chinois, mais voyageait aussi beaucoup. Sans être un opposant au régime de Pyongyang, cet ancien élève du lycée français de Moscou mécontentait son demi-frère dictateur par son manque caractérisé d'« esprit de famille » (traduisez de soumission totale) et ses nombreux contacts dont le *Guoanbu* chinois, le *Naisho* japonais, la CIA ou encore le *National Intelligence Service* (NIS), ancienne KCIA de Corée du Sud, pays qui lui avait proposé l'asile politique. Au lendemain de sa mort, un mystérieux groupe dit « Cheollima Civil Defense », et aujourd'hui « Free Joseon », exfiltrera son fils Kim Han-sol de Macao avant de revendiquer en 2019 une attaque burlesque contre l'ambassade nord-coréenne à Madrid.

Faire sauter un avion sud-coréen, c'est la mission qui incombait dix ans plus tôt à une autre tueuse de Pyongyang, Kim Hyon-hui. Née en janvier 1962 à Gaesung dans la maison de ses grands-parents maternels, Hyon-hui est la fille d'un haut fonctionnaire du ministère nord-coréen des Affaires étrangères, un temps en poste à Cuba. Mais même si elle appartient à la nomenklatura, sa famille n'est en rien apparentée à celle du dictateur Kim Il-sung, géniteur du futur dictateur Kim Jong-il, lui-même père de l'actuel dictateur Kim Jong-un. En Corée, Kim constitue en effet un nom de famille plus que courant.

Hyon-hui suit des études dans ce pays totalitaire de modèle hyper-stalinien où le bourrage de crâne idéologique compte encore plus que les connaissances acquises. De son enfance à l'âge adulte, elle ne cesse, comme ses condisciples, de psalmodier les louanges du « leader bien aimé » Kim Il-sung, guide de la nation et son protecteur contre « l'impérialisme américain » et ses valets sud-coréens.

Mission secrète en Corée du Sud

Pour réunifier le pays divisé après la guerre des deux Corées de 1950-1953, Kim Il-sung (l'ancêtre dictateur) ne reculait devant rien. Régulièrement, sa marine kidnappait des pêcheurs sud-coréens ou japonais qu'elle mettait à la disposition de la Sécurité d'État, le super-KGB de Pyongyang. Enfermés à vie, on se servait de ces malheureux pour instruire les agents en mission des us et coutumes « capitalistes » et des particularités linguistiques.

L'objectif, obsessionnel, du régime a toujours été le même : frapper les Sud-Coréens. Au plus haut niveau si possible.

En octobre 1967 par exemple, Kim Il-sung (le grand-père) a ordonné au lieutenant général Kim Chong-tae, directeur du renseignement de l'armée nord-coréenne, et à Ho Panghak, directeur des opérations d'espionnage au Sud, de préparer l'assassinat du président sud-coréen (et lui-même dictateur quoique à un degré moindre), Park Chung-hee.

La conduite de cette mission suicide a été confiée au colonel Lee Jae-hyong, chef de la 124e Unité, une des trois composantes des forces spéciales du régime forte de 6 000 hommes super-entraînés et gavés d'idéologie. Trente spécimens ont été sélectionnés. Leur chef sera le capitaine Kim Chong-ung, un officier d'élite. Le 17 au matin, sacrifiés d'avance, tous franchissent clandestinement la ligne de démarcation qui sépare les deux Corées depuis l'armistice de juillet 1953. Le 19, marchant la nuit de préférence, ils parviennent à Segumjong, à 5 kilomètres de Séoul, la capitale sudiste. Dans la nuit du 20 au 21, les assaillants nordistes passent enfin à l'attaque, déguisés avec des uniformes d'agents de sécurité sud-coréens. Repérés bien avant d'atteindre leur objectif, ils ouvrent le feu, appliquant à la lettre la consigne : ne pas se laisser prendre vivants. Vingt-neuf seront abattus, un seul parvenant à prendre la fuite. Seul rescapé prisonnier, le second lieutenant Kim Sin-jo révélera aux Sud-Coréens le détail de l'opération manquée.

Saboter les Jeux olympiques de Séoul

Vingt ans plus tard, l'héritier présomptif Kim Jong-il, numéro 2 du régime et successeur désigné de papa Kim Il-sung, nourrit lui aussi des projets homicides. Cette fois, il veut détruire en vol un appareil de la Korean Airlines, la KAL. L'objectif de ce crime : saboter les Jeux olympiques de Séoul, considérés comme un affront au régime nordiste et à son génial chef.

Comme agents d'exécution, le département extérieur de la Sécurité d'État a sélectionné Kim Seung-il, un vétéran père de sept enfants tiré de sa retraite pour ce dernier coup d'éclat, et Kim Hyon-hui. À 25 ans, « Ok Wa », son pseudonyme dans les services secrets, sort de quatre années, pas moins, d'entraînement intensif et exténuant qui l'ont contrainte à couper tout lien avec sa famille.

Pour elle, le critère de sélection n'est pas l'expérience. L'esthétique plutôt, car Hyon-hui est très belle, ce qui lui permettra non pas de passer inaperçue, mais de séduire les hommes en cas de besoin. Un sacrifice auquel elle a été préparée de longue date si la cause l'exigeait[1].

Elle n'y sera d'ailleurs pas contrainte, car intervient un deuxième critère : Hyon-hui parle très bien japonais. Suffisamment pour se faire passer pour une sujette du Mikado. Idéologiquement aussi, la jeune agente est prête : « J'étais comme un robot, j'avais subi un lavage de cerveau intensif », dira-t-elle bien plus tard au micro de NBC. Et si cela ne suffisait pas, reste encore le chantage à la vie de ses parents.

« En raison de son extrême importance et de son caractère ultra-secret, les a avertis le directeur des services secrets du Nord, cette mission sera la dernière pour l'un comme pour l'autre. Après cela, il serait dangereux pour vous de continuer à exercer sur le terrain. » Et d'ajouter : « En tant que héros nationaux, vous pourrez prendre votre retraite dans les conditions les plus luxueuses que le Parti pourra vous offrir. Vous, "Ok Wa", vous pourrez retourner vivre dans votre famille. »

Vol KAL 858

Sans discerner en quoi la destruction d'un avion de ligne pourrait conduire à l'unification des deux Corées, la jeune femme a accepté cet étrange marché : tuer des innocents dans l'espoir de renouer avec les siens. Les voies de Kim Jong-il, après tout, sont impénétrables. Si le « grand leader » numéro 2 a ordonné le crime, ce ne peut être que pour de hautes raisons politiques. Là encore, Hyon-hui justifiera sa docilité en 2015 sur la chaîne sud-coréenne YTN : « J'étais une combattante révolutionnaire. Tout ce que j'avais en tête à l'époque était d'exécuter un ordre de Kim Jong-il. »

Le 12 novembre 1987, Hyon-hui alias « Hachiya Mayumi », sa fausse identité japonaise, et Seung-il, le pseudonyme qu'elle

1. Le recours à cette méthode « traditionnelle » n'a pas cessé. Parmi les 4 500 agents nord-coréens capturés au Sud depuis le début des années 1950, une autre beauté membre des services secrets de Pyongyang depuis 1998, Won Jeong-hwa, sera condamnée en octobre 2008 à cinq ans de prison pour avoir usé de ses charmes auprès d'officiers de l'armée sud-coréenne.

donne à son alter ego dans des Mémoires certainement relus et corrigés par les services secrets du Sud, quittent Pyongyang pour Moscou. Quatre jours d'étape à Budapest, entrée sans passeport en Autriche par l'entremise d'agents nord-coréens sur place puis, à Vienne, achat avec des faux papiers japonais de deux séries de billets : Vienne-Belgrade-Bagdad-Abu Dhabi-Bangkok-Séoul d'une part, Vienne-Belgrade-Abu Dhabi-Bahreïn de l'autre pour brouiller les pistes en cas d'incident. Les billets de retour vers Rome *via* Amman, en Jordanie, seront achetés séparément à Abu Dhabi.

Le 28 novembre, les faux Japonais Seung-il et Hyon-hui, qui se font passer pour un père voyageant avec sa fille, arrivent à Bagdad après avoir transité quatre nuits à Belgrade. Ils rencontrent alors les membres de l'équipe d'assistance qui leur fournit l'arme du crime : un poste radio Panasonic transformé en bombe à placer à bord du vol KAL 858. Laissant l'engin à bord, les deux faux Japonais descendront à l'escale d'Abu Dhabi avant de prendre le vol 603 des Jordanian Airlines pour Rome puis de regagner Pyongyang *via* Vienne.

À Bagdad, le service de sécurité de l'aéroport annonce que les piles du transistor doivent être retirées avant embarquement. De quoi rendre la bombe inopérante. Arguant de « sa » nationalité, Seung-il annonce que dès son retour dans l'empire du Soleil levant il ira se plaindre à l'ambassade d'Irak à Tokyo et finit par arracher l'autorisation de remettre les piles en place. Les toilettes des hommes étant occupées, c'est Hyon-hui qui ira régler le retard de la bombe – neuf heures – dans celles des femmes.

À 22 h 30, le vol KAL 858 décolle. L'appareil explose vers 6 heures du matin au large de la Birmanie. Aucun survivant parmi les 104 passagers et les 11 membres d'équipage. Tout s'est déroulé comme prévu sauf qu'à l'escale d'Abu Dhabi la sécurité confisque les faux passeports des deux terroristes nord-coréens, retardant leur envol pour Rome. Les heures passent. Finalement, Hyon-hui et Seung-il récupèrent leurs documents puis, les avions pour Rome étant complets, achètent en catastrophe des billets pour Bahreïn. En attendant de repartir, ils s'installent à l'hôtel Intercontinental. Une seule chambre pour le « père » et sa « fille », mais Seung-il ne tentera pas d'abuser de la situation. Le lendemain, alors qu'ils s'apprêtent enfin à embarquer pour Rome, un représentant de l'ambassade japonaise à Bahreïn leur annonce que le passeport au nom de Hachiya Mayumi est un faux, et que la police va venir les interroger.

« Sois forte, "Ok Wa", il va falloir croquer l'ampoule », susurre Seung-il à sa jeune complice, dont une des cigarettes du paquet de Marlboro contient une capsule de cyanure. Trompant la vigilance des policières, elle s'exécute… pour se réveiller dans un lit d'hôpital. Si Seung-il est parvenu à se donner la mort conformément aux ordres, une erreur de dosage vient de sauver la jeune terroriste.

Hyon-hui est extradée en Corée du Sud le 15 décembre 1987. Après une semaine d'interrogatoires par la police, et surtout par les agents du National Intelligence Service, elle craque et avoue. Condamnée à mort en mars 1989, le président Roh Tae-woo la gracie, jugeant, comme le NIS, qu'elle est trop utile en termes de propagande pour dénoncer le régime totalitaire nord-coréen. Certains verront même dans son livre *The Tears of My Soul* (« Les larmes de mon corps »), publié en 1993 sous l'étroit contrôle des services, de faux aveux destinés à calmer la douleur des familles des 115 victimes de l'explosion du vol KAL 858[2]…

2. Traduit en français en 1994 par les Presses de la Cité sous le titre *Dans la fosse aux tigres*.

24

Pour Dieu et la reine

Première femme Premier ministre de l'histoire d'Angleterre, Margaret Thatcher s'est entourée d'hommes et non de femmes pour diriger son service secret. Selon son biographe Charles Moore, celle que l'on surnommera la Dame de fer était « surexcitée par l'atmosphère de secret et le romantisme de l'espionnage ». Une dirigeante obsédée par les services et les forces spéciales comme le furent rarement ses homologues et compatriotes masculins. Sauf Winston Churchill lui-même, à cette différence près que le Vieux Lion eut à conduire son pays dans une guerre mondiale contre le nazisme et le militarisme nippon tandis que celle que l'on surnommait la Dame de fer ne vivra de conflits armés qu'en Irlande du Nord face aux clandestins de l'Armée républicaine irlandaise, l'IRA, ou aux îles Malouines face aux militaires argentins...

Dame de fer et services secrets

La future Dame de fer, c'est peu connu, eut comme mentor et comme modèle un héros national anglais, Airey Neave. Évadé en 1942 de Coldtiz, la prison-forteresse allemande pour officiers alliés récidivistes de la cavale célèbre outre-Manche dans les années 1970 grâce à une série télévisée de BBC 1, Neave a pris, dans la foulée de cet exploit, le commandement du MI 9. Un service spécialisé dans l'exfiltration d'Europe occupée de résistants et de pilotes alliés qui travaillera notamment avec la « DD-line » de l'héroïne belge Andrée De Jongh (*cf.* chap. 14, p. 221).

Dès les débuts de la guerre froide, le MI 9 se voit reconverti en organisme de contrôle de la fiabilité des opposants au communisme venus des pays de l'Est. Prisonnier de l'ambiance de la Seconde Guerre mondiale dont il n'est jamais vraiment sorti, l'archi-conservateur Neave se veut alors l'ennemi juré des travaillistes, vus comme de mauvais Anglais. Contre eux, les pires coups seraient permis. Une sorte de fièvre réactionnaire que cet homme d'action va communiquer à la jeune femme née en 1925 : toujours user de la force s'il s'agit des intérêts supérieurs du Royaume-Uni.

Aux yeux de Mme Thatcher, ces intérêts sont en jeu dans le conflit qui déchire l'Irlande du Nord depuis la fin des années 1960 avec la résurrection de l'*Irish Republican Army*, que l'on croyait disparue mais qui renaît rapidement de ses cendres. En cas – prévisible – de succès du Parti conservateur aux législatives de 1979, la Dame de fer se préparait justement à désigner Neave comme le coordonnateur de la communauté britannique du renseignement.

Mais, le 30 mars, la nouvelle est tombée : son mentor venait d'être assassiné par un groupe gauchiste, l'*Irish National Liberation Army* (INLA), qui se voulait concurrent de l'IRA. D'où les consignes d'extrême fermeté que Thatcher, plus Dame de fer que jamais, donnera aux chefs des services secrets le 4 mai, avant même de former son gouvernement.

Des instructions renouvelées après que l'IRA eut réussi, le 27 août 1979, un coup double aussi meurtrier que spectaculaire : la mort de Lord Louis Mountbatten, dernier vice-roi des Indes et cousin de la reine Elizabeth II, puis celles de 18 paras anglais dans une embuscade. Mais pas forcément empreintes de bon sens du fait qu'elles auront pour effet de prolonger pour de longues années un conflit armé encore possible à stopper à l'époque.

Fana des forces spéciales

« Maggie » a en effet décidé de ne tenir aucun compte du rapport Glover. Rédigé dès décembre 1978 sous la houlette du brigadier général James Glover, par la suite numéro 2 du *Defense Intelligence Staff*, le renseignement militaire, ce document de 30 pages cernait plutôt bien le double objectif de l'IRA : fin de la présence britannique au Nord et réunification de l'île d'Émeraude en une république à forte coloration sociale.

« La campagne [armée]de l'IRA continuera aussi longtemps que les Britanniques seront en Irlande, assurait-il. Ils sont de plus en plus professionnalisés. Ils sont de plus en plus une force de gauche. Ils reçoivent une importante aide de la communauté irlando-américaine, mais n'ont aucun lien avec l'URSS. Ils continueront à utiliser avec profit l'Irlande du Sud comme base arrière, et nos services de renseignements n'arrivent pas à identifier leur hiérarchie au Sud. »

Même s'il n'abordait pas l'aspect politique de la question, le rapport débouchait implicitement sur le conseil suivant : négocions une porte de sortie commune avec les rebelles irlandais puisque ni l'armée et les services secrets britanniques, ni bien entendu l'IRA elle-même, compte tenu de ses moyens militaires limités, ne pourront l'emporter de vive force.

Un conseil que la Dame de fer ne voudra pas entendre. Sa religion est faite : contre ces terroristes irlandais, il faut déchaîner les forces spéciales du royaume, répondre à la violence par plus de violence encore, aux attentats par plus d'attentats, à l'assassinat de Neave par des assassinats ciblés. Et faute de pouvoir frapper les chefs clandestins de l'INLA, abattre ou tenter d'abattre les têtes de sa branche politique, l'*Irish Republican Socialist Party*. Dont la célèbre Bernadette Devlin, que sa lutte pour les droits civiques de la minorité catholique en Irlande du Nord envoya siéger en 1969 sur les bancs des Communes.

Pendant la Seconde Guerre mondiale, le *Special Air Service* (SAS) glana ses lettres de noblesse dans les opérations de commando les plus hardies contre Rommel et l'Afrikakorps. Cette fois, il sera mis à contribution de façon moins glorieuse contre les nationalistes irlandais, avec consigne implicite de ne pas mégoter sur les moyens. Déjà largement entamée, la féroce guerre secrète que les SAS menaient contre l'IRA et réciproquement ne manquera pas de s'intensifier. Les SAS ont la gâchette facile. Les artificiers nationalistes, eux, manqueront de peu la Dame de fer en 1984, déclenchant une explosion meurtrière dans un hôtel de Brighton loué pour le congrès du Parti conservateur, dont cinq élus seront tués et trente blessés. Et bref, l'accord de paix sera ainsi différé jusqu'en 1998, soit vingt ans après la remise du rapport Glover.

Chacune des deux parties a bien entendu sa part de responsabilité dans ce conflit impitoyable. Reste que la fascination de la Dame de fer pour les forces spéciales contribua beaucoup à le prolonger. « Maggie » se sentait bien au milieu des hommes de guerre et des officiers des services secrets. Si bien qu'elle tentera de défendre le MI 6 dès novembre 1979, quand le grand public, indigné, apprendra par la presse qu'Anthony Blunt, rescapé des cinq compères de Kim Philby à Cambridge, et par la suite spécialiste mondialement reconnu de l'œuvre de Nicolas Poussin, était devenu le conseiller de la reine Elizabeth II pour ses achats de tableaux ! De même qu'elle s'efforcera de protéger le service secret par un projet visant à restreindre la liberté de la presse.

Son engouement pour les forces spéciales fut encore plus fort. « Un groupe de gens merveilleux », ira jusqu'à déclarer la Dame de fer le 12 décembre 1980 au sortir d'une visite au quartier général des SAS à Hereford. Une assertion qu'aurait approuvée Airey Neave. Elle n'en tranchait pas moins avec la discrétion coutumière de la communauté britannique du renseignement.

« Maggie » suivra en personne, et avec le plus grand intérêt, les péripéties d'une affaire toute particulière : le recrutement en 1974 au Danemark de celui qui fut sans doute le plus grand agent double anglais au cœur du KGB : Oleg Gordievsky. Chef de la *rezidentura* de Londres rappelé à Moscou car soupçonné de trahison, Gordievsky va être exfiltré d'URSS en juillet 1985 dans des conditions rocambolesques par une équipe du MI 6 où se distingueront à leurs risques et périls de nombreuses femmes dont Florence, l'épouse du vicomte Roy Ascot, chef de la station de Moscou, et Rachel, l'épouse du bras droit d'Ascot au service secret, Arthur Gee. Pour cette opération, les deux hommes seront décorés du très prestigieux *Order of British Empire*. Pas leurs épouses autant que l'on sache.

Notons pourtant que la communauté britannique du renseignement s'est engagée plus tôt que ses homologues américaine et française dans sa féminisation. Le MI 5 en particulier...

La révolte des chasseuses de taupes

Une photo. Dans cette rue d'Islington, la dame porte des cheveux courts à la Louise Brooks et un manteau. Elle a l'air pressée, mais on dirait Mme tout-le-monde. Seulement voilà : en cette année 1992 qui commence à peine, Stella Rimington vient d'être nommée directrice générale du MI 5, le *British Security Service* déjà séculaire mais dont l'existence n'a pourtant été reconnue officiellement que trois ans plus tôt.

Première femme à la tête de l'équivalent anglais de notre DGSI, cette mère de deux filles prend, pour quatre ans, la succession des douze *gentlemen* qui ont dirigé le Service depuis 1909. Avec un salaire annuel de 77 000 livres supérieur à celui du successeur de la Dame de fer à Downing Street, John Major.

Moins machiste, on vient de le rappeler, que le MI 6, le contre-espionnage de Sa Majesté a accepté une Janet Archer en son sein (*cf.* chap. 9, p. 132). D'autres femmes aussi à l'image de Milicent Bagot, spécialiste maison des affaires communistes dans la foulée d'Archer et qui sera, dit-on, l'autre modèle de John Le Carré pour le personnage de Connie Sachs dans *La Taupe*. Ou, aux antipodes, à l'image de Cathy Massiter. Entre 1981 et 1983, cet officier féminin de la branche F (contre-subversion) fut membre de l'équipe chargée de la surveillance de la Campagne pour le désarmement nucléaire, le CND. Elle apprécia peu quelques abus de pouvoir sans proportion avec le danger réel représenté par le CND comme l'infiltration d'un agent au siège national du mouvement ou la mise sous écoute de plusieurs de ses dirigeants. Après sa démission, on la verra apparaître en 1985 sur Channel 4 pour dénoncer de telles dérives.

Ce machisme moindre (tout est relatif) se voit contrarié en novembre 1972, quand éclate au sein même du MI 5 la « révolte des femmes ». Reprenant la revendication féministe, très puissante en ces années contestataires, des agentes du Service se réunissent pour discuter les termes d'une « charte des femmes ». Leurs débats donnent lieu à une pétition que les plus audacieuses vont oser signer quand d'autres se contenteront d'exprimer leur sympathie.

Entièrement masculins, les sommets de la pyramide hiérarchique s'interrogent. Leur première réaction n'a rien que de très classique : « Mais qu'est-ce qu'elles veulent ? » (ces filles un peu déjantées, sous-entendu). Or ce qu'elles veulent, justement, ne va en rien contre les intérêts du Service. C'est même le contraire : les contestataires demandent que les femmes ne soient plus confinées aux emplois de bureau. Elles revendiquent l'abolition de cette règle non écrite qui veut que les agents de terrain appartiennent tous au sexe masculin.

Difficile à ce compte de parler de sabotage. Et guère plus de « discrimination positive ». Les dames du MI 5 ne demandent pas des « places réservées aux femmes », elles exigent tout bonnement leur part de risque. Alors l'idée suit son chemin, quitte à heurter des préjugés masculins toujours vivaces. L'année qui suit la « révolte des femmes » s'ouvre le premier stage de formation d'*agentes* de terrain. Et parmi ces dernières justement, Stella Rimington.

L'enfance d'une chef

Qui est cette pionnière, fille de dessinateur industriel née en mai 1935 et appelée à présider aux destinées du contre-espionnage de Sa Majesté ? Le double produit de la Seconde Guerre mondiale puis celui des années 1960.

Gamine, Stella Whitehouse a connu les bombardements allemands et acquis la certitude qu'il fallait maîtriser ses émotions face au danger. Refusée à Cambridge, elle suit à partir de 1954 des études de littérature anglaise à Édimbourg, manifeste deux ans plus tard contre la venue du numéro 1 soviétique Nikita Khrouchtchev, dont les chars viennent d'écraser la révolte hongroise. En 1958, elle achève ses études d'archiviste à Liverpool. Dotée, paraît-il, d'un fond d'accent écossais, la voilà recrutée par le service des archives locales du Worcestershire, emploi modeste et mal rétribué mais qu'elle ne doit qu'à ses mérites.

Le 16 mars 1963, la jeune femme épouse à Londres John Rimington. Deux ans plus tard, ce diplomate est nommé premier secrétaire de l'ambassade britannique en Inde. Stella, qui a soif d'action, commence à s'ennuyer. Pour rompre la monotonie postcoloniale, elle donne des cours d'anglais à des institutrices indiennes, mais est-ce vraiment suffisant ? Là-dessus, à l'été 1965, le MI 5 la contacte, son responsable local ayant besoin d'une secrétaire supplémentaire. L'aventure ? N'y pensez même pas, rien que du travail de bureau ! C'est par un autre biais que le contre-espionnage fait véritablement irruption dans sa vie, quand un officier du KGB sous couverture diplomatique et sa femme tentent de recruter Stella et John. Les Soviétiques sont omniprésents en Inde, ex-joyau de l'Empire britannique. Lasse des beautés, pour elle toutes relatives, du contre-espionnage de bureau, Stella Rimington passe à l'*Information Research Department*, l'organisme de propagande anglais qui s'attira en son temps les services du grand écrivain George Orwell, né au Bengale justement et fort amoureux d'une proche du renseignement de Sa Majesté, Celia Kirwan.

De retour dans le Londres bouillonnant des années 1960, Stella se décide à postuler de nouveau au MI 5 en 1969. De son propre aveu, la jeune femme se présente à l'examen de réembauche vêtue d'une veste de tailleur en soie sauvage, d'une mini-jupe et d'une chemise indienne en soie à rayures. Admise malgré cette « faute de goût » dès juillet, l'enfant prodigue de 34 ans ne tarde pas à réaliser qu'au sein du Service ces messieurs dirigent tout.

Par contraste, il existe cependant un pôle féminin : le département des enregistrements et des archives. En la matière, la bonne tenue des dossiers reste essentielle : que vaudrait un service de contre-espionnage sans mémoire ? Sauf qu'en l'occurrence ce sont de vieilles lunes que l'on brasse au MI 5, pas forcément les choses les plus brûlantes.

Les *Assistant Officers* féminines (et non *Officers* à titre plein) sont recrutées de préférence parmi les filles de héros de la Seconde Guerre mondiale. Une forme spécieuse de discrimination positive qui ne garantit en rien la qualité de leur travail mais prouve que l'entre-soi de la communauté britannique du renseignement persiste.

Et précisément, le fantôme des « espions de Cambridge », complices de Kim Philby qui firent tant de dégâts à l'abri de cet entre-soi, rôde toujours dans la Maison. À plusieurs reprises, Rimington interroge l'un d'entre eux et pas le moindre. L'Écossais John Cairncross est soupçonné, à juste titre, d'avoir fait partie de ce cercle d'agents soviétiques. Mais, simple subalterne, la jeune femme n'a pas le pouvoir de pousser les investigations plus loin. Comme Melita Norwood (*cf.* chap. 12, p. 180),

Cairncross mourra dans son lit sans être inquiété par la justice anglaise.

Stella vs *IRA*

Cette même année 1969, le conflit nord-irlandais ressurgit quand le mouvement des droits civiques, qui revendique l'égalité entre catholiques et protestants, est violemment réprimé par une police entièrement protestante. L'armée britannique débarque (en principe pour « séparer les deux camps »). L'IRA, qui les avait déposées, reprend les armes pour défendre la minorité catholique contre les militaires et, bref, voilà la guerre rallumée. Signe d'une montée hiérarchique palpable mais non officielle, Rimington sera des deux femmes chargées de mettre sur pied l'Irish Section. Enceinte, elle bénéficie ensuite d'un congé de maternité pour mettre au monde sa première fille, Sophie, en décembre 1970.

Quand elle demande à réintégrer le Service après cette naissance, c'est la surprise : une mère de famille, ça reste chez soi ; ça ne travaille plus. Mais Stella est têtue. Ce qui n'empêche pas que, enceinte de sa deuxième fille, Harriet, elle ne peut obtenir de poste à l'antenne MI 5 de Bruxelles, où John Rimington a été nommé à l'été 1974 l'un des représentants britanniques auprès de la Communauté européenne. Pour rester en famille, elle devra consentir un congé sans solde et sans droits à la retraite de deux ans. Si elle avait été un homme et son épouse diplomate, l'affectation dans la capitale belge aurait été de soi. À la fin de son congé, le couple battant de l'aile, Stella regagne Londres avec ses deux filles (en 1984, John et elle se sépareront sans divorce). Et là, impossible de refuser sa réintégration à cette mère de famille qui, on l'imagine, devra jongler avec les baby-sitters et les emplois du temps scolaires pour assumer ses tâches au MI 5.

« Housewife Superspy »

Des tâches de plus en plus prenantes puisque, en l'espace d'une décennie, elle sera passée du contre-espionnage classique à la très contestée section F comme *Assistant director*. À la branche G surtout, dont elle prendra le commandement entre 1988 et 1990.

Ce département de contre-terrorisme est censé faire échec à l'IRA. Compte tenu de la férocité du combat aussi britannique que séculaire contre les nationalistes irlandais, Rimington restera toujours très discrète sur ses activités à l'époque. Discrète aussi quand elle témoigne en février et mars 1989 sous le nom de « Miss J. » au procès de Vàclav Jelinek alias « Erwin Van Haarlem », un officier de renseignements tchèque, premier illégal arrêté en Angleterre depuis « Gordon Lonsdale » et l'affaire de la « brigade des ménagères » (*cf.* chap. 20, p. 344).

En décembre 1991, directrice ajointe du MI 5 depuis un an, Stella fait partie de la délégation venue à Moscou enterrer, ou du moins essayer d'enterrer la guerre froide avec l'ennemi d'hier. C'est sur ces entrefaites que la voilà directrice générale du Service, pas trop contente que sa photo soit apparue dans la presse à cette époque où l'IRA reste encore très active (rappelons qu'en février de l'année précédente des tirs de mortier nationalistes ont atteint Downing Street, alors occupé par John Major). Quand *The Independent*, un quotidien anglais, publiera un cliché de sa maison, elle sera d'ailleurs contrainte de déménager.

Écopant dans la presse de nombreux surnoms dont *Housewife Superspy* (la « ménagère super-espionne) ou *Queen of all your secrets* (« la reine de tous vos secrets ») et naturellement *James Bond Girl*, la nouvelle directrice générale s'occupe de la féminisation réelle d'un organisme composé pour moitié de femmes dont la plupart n'occupent pour autant que des postes subalternes même si elles ont gagné de haute lutte le droit de travailler sur le terrain. Elle le fera dans un esprit plus pragmatique que militant : ce qui compte, c'est que les bonnes personnes se trouvent à la bonne place, et si ces bonnes personnes appartiennent au même sexe qu'elle, pourquoi pas ?

Le style Rimington est avant tout collégial : quatre femmes sur douze directeurs de service et beaucoup de partage de renseignements en interne. À la directrice générale d'exploiter au mieux les qualités des unes et des autres. Les femmes, estime-t-elle par exemple, font de meilleures recruteuses parce que plus intuitives. Sans avoir connu en poste le terrorisme islamiste, elle aura préparé le *British Security Service*, ex-MI 5, à y faire face.

La forme réticulaire, voire individuelle, de cette hydre exige en effet une adaptation et une communication rapides aussi bien à l'intérieur des organismes qui la combattent que dans leurs rapports mutuels, à « décloisonner » d'urgence.

En avril 1996, Stella Rimington prend sa retraite après vingt-sept années de service. Dame Stella Rimington pardon, puisque la reine lui décerne, cette même année, le prestigieux *Most Honorable Order of the Bath,* cet ordre du Bain dont la naissance remonte à 1725.

Femme de lettres

Marchant alors sur les traces d'Ursula Kuczinsky, cette agente secrète soviétique de haut niveau qui finira à Berlin-Est dans la peau d'une femme de lettres (*cf.* chap. 12, p. 173), l'ex-élève de littérature anglaise commence par publier ses Mémoires, *Open Secret,* en 2001. Une initiative qui va déclencher une belle polémique alors que les secrets qu'elle y révèle ne sont pas de vrais secrets d'État mais avant tout des détails révélateurs de l'ambiance au sein du contre-espionnage de Sa Majesté. C'est d'ailleurs ça qui gêne le plus ses détracteurs. Les mêmes en substance que ceux de John Le Carré, quand il a montré sous forme romanesque certaines faces pas toujours reluisantes de la vie intime du MI 6.

Avec *At Risk* (« L'invisible » dans sa traduction française en 2005), Rimington crée en 2004 son personnage de thrillers, appelé à un succès qui ne se démentira guère, sauf en France où la greffe ne prendra pas. Cette femme n'est autre que Liz Carlyle, officier du MI 5.

Carlyle, tiens, tiens ! Ne serait-ce pas une allusion à la comtesse de Carlisle, dont on a vu au premier chapitre du présent livre le rôle d'agente secrète lors de la guerre civile anglaise du XVIIIe siècle ? Lady Carlisle qui, nous le savons, donna naissance à travers une chronique de La Rochefoucauld sur-interprétée par Alexandre Dumas à cet autre personnage de fiction mondialement célèbre, la Milady de Winter des *Trois Mousquetaires.*

Célibataire qui n'a pas froid aux yeux, Liz Carlyle est un peu Stella et un peu une autre, comme dans toute bonne fiction littéraire. Sans doute Rimington a-t-elle apprécié la nomination en 2002 d'une deuxième femme à la tête du BSS : son ancienne collègue Eliza Mannigham-Buller. Fille d'un ancien procureur général chargé en son temps de requérir contre des espions soviétiques dont le très fameux George Blake, cette future baronne a intégré le MI 5 en 1974. Neuf ans plus tard, au titre d'un épisode ponctuel de coopération directe entre MI 6 et MI 5, Mannigham-Buller sera très largement impliquée dans les mesures de protection de l'agent double Oleg Gordievsky, alors affecté par le KGB à la *rezidentura* de Londres. Son successeur en 2007 sera toutefois un homme, Jonathan Evans[1].

En résumé, si Dame Rimington mena avec acharnement, succès mais aussi humour une lutte pour mettre en valeur le rôle des officiers féminins au sein des services de renseignements, elle le fit au nom de l'efficacité, jamais du féminisme au sens où on l'entend généralement. C'est ainsi que son non-conformisme à l'anglaise pesa de façon discrète, fonction oblige, puis de façon publique et littéraire dans la progression, plus générale, de la cause des femmes.

Une cause qui s'était manifestée aux États-Unis dans les années 1960 sous la forme du *Women's Lib*. Non sans conséquences par la suite...

---

1. En février 2017, une autre femme, Cressida Dick, prend à son tour les rênes de la prestigieuse *Metropolitan Police*, autrement dit Scotland Yard.

25

Les dames de la CIA

Si les Américains adorent Paris, leurs officiers de renseignements l'apprécient plus encore. Pour sa beauté et pour bien d'autres raisons. Pendant la guerre froide, Paris fut par exemple la capitale des opérations africaines de la CIA, sans oublier quantité d'opérations de guerre psychologique.

Dans le viseur de l'Agence américaine de renseignements au mitan des années 1970, le Parti communiste français. Cette force politique, syndicale et rouge-banlieusarde encore puissante reste branchée sur Moscou. Or, le tout jeune parti socialiste de François Mitterrand a rompu avec l'anticommunisme de son ancêtre la SFIO. En 1972, le PS a même signé avec le PCF un Programme commun de gouvernement hyper-étatiste qui inquiète fort Langley, le siège de l'Agence fédérale de renseignements. Et si la France, déboussolée par le choc de mai-juin 1968 et la disparition du général de Gaulle, basculait par voie électorale dans l'escarcelle soviétique ? Le meilleur moyen d'en avoir le cœur net, c'est l'action clandestine en direction du PCF, décrète-t-on à Langley…

Opération « Poissons rouges »

Le programme d'espionnage du PCF portera les noms de code « Poissons rouges » ou « Aquarium ». Deux allusions au siège central du Parti, place du Colonel-Fabien dans le XIXe arrondissement, et à sa large façade de verre teinté. Dû au Brésilien Oscar Niemayer, cet ensemble architectural est entré en service en

1971. Pour les dirigeants communistes de l'époque, il constitue un double symbole de pouvoir par son caractère massif, et de modernité par son aspect futuriste. Pour autant, le bâtiment n'a rien d'une maison de verre.

Perçons les mystères du « bunker » communiste parisien, se propose l'Agence, dirigée en France par le chef de sa station de Paris, Eugen Burgstaller. De façon assez burlesque, l'Agence envisage de recruter un sosie de Jean Kanapa, le responsable de la « polex », la section de politique internationale du PCF. On pourrait l'introduire au culot dans « l'Aquarium » de Colonel-Fabien, qui semble fasciner les officiers de renseignements américains ! Trop hasardeux, trop risqué pour le sosie, ce projet sera d'autant plus vite abandonné qu'on ne distingue guère ce qu'il aurait pu apporter en termes de renseignements[1].

Plus sérieusement, des techniciens de la base de Francfort de l'Agence, qui pilote ses opérations clandestines en Europe, s'installent dans un appartement loué par leurs collègues parisiens juste en face du « bocal aux poissons rouges ». Mission : filmer les allées et venues des voitures et des personnes qui entrent ou sortent.

Enfin, et c'est là que les femmes interviennent, pourquoi ne pas mettre au goût du jour la bonne vieille méthode des « Roméos », chère au maître espion communiste est-allemand « Micha » Wolf » (*cf.* chap. 23, p. 398) ?

À l'image de cet ancien du service de sécurité de l'OTAN en Belgique reconverti dans la vente d'armes, plusieurs contractuels de la Compagnie sont mobilisés. À eux de prendre en filature les employées du siège central du PCF de façon à en définir le profil psychologique en tâchant de repérer la faille personnelle que l'on pourrait exploiter.

Le rapport qui suit témoigne de l'entreprise. Il décrit une cible potentielle : « Jeune fille de 25 à 30 ans, 1,60 m, 60 kilos, cheveux châtain clair, coiffés courts et droits, corpulence forte, démarche pesante, teint rosé, yeux verts, sac en cuir brun, imperméable vert d'eau, genre un peu paysanne. Lit *France nou-*

---

1. Après la mort de Kanapa en 1978, le pavillon de banlieue parisienne de sa compagne sera l'objet d'un mystérieux cambriolage. L'ex-responsable de la « polex » y entreposait ses archives. La CIA n'était cependant pour rien dans l'affaire, plus sûrement attribuable à certains de ses ex-camarades proches de Moscou.

velle [un hebdomadaire communiste]... Sa mère vient l'attendre près de la sortie du métro. Elles marchent ensemble bras dessus, bras dessous en s'arrêtant devant les vitrines de la bijouterie et du magasin d'habillement pour dames. La mère a environ 65 ans, cheveux grisonnants. Entente parfaite entre la mère et la fille. Cette jeune fille n'a pas d'alliance, seulement une bague avec une perle à l'annulaire de la main gauche. Elle quitte "l'Aquarium" entre 17 heures et 17 h 45. »

Du boulot de détective même si l'on est loin des romans de David Goodis ou de Raymond Chandler. Si le « détective » juge la cible intéressante, il n'a qu'à décrocher, appeler l'ambassade américaine et demander « Tom ». Cet officier traitant, qui répond au poste 73-20, organisera alors un rendez-vous avec le contractuel dans un des « appartements conspiratifs » de l'Agence. Au cas où leur discussion s'avérerait concluante, « Tom » mettra sur l'affaire un des « Roméos » contractuels de la CIA. Par exemple cet ancien mannequin, beau jeune homme domicilié en Belgique et qui pose fréquemment pour des publicités. Sa mission, on la devine : rencontrer « par hasard » les secrétaires qu'on lui a signalées, les draguer, les séduire, les suborner, les recruter[2].

L'entreprise prend forme. Mais à l'été 1975, informé de cette ingérence, Michel Poniatowski, le ministre de l'Intérieur français, renvoie discrètement une dizaine d'officiers de l'Agence à leurs chères mais trop envahissantes études. Le rideau tombe sur l'opération « Poissons rouges ». Mais bien entendu, pas sur le travail de la CIA dans la Ville Lumière...

Une Américaine à Paris

Cool, cette Américaine francophone tout juste quinquagénaire. Elle vit depuis le début des années 1980 dans les beaux quartiers, rue de Grenelle, et travaille pour le Dallas Market Center, une fondation liée au lobby céréalier US. Mais Mary Ann Baumgartner ne s'intéresse pas aux seuls débouchés agricoles. Sous ses abords séduisants, car elle l'est, se cache un officier *non-official cover* (NOC) de la CIA – une classification top

2. Roger Faligot & Rémi Kauffer, *Au cœur de l'État l'espionnage*, Paris, Autrement, 1983.

secret interne à l'Agence qui désigne une catégorie d'agent(e)s opérant sans couverture diplomatique.

Recruter des « talents » locaux, Miss Baumgartner l'a déjà fait en Asie et en Afrique. Elle entend le refaire à Paris. Non sans succès, mais pas assez discrètement pour échapper au regard inquisiteur de la DST, la Direction de la surveillance du territoire, ancêtre de la DGSI.

Sise rue des Saussaies, la DST suit de près les activités de la soi-disant lobbyiste. La NOC a noué contact avec trois sources potentielles susceptibles de renseigner la CIA sur les positions françaises dans les négociations transatlantiques, en particulier sur le thème de la fameuse « exception culturelle ».

Parmi ces trois sources potentielles, Henri Plagnol, maître des requêtes au Conseil d'État où il pilote une cellule de coordination administrative. Plagnol dont Baumgartner a fait la rencontre en mai 1992 lors d'un cocktail de l'Unesco. Ils déjeuneront par la suite à plusieurs reprises au Cercle Interallié, le jeune trentenaire étant même reçu une fois rue de Grenelle dans « un appartement sobre, tout de blanc décoré » selon la description qu'il en fera huit ans plus tard à Stéphane Joahny pour une série d'été du *Monde* sur les « Secrets de la guerre froide ». Et d'ajouter : « Elle était sympathique, avait une très bonne éducation et donnait le sentiment d'aimer la France[3]. » Passionné de politique étrangère, l'ancien énarque apprécie ses discussions avec cette excellente connaisseuse (et pour cause) de la géopolitique.

Baumgartner, elle, croit pouvoir se féliciter de ses contacts avec Plagnol fin mars 1993, quand le haut fonctionnaire intègre le cabinet du nouveau Premier ministre Édouard Balladur. Chargé des affaires culturelles, il devient de ce fait une cible prioritaire pour la CIA et son agente.

Tout irait pour le mieux pour l'Américaine si la rue des Saussaies, connaissant le « pedigree » NOC de Miss Baumgartner, ne l'avait placée sous surveillance. Femme contre femme : installée à une table voisine lors d'un de ses déjeuners avec Plagnol, une policière de la Surveillance du territoire aurait enregistré leur conversation par le truchement d'un micro dissimulé dans sa chevelure.

3. Stéphane Joahny, « Les secrets de la guerre froide 2/6 », *Le Monde*, 24 juillet 2010.

La DST décide alors d'en référer à Nicolas Bazire, qui n'est pas seulement le directeur du cabinet d'Édouard Balladur, mais aussi un camarade de promotion de Plagnol à l'ENA. Puisque les Américains se montrent trop curieux, on décide de les intoxiquer en leur refilant, *via* le jeune fonctionnaire, de faux renseignements forgés rue des Saussaies à propos des négociations du GATT, l'Accord général sur les tarifs douaniers et le commerce.

Comme Roger Faligot, Jean Guisnel et moi-même l'avons signalé en 2012 dans notre *Histoire politique des services secrets français de la Seconde Guerre mondiale à nos jours*, les versions du travail d'intox commun entre Plagnol et la DST vont différer. Plagnol n'aurait rencontré, rue des Saussaies, que des gens dévoués certes, mais limités intellectuellement auxquels il aurait tout appris, leur apport se réduisant au soutien technique à une opération dont lui-même aurait pris les leviers de commande. Pour la DST, l'affaire fut au contraire gérée de bout en bout par une équipe d'officiers confirmés du contre-espionnage. Des professionnels auxquels Plagnol devrait être reconnaissant d'avoir écarté de sa tête le risque de recrutement par la CIA. Quoi qu'il en soit, la manœuvre prendra fin en décembre 1993, dès la fin des négociations du GAAT.

Après l'intox viendra la punition. En février 1995, le ministre de l'Intérieur Charles Pasqua convainc Édouard Balladur de faire éclater l'affaire. Cinq ressortissants états-uniens sont expulsés dont Dick Holm, le nouveau chef de station de la CIA à Paris, véritable légende vivante qui a servi sous douze directeurs de l'Agence au Vietnam, au Congo, à Hong Kong et au Liban. Holm mal récompensé de l'aide apportée par la CIA l'année précédente au général Rondot dans la traque de Carlos, que le général m'avait confié en novembre 2017, peu avant sa mort. Le Français avait fourni le pseudonyme sous lequel opérait le terroriste vénézuélien, et l'Américain, les éléments permettant de confirmer qu'un homme se cachait bien sous ce nom à Khartoum, au Soudan, ainsi que les comptes rendus de ses communications téléphoniques interceptées par l'Agence…

La croisade de Janine Brookner

Miss Baumgartner était en poste à Paris depuis des années déjà quand un vent de contestation féminine interne s'est mis à souffler au sein même de la CIA. À l'origine de ce trouble, Janine Brookner. Recrutée par l'Agence en 1968, cette divorcée alors seule avec son fils a étudié précédemment les problèmes russes à l'université de New York. Mutée aux Philippines, elle y mène, dès ses premières armes au service secret des États-Unis, une infiltration très réussie au sein du parti communiste local. En Thaïlande puis au Venezuela, ses succès seront à l'avenant.

Au milieu des années 1980, cette femme tout en énergie dirige l'équipe des agents du contre-espionnage de l'Agence chargée de vérifier que les délégations des pays communistes ne se livrent pas à des activités de renseignements comme le fit en son temps Valentin Goubitchev, l'officier traitant de Judith Coplon (*cf.* chap. 19, p. 323). Très scrupuleuse, c'est son moindre défaut, Janine prend sur elle de signaler à la hiérarchie l'attitude d'un collègue, Aldrich Ames, buveur patenté dont le train de vie ne lui paraît pas correspondre à son salaire officiel de 45 000 dollars (un peu moins de 60 000 euros) par an. Non sans raison puisque ce chef de la section pays de l'Est au contre-espionnage de l'Agence vient précisément de se vendre aux Soviétiques moyennant de confortables sommes d'argent. Mais sans conséquence immédiate pour lui puisque Ames ne sera convaincu de trahison par une équipe d'enquêtrices féminines puis arrêté qu'en février 1994 avant d'être condamné à la prison à perpétuité.

En juillet 1989, nous n'en sommes pas encore là. Brookner, qui fait à tort figure de langue de vipère, est mutée comme chef de station à Kingston, en Jamaïque. Sa nomination à ce poste en principe peu convoité traduit probablement l'exaspération de la hiérarchie à l'égard d'un officier trop regardante envers le comportement de ses homologues masculins. Elle fait tout de même de Brookner la première femme chef de station en Amérique latine.

On lui a proposé de sélectionner elle-même son bras droit. Elle opte pour un officier noir, choix logique à Kingston, où il passera plus inaperçu. Le hic, c'est que la nouvelle chef de station ne tarde pas à s'apercevoir que l'adjoint bat sa femme.

Et que, toujours aussi têtue, elle va signaler de ce pas à Langley son comportement « inapproprié », l'euphémisme en vigueur aux États-Unis.

En agissant ainsi selon sa conscience, Brookner transgresse une sorte de loi non écrite qui veut que ce genre de « difficulté » se règle sur place sans appel à la hiérarchie. L'adjoint se voit certes rappelé aux États-Unis, mais c'est sur « l'empêcheuse de tourner en rond » que l'inspection des services, les « bœufs-carottes » de l'Agence, ouvre une enquête !

Une enquête entièrement à charge. Le personnel de la station est invité, incité même à accabler sa chef. Par-dessus le marché, le dossier se nourrit de rumeurs : Brookner boirait trop, gonflerait ses notes de frais, porterait des shorts trop courts, des tee-shirts trop décolletés, des sous-vêtements trop mini. Elle aurait agressé sexuellement un collègue à une soirée de Noël. On en passe et des meilleures. La sanction suit, parfaitement arbitraire : alors qu'il était question de la nommer chef de station à Prague, elle est rappelée à Langley pour y végéter dans un bureau sans fenêtre ni téléphone. La mise au placard dans toute son horreur.

C'est en mai 1992 seulement que Mrs Brookner apprend les allégations qui pèsent sur elle. S'en ouvre-t-elle au patron de la division Amérique latine, ce dernier s'empresse de ne pas bouger le petit doigt. Loyaux par contraste, son ancien chef à Manille, George Kalaris, de nombreux officiers de l'Agence ainsi que l'ambassadeur américain à Kingston en personne se portent garants de son intégrité.

En janvier 1993, un rapport interne lui recommande de prendre un avocat et de rembourser les notes de frais contestées, ce qui équivaudrait à se reconnaître coupable. Quant au nouveau grand patron à Langley, James Woolsey, lui aussi choisit de botter en touche sous le prétexte, assez spécieux, qu'il ne se mêlerait pas des questions de personnel ! Une justification d'autant plus surprenante qu'il fait publiquement profession de vouloir changer les mœurs internes de l'Agence : à moins d'être sorcier, comment pourrait-il s'acquitter de cette tâche sans descendre de temps à autre voir ce qui se passe dans la salle des machines, ou plutôt des machistes ?

Une brèche dans le machisme de l'Agence

En juillet 1994, lasse des atermoiements de la hiérarchie, l'accusée porte plainte contre la CIA. Une contre-attaque juridique qui ne laisse pas indifférente la commission du renseignement du Sénat. Résultat : les allégations tombent d'elles-mêmes en cascade, laissant entrevoir un dossier bâclé, mensonger, partial et misogyne. Au passage, l'enquête révèle que sur quarante mises en cause pour des faits comparables d'agents masculins à grade supérieur ou égal à celui de colonel traitées entre novembre 1991 et septembre 1992, seules trois ont abouti à des blâmes. Ex-conseillère de la National Security Agency et du Département d'État, la nouvelle responsable juridique de l'Agence, Elizabeth Rindskopf, première femme à ce poste, arrache sur ce à Woolsey le principe d'un arrangement judiciaire qui permet de garder la face : Janine Brookner reçoit 410 000 dollars (environ 600 000 euros actuels) de dommages-intérêts.

Pourquoi cette attitude conciliatrice ? Par solidarité féminine peut-être, mais surtout parce que Rindskopf n'ignore pas la montée du mécontentement des femmes de la CIA, en butte à ce chauvinisme mâle qui contrarie leur carrière et pèse sur leur vie quotidienne, même si, à cette date, elles représentent 40 % du personnel de l'Agence. Une réédition quoique sous une forme différente de la « révolte des femmes » du MI 5 vingt ans plus tôt (*cf.* chap. précédent). Dans la foulée de l'affaire Brookner, 250 agentes ont en effet introduit un recours collectif fin 1993. Lequel ne sera soldé qu'à l'été 1995, quand un nouveau directeur, George Tenet, prendra les rênes de la CIA et qu'Elizabeth Rindskopf, de retour d'une année sabbatique, lui fera accepter le principe de salaires et de promotions rétrospectifs pour des femmes ayant quitté l'Agence pour cause de discrimination eu égard à leur sexe. L'accord n'aura coûté à la CIA qu'un demi-million de dollars, somme dérisoire. Quant à Elizabeth Rindskopf, elle quittera son poste de responsable juridique, redevenu un fief masculin dès son départ[4]...

Compte tenu de l'esprit pratique des Américains, qui, ayant identifié un problème, s'efforcent de le résoudre au lieu de

---

4. L'affaire est racontée en détail par John Prados dans *Histoire de la CIA*, *op. cit.*

glisser la poussière sous le tapis comme on le fait si souvent en France, le rôle des femmes au sein de l'Agence est désormais mieux pris en compte. Après 1995, par exemple, avec la nomination de Nora Slatkin, dite « Tora Tora Nora », comme directrice exécutive ; de Sandra Kruzman, première femme au poste de directrice adjointe pour le renseignement ; de Sharon Basso à la tête du service de communication puis au poste de médiatrice de l'Agence ; ou encore de l'Afro-Américaine Janice W. Fitzgerald à la tête du département Entraînement et Éducation. Au prix de vilaines « bavures » parfois, comme celles qui vont émailler les années de l'après-11-Septembre 2001…

« La Reine de la torture » ?

C'est le surnom que le *New Yorker* attribuera à Alfreda Frances Bikowsky. Née en 1965, à la CIA dès 1990, cette brune est devenue en 1996 la numéro 2 de la station « Alec ». Cette unité du Centre de contre-terrorisme de la CIA n'a qu'une mission unique : la traque d'Oussama Ben Laden. Elle se compose principalement de filles d'Ève au point que certains, agacés, l'ont surnommée la « bande des nanas ».

Patronne de l'unité « Global Jihad », qui a pris la suite de la station « Alec », Bikowsky méritait-elle le sobriquet peu enviable du *New Yorker* ? À lire le rapport de la Commission sénatoriale américaine sur les méthodes de détention et d'interrogatoire de la CIA paru en 2014, on peut se poser la question. Son patronyme y a certes été caviardé, mais le fait subsiste : cet officier féminin se mêla à de nombreuses séances de *waterboarding*, l'euphémisme de rigueur pour l'atroce supplice de la baignoire dit aussi « simulacre de noyade ». Son ardeur en la matière fut d'ailleurs si vive qu'elle lui attira une réprimande de ses supérieurs. À leurs yeux, de telles séances n'étaient pas « un spectacle ». Pour autant, ils en admettaient le principe.

Mise en cause en juillet 2007 par un rapport des « bœufs-carottes » de l'Agence dans le scandale de Khaled al-Masri, cet Allemand innocent torturé pendant des mois dans une des bases secrètes de la CIA parce que homonyme d'un des terroristes du 11-Septembre, Bikowsky sera défendue comme une connaisseuse exceptionnelle du djihadisme par le directeur d'alors, le général Michael Hayden. Or si elle n'a pas initié la désastreuse affaire Al-Masri, la patronne de « Global Jihad » l'a en quelque sorte reprise à son compte en préconisant que l'Allemand reste détenu hors des cadres légaux. Plus grave encore, son innocence reconnue, elle s'est opposée à sa libération.

Déjà partie prenante d'une bavure monumentale : dans l'espoir probable de le « retourner » sur le sol américain, la station « Alec » avait laissé Khalid al-Midhdar, cadre d'al-Qaida, s'introduire aux États-Unis avant de perdre sa trace de futur exécutant du 11-Septembre, Bikowsky sera impliquée par la suite dans d'autres dérives. En particulier les supplices infligés à Khalid Cheik Mohammed. Cerveau supposé des attentats de New York, « KCM » avait été remis en mars 2003 aux Américains par les Pakistanais. Dans un centre d'interrogatoire secret de la CIA, il subira 183 fois le supplice de la baignoire, dont 15 en une seule journée.

On verra plus loin que Bikowsky et l'équipe de la station « Alec » ne furent pas les seuls officiers féminins de la CIA à se trouver ainsi mêlés aux tortures de l'après-11-Septembre. Pour autant, cette ancienne analyste de la division soviétique, réputée dure et impitoyable, demeure un mystère. Au plan psychologique en effet, on se demande au nom de quelle obsession de se montrer « plus mec que les mecs » cette jeune femme se délecta de telles atrocités. À cause de quels penchants malsains aussi, sans doute…

Sauvée par Hollywood

Ce qui frappe tout autant, ce sera le peu de conséquences immédiates de ces « dérives » sur sa carrière. Bikowsky va par exemple être amenée à présenter plusieurs topos sur la lutte contre le terrorisme à Barack Obama en personne. Cherchait-on à « mouiller » le président de façon qu'il ne puisse se désolidariser à l'avenir des affaires de tortures commises à l'ère Bush ? Dans une logique perverse, c'est tout à fait possible.

Sa surprenante impunité, Bikowsky la devra cependant pardessus tout… à l'industrie cinématographique. Nous savons qu'aux États-Unis les passerelles entre services secrets, fournisseurs de thèmes de films ou de séries télé, voire de conseillers techniques, et le petit et grand écran sont nombreuses (dans le but explicite de susciter des vocations, la CIA aura par exemple recours à Jennifer Garner, la Sidney Bristow de la série télé *Alias*). D'où cette question qu'il m'est déjà arrivé de formuler sans jamais obtenir de réponse : où, et de qui, est née l'idée de faire, par Jessica Chastain interposée, de la patronne du « Global Jihad » une héroïne quasi nationale à travers *Zero Dark Thirty*, le film de Kathryn Bigelow sorti sur les écrans en 2012 ?

Soyons plus précis. Cette idée fut-elle suggérée à Hollywood par des adversaires de la torture, ou au contraire par des gens conscients qu'en magnifiant le rôle de la CIA-protectrice-de-l'Amérique on délivrait à cette pratique un sauf-conduit grand public ? Le fait est que, par ce biais, Alfreda Bikowsky tira en quelque sorte son épingle d'un très sale jeu. Présentée, à tort, comme la femme qui, par sa ténacité et, oui, sa brutalité, avait permis de localiser Ben Laden, l'ancienne patronne du « Global Djihad » devenait en quelque sorte intouchable. Une version féminine de Clint Eastwood, ou du moins du personnage de « Dirty Harry », l'as du Magnum 44 qui ne recule devant aucune violence pour mettre les « méchants » hors d'état de nuire.

Plutôt gêné, le directeur adjoint de la CIA, Michael Morell, sera contraint d'admettre à propos de *Zero Dark Thirty* que « le film crée l'impression très forte que les techniques d'interrogatoire renforcé... furent la clé pour trouver Ben Laden. Cette impression est fausse ».

Difficile de lui donner tort. Le résultat, palpable pour la CIA, c'est que, magie du cinéma aidant, beaucoup d'Américains sont encore persuadés aujourd'hui qu'une Jessica Chastain du réel a conduit à la capture de l'ennemi public numéro 1 des États-Unis. Dans cette optique, peu importaient les moyens, l'essentiel n'était-il pas que le shérif (ici, la shérif), triomphe ?

« Quand la légende est plus belle que la vérité, imprimez la légende », telle fut, en 1961, la maxime tout hollywoodienne du film de John Ford, *L'Homme qui tua Liberty Valance*, avec John Wayne et James Stewart. Une formule que l'auteur se garde de faire sienne, car, à cette aune, l'Histoire, qui vise par essence à cerner de son mieux la réalité, n'aurait aucun droit de cité. Or que se passe-t-il quand la légende cinématographique sert à la fois de paravent et de « justification » par l'image à une vérité si fâcheusement sombre ? Un mariage doit-on croire puisque, en décembre 2014, Alfreda épousera son ancien chef de la station « Alec », Michael Scheuer. Tous nos vœux. Gageons néanmoins que ce couple si particulier a beaucoup de souvenirs à partager.

Il n'est pas le seul, c'est vrai...

Valerie et le « Plamegate »

Scandale majeur du renseignement à l'ère Bush, le « Plamegate » commence le 6 juillet 2003. Ce jour-là, Joseph Wilson, ancien du Conseil national de sécurité sous Bill Clinton, publie un article dans la page « Opinions » du *New York Times*. Chargé l'année précédente d'enquêter en Afrique, cet ancien ambassadeur au Gabon confie au quotidien ses « gros doutes » sur le prétendu marché irako-nigérien de « yellow cake », un composé de couleur jaune à 75 % d'uranium dont le supposé trafic en direction de Bagdad donnerait la consistance qui manque aux « armes de destruction massive » attribuées par l'administration Bush à Saddam Hussein.

Comment discréditer ce gêneur ? Un fonctionnaire du Département d'État, Richard Armitage, et peut-être, mais cela ne sera jamais établi de manière formelle, Lewis « Scooter » Libby, le secrétaire général de la vice-présidence, croient trouvent la solution. En guise de contrefeu, le nom de Valerie Plame-Wilson, épouse de l'ambassadeur et elle-même officier de la CIA experte en contre-prolifération nucléaire, sera balancé à un journaliste du *Washington Post*, Robert Novak.

Fille d'un officier de l'US Air Force, Valerie est née en août 1961. Francophone comme son diplomate d'époux, cette jeune femme blonde, mère de jumeaux, apparaît comme l'anti-Bikowsky. Elle a travaillé pour la station d'Athènes de la CIA, puis pour celle de Bruxelles, avant d'être embauchée comme consultante énergie par une société privée. En 1997, un an avant son mariage avec Joseph, on l'a affectée à Langley.

Le 14, Novak rend publique son appartenance à la CIA. De quoi bouleverser la vie du couple Wilson-Plame. Lâchée par l'Agence dont elle finira par démissionner en décembre 2005, Valerie éprouve à n'en pas douter un sentiment de trahison. La désinvolture et le mépris des maîtres du pouvoir envers ceux qui acceptent de servir leur pays dans l'ombre a parfois quelque chose de stupéfiant. Les nageurs de combat impliqués à l'été 1985 dans le sabotage du *Rainbow Warrior*, le navire de Greenpeace, en ont déjà fait l'amère expérience (*cf.* chap. suivant).

Aux États-Unis, dévoiler l'identité d'un officier de renseignements constitue un délit très grave. En particulier s'il s'agit, comme la jeune femme, d'une NOC. Imaginez l'état d'âme d'une agente secrète qui lit son nom en grosses lettres à la une des journaux sous le regard suspicieux de ses voisins, convaincus qu'elle leur a menti en cachant sa vraie vie ! Pensez à son époux, à ses enfants. Tandis que Valerie, très affectée, se voit réduite au silence du fait de ses obligations de confidentialité, Joseph n'hésite pas à hausser le ton. Il se lance dans une croisade pour la vérité qui mettra parfois leur couple au bord de la rupture tant elle exige d'efforts et de risques.

En septembre 2004, le républicain Porter Goss succède à Tenet. Ce vétéran de l'Agence – douze années d'agent de terrain – entend la modeler à sa main. Ainsi fait-il muter au bureau du tout nouveau directeur national du renseignement, John Negroponte, Mary Margaret Graham, longtemps officier de la direction des Opérations, puis une des responsables du contre-espionnage. Le motif de cette mise à l'écart : avec l'aide de la chef de la sécurité interne, Jeannette Moore, Graham tentait de s'opposer à la désignation d'un protégé de Goss jugé insuffisant.

Pour la forme, Langley se voit tout de même contraint de réagir à la publication du nom de Valerie Plame. Qui a livré à Novak le nom d'un officier NOC ? En guise de service minimum, la CIA demande donc au Département de la Justice d'ouvrir une enquête. Celle-ci est confiée au FBI. Du témoignage de Lewis Libby, il apparaîtra en avril 2006 que le vice-président Cheney l'a informé que le président l'autorisait à livrer aux médias certaines informations secrètes contenues dans la *National Intelligence Estimate* (Estimation de renseignement national) d'octobre 2002 concernant les fameuses armes de destruction massive.

Une indiscrétion calculée dont « Scooter » s'est acquitté auprès d'une journaliste, Judith Miller, bien vue de la Maison-Blanche car partisane de l'intervention américaine en Irak. Et ici, manipulée au nom, justement, du risque hypothétique d'attaque nucléaire venue de Bagdad. Pour avoir refusé de révéler à la Justice le nom de sa source, Miller fera deux mois de prison.

Et tenez-vous bien, ce traitement musclé sera épargné à Novak, dont la faute est pourtant patente puisqu'il a livré au public le patronyme d'une NOC.

Le 13 juillet 2006, Joseph et Valerie Wilson portent plainte contre Karl Rove, le *spin doctor* de la Maison-Blanche, contre Dick Cheney, Libby et, un peu plus tard, Richard Armitage pour avoir révélé le nom d'une NOC et réduit à néant leur vie privée. Pendant ce temps, l'enquête du FBI progresse. En mars 2007, « Scooter », et lui seul, sera poursuivi pour obstruction à la bonne marche de la Justice, faux témoignage et parjure. Mais, nouveau paradoxe dans cette affaire où ils abondent, on ne lui reproche pas d'avoir livré le nom de Valerie, pas plus qu'on ne le reprochera à Armitage.

L'affaire suit son cours, bien tordu, nous le comprenons. En juillet, Libby écope pour parjure et obstruction de 250 000 dollars d'amende, de trente mois de prison et de deux années de probation. Mais le président George W. Bush, jugeant la sentence « excessive », sauvera des geôles par grâce présidentielle ce fidèle collaborateur de son ami Dick Cheney. En avril 2018 enfin, une autre grâce, celle de Donald Trump, va mettre définitivement « Scooter » en roue libre.

Le couple Wilson, lui, sera débouté au final de toutes ses actions par arrêt de la Cour suprême du 21 juin 2009. À cette date, il est vrai, le mari et la femme sont déjà vengés par le succès de leurs deux livres sur l'affaire. Celui de Valerie, *Fair Game : My Life as a Spy, My Betrayal by the White House,* sera porté à l'écran en novembre 2010 par Doug Liman, avec Noami Watts dans le rôle de l'officier féminin trahi. Il connaîtra un succès international peu agréable au clan Bush, mais qui n'en rétablira pas moins un peu de morale dans cette vilaine affaire. À l'été 2017, Valerie Plame reviendra en outre sur le devant de la scène en tentant d'organiser une sorte de reprise financière collaborative de Twitter destinée à clouer le bec du président Donald Trump, dont les tweets, selon elle, « abîmaient le pays ».

Les feux de la rampe pour une agente secrète aussi, mais sous un angle tout autre, telle sera l'aventure d'Anna Kouchtchenko, l'espionne *sexy* de Vladimir Poutine aux États-Unis…

Toute jeune dans le chaudron

Née en 1982 à Volgograd, l'ancienne Stalingrad où l'agression nazie contre l'URSS fut endiguée pour la première fois par l'Armée rouge, Anna est la fille d'un officier supérieur du KGB, le général Vassili Kouchtchenko. Autant dire que cette magnifique rousse a chuté toute jeune dans le chaudron du renseignement. À 19 ans, polyglotte de talent, elle émigre à Londres, décrochant quelques petits boulots dans le milieu bancaire. C'est dans ce contexte qu'en 2001 elle fait la connaissance d'Alex Chapman. Amoureux de cette beauté, Alex, rejeton d'un riche homme d'affaires britannique, la demande en mariage et l'épouse à Moscou.

Anna dispose désormais de la double nationalité, tout bénéfice pour une future (ou déjà) agente secrète. En 2003, elle semble cependant se lasser de cette vie trop jet-set. On la voit frayer sans son mari avec le milieu des émigrés russes fortunés de Londres. Le divorce qui intervient deux ans plus tard n'étonne donc personne. De retour au pays, le nouveau service de renseignements russe SVR *(Sloujba Vnechnoï Razvedki)*, fils de l'ex-Première direction principale du KGB, fait suivre à cette agente un stage accéléré de formation aux techniques d'espionnage sous couleur d'études en économie.

Rencontrant « par hasard » un riche Américain, la jeune femme officier de renseignements le suit à New York où elle se fera un nom : celui de Chapman. Pas de Kouchtchenko, que ses chefs lui ont conseillé d'éviter de reprendre car trop repérable. Associant le charme slave à une parfaite connaissance des mœurs capitalistes occidentales, Anna vit à deux pas de Wall Street. Elle crée diverses start-up dont un site web international d'immobilier de luxe, excellent moyen de repérer des gens fortunés intéressants pour le SVR. Après deux années de relative galère, ses affaires commencent à marcher si fort que, véritable chef d'entreprise, elle embauche une cinquantaine de personnes.

Sa couverture est tissée. Passons à l'acte. En 2009, le SVR confie à Anna sa première vraie mission sur le sol américain : s'informer sur les projets du président Obama concernant le désarmement nucléaire iranien. Les consignes lui sont communiquées une fois par semaine, le mercredi, par le biais de l'ordinateur d'une petite librairie de West Village. En sens inverse, c'est par le même moyen qu'elle fait connaître à son officier traitant le résultat de ses investigations.

Au cœur d'un réseau d'une dizaine d'agents bien implantés dans les cercles politiques new-yorkais, Anna n'opère pas seule. Malheureusement pour elle et ses complices, le directeur adjoint du département clé des « illégaux » du SVR, le colonel Alexandre Poteïev, vient à passer à l'Ouest. En guise de ticket d'entrée, le transfuge livre un certain nombre de noms. Dont celui d'Anna. Le 10 juin 2000, le FBI arrête la jeune femme et dix membres de son réseau. Traduits en justice pour « conspiration dans le but d'agir comme agents de renseignements de services étrangers » et, à titre annexe, blanchiment d'argent et parfois falsifications d'identité, tous risquent la bagatelle d'un quart de siècle derrière les barreaux.

L'espionnage russe, c'est sexy

Ancien lieutenant-colonel du KGB, Poutine sait qu'il ne faut jamais laisser tomber un agent capturé. Anna, au surplus, est très belle. Assez pour en faire un sex-symbol pour les candidats au SVR et, plus généralement, pour la population russe. Une négociation s'engage. Les Occidentaux communiquent au SVR quatre noms d'agents doubles qu'ils entendent récupérer en contrepartie. L'échange d'espions intervient dès le 9 juillet 2010 à Vienne. Anna et ses camarades montent dans un jet en partance pour la Russie tandis que deux des agents russes de l'Occident optent pour les États-Unis et les deux autres pour la Grande-Bretagne. Parmi ces derniers, l'ex-colonel du GRU Serguei Skripal, qui espionnait le renseignement militaire russe depuis une dizaine d'années pour le compte du MI 6 anglais. Un nom appelé à revenir sur la sellette le 4 mars 2018 quand il sera, comme sa fille, victime d'une tentative d'empoisonnement à Salisbury. Attribué par les Britanniques au GRU, le renseignement militaire russe, l'attentat va déclencher une forte tension entre la Russie et les pays occidentaux.

Le nom d'Anna Kouchtchenko, lui, n'a jamais quitté l'actualité mais au chapitre « sexe et espionnage » plus qu'au rayon « opérations mouillées », l'euphémisme soviéto-russe pour les assassinats. Et pour cause : là où les films de propagande vieillots à la gloire du KGB ennuyaient les Soviétiques, la surexposition médiatique de la jeune femme, sourire de vamp et corps largement dénudé, fait mouche. Preuve vivante que l'espionnage russe du XXIe siècle, c'est *hot*, c'est *sexy*, Anna devient mannequin pour des défilés de mode tout en multipliant les petites phrases d'allégeance à Poutine et les conférences rémunérées à sa propre gloire. À défaut de servir à nouveau le SVR sur le terrain, la jeune femme en sera désormais la vitrine de charme.

La Russie, il est vrai, a fort à faire pour contrer les États-Unis au chapitre des agentes secrètes. Véritable révolution culturelle, c'est en effet une femme qui préside désormais aux destinées de l'Agence…

Gina prend le pouvoir

Née Walker en octobre 1956 et divorcée de son mari, Jeff, dont elle a gardé le patronyme, Gina Haspel prend, en mars 2018, les commandes de Langley. Elle y remplace Mike Pompeo, homme de confiance de Donald Trump qui vient d'être nommé ministre des Affaires étrangères. Avocat des méthodes d'interrogatoire « musclées » et de l'extension de la surveillance numérique, Pompeo n'aura dirigé l'Agence que quinze mois. Pas suffisamment pour laisser un souvenir impérissable, mais assez pour faire comprendre au personnel que la Maison-Blanche exigeait l'alignement intégral de la CIA sur les thèses présidentielles.

C'est là que le bât blesse, car la tradition veut que l'Agence, comme d'ailleurs les autres services de renseignements états-uniens, disposent d'un certain degré d'autonomie. C'est dire le grand écart permanent qui guette Haspel. D'une part, elle sert un président qui ne cesse d'attaquer publiquement les services secrets américains, coupables selon lui de ne pas avoir épousé sa cause dans cette « affaire russe » à rebondissements multiples qui l'obsède. Et de l'autre, il incombe à la nouvelle *boss* de défendre la communauté du renseignement, et en premier lieu « sa » CIA, contre les tentatives répétées d'instrumentalisation venues de la Maison-Blanche.

Entre ces deux versants, alignement politique ou guérilla continuelle avec la présidence, le sentier semble diablement étroit. Fille, comme Valerie Plame mais la comparaison s'arrête là, d'un officier de l'armée de l'air, Haspel ne manque il est vrai pas de sang-froid. Entrée à l'Agence en janvier 1985, elle y a occupé d'emblée des postes dangereux comme la station d'Addis-Abeba, en Éthiopie. On la retrouve ensuite postée à Ankara sous couverture de deuxième secrétaire de l'ambassade. De 1996 à 1998, cette étoile montante dirige la station de Bakou, en Azerbaïdjan. En 1999, elle devient l'assistante du directeur des Opérations de l'Agence, James Pavitt. Ce qui la conduit, entre 2001 et 2003, au poste de directrice adjointe du Centre de contre-terrorisme, où elle a côtoyé Alfreda Bikowsky.

Comme cette dernière, quoique de manière moins prolongée et un peu moins compromettante, Gina Haspel s'est trouvé mêlée aux affaires de tortures de djihadistes qui ont suivi les attentats du 11-Septembre.

Le supplice de la baignoire

Ainsi a-t-elle a dirigé « Cat's Eye », le centre de torture clandestin de la CIA en Thaïlande, Chiang Maï. Un lieu « hors sol » où, dans le cadre du programme *Greystone* de prisons américaines secrètes installées en pays étranger, on pratiquait le *waterboarding,* que nul ne saurait tenir pour un divertissement anodin.

À cette époque et encore après, la CIA jouait il est vrai sur les mots, niant contre toute évidence que certains supplices, dont celui de la baignoire, puissent être assimilés à des tortures. Jennifer Millerwise, porte-parole de la CIA, prétendra ainsi publiquement en mars 2005 que des accusations portées à juste titre par le *New York Times* créent la « fausse impression que les services de renseignements américains auraient eu recours à la torture contre des terroristes capturés lors de la guerre contre le terrorisme ». C'est pourtant bien ce qui se passait.

Dans son rapport sur *Les Méthodes de détention et d'interrogatoire de la CIA* paru en 2014, la Commission d'enquête sénatoriale présidée par la démocrate Dianne Fenstein attribuera à « Cat's Eye » le nom de « Site Green ». Après cet épisode pour le moins scabreux, on aurait confié pour deux ans à Mrs Haspel la responsabilité de l'ensemble du programme mondial d'« interrogatoires » au sein du *Counter-Terrorisme Center.*

Survient, alors qu'elle est devenue la chef de cabinet de Jose Rodriguez, ex-patron du contre-terrorisme chargé de créer le *National Clandestine Service for Foreign Intelligence and Covert Action* (NCS), le nouveau nom de la direction des Opérations de l'Agence, un épisode peu clair, ou alors trop. Il fait suite aux révélations de Dana Priest parues dans le *Washington Post* du 2 novembre 2005 sous le titre « La CIA détient des suspects de terrorisme dans des prisons secrètes ». Contre l'avis de Porter Goss et de la hiérarchie de la CIA semble-t-il, Rodriguez va faire en sorte que les bandes vidéo des interrogatoires « musclés » à Chiang Maï soient détruites. Dans cette optique, rien de mieux qu'un montage biscornu. On suggère à la station de Bangkok de demander par écrit la destruction de ces documents, qui feraient doublon puisque des câbles donnent le résultat de ces « séances ». Une manière de forcer la main au tout récent successeur de Rodriguez au contre-terrorisme, Roger Grenier, beaucoup moins chaud que lui pour jongler avec la légalité.

Le câble de Bangkok arrive le 5. Chef de cabinet de Rodriguez, Haspel, qui est tout de même juge et partie, ayant dirigé Chiang Maï à l'époque des premiers interrogatoires, prépare un document assurant Bangkok que l'on accède à sa « demande ». Ce câble que Rodriguez fait renvoyer le mardi 8 et qui va déboucher sur la destruction des bandes visées.

Par la suite, Haspel occupera deux postes aussi stratégiques que prestigieux. D'abord chef de station à Londres de 2009 à 2011, dont chacun comprend l'importance compte tenu du « lien spécial » entre CIA et MI 6, puis de 2011 à 2013, chef de celle de New York, plus prestigieuse encore. Écartée en son temps à la demande de certains sénateurs démocrates de la direction en second du NCS pour cause d'affaire thaïlandaise – son rouleau de Scotch personnel –, cette femme décrite comme bosseuse, compétente, douée d'un très grand esprit de synthèse mais terriblement dure sous ses dehors trompeurs de paisible ménagère américaine, parvient néanmoins à se hisser à la direction en second de l'Agence en février 2017. Après le départ de Pompeo pour le Département d'État, elle prend le commandement par intérim de l'Agence. Une désignation qui devra, cette fois, être confirmée par le Sénat, procédure incontournable pour tout directeur de plein exercice. De quoi raviver la polémique concernant « Cat's Eye ». Hostile à la pratique de la torture qu'il a lui-même subie dans les geôles nord-vietnamiennes entre octobre 1967 et mars 1973, le sénateur républicain de l'Arizona, John McCain, se montre très virulent à l'égard de Haspel. De même que les élus démocrates qui l'ont déjà mise en cause pour la destruction des bandes vidéo ou le républicain « ultra-conservateur libertaire » Rand Paul. En sens inverse, James Clapper, le directeur du renseignement national, ou le général Michael Hayden, auquel la particularité d'avoir dirigé la NSA puis la CIA confère un poids certain, soutiennent sa nomination.

Quant à la Maison-Blanche, elle entend fermer pour toujours le dossier controversé de l'après-11-Septembre. La patronne de la CIA n'a guère à craindre que la présidence ressorte du placard l'affaire « Cat's Eye »...

La tempête Khashoggi

Une fois sur le fauteuil directorial, Mrs Haspel devra en revanche gérer l'hostilité de principe du président envers la communauté américaine du renseignement, qu'il traite comme un ramassis de boy-scouts quand elle rend des conclusions moins dures que les siennes envers le programme nucléaire de l'Iran, et à laquelle il impose en sens inverse sa ligne étonnamment souple envers la Corée du Nord.

D'inévitables nuances avec la position de la Maison-Blanche interviennent donc. L'affaire Khashoggi par exemple. Personne n'a oublié la mort atroce de ce journaliste, assassiné en octobre 2018 et découpé en morceaux à l'intérieur du consulat saoudien à Istanbul où il avait été attiré sous un prétexte administratif.

Rivaux des Saoudiens pour le leadership dans le monde musulman sunnite, les Turcs vont distiller les révélations sur ce crime. Sans remonter toutefois publiquement à Mohammed Ben Salman, dit « MBS », jeune prince héritier qui prétendait ouvrir et moderniser le régime wahhabite. Habileté diplomatique sans doute. Grâce à ces informations, l'affaire connaît quoi qu'il en soit un retentissement mondial. Elle gêne le président Trump, très attaché à la vieille alliance stratégique entre les États-Unis et le royaume saoudien. D'un autre côté, les faits sont accablants.

Le 22 octobre au soir, Gina Haspel part sur place à la demande de la Maison-Blanche pour « évaluer » les renseignements en possession des Turcs concernant les circonstances de la mort du malheureux Khashoggi. Sans doute la chef de la CIA s'entretient-elle « entre professionnels » avec les hauts responsables du service secret turc, le MIT (*Milli Istihbarat Teskilati*, soit Organisation nationale du renseignement). Et ce d'autant que, ayant été postée à Ankara sous couverture diplomatique on s'en souvient, elle parle un peu la langue du pays et en connaît les usages.

De retour aux États-Unis, la directrice confronte les éléments fournis par les Turcs avec les messages préparatoires à l'assassinat interceptés tant par la CIA que par la NSA. Elle fait part au président d'un enregistrement « très violent, très brutal et terrible » que ce dernier, peu soucieux d'engager trop avant sa propre responsabilité, refusera d'écouter. Sans en avoir la preuve ultime, du moins est-ce ce que Haspel laissera entendre prudemment lors de son audition à huis clos au Sénat du 4 décembre, l'enquête de la CIA tend à prouver avec « un haut degré de confiance » que « MBS » aurait bel et bien commandité le crime d'Istanbul. Des fuites désastreuses pour le prince se multiplient dans la presse américaine, certains élus républicains n'hésitant pas à prendre le contre-pied de la position officielle de la Maison-Blanche. La realpolitik finit néanmoins par l'emporter sous sa forme trumpienne, erratique mais, en l'occurrence, très circonspecte. S'il dégrade l'image internationale de l'Arabie saoudite, le drame d'Istanbul ne débouchera pas sur une rupture entre Washington et Riyad. La nomination en 2019 de la princesse Rima au poste qu'occupa autrefois son père Bandar ben Sultan, chef des renseignements bien en cour aux États-Unis, celui d'ambassadeur à Washington, laisse au contraire présager d'un apaisement.

Reste que dans toute cette affaire, ménageant la chèvre et le chou, Gina Haspel a joué sa partition avec intelligence. Sans amoindrir le prestige de l'Agence, la directrice aura évité le courroux présidentiel. L'avenir nous dira si cette ligne de conduite lui vaudra un temps de commandement prolongé à Langley.

Les relations avec le pouvoir politique, c'est toujours la plaie pour les services secrets quel que soit leur pays. Et chez nous, n'en parlez pas…

26

Le miroir aux espionnes

Dans la France libérée, la forte participation des femmes à la Résistance laissait présager leur entrée en force au sein des services secrets. Mais les guerres de décolonisation sont venues contrarier ce processus.

Elles débutent fin 1946 avec l'éclatement de la guerre d'Indochine contre le Viêt-minh, front indépendantiste contrôlé par les communistes. Et vont se terminer en 1962, suite aux accords d'Évian avec le FLN algérien. Encore cette décennie et demie s'est-elle compliquée, sur sa fin, d'une guerre civile franco-française après l'émergence de l'OAS, l'Organisation armée secrète, farouchement opposée à l'indépendance algérienne.

Puisque guerres il y eut pendant ces quinze années, elles furent avant tout l'affaire des militaires. Des soldats du sexe masculin pour être précis, du fait qu'à cette époque le rôle des femmes sous l'uniforme restait marginal. Peu habitués à frayer avec le sexe féminin dans l'exercice du métier des armes, ces hommes restaient très empruntés à son égard, leur attitude oscillant entre le machisme gras (« à nos femmes, à nos chevaux et à ceux qui les montent ») et la courtoisie française traditionnelle. On ne jurera pas que cette conception ait entièrement disparu de nos jours...

Au Service de documentation et de contre-espionnage, ancêtre de l'actuelle DGSE, le schéma est analogue à quelques détails près. Créé en janvier 1946, le SDECE (surnommé la « Piscine », nous le savons, depuis son installation boulevard Mortier, près du bassin nautique des Tourelles), employait une majorité de gradés, quasiment tous des hommes. Sauf cette exception venue confirmer la règle : Mlle Freinex, responsable dans les années 1950 des analyses sur l'URSS. Celle-ci épousera un ponte de la maison, le colonel Guy Marienne alias « Morvan ».

Pour le reste, le haut-état major de la « Piscine » était, et se voulait, masculin. Ses directeurs généraux jusqu'en 1981, de André Dewavrin alias « colonel Passy », fondateur pendant la guerre des services secrets gaullistes de Londres, au comte Alexandre de Marenches, furent tous des messieurs. Une habitude qui se prolongera au sein de la DGSE. C'est dire si la « Piscine » tenait infiniment plus de la maison Macho que de la *Women's Lib House*.

Autre facteur propre à freiner la féminisation des services : la nature même des conflits de décolonisation. Avant 1949-1950, époque où le Viêt-minh, soutenu par la Chine maoïste, commencera à former des divisions régulières, la guerre d'Indochine fut largement affaire de guérilla et de contre-guérilla. Donc, côté français, de raids en zone ennemie menés par des commandos souvent composés de ralliés du camp adverse sous direction de cadres français tel Paul-Alain Léger, que nous avons vu au chapitre 22 transposer à sa manière cette expérience en Algérie.

Pas de femmes dans ce type de raids, pourquoi ? Parce que les prisonniers du Viêt-minh étaient en général soumis à d'atroces supplices. La sensibilité occidentale de l'époque interdisait donc que des militaires du sexe féminin intègrent les forces spéciales de contre-guérilla. Une raison supplémentaire pour que les services secrets et les unités de commandos demeurent la chasse gardée des hommes en kaki.

Il en fut de même pendant la guerre d'Algérie. Les sévices réservés aux prisonniers par le FLN et sa branche armée, l'ALN, interdisaient là encore l'émergence de femmes dans les unités de contre-guérilla. C'est donc après 1962 et l'indépendance algérienne seulement que le problème de la féminisation des services de renseignements français s'est enfin posé. Sans hâte particulière, on va le voir...

Des filles d'Ève dans la « Piscine »

Le département Action de la « Piscine » a été créé après la Seconde Guerre mondiale. L'assistante de son fondateur, Henri

Fille-Lambie alias « colonel Morlanne », ancien des services secrets gaullistes de Londres, était, on l'a vu, une femme, Nicolle Follot. Mais comme Mlle Freinex au secteur des analyses soviétiques, elle faisait partie des exceptions bien plus que de la règle.

Des filles d'Ève, le service Action du SDECE en mobilisa il est vrai plus entre 1974 et 1979. À commencer par Marie-Thérèse Boiton, la très efficace assistante de son chef, le colonel Alain de Gaigneron de Marolles. Mais pas directement au front, fût-il le front invisible. Il s'agissait le plus souvent de sous-officiers chargées de vérifier que le personnel en partance pour telle ou telle mission ne portait par étourderie rien de compromettant sur lui.

Voyons ces femmes à l'œuvre en septembre 1979. Commandée par Ivan de Lignières, une équipe du SA part en avion gros-porteur pour Bangui *via* l'île de Djerba, en Tunisie. Sa mission sur ordre de l'Élysée : préparer sur place le renversement de « l'empereur » de Centrafrique Jean-Bedel Bokassa avant l'irruption massive des bérets rouges du 1er RPIMa. En cas de ratage, un « démenti plausible » a été préparé : on présentera les commandos du SA, uniquement masculins, comme des mercenaires agissant contre monnaie sonnante et trébuchante. Des « soldats de fortune » dont la présence en Afrique n'étonnera personne à l'époque. Afin que ces hommes aient l'air, le cas échéant, de ce qu'ils n'étaient pas, on les a munis d'uniformes disparates et d'armes de provenances variées : israélienne, belge, anglaise, américaine ou soviétique. Avant le départ, des sous-officiers féminins du Service ont vérifié les moindres détails, convaincues par l'expérience qu'un petit oubli pouvait flanquer par terre l'ensemble de cette mise en scène. Laquelle se révélera d'ailleurs superflue, l'opération réussissant sans coup férir...

« Leur tâche était ingrate, mais ces femmes sous-offs la remplissaient avec une conscience et une minutie exceptionnelles. Rien ne pouvait leur échapper. On pouvait leur faire entièrement confiance, elles avaient l'œil sur tout. C'est certainement grâce à elles que certaines opérations n'ont pas échoué », m'a confié avec une forme de reconnaissance rétrospective Ivan de Lignières, qui fut, avec Philippe Rondot, l'un des deux bras droits de Marolles pendant toute cette période pour les opérations clandestines dites « moustachues ». Un qualificatif viril révélateur soit dit en passant de l'ambiance à la caserne Mortier et au fort de Noisy, quartier général du service Action.

Duo en Chanel à la tête du desk *soviétique*

Ainsi réduites à la portion congrue, les femmes devront s'en contenter. Le directeur général du SDECE, le comte Alexandre de Marenches, valait toutefois mieux que la réputation de macho qu'il se plaisait à alimenter. Sous son règne, ce sont par exemple deux femmes qui présideront aux destinées du service D, le *desk* soviétique de la « Piscine ». Soit un des secteurs clés en ces temps, les années 1970 finissantes, où Moscou représentait une menace nucléaire directe, où peu imaginaient la fin du mur de Berlin, et moins encore la disparition de l'URSS.

Russophone brune et distante, Marie Murat avait, susurrait-on dans les couloirs de la caserne du boulevard Mortier, autant de considération envers son département qu'envers sa propre personne, c'est-à-dire beaucoup. Mais elle « assurait » comme on dit. La patronne du service D était de ceux, rarissimes au sein du monde occidental, qui entrevoyaient l'effondrement du bloc de l'Est quand la CIA, par exemple, n'y songeait même pas. Son adjointe n'était pas moins compétente. Voici comment un ancien officier du SDECE m'a décrit ces deux femmes confrontées à un univers masculin auquel il leur fallait s'imposer : « Murat était quelqu'un de très froid, très sévère. À prendre avec des pincettes, en y mettant soigneusement les formes. Capable de balancer un dossier sur son bureau, d'ailleurs très vaste, pour marquer son désaccord, elle lisait tout, elle faisait attention à tout. Le Bulletin quotidien par exemple, rédigé avec les télégrammes inexploités des divers services qu'on ramassait en quelques lignes. Elle était capable d'en rectifier sur-le-champ la moindre phrase, le moindre mot. Son adjointe qui lui succédera, blonde, très distinguée genre carré Hermès, se tenait en général derrière elle. Les deux s'entendaient à merveille me semblait-il, mais nous en savions peu sur elles, et sans doute aimaient-elles s'entourer d'un peu de mystère. Peut-être s'agissait-il tout simplement d'une forme d'autodéfense féminine. »

Pour autant, leurs analyses étaient appréciées jusqu'à l'Élysée. Dans son livre à succès paru en 1978, *L'Empire éclaté*, Hélène Carrère d'Encausse imaginait la dislocation du bloc de l'Est par sa périphérie, les peuples du Caucase et les républiques musulmanes notamment. Murat estimait pour sa part que le processus d'éclatement se produirait au centre même du système, comme ce fut d'ailleurs le cas. Avec une forme d'amusement provocateur qu'il ne m'a pas caché lors de nos entretiens, Alexandre de Marenches organisa un dîner-confrontation entre les deux kremlinologues patentées. Ces spécialistes du monde soviétique purent ainsi exprimer face à face leurs points d'accord, il y en avait, ainsi que leurs divergences, nombreuses.

Après le départ du comte en 1981, Marie Murat continua son travail d'experte des affaires soviétiques sous la direction de Pierre Marion puis du directeur général de la DGSE à partir de novembre 1982, l'amiral Pierre Lacoste. Lequel n'a pas manqué de confirmer son rôle : « Dès 1982, Mme Murat a présenté au sein du Service un rapport détaillé qui prévoyait la perestroïka [la politique de réformes entreprise à partir de 1985], avec l'accession au pouvoir d'une nouvelle direction soviétique conforme à ce qu'on a vu peu de temps après avec Gorbatchev[1]. »

Postée à sa demande à Bucarest, officiellement comme « deuxième secrétaire d'ambassade », la dame brune de la DGSE connut à son tour la difficulté d'opérer sur place dans les dictatures communistes de l'Est. De crainte qu'elle ne soit soumise à des pressions, la centrale préféra d'ailleurs la rapatrier en urgence à Paris. Sans doute était-elle mieux formatée comme analyste de haut niveau que comme officier de terrain.

Avec la fin de l'URSS, qu'elle avait donc anticipée, et la remontée en puissance de la Chine populaire sous Deng Xiaoping, un monde nouveau ne tarda d'ailleurs pas à apparaître.

À Pékin, un sexe peut en cacher un autre

Au début des années 1980, les médias français vont se passionner pour l'affaire Shi Peipu en raison des ambiguïtés sexuelles qu'elle recèle. Danseur d'opéra chinois, art traditionnel qui a eu beaucoup de mal à survivre au processus destructeur de la Révolution culturelle, Shi y jouait les rôles féminins. Véritable coqueluche, cet androgyne fréquente à présent les cercles sinologiques parisiens et, d'une manière plus large, les milieux

1. Roger Faligot, Jean Guisnel & Rémi Kauffer, *Histoire politique des services secrets français de la Seconde Guerre mondiale à nos jours*, Paris, La Découverte, 2012.

branchés de la capitale. Or surprise : le voilà arrêté le 3 juillet 1983 par la DST.

Son interpellation fait suite à celle, le 30 juin, de Bernard Boursicot, un employé du ministère français des Affaires étrangères. Les deux hommes sont inculpés d'espionnage. Très suivi, leur procès va faire couler beaucoup d'encre, les médias cherchant à percer ce mystère : Shi Peipu est-il un homme ou une femme, comme Boursicot s'est plu à le croire ?

La clé du mystère tient dans une gymnastique chinoise traditionnelle qui permet à un monsieur bien entraîné de rentrer ses parties génitales à l'intérieur de son corps de telle sorte qu'un soupirant sans expérience sexuelle puisse le prendre pour une femme dans le cadre de rapports incomplets et furtifs. Ainsi Kang Sheng, le maître espion de Mao, a-t-il réussi dès le printemps 1970, en pleine tourmente de la Révolution culturelle, a faire recruter par ses hommes le malheureux Boursicot. Tombé amoureux de Shi Peipu alors qu'il était posté à Pékin, ce Breton un peu paumé a cru, parce qu'il voulait le croire, à de vrais rapports sexuels alors qu'il ne s'agissait que de brefs simulacres que Peipu, arguant du danger mortel à fréquenter un étranger dans la Chine maoïste en pleine ébullition, s'employait à écourter de sorte que la supercherie ne fût pas découverte.

Un tour de passe-passe assurément, de même que la prétendue naissance d'un garçon des œuvres de Boursicot. Isolée, la Chine populaire manquait cruellement à cette époque d'informations sur le monde extérieur. Deux agents du *Diaochabu*, le Bureau d'enquêtes du Comité central, Kang Gesung et Peng Zhe, mirent donc à profit cette intrigue amoureuse pour convaincre Boursicot de leur fournir des documents sortis de l'ambassade. Le chantage était clair : pas de documents, plus de Shi Peipu et, par la suite, plus de garçon soi-disant né des « amours » du couple franco-chinois. Dans l'atmosphère du temps, Boursicot, manquant à son devoir d'avertir la sécurité de l'ambassade, se laissa prendre à cette mascarade.

« Vous auriez dû venir à nous, on vous aurait donné de faux documents à leur livrer », lui fera remarquer le commissaire Raymond Nart, vétéran de la DST qui va l'interroger en personne. « Au lieu de vous retrouver devant un tribunal, on vous aurait donné la Légion d'honneur. » Paroles sensées, contrairement à l'attitude de Boursicot puisque, entre 1970 et mai 1972, date à laquelle ce Breton se voit muté comme archiviste-chiffreur à l'ambassade de France à Dublin, puis entre avril 1979 et mars 1981, quand on lui confiera un poste à l'ambassade en Mongolie, il va fournir aux Chinois les documents diplomatiques que ses supérieurs le chargeaient de détruire.

En 1982 encore, à la veille de quitter la Chine, Boursicot est conduit en berline au siège des services spéciaux, où un général l'encourage à poursuivre ses activités répréhensibles. On lui présente la photo de son nouvel officier traitant, à rencontrer dans plusieurs musées en France, en Italie et en Suisse. Mais pour le Breton, c'est trop. Ratant délibérément les rendez-vous fixés à l'avance, il mettra fin à sa collaboration avec les services chinois[2].

Cette collaboration lui vaudra tout de même d'être condamné en mai 1985, comme d'ailleurs Shi Peipu, à six années de détention lors d'un procès très médiatisé où la question du sexe – homme ou femme ? – préoccupera beaucoup la presse. Le danseur d'opéra chinois compte encore de nombreux amis à Paris. Il sera libéré en avril 1987 sur grâce du président Mitterrand. Le Français en août, quand on réalisera en haut lieu qu'une injustice trop criante ne ferait que relancer l'affaire. C'est sur grand écran qu'elle va marquer le public international à travers le film du Canadien David Cronenberg, *Mr Butterfly*, sorti sur les écrans en 1993.

En 2018 intervient cependant un événement rare : la DGSE traîne en justice son ex-chef de poste à Pékin. En 1997, dix ans après la grâce présidentielle de Shi Peipu et Boursicot, cet ancien responsable du contre-espionnage opérationnel de la « Piscine » s'était laissé séduire par l'interprète autochtone de l'ambassadeur de France, belle jeune femme soupçonnée de travailler pour le *Guoanbu*, la super-DGSE chinoise. C'est l'ambassadeur lui-même, qui, inquiet de ce risque de compromission, avait obtenu dès février 1998 le rappel de l'officier en France. Par la suite, ce dernier aurait poursuivi ses activités d'espionnage au profit de Pékin. Tel sera le motif juridique de son inculpation, assortie de celle d'un autre ex-membre du service de sécurité de la DGSE présumé « retourné » par le *Guoanbu*. Une raison politique a

2. Roger Faligot & Rémi Kauffer, *Kang Sheng, le maître espion de Mao*, Paris, Perrin, coll. « Tempus », 2014.

également joué dans cette double mise en examen : la volonté de donner un coup d'arrêt aux menées chinoises en France.

L'affaire restera toutefois discrète. Beaucoup plus, c'est certain, que ce scandale qui a fait les gros titres de la presse à l'été 1985 au point d'en devenir emblématique : l'affaire du *Rainbow Warrior*.

Ordre du ministre : sabotez le Rainbow Warrior *!*

La photo de Dominique Prieur se dissimulant le bas du visage au sortir de son inculpation par la justice néo-zélandaise a fait le tour du monde. Le tour du monde aussi le cliché du *Rainbow Warrior*, le navire de Greenpeace à demi coulé dans la baie d'Auckland le 10 juillet 1985. Associées à la fin tragique du Portugais Fernando Pereira, noyé lors du sabotage, ces deux images colleront désormais à la peau de la DGSE. Le double naufrage néo-zélandais – celui du bateau des écologistes, mais aussi celui de l'opération elle-même après la capture de deux de ses exécutants par la police néo-zélandaise – va en effet lui conférer, et pour longtemps, la réputation imméritée d'un service secret incompétent et de surcroît indifférent à la vie des innocents[3].

Pourquoi un tel désastre alors qu'à l'époque d'Alexandre de Marenches le SDECE avait mené sans se faire pincer la bagatelle de 29 opérations de portée limitée à dessein contre Greenpeace ? Parce que Charles Hernu, vieux compagnon de route du président Mitterrand et depuis 1981 ministre de la Défense exerçant à ce titre la tutelle officielle sur la DGSE, exigea un coup d'éclat là où les coups d'épingle d'hier avaient suffi. En raison de leur faible intensité, les actions d'antan étaient proportionnées à la gêne, relative mais pas plus, représentée par l'organisation écologiste du fait de son militantisme contre les essais nucléaires français de Mururoa. Alter ego d'Ivan de

3. Une mauvaise réputation illustrée par des films burlesques tels que *Vanille Fraise* ou *Opération Corned beef*. Pour la contrer, la DGSE verra d'un bon œil la série de Canal + *Le Bureau des légendes*, plus flatteuse. Comme en témoigne la longue expérience de l'Intelligence Service ou celle, plus récente mais non moins parlante, du Mossad, c'est sur le front littéraire, cinématographique et télévisuel aussi que se joue le combat des services secrets.

Lignières au SA, Philippe Rondot fut le maître d'œuvre de certaines d'entre elles.

Un exemple : imaginez ce Français baba cool qui sympathise avec les équipiers de Greenpeace prêts à embarquer pour une nouvelle protestation contre les essais nucléaires. Mal rasé et cheveux longs, le nouveau venu joue de la guitare et, mieux, fait admirablement la cuisine. De là à devenir le cuistot du bord, il n'y a qu'un pas, vite franchi. La veille de l'appareillage, au soir, on le trouve encore aux fourneaux. Le lendemain matin, tiens, il manque à l'appel. Disparu ? Personne ne sait. En revanche, voilà les gentils écolos en proie à une « tourista » effroyable qui les obligera à différer leur opération de propagande anti-essais. Plus tard, une lieutenante du service parviendra à nouer une relation homosexuelle avec une jeune femme de Greenpeace, preuve que la DGSE n'est pas aussi coincée qu'on le croit. Quand son agente sera démasquée, Mortier l'enverra se faire oublier en Afrique comme « technicienne informatique ».

À partir de mars 1985, le pouvoir politique ordonne donc une action radicale à court délai contre Greenpeace. Les ordres du ministère de la Défense ne souffrent aucune discussion. Tout à son obsession de démontrer on ne sait quoi aux militaires, Hernu a tranché en faveur de l'option dure : le navire de Greenpeace, un chalutier de 48 tonnes converti en support de propagande multimédias contre les essais nucléaires, doit être envoyé par le fond.

Une consigne imbécile dont témoignera en septembre 2015 tant sur le site Mediapart qu'à la télévision néo-zélandaise Jean-Louis Kister, le nageur de combat chargé de poser les mines sous la coque du *Rainbow Warrior*, et qui en conçut à la fois de l'amertume envers ses chefs et des remords envers le destin tragique de Pereira :

« Il y avait une volonté au haut niveau de dire : "Non, non, il faut que ça cesse définitivement, il faut une mesure plus radicale." On nous dit : "Non, il faut le couler." Alors là, c'est simple, pour couler un bateau, il faut faire un trou dedans. Et là, il y a des risques. » Et d'ajouter : « J'ai la mort d'un innocent sur la conscience, et ça pèse. Nous ne sommes pas des tueurs de sang-froid, ma conscience me dictait de faire des excuses et d'expliquer. »

Le marteau-pilon de la DGSE, service secret d'État, pour écraser la mouche Greenpeace alors que les piqûres de guêpe suffisaient jusque-là ! Pour son malheur et donc celui de Pereira, Lacoste accepte néanmoins de faire exécuter l'ordre ministériel par le SA. L'amiral est homme de discipline. C'est d'ailleurs pour cette raison que François Mitterrand l'a plongé dans la « Piscine » après avoir juré, dès son accession à l'Élysée, que jamais pendant sa mandature un militaire n'occuperait ce poste. Lacoste obéit donc. Or quand on agit à contrecœur, vous savez ce qui arrive le plus souvent : on manque son coup.

Un coup monté de travers au surplus puisque, à force de se plier aux ordres d'un ministre obsédé par l'idée de frapper vite et de cogner dur, c'est l'échec qui surviendra. Comment procéder, c'est vrai, quand Mortier connaît mal le terrain néo-zélandais ? La centrale française de renseignements semble ignorer que la Nouvelle-Zélande ressemble sur plusieurs points à cette Norvège où le Mossad s'est cassé les dents en juillet 1973 (*cf.* chap. 22, p. 383).

À Lillehammer, les Israéliens ont frappé en plein été dans une station de sports d'hiver, donc hors saison touristique, tandis qu'à Auckland, les Français vont agir en plein hiver austral. Dans les deux cas, le civisme des autochtones les portera à informer la police à la moindre anormalité. Mais n'anticipons pas, même si c'est précisément ce que le ministre a exigé : « Anticiper », c'est-à-dire saboter le *Rainbow Warrior* avant qu'il n'appareille en direction de Mururoa.

Le couple formé en la circonstance par la capitaine Prieur et le commandant Alain Mafart, « époux Turenge de nationalité suisse », est des plus improbables. Les deux officiers n'étant pas des amoureux mais simplement d'excellents camarades au sein du SA, ils ne possèdent pas la duplicité fonctionnelle des couples d'agents soviétiques prêts à l'acte sexuel si leurs supérieurs l'ordonnent. Résultat : Prieur et Mafart ne trouveront jamais les gestes soit tendres, soit fougueux de nature à donner le change aux citoyens néo-zélandais. Pardon de ne pas être plus précis, mais le lecteur comprendra.

Dominique Prieur, premier officier féminin du service Action

Première femme officier du SA, Dominique Prieur l'a intégré en 1980, soit à la fin de l'ère Marenches. Si cette jeune sportive réclame à cor et à cri des missions dangereuses, c'est que son histoire familiale a pris de longue date les couleurs du deuil. Arrêtés en août 1944 pour faits de résistance dans leur village de Valdahon, dans le Doubs, ses grands-parents ont été fusillés, comme plusieurs de leurs voisins, par des SS ukrainiens en mal de représailles contre le maquis. Tous deux fils et fille de martyrs, ses parents se sont mariés en juillet 1947 en l'église de Valdahon. Cette même chapelle où Dominique Prieur sera baptisée dès sa naissance en juin 1949.

Après des années idylliques en Nouvelle-Calédonie, les Prieur se séparent. Dominique regagne Valdahon avec sa mère. Écrasée par les commémorations du martyre de ses grands-parents (à 9 ans, on lui décerne la médaille de la Résistance en leur lieu et place), la gamine supporte mal d'être placée dans une école non mixte. C'est ce qu'on appelle à l'époque un « garçon manqué ».

En pension à Besançon, Dominique revient les week-ends à Valdahon. Sa mère a trouvé un emploi au camp militaire voisin, ce qui met l'adolescente au contact des jeunes soldats qu'elle trouve « sympas et beaux garçons ». Reçue au bac en 1968, les événements de mai-juin vont lui laisser, à 19 ans, des sentiments mélangés : si l'ambiance de fête la séduit, elle trouve les gauchistes verbeux et immatures. Plus en tout cas que les jeunes militaires de Valdahon. Une note éliminatoire à l'examen lui ferme sur ce les portes de la faculté de médecine qu'elle essayait à tout hasard. Inscrite en lettres modernes à Besançon, la jeune femme dégotte un job à d'administration locale du PMU, s'autofinance un stage de parachutisme civil (le sport, toujours), mais se fracture le coccyx au dixième saut. Elle postule ensuite avec succès à un emploi de maître auxiliaire dans l'enseignement public.

En 1974 pour finir, Dominique s'engage dans l'armée. Elle va y suivre les conseils de ses supérieures hiérarchiques, les futures générales Micheline Chanteloube et Anne-Marie Meunier. Deux femmes qui l'incitent à se montrer ferme, exigeant des militaires hommes qu'ils la désignent par son grade, sans familiarité douteuse. Quel que soit son sexe, un officier reste en effet un officier ; se laisser traiter autrement relèverait de la faute professionnelle.

L'année suivante, la jeune femme intègre l'École interarmées des personnels féminins de Caen, rit des aspects les plus ridicules de cette formation militaire mais en apprécie les exercices physiques et la camaraderie. Invitée au bal de Saint-Cyr, elle y rencontre un gradé des sapeurs-pompiers de Paris, Joël Prieur, qu'elle épousera quatre ans plus tard. Entre-temps, le 1er août 1977, Dominique a été admise au SDECE.

À cette époque, la « Piscine » s'engage avec beaucoup de prudence dans la voie de la féminisation. L'exemple vient pourtant d'en haut : Pierre Messmer, le Premier ministre, officier de la France libre pendant la Seconde Guerre mondiale, et Michel Debré, le ministre de la Défense, ancien, lui, de la résistance intérieure, se sont impliqués personnellement pour qu'une jeune scientifique, Anne Chopinet, devienne en août 1972 la première femme major de Polytechnique, école sous statut militaire. Deux vieux routiers qu'on aurait plus volontiers imaginés en éléphants mâles ronchons et qui ont au contraire fait preuve d'un engagement plus efficace que mille discours au service de la promotion féminine[4].

À la demande de ses supérieurs, Dominique intègre trois ans plus tard le service Action. Elle en sera donc le premier officier féminin. Viennent ensuite plusieurs missions clandestines dont elle se tire suffisamment bien pour que ses supérieurs continuent à lui faire confiance.

Sabotage raté

Au printemps 1985, quand on les affecte au sabotage du *Rainbow Warrior*, la capitaine et son faux mari le commandant Mafart se connaissent de longue date. Et pour cause : ils ont suivi en même temps la formation au SA. Mais en simples camarades, on l'a dit.

---

4. Interview d'Anne Chopinet par Rémi Kauffer dans *Historia* n° 653 de mai 2001. Voir aussi le portrait d'Anne Chopinet par Isabelle Girard dans *Madame Figaro* n° 1823 des 2 et 3 août 2019.

Difficile pour ces « touristes » de passer inaperçus au cœur de l'hiver austral. Il leur incombe pourtant d'assurer le transfert du « matériel » entre les trois sous-officiers du SA venus porter les explosifs à bord du voilier l'*Ouvéa* sous couleur de navigation de plaisance, le chef de mission et la fameuse « troisième équipe » de nageurs de combat qui installera les charges fatidiques sous la coque du *Rainbow Warrior*.

En dépit des réserves de Mafart, plongeur expérimenté, le ministère a imposé à une DGSE réticente mais disciplinée le plan le plus compliqué : une explosion légère pour convaincre les écolos d'abandonner le navire encore à quai, puis une autre, puissante, pour crever sa coque et le couler.

Sur le papier, le schéma semble parfait. Dès la première explosion, l'équipage du *Rainbow Warrior* évacuera le navire, ce qui évitera toute perte humaine. Immédiatement après le sabotage, la majeure partie des équipiers du SA auront quitté le pays et, comme ils opèrent sous « identités fausses », nul n'en retrouvera jamais la trace. Même topo, mais à retardement, pour les « époux Turenge », qui, munis de leurs passeports suisses contrefaits, donneront le change en visitant paisiblement le pays jusqu'au 23 juillet, date de leurs billets de retour en Europe. Pourquoi la police s'inquiéterait-elle de touristes helvètes sans histoire qui n'ont pas le moindre intérêt au sabotage d'un navire dont le prochain appareillage irrite Paris mais pas Genève ?

Schéma parfait sauf que la perfection n'est pas de ce monde, fût-ce le monde du secret. Personne, que ce soit à la caserne Mortier ou au fort de Noisy, n'a prévu qu'une série de vols crapuleux ayant eu lieu récemment dans la zone peu fréquentée où les « Turenge » et leurs camarades se rencontreront pour échanger matériel et informations, les autochtones vont être sur les dents, prêts à fournir toute indication utile aux forces de l'ordre. Nul n'a prévu le réflexe de Pereira, descendu le 10 juillet après la première explosion dans sa cabine récupérer ses coûteux instruments de travail photographiques et que la seconde déflagration va noyer. Résultat final : nul n'a imaginé l'ouverture immédiate d'une enquête criminelle par la police néo-zélandaise.

Justement, Prieur a remarqué, lors d'un transfert de matériel le 8 juillet au soir, cet automobiliste qui notait le numéro de plaque de leur camping-car de location (il s'agissait d'un vigile alerté par la recrudescence des vols dans ce secteur côtier). Après discussion, les deux officiers de la DGSE en mission ont toutefois estimé, selon l'expression même de la capitaine, que « filer sans être sûrs d'être grillés reviendrait à céder à la panique ». Un affolement qui « mettrait en danger les camarades restés sur place ». Entorse inimaginable à l'esprit d'équipe qui cimente le service Action : Prieur et Mafart ont donc choisi de s'en tenir au plan prévu.

Apprenant l'affligeante nouvelle de la mort de Pereira à la radio, les « Turenge » téléphonent à mots couverts à un des deux numéros d'urgence parisiens qu'ils ont mémorisés, le 846 87 90. Mais aucune consigne précise ne leur sera délivrée. Là-bas, tout le monde semble pris au dépourvu. En l'absence de plan B, voilà Prieur et Mafart livrés à eux-mêmes.

Pas question de traîner jusqu'au 23 juillet en Nouvelle-Zélande au risque de se faire pincer, décident les deux officiers. Quand le couple se présente à l'agence de la compagnie Air New Zealand de la petite ville de Hamilton, à 100 kilomètres au sud d'Auckland, pour changer leurs billets pour le vol Paris *via* Singapour et Londres du lendemain, l'ordinateur est en panne. Qu'à cela ne tienne : puisque la mère de « Sophie Turenge » serait, paraît-il, « gravement malade », l'employée, compatissante, établit leurs documents à la main. Nouvel appel au 846 87 90, mais là, toujours la même consigne évasive : retéléphonez plus tard !

Le piège policier se referme quand Dominique Prieur alias « Sophie, Frédérique, Claire Turenge » et son faux mari reviennent rendre leur camping-car[5]. Bien sûr, les deux officiers auraient pu abandonner le véhicule pour se rendre directement à l'aéroport. Mais cette fuite en avant n'aurait rien changé à la donne : s'ils étaient repérés comme le craignait à juste titre la capitaine, on les aurait arrêtés avant l'embarquement.

Pour l'heure, ils ne sont pas jetés en prison mais simplement interrogés. Les policiers les conduisent à un petit motel peut-être truffé de micros. Choisir au pifomètre un avocat autochtone ? Impossible, car on est déjà vendredi, le week-end donc.

5. C'est dans des circonstances analogues, à l'agence de location, que Marion Goldnikoff et son camarade du Mossad Dan Arbel ont été arrêtés par la police norvégienne en juillet 1973 après l'attentat de Lillehammer (*cf.* chap. 22, p. 386).

Du coup, personne ne répond. En désespoir de cause, Prieur appelle à nouveau le numéro d'urgence, expliquant qu'ils sont victimes d'une histoire de fous, accusés d'avoir participé à l'attentat d'Auckland sous prétexte qu'ils ont pris un auto-stoppeur qu'ils ne connaissaient ni d'Ève ni d'Adam. Le lendemain matin, ils rappellent et un interlocuteur anonyme de la DGSE leur livre les coordonnées d'un cabinet juridique qui a pignon sur rue en Nouvelle-Zélande.

Une « arme de femme »

L'après-midi, les interrogatoires policiers se font de plus en plus pressants. D'instinct, Prieur utilise, pour éviter d'en dire trop, ce qu'elle appellera sans fausse pudeur une « arme de femme » dont en bonne militaire elle déconseille l'usage en règle générale. Mais là, la fausse Suissesse le fait exprès : elle pleure comme une madeleine. Tout pour gagner du temps dans l'espoir que la « Piscine » serait en train de négocier un accord avec son homologue le *New Zealand Security Intelligence Service* (NZSIS).

Or, rien n'est plus faux : affolés par les conséquences de l'attentat meurtrier ordonné par l'un d'entre eux, Charles Hernu, les socialistes français entendent faire porter à la « piétaille » le chapeau du désastre. Soit, on l'aura compris, les exécutants du SA, « coupables » d'embarrasser la Défense et l'Élysée. Que pèsent-ils politiquement, ces gens ? Rien. On n'a qu'à les laisser choir. L'amiral Lacoste et son état-major ont beau insister, les moyens d'un arrangement discret entre la DGSE et le NZSIS leur sont refusés. Le pouvoir, en d'autres termes, abandonne, quand il ne les accable pas, ceux qui n'ont fait qu'obéir à ses ordres marqués du sceau de la bêtise.

Pour les faux époux, le calvaire commence. Les enquêteurs néo-zélandais progressent en effet. Ils ne seront pas longs à découvrir que les passeports suisses des « Turenge » sont des faux de qualité très moyenne qui ne résistent même pas à un examen sérieux. Nouvel interrogatoire le 14 juillet au quartier général de la police à Auckland, mise sous les verrous.

Or ce même jour de fête nationale française, Roger Faligot indique dans *Le Journal du dimanche* que les nageurs de combat et les agents du service Action de la DGSE, qu'on ne verra

« jamais défiler le 14 juillet sur les Champs-Élysées », pourraient être impliqués dans le sabotage du *Rainbow Warrior*. Roger est le premier d'une série d'enquêteurs qui vont dévoiler pan par pan les dessous de cette lamentable affaire : les Pascal Krop et Bernard Veillet-Lavallée *(L'Événement du jeudi)*, Jacques-Marie Bourget *(VSD)*, Jacques Derogy et Jean-Marie Pontaut *(L'Express)*, Bertrand Le Gendre et Edwy Plenel *(Le Monde)*.

Au fur et à mesure de ces révélations, la gauche gouvernementale va accuser de tous les vices les agents de la DGSE. Créatures de « l'extrême droite », thèse rituelle qui n'a aucun fondement sérieux mais vise à resserrer les rangs du PS autour d'un péril imaginaire, ces éléments douteux auraient délibérément saboté... le sabotage ! Un raisonnement tordu qui ne vise qu'à « justifier » leur abandon, bien réel lui. Le fin du fin est pour bientôt, quand on balancera carrément aux Néo-Zélandais les noms d'agents non identifiés pour, paraît-il, « protéger le président Mitterrand ». Une vilenie de plus dans cette affaire qui n'en manquait déjà pas.

Elle se poursuit. Le 17 juillet, les « Turenge » sont inculpés d'usage de faux documents d'identité, début de procédure qui permet de les mettre en prison. Le 24, c'est la totale : incendie et destruction volontaire, association de malfaiteurs et meurtre. À Paris, Joël Prieur se démène comme un beau diable (tous les quatre mois, il viendra plus tard en Nouvelle-Zélande visiter son épouse). Mais rien n'y fait : les autorités françaises n'offrent même pas le service minimum. C'est seulement le 23 septembre qu'une grosse pointure du barreau, Me Daniel Soulez-Larivière, arrive en Nouvelle-Zélande prendre leur défense aux cotés des avocats autochtones déjà mandatés.

L'homme de robe trouve la solution conforme au droit anglo-saxon qui « arrange tout le monde » : Prieur et Mafart plaident coupables, dans l'espoir d'un verdict modéré. Ils écopent tout de même de dix années de détention. Le 30 décembre, la capitaine arrive, menottée, à la *female prison* de Christchurch. Elle y côtoiera les filles des gangs les plus durs du pays jusqu'en juillet 1986 où, suite à un accord commercial (une histoire d'importation de beurre dans l'Hexagone à un cours plus élevé que la normale) entre la France et la Nouvelle-Zélande, Mafart et elle sont assignés à résidence dans l'atoll polynésien de Hao, dans l'archipel des Tuamutu, pour finir d'y purger leur peine.

Ici, à 1 000 kilomètres de Tahiti, la France dispose d'une base militaire avec piste d'atterrissage. Interdiction absolue de quitter l'îlot. Joël Prieur obtient toutefois l'autorisation de s'y installer aux côtés de son épouse pour préparer le concours de l'École de guerre. Dominique et lui sont logés dans un petit bungalow qui leur permet un peu d'intimité. La preuve : la jeune femme attend bientôt un enfant. Entre les deux tours de la présidentielle d'avril-mai 1988, le Premier ministre Jacques Chirac décoche un pied de nez à son adversaire François Mitterrand en organisant le rapatriement en métropole de Prieur, pour cause de grossesse difficile. Même s'il perd l'élection, Chirac a créé le fait accompli : plus question de revenir en arrière.

Mis à part le livre de souvenirs qu'elle publiera en 1995 avec la collaboration de Jean-Marie Pontaut, on n'entendra plus parler de Dominique Prieur. Et pas plus d'Alain Mafart si ce n'est son propre livre paru quatre ans plus tard, avec la collaboration cette fois de Jean Guisnel.

Il n'en reste pas moins qu'au-delà de l'image personnelle de la capitaine, traitée avec une désinvolture machiste à la fois par les hautes sphères et par certains organes de presse, c'est l'image des Françaises officiers de renseignements tout entière qui a pâti du ratage néo-zélandais. L'affaire Greenpeace est close aujourd'hui, mais pas sans avoir installé entre la DGSE, meurtrie, et le pouvoir socialiste, gêné, un climat de méfiance appelé à durer longtemps.

Les services se féminisent

Dans les services secrets, la résistance au changement s'avère souvent beaucoup plus puissante qu'on ne l'imagine. Ainsi est-ce seulement au début des années 1990 qu'en rupture avec la tradition née des guerres coloniales d'antan les femmes ont commencé à investir vraiment la « Piscine ».

La chose, à vrai dire, ne s'est pas faite toute seule. C'est que les guerres coloniales n'expliquent pas tout. Parlons aussi de ce frein au changement dont la France est coutumière : on parle jusqu'à plus soif d'un problème tout en se gardant bien de commencer sa résolution, dix ans plus tard on recommence, et ainsi de suite. « Tout changer pour que rien ne change » : les cinéphiles connaissent cette formule du prince Salina, si merveilleusement incarné en 1963 sur grand écran dans *Le Guépard* par Burt Lancaster[6]. Elle aussi a quelque chose de « bien de chez nous ».

Dans les deux chapitres précédents, on a vu comment les Britanniques et les Américains, fidèles à leur pragmatisme coutumier, ont progressé plus vite que nous au chapitre de la féminisation des services. Quant aux Soviétiques puis aux Russes, c'est, nous le savons, de longue date qu'ils ont eu recours à des agentes secrètes, même si le premier patron du KGB jusqu'en 1958, Ivan Serov, lui imposera une longue glaciation machiste qui ne prendra vraiment fin qu'au milieu des années 1980 avec l'émergence de Mikhaïl Gorbatchev[7].

En France, la marche en avant vers la féminisation n'aboutira pas en première instance au recrutement pour le travail dans les pays étrangers, mais à celui d'analystes au quartier général du boulevard Mortier. De là, les agentes vont toutefois essaimer dans les postes en ambassade sous couverture diplomatique. Au service Action aussi mais en proportion moindre, en raison du traumatisme engendré par l'affaire Greenpeace.

Sans aboutir à la nomination d'une femme à la tête de la DGSE (mais l'auteur ne demande qu'à être démenti), ce processus différencié change peu à peu la donne en son sein. Près de 30 % des membres de la centrale de renseignements française appartiennent désormais au sexe féminin, et pas seulement pour aller chercher les cafés ! C'est dire que l'ambiance se modifie à la « Piscine », de même d'ailleurs qu'au sein de la Direction du renseignement militaire, créée en 1992 : un service de plus en plus sollicité par les interventions françaises dans le monde, en particulier au Sahel, et qui comprend, là encore, presque un tiers de femmes. Pour ne citer qu'elle, Lorraine Tournyol du Clos, ancienne chargée de mission auprès du coordonnateur du renseignement (à cette époque, Bernard Bajolet), a intégré la DRM en 2009.

C'est plutôt au sein des forces spéciales que le tout-masculin domine encore largement. En mai 2019, après la mort au com-

---

6. Dans *Le Guépard* de Luchino Visconti, adaptation au grand écran du chef-d'œuvre de Giuseppe Tomasi di Lampedusa.

7. Mutée en décembre 1958 à la tête du GRU, le renseignement militaire, cette sombre brute sera limogée par Khrouchtchev en 1963 suite à l'affaire Profumo en Angleterre (*cf.* chap. 20, p. 349).

bat de Cédric de Pierrepont et d'Alain Bertoncello, nos deux premiers maîtres du commando de marine Hubert tués au Burkina Faso lors d'une opération très pointue de délivrance d'otages, Jean Guisnel put ainsi faire remarquer à juste titre dans *Le Point* : « À ce jour, aucune femme n'a été recrutée. Nageuse de combat, un bastion à conquérir[8]. »

Par contraste, le Commandement de la cyberdéfense, le ComCyber, unité militaire française de haute technologie apparue en 2017, a recruté en son sein 20 % de femmes sur un effectif de près de 3 000 personnes. Ce sont des mathématiciennes, des codeuses, des ingénieures systèmes, des spécialistes du Big Data ou du cryptage-décryptage. Et en avril 2019, son chef, le général Olivier Bonnet de Paillerets, affichait sans ambages sa volonté de poursuivre l'effort bien au-delà de ce pourcentage encore faible.

Recevant Dalila Kerchouche, qui préparait un grand reportage dans *Madame Figaro* ainsi qu'un livre-enquête, tous deux riches de témoignages d'officiers féminins de renseignements sur leur vie professionnelle familiale et personnelle, les rapports avec leurs conjoints, avec leurs collègues masculins, Bernard Bajolet, diplomate de carrière alors directeur général de la DGSE, n'a pas caché lui aussi sa volonté de leur faire de plus en plus confiance :

« Les femmes de la DGSE représentent un atout. Comme elles sont moins nombreuses, elles en veulent plus. Plus déterminées, plus dynamiques, plus imaginatives que les hommes, elles voient des choses qu'ils ne voient pas. » Et plus loin : « En matière de parité, nous avons progressé : j'ai des femmes chefs de postes dans trois des pays les plus importants pour le Service, d'autres le sont encore dans des pays que nous suivons avec attention. Mais c'est encore insuffisant. Je veux, par exemple, augmenter le vivier de hauts potentiels féminins pour des postes de direction[9]. »

8. *Le Point*, 16 mai 2019.

9. Dalila Kerchouche, « DGSE. Classées top secrètes », dans *Madame Figaro* des 27 et 28 février 2015, et *Espionnes. Doubles vies sous haute tension*, Paris, Flammarion, 2016. Ce dernier ouvrage ne concerne pas les seules femmes de la DGSE ou de la DRM, mais aussi les policières de la DGSI, les agentes des enquêtes douanières ou encore celles de Bercy. Toujours dans *Madame Figaro* des 26 et 27 avril 2019, Dalila Kerchouche est aussi l'auteur de « Nom de code : cybercombattantes », consacré aux femmes du ComCyber.

Un processus mieux engagé au sein de la DGSI ou du Service central du renseignement territorial, héritier des anciens Renseignements généraux d'ailleurs dirigé depuis novembre 2018 par une femme, l'inspectrice générale Lucile Rolland, qu'à l'intérieur de la DGSE. Les femmes hésitent en effet moins à présenter les concours administratifs qui ouvrent l'accès aux services de police tandis que le renseignement extérieur leur paraît un univers abstrait, sujet en outre à de multiples fantasmes. En juillet 2019, l'inspectrice des Finances Maryvonne Le Brignonen a par exemple remplacé Bruno Dalles à la tête de Tracfin, la direction du renseignement de Bercy, en charge notamment de la lutte contre le blanchiment et le financement du terrorisme.

Successeur de Bajolet à l'ère Macron, Bernard Émié va intensifier le processus de féminisation de la DGSE. Diplomate comme Bajolet, son arrivée à la caserne Mortier confirme ainsi deux tendances lourdes : l'intégration accélérée des femmes dans les services secrets français donc, et simultanément la « démilitarisation » progressive de la « Piscine », dont le travail de renseignement est conçu plus volontiers qu'hier comme un facteur important de la politique étrangère à coordonner avec l'action proprement diplomatique du Quai d'Orsay et avec celle de la présidence.

À propos de coordination interservices, n'oublions pas qu'il en existe aujourd'hui une autour de l'Élysée, même si sa conception a beaucoup évolué entre l'ère Sarkozy et l'ère Macron, chaque président voulant imprimer sa marque. Il s'agit de la Coordination nationale du renseignement et de la lutte contre le terrorisme. En mai 2019, cette structure mobilisait six femmes sur un effectif de quinze conseillers. Même si sa composition peut changer compte tenu d'un renouvellement régulier, elle donne une idée assez précise du degré actuel de féminisation du renseignement français, un siècle après l'entrée massive de jeunes femmes dans l'action clandestine pendant la Grande Guerre...

Conclusion

Que reste-t-il de notre voyage à travers les siècles, les sexes, les pays, les États et, naturellement, leurs services de renseignements ? Ni « fabuleuse aventure des agentes secrètes », ni dénonciation militante du chauvinisme mâle : une histoire contrastée où les femmes ont joué leur rôle, bien plus ancien, plus méconnu et plus important qu'on ne le croit.

Un rôle tantôt positif, tantôt néfaste, car rien n'est tout blanc ou au contraire tout noir. Or un brouillard de mythes l'occulte, renvoyant soit à l'image de la sorcière maléfique, incarnée dans la fiction par Milady de Winter et dans une réalité en trompe-l'œil par Mata Hari, soit, de moins en moins de nos jours – signe des temps –, à celle de l'héroïne virginale, Jeanne d'Arc de l'ombre se sacrifiant sur l'autel de la patrie.

Occulté pourquoi ? Par conformisme social bien sûr. Et au moins autant parce que les hommes furent longtemps les seuls à écrire l'Histoire à défaut d'être les seuls à la faire. Les femmes s'intéressant en général peu aux questions de renseignement, jugées typiquement et exclusivement masculines, l'action des agentes demeure jusqu'à nos jours la partie immergée de « l'iceberg » des services secrets. Si le présent ouvrage peut contribuer à la faire sortir des profondeurs fût-ce de façon minime, il aura atteint son but. C'est bien entendu le vœu de l'auteur.

Par une formule polémique frappante mais sommaire, car tel était l'esprit de ce temps, les féministes d'après mai 68 décrivirent « la femme du soldat inconnu » comme « plus inconnue encore que son mari ». Pour ce qui nous concerne, force est en effet d'admettre que les agentes secrètes restent plus méconnues encore que les agents secrets, les femmes de l'ombre bien plus que les hommes de l'ombre.

Cette occultation résulte-t-elle d'une sorte de complot masculin ourdi au nom de la « force des choses » ? Dans une certaine mesure oui, mais dans une certaine mesure seulement. Même si la lutte des sexes constitue l'une des dimensions de l'Histoire, elle n'en est qu'une parmi d'autres. En foi de quoi, on ne saurait tout ramener à elle.

Allons plus loin : dans un monde où la guerre *par* et *pour* l'information constitue un enjeu quotidien et essentiel, il importe que l'histoire réelle, non fantasmée, des services de renseignements sorte enfin de l'ombre. Cessons de ne la considérer qu'au travers de ses aspects spectaculaires, voire scandaleux, bien réels d'ailleurs, mais comme une part de l'Histoire avec un grand « H ». Un pan variable car tantôt conséquent, tantôt marginal selon les acteurs, les actrices, les cours et la nature des événements, mais en même temps facteur explicatif qui se doit d'être disséqué au même titre que les autres.

Dans le monde anglo-saxon où les études de qualité sur le monde du renseignement sont nombreuses et nourries, y compris à l'université, ce pas est déjà franchi. Pas en France. Les universitaires s'y retranchent derrière un dédain de principe, affectant, par simple conservatisme, pour ne pas dire par pure jalousie, de tenir pour insignifiants les succès journalistiques ou éditoriaux en la matière. Les médias, eux, n'opèrent que par « à-coups », utiles pour le public et nécessaires à l'historien, mais trop discontinus pour éclairer la perspective globale du phénomène renseignement.

Le pain reste donc sur la planche. Si l'on en venait enfin à une conception plus réaliste que cent idées reçues, cent fantasmes mille fois ressassés, ce livre, pionnier par la force des choses, cesserait de l'être pour se transformer en modeste première pierre d'une nouvelle branche historique comme c'est, moins modestement peut-être, son ambition.

L'histoire des femmes dans les services secrets doit sortir du domaine de l'occultation et de l'à-peu-près pour entrer dans celui de l'examen objectif. Elle le mérite et le supporte amplement tant sa réalité est riche. Bien plus que la fiction à tellement d'égards...

Bibliographie

Les sources bibliographiques sont présentées chapitre par chapitre et dans l'ordre chronologique de leur utilisation à l'intérieur de chaque chapitre.

Une préférence de principe est donnée aux ouvrages en français, qu'il s'agisse de textes originaux ou de traductions d'une langue étrangère. Quand les ouvrages ne sont pas disponibles en français ou mal traduits, c'est leur édition originale qui est référencée. Dans certains cas où le texte français est franchement incomplet, l'édition originale est citée en parallèle de l'édition française.

CHAPITRE 1
LES DAMES DU ROI

Akkerman, Nadine, *Invisible Agents. Women and Espionage in Seventeenth-Century Britain*, Oxford, Oxford University Press, 2018.
Alem, Jean-Pierre, *L'Espionnage à travers les siècles*, Paris, Stock, 1977.
Bertière, Simone, *Dumas et les mousquetaires. Histoire d'un chef-d'œuvre*, Paris, De Fallois, 2010.
Hugh Maclean (textes choisis et présentés par), *Ben Jonson and the Cavalier Poets*, New York, Norton & Company, 1974.

CHAPITRE 2
L'ESCOUADE FÉMININE DU PARLEMENT

Akkerman, Nadine, *Invisible Agents. Women and Espionage in Seventeenth-Century Britain*, Oxford, Oxford University Press, 2018.
Alem, Jean-Pierre, *L'Espionnage à travers les siècles*, Paris, Stock, 1977.

M. G. Richings, *Le Service secret de la Couronne d'Angleterre depuis le Moyen Âge jusqu'à nos jours*, Paris, Payot, 1933.

CHAPITRE 3
FEMME DE LETTRES, FEMME DE COUR

Akkerman, Nadine, *Invisible Agents. Women and Espionage in Seventeenth-Century Britain*, Oxford, Oxford University Press, 2018.

Avril, Jean-Loup, *Mille Bretons. Dictionnaire biographique*, Saint-Jacques-de-la-Lande, Les Portes du large, 2002.

Faligot, Roger, Kauffer, Rémi & Noret, Anne-Marie, *Louise de Keroual contre d'Artagnan ou comment l'espionne du Roi-Soleil devint l'ancêtre de Lady Diana*, in « Les mystères de l'Ouest », *Ouest France*, 22 novembre 1984.

Huertas, Monique de, *Louise de Kerouaille*, Paris, Perrin, 1998.

M. G. Richings, *Le Service secret de la Couronne d'Angleterre depuis le Moyen Âge jusqu'à nos jours*, Paris, Payot, 1933.

Séry, Macha, « Aphra Behn, agente secrète et femme libre », *Le Monde*, 27 juillet 2018.

CHAPITRE 4
LES DAMES DE L'ANCIEN MONDE ET CELLES DU NOUVEAU

Elgey, Georgette, « Vincent Boutin en mission secrète en Algérie », *Historia* n° 783, mars 2012.

Faligot, Roger & Kauffer, Rémi, *Histoire mondiale du renseignement*, t. 1 : *1870-1939*, préface du colonel Paul Paillole, président de l'Amicale des anciens des services spéciaux de la Défense nationale, Paris, Robert Laffont, 1993.

Faligot, Roger, Kauffer, Rémi & Noret, Anne-Marie, « Comment Boutin-le-Nantais, espion de Napoléon, a préparé la conquête de l'Algérie », *Ouest-France*, 29 novembre 1984.

Kauffer, Rémi, *Histoire mondiale des services secrets de l'Antiquité à nos jours*, Paris, Perrin, 2015 (coll. « Tempus », 2017).

Lever, Evelyne & Maurice, *Le Chevalier d'Éon, une vie sans queue ni tête*, Paris, Fayard, 2010.

Miller, Nathan, *Spying for America, the Hidden History of US Intelligence*, New York, Dell Publishing, 1989.

Perrault, Gilles, *Le Secret du Roi*. T. 1, *Le Secret du Roi*, Paris, Fayard, 1992 ; t. 2, *L'Ombre de la Bastille*, Paris, Fayard, 1993 ; t. 3, *La Revanche américaine*, Paris, Fayard, 1996.

Roy, Philippe, « La diplomatie secrète de Louis XIV au moment du second siège de Vienne (1680-1684) », Paris, *Revue historique des armées*, n° 1, 1976.

CHAPITRE 5
MARIANNE PRÉPARE LA REVANCHE

Bredin, Jean-Denis, *L'Affaire*, Paris, Julliard, 1983.
Doise, Jean, *Un secret bien gardé. Histoire militaire de l'affaire Dreyfus*, Paris, Seuil, 1994.
Faligot, Roger & Kauffer, Rémi, *Histoire mondiale du renseignement*, t. 1 : *1870-1939*, préface du colonel Paul Paillole, président de l'Amicale des anciens des services spéciaux de la Défense nationale, Paris, Robert Laffont, 1993.
Kauffer, Rémi, « Agentes secrètes : des femmes dans un monde d'hommes ? », *Revue des Deux Mondes*, avril 2016.
— , *Histoire mondiale des services secrets de l'Antiquité à nos jours*, Paris, Perrin, 2015 (coll. « Tempus », 2017).

CHAPITRE 6
MATA HARI, VRAI MYTHE ET FAUSSE « GRANDE ESPIONNE »

Bellet, Guy de, *Mata Hari*, Paris, collection « La vie amoureuse », 1952.
Blond, Georges, *Pétain*, Paris, Presses de la Cité, 1966.
Bragance, Anne, *Mata Hari*, Paris, Belfond, 1995.
Colas, Philippe, *Mata Hari, sa véritable histoire*, Paris, Plon, 2003.
Delhez, Jean-Claude, *La France espionne le monde (1914-1919). Les exploits des briseurs de code*, Paris, Economica, 2014.
Gomez Carillo, E., *Le Mystère de la vie et de la mort de Mata Hari*, Paris, Eugène Fasquelle, 1925.
Kauffer, Rémi, *Les Maîtres de l'espionnage*, Paris, Perrin, 2017.
Kupferman, Fred, *Mata Hari. Songes et mensonges*, Bruxelles, Complexe, 2005.
Ladoux, commandant Georges, *Les Chasseurs d'espions (comment j'ai arrêté Mata Hari)*, Paris, Éditions du Masque, 1932.
— , *Mes souvenirs (contre-espionnage), recueillis et mis au point par Marcel Berger*, Paris, Éditions de France, 1937.
Le Naour, Jean-Yves, *1914-1918, l'intégrale*, Paris, Perrin, 2018.
Mata-Hari, le dossier secret du conseil de guerre, introduction du général Bach, Triel-sur-Seine, Italiques, 2003.
Shirman, Léon, *L'Affaire Mata Hari*, Paris, Tallandier, 1994.
Vergez-Chaignon, Bénédicte, *Pétain*, Paris, Perrin, 2014.
Waagenar, Sam, *Mata Hari*, Paris, Fayard, 1965.
Warren Howe Russell, *Mata Hari innocente !*, préface du général André Bach, Paris, L'Archipel, 2007.

CHAPITRE 7
INTRIGANTES ET COMBATTANTES

Antier, Chantal, *Louise de Bettignies, espionne et héroïne de la Grande Guerre*, Paris, Tallandier, 2013.

Argœuves, Hélène d', *Louise de Bettignies*, Paris, Plon, 1937.

Binot, Jean-Marc, *Héroïnes de la Grande Guerre*, Paris, Fayard, 2010.

Boudard, Alphonse, *La Fermeture. 13 avril 1946, la fin des maisons closes*, Paris, Robert Laffont, 1986.

Coquart, Élisabeth, *Marthe Richard, de la petite à la grande vertu*, Paris, Payot, 2006.

Crozier, Joseph, *Mes missions secrètes 1915-1918*, Paris, Payot, 1933.

Daudet, Léon, *La Vermine du monde : roman de l'espionnage allemand*, Paris, Fayard, 1916.

Delhez, Jean-Claude, *La France espionne le monde (1914-1919). Les exploits des briseurs de code*, Paris, Economica, 2014.

Faligot, Roger & Kauffer, Rémi, *Histoire mondiale du renseignement*, t. 1 : *1870-1939*, préface du colonel Paul Paillole, président de l'Amicale des anciens des services spéciaux de la Défense nationale, Paris, Robert Laffont, 1993.

Kauffer, Rémi, « Agentes secrètes : des femmes dans un monde d'hommes ? », *Revue des Deux Mondes*, avril 2016.

— , *Histoire mondiale des services secrets de l'Antiquité à nos jours*, Paris, Perrin, 2015 (coll. « Tempus », 2017).

— , *Les Maîtres de l'espionnage*, Paris, Perrin, 2017.

Richard, Marthe, *Espions de guerre et de paix (1920-1923)*, Paris, Les Éditions de France, 1938.

— , *Mon destin de femme*, Paris, Robert Laffont/Opera Mundi, 1974.

Ruffin, Raymond, *Les Espionnes du XXe siècle*, Paris, France-Empire, 2000.

CHAPITRE 8
DES SOLDATES INCONNUES

Bardanne, Jean, *Espionnes au service du Reich*, Paris, Siboney, 1947.

— , *Mademoiselle Doktor contre la France*, Paris, La Baudinière, 1933.

Binot, Jean-Marc, *Héroïnes de la Grande Guerre*, Paris, Fayard, 2010.

Faligot, Roger & Kauffer, Rémi, *Histoire mondiale du renseignement*, t. 1 : *1870-1939*, préface du colonel Paul Paillole, président de l'Amicale des anciens des services spéciaux de la Défense nationale, Paris, Robert Laffont, 1993.

Kauffer, Rémi, « Agentes secrètes : des femmes dans un monde d'hommes ? », *Revue des Deux Mondes*, avril 2016.

— , *Histoire mondiale des services secrets de l'Antiquité à nos jours*, Paris, Perrin, 2015 (coll. « Tempus », 2017).

— , *Les Maîtres de l'espionnage*, Paris, Perrin, 2017.

— , « Louise de Bettignies, « The Queen of Spies », *Historia* spécial n° 8, « Les Grands espions du XXe siècle », novembre-décembre 2012.

McKenna, Marthe, « Les espions que j'ai connus », dans *Romans d'espionnage de la Grande Guerre*, édition établie et présentée par François Rivière, Paris, Robert Laffont, coll. « Bouquins », 2014.

CHAPITRE 9
DES FEMMES D'*INTELLIGENCE*

Andrew, Christopher, *The Defence of the Realm. The Authorized History of MI 5*, Londres, Penguin Books, 2010.

Cave-Brown, Anthony, *Philby père et fils, la trahison dans le sang*, Paris, Gérard Watelet, 1997.

Cookridge, E. H., *La Vérité sur Philby, l'agent double du siècle*, Paris, Fayard, 1968.

Hemming, Henry, *Nom de code M*, Paris, Mareuil Éditions, 2018.

Honingmann, Barbara, *L'Agent recruteur*, Paris, Denoël, 2008.

Howell, Georgina, *Daughter of the Desert. The Remarquable Life of Gertrude Bell*, Londres, 2006.

Kauffer, Rémi, *Les Maîtres de l'espionnage*, Paris, Perrin, 2017.

— , « Philby père & fils, les faux amis de la Gentry », *Historia* spécial n° 122, « Les grands traîtres de l'Histoire », novembre 2009.

— , *La Saga des Hachémites. La tragédie du Moyen-Orient 1909-1999*, Paris, Stock, 2009 (coll. « Tempus », 2012).

Knightley, Philip, interview en trois volets de Kim Philby dans le *Sunday Times*. Volet 1, « How I Got Away », 20 mars 1988 ; volet 2, « How the Russians Recruited Me », 27 mars 1988 ; volet 3, « That Bloody Man Burgess », 3 avril 1988.

Macintyre, Ben, *Kim Philby, l'espion qui trahissait ses amis*, préface de John Le Carré, Ixelles, Ixelles Éditions, 2014.

Monroe, Elizabeth, *Philby of Arabia*, Reading, Ithaca Press, 1998.

Mouchard, Christel, *Gertrude Bell. Archéologue, aventurière, agent secret*, Paris, Tallandier, 2015.

Page, Bruce, Knightley, Philip & Leicht, David, *Philby, l'Intelligence Service aux mains d'un agent soviétique*, Paris, Robert Laffont, 1968.

Philby, Kim, *Ma guerre silencieuse*, Paris, Robert Laffont, 1968.

Wallach, Janet, *Desert Queen. The Extraordinary Life of Gertrude Bell : Adventurer, Adviser to Kings, Ally of Lawrence of Arabia*, Londres, Phoenix, 2005.

CHAPITRE 10
AGENTES DE L'ARMÉE ROUGE EN FRANCE

Andrew, Christopher & Gordievski, Oleg, *Le KGB dans le monde 1917-1990*, Paris, Fayard, 1990.

Corson, William & Crowley, Robert T., *The New KGB. Engine of Soviet Power*, New York, William Morrow, 1986.

Dziak, John J., *Chekisty A History of the KGB*, New York, Ivy Books, 1988.

Elwood Ralph Carter, *Inessa Armand. Revolutionnary and Feminist*, Cambridge, Cambridge University Press, 1992.
Faligot, Roger & Kauffer, Rémi, *As-tu vu Cremet ?*, Paris, Fayard, 1991.
— , *Histoire mondiale du renseignement*, t. 1 : *1870-1939*, préface du colonel Paul Paillole, président de l'Amicale des anciens des services spéciaux de la Défense nationale, Paris, Robert Laffont, 1993.
— , *L'Hermine rouge de Shanghai*, Rennes, Les Portes du large, 2005.
Paillole, Paul, *Services spéciaux (1939-1945)*, Paris, Robert Laffont/Opera Mundi, 1975.
Willoughby, Charles, *La Conspiration de Shanghai*, Paris, Plon, 1953.

CHAPITRE 11
FANATISME AU FÉMININ

Andrew, Christopher, *The Defence of the Realm. The Authorized History of MI 5*, Londres, Penguin Books, 2010.
Andrew, Christopher et Mitrokhin, Vasili, *The Mitrokhin Archives. The KGB in Europe and the West*, Londres, Allen Lane, The Penguin Press, 1990.
Costello, John & Tsarev, Oleg, *Deadly Illusions*, Londres, Random House, 1993.
Faligot, Roger, « Les taupes soviétiques au cœur du programme Manhattan », *Historia* n° 644, août 2000.
Fédorovski, Vladimir, *Le Roman des espionnes*, Monaco, Le Rocher, 2014.
Kauffer, Rémi, *Les Maîtres de l'espionnage*, Paris, Perrin, 2017.
— , « Staline et Trotski, le combat mortel des "camarades" », dans *Les Grands Duels qui ont fait le monde*, Alexis Brézet et Vincent Trémolet de Villers (dir.), *Le Figaro Magazine*/Perrin, 2016.
Lazitch, Branko, en collaboration avec Drachkovitch, Milorad, *Biographical Dictionnary of the Komintern*, Stanford, Hoover Institution Press/Stanford University Press, 1986.
Poretski, Élisabeth K., *Les Nôtres*, Paris, Denoël, 1969.
Soudoplatov, Pavel & Soudoplatov, Anatoli, avec Jerrold et Leona Schecter, *Missions spéciales, Mémoires du maître-espion soviétique Pavel Soudoplatov*, Paris, Seuil, 1994.
Tchikov, Vladimir, Kern, Gary, *Comment Staline a volé la bombe atomique aux Américains*, Paris, Robert Laffont, 1996.
Thom, Françoise, *Beria, le Janus du Kremlin*, Paris, Cerf, 2013.
Van Heijenoort, Jean, *Sept ans auprès de Trotsky*, Paris, Les Lettres nouvelles/Maurice Nadeau, 2016.
Wilmers, Mary-Kay, *Nous les Eitingon*, Paris, Liana Levi, 2013.

CHAPITRE 12
LE CERCLE DES ESPIONNES SOVIÉTIQUES DISPARUES

Accoce, Pierre & Quet, Pierre, *La guerre a été gagnée en Suisse 1939-1945*, Paris, Librairie académique Perrin, 1966.

Agranovsky, Valeri, *Les Confessions d'un espion russe*, Paris, Messidor, 1990.

Arsenijevic, Drago, *Genève appelle Moscou, le mystère Roessler, la plus grande énigme de la guerre secrète contre Hitler*, Paris, JC Lattès, 1981.

Bourgeois, Guillaume, *La Légende de l'Orchestre rouge*, dossier présenté en vue de l'obtention de l'habilitation à diriger des recherches en histoire contemporaine, université de Paris-Sorbonne, 2013.

— , *La Véritable Histoire de l'Orchestre rouge*, Paris, Nouveau Monde, 2015.

Demazière, Albert (dir.), *Les Grands Espions de la Seconde Guerre mondiale*, Genève, YRB, 1974.

Faligot, Roger & Kauffer, Rémi, *Kang Sheng et les services secrets chinois 1927-1987*, Paris, Robert Laffont, 1987.

— , *Service B, le réseau d'espionnage le plus secret de la Seconde Guerre mondiale*, Paris, Fayard, 1985.

Krop, Pascal & Faligot, Roger, *DST, police secrète*, Paris, Flammarion, 1999.

Perrault, Gilles, *Checkpoint Charlie*, Paris, Fayard, 2008.

— , *L'Orchestre rouge*, Paris, Fayard, 1989.

Rado, Sándor, *Sous le pseudonyme « Dora », pour la première fois le chef d'un réseau soviétique de renseignement parle*, Paris, Julliard, 1972.

Read, Anthony & Fisher, David, *Opération Lucy, le réseau d'espionnage le plus secret de la Seconde Guerre mondiale*, Paris, Fayard, 1980.

Rossé, Christian, *Guerre secrète en Suisse 1939-1945*, Paris, Nouveau monde, 2015.

Service, Robert, *Trotski*, Paris, Perrin, 2009.

Trepper, Leopold (en collaboration avec Patrick Rotman), *Le Grand Jeu. Mémoires du chef de l'Orchestre rouge*, Paris, Albin Michel, 1975.

CHAPITRE 13
LES FRANÇAISES SUR LE FRONT SECRET

Andrew, Christopher, *The Defence of the Realm. The Authorized History of MI 5*, Londres, Penguin Books, 2010.

Enzensberger, Hans Magnus, *Hammerstein ou l'intransigeance : une histoire allemande*, Paris, Gallimard, 2010.

Faligot, Roger & Kauffer, Rémi, *Histoire mondiale du renseignement*, t. 1 : *1870-1939*, préface du colonel Paul Paillole, président de l'Amicale des anciens des services spéciaux de la Défense nationale, Paris, Robert Laffont, 1993.

Garder, Michel, *La Guerre secrète des services spéciaux français 1935-1945*, Paris, Plon, 1967.

Gatard, Marie, *La Source MAD. Services secrets : une Française de l'ombre et un officier de l'armée allemande unis contre le nazisme*, Paris, Michalon, 2017.

Holt, Taddeus, *The Deceivers. Allied Military Deception in the Second World War*, Londres, Phoenix, 2005.

Mader, Julius, *Les généraux espions d'Hitler déposent...* (chap. III, « Le chef du service de sabotage à la barre des témoins »), Paris, Le Cercle du Nouveau Livre/Librairie Jules Tallandier, 1970.
Navarre, Henri et un groupe d'anciens membres du SR, *Le Service de renseignements 1871-1944*, Paris, Plon, 1978.
Paillole, Paul, *Services spéciaux (1939-1945)*, Paris, Robert Laffont/Opera Mundi, 1975.
Perrault, Gilles, *Le Secret du jour J*, Paris, Fayard, 1964.
Richou-Bihet, Madeleine, manuscrit original de souvenirs relu par le général Henri Navarre et le commandant de vaisseau Henri Traumann et déposé à l'Amicale des anciens des services spéciaux de la Défense nationale.
Sergueiew, Lily, *Seule face à l'Abwehr*, Paris, Fayard, 1966.

CHAPITRE 14
RÉSISTANTES ET MILITANTES

Association Amicale « Alliance », *Mémorial de l'Alliance*, Paris-Malakoff, Imprimerie Durassié et Cie, 1948.
Berlière, Jean-Marc, *Polices des temps noirs. France 1939-1945*, Perrin, 2018.
Cointet, Michèle, *Marie-Madeleine Fourcade, un chef de la Résistance*, Paris, Perrin, 2006.
Faligot, Roger, Guisnel, Jean & Kauffer, Rémi, *Histoire politique des services secrets français de la Seconde Guerre mondiale à nos jours*, Paris, La Découverte, 2012.
Faligot, Roger & Kauffer, Rémi, *Service B*, Paris, Fayard, 1985.
Fourcade, Marie-Madeleine, *L'Arche de Noé*, Paris, Fayard, 1968.
Kauffer, Rémi, *Histoire mondiale des services secrets de l'Antiquité à nos jours*, Paris, Perrin, 2015 (coll. « Tempus », 2017).
— , *Les Maîtres de l'espionnage*, Paris, Perrin, 2017.
Kriegel, Annie & Courtois, Stéphane, *Eugen Fried. Le grand secret du PCF*, Paris, Seuil, 1997.
Soulier, Dominique, *Le Plan Sussex, résistance en France occupée 1943-1945*, Paris, Histoire & Collections, 2013.
Udekem d'Acoz, Marie-Pierre d', *Andrée De Jongh. Une vie de résistante*, Bruxelles, Éditions Racine, 2016.

CHAPITRE 15
SOUS LE SIGNE DE LA CROIX GAMMÉE

Berlière, Jean-Marc, *Polices des temps noirs. France 1939-1945*, Paris, Perrin, 2018.
Cointet, Michèle, *Les Françaises dans la guerre et l'Occupation*, Paris, Fayard, 2018.
Direction générale des études et des recherches, Direction des Services de documentation, 3e Bureau, *Synthèse de l'organisation des services spéciaux allemands et de leurs activités en France (1940-1944)*, Paris, 1944, archives de l'auteur.
Eder, Cyril, *Les Comtesses de la Gestapo*, Paris, Tallandier, 2016.

Faligot, Roger, *Brest l'insoumise*, Brest, Éditions Dialogues, 2016.

Faligot, Roger & Kauffer, Rémi, *Histoire mondiale du renseignement*, t. 1 : *1870-1939*, préface du colonel Paul Paillole, président de l'Amicale des anciens des services spéciaux de la Défense nationale, Paris, Robert Laffont, 1993.

Foot, M.R.D, *SOE in France, An Account of the Work of the British Special Operations Executive in France 1940-1945*, Londres, Her Majesty's Stationery Office, 1966

— , *Des Anglais dans la Résistance, le service secret britannique d'action SOE en France 1940-1944*, avant-propos de Jean-Louis Crémieux-Brilhac, Paris, Tallandier, 2008.

Gallo, Max, *Cinquième colonne 1930-1940*, Paris, Plon, 1970.

Grenard, Fabrice, *La Traque des résistants*, Paris, Tallandier, 2019.

Kauffer, Rémi, *La Saga des Hachémites. La tragédie du Moyen-Orient 1909-1999*, Paris, Stock, 2009 (Perrin, coll. « Tempus », 2012).

Meletta, Cédric, *Diaboliques. Sept femmes sous l'Occupation*, Paris, Robert Laffont, 2019.

Miannay, Patrice, *Dictionnaire des agents doubles dans la Résistance*, Paris, Le Cherche midi, 2005.

Nosek, Roland, *Un espion à Paris* (interrogatoire du SS Nosek présenté et annoté par Olivier Pigoreau), Paris, Histoire & Collections, 2014.

Paillole, Paul, *Services spéciaux (1939-1945)*, Paris, Robert Laffont/Opera Mundi, 1975.

Rabino, Thomas, *Le Réseau Carte, histoire d'un réseau de la Résistance antiallemand, antigaulliste, anticommuniste et anticollaborationniste*, Paris, Perrin, 2008.

Rudolph, Luc, *Policiers rebelles. Une Résistance oubliée : la police parisienne*, Paris, LMB Éditions, 2014.

Sebba, Anne, *Les Parisiennes. Leurs vies, leurs amours, leurs combats 1939-1945*, Paris, Librairie Vuibert, 2018.

Singer, Kurt, *Espions et traîtres de la Seconde Guerre mondiale*, Paris, Arthaud, 1946.

Tauber, Eliezer, *The Formation of Modern Syria and Iraq*, Ilford, Frank Cass & Co. Ltd., 1995.

West, Nigel, *The Story of SOE, Britain's Wartime Sabotage Organisation*, Londres, A John Curtis Book, Hodder & Stoughton, 1992.

CHAPITRE 16
FALBALAS, SEXPIONNAGE ET TRAHISON

Albrecht, Mireille, *Vivre au lieu d'exister*, Monaco, Le Rocher, 2001.

Antonowicz, Gilles, *Maurice Garçon. Les procès historiques*, Paris, Les Belles Lettres, 2019.

Balique, Nicolas & Biaggi, Vladimir, *Ernst Dunker et la Gestapo de Marseille*, Paris, Vendémiaire, 2016.

Bénouville, Pierre Guillain de, *Le Sacrifice du matin*, Paris, Robert Laffont, 1946.

Berlière, Jean-Marc, *Polices des temps noirs. France 1939-1945*, Paris, Perrin, 2018.

Bonnet, Marie-Jo, *Violette Morris. Histoire d'une scandaleuse*, Paris, Perrin, 2011.

Cointet, Michèle, *Les Françaises dans la guerre et l'Occupation*, Paris, Fayard, 2018.

Cordier, Daniel, *Jean Moulin. La République des catacombes*, Paris, Gallimard, 1999.

Day, Peter, *Klop Ustinov. Le plus ingénieux des espions britanniques*, Paris, Noir sur Blanc, 2017.

Dreyfus, Paul, *Le Guet-apens de Caluire*, Paris, Stock, 1999.

Foot Michael R. D., *SOE in France, An Account of the Work of the British Special Operations Executive in France 1940-1945*, Londres, Her Majesty's Stationery Office, 1966.

— , *Des Anglais dans la Résistance, le service secret britannique d'action SOE en France 1940-1944*, avant-propos de Jean-Louis Crémieux-Brilhac, Paris, Tallandier, 2008.

Frenay, Henri, *La nuit finira. Mémoires de Résistance 1940-1945*, Paris, Opera Mundi-Robert Laffont, 1973.

Gelin, Jacques, *L'Affaire Jean Moulin. Trahison ou complot ?*, Paris, Gallimard, 2013.

Grenard, Fabrice, *La Traque des résistants*, Paris, Tallandier, 2019.

Medrala, Jean, *Les Réseaux de renseignements franco-polonais 1940-1944*, Paris, L'Harmattan, 2005.

Miannay, Patrice, *Dictionnaire des agents doubles dans la Résistance*, Paris, Le Cherche midi, 2005.

Missika, Dominique, *Berty Albrecht*, Paris, Perrin, 2006.

Péan, Pierre, *La Diabolique de Caluire*, Paris, Fayard, 1999.

Péan, Pierre & Ducastel, Laurent, *Jean Moulin, l'ultime mystère*, Paris, Albin Michel, 2015.

Rachline, François, *L.R. Les silences d'un résistant*, Paris, Albin Michel, 2015.

Ruffin, Raymond, *Les Espionnes du XX*e *siècle*, Paris, France-Empire, 2000.

Schellenberg, Walter, *Le chef du contre-espionnage nazi parle*, édition entièrement revue et corrigée par Clément Tibère, Paris, Perrin, 2019.

Sebba, Anne, *Les Parisiennes. Leurs vies, leurs amours, leurs combats 1939-1945*, Paris, Librairie Vuibert, 2018.

Vaughan, Hal, *Dans le lit de l'ennemi. Coco Chanel sous l'Occupation*, Paris, Albin Michel, 2012.

Young, Gordon, *L'espionne n° 1 : La Chatte*, Paris, J'ai lu, 1957.

CHAPITRE 17
LES SABOTEUSES DE SIR WINSTON

Boot, Max, *Invisible Armies. An Epic History of Guerilla Warfare from Ancient Times to the Present*, New York/Londres, Liveright Publishing Corporation, 2012.

Escott, Beryl E., *Les Héroïnes du SOE. Les femmes des services secrets britanniques dans la Résistance*, Versailles, Omblage, 2018.

Faligot, Roger, *Markus espion allemand*, Paris, Temps Actuels, 1984.

Fédération nationale Libre Résistance, *Bref historique des Réseaux FFC « Réseaux Buckmaster »*, mars 2014.

Foot Michael R. D., *SOE in France, An Account of the Work of the British Special Operations Executive in France 1940-1945*, Londres, Her Majesty's Stationery Office, 1966.

— , *Des Anglais dans la Résistance, le service secret britannique d'action SOE en France 1940-1944*, avant-propos de Jean-Louis Crémieux-Brilhac, Paris, Tallandier, 2008.

Inquimbert, Anne-Aurore, *Les Équipes Jedburghs (juin 1944-décembre 1944). Le rôle des services spéciaux alliés dans le contrôle de la Résistance intérieure française*, Panazol, Lavauzelle, 2006.

Irwin, Will, *Les Jedburghs. L'histoire secrète des Forces spéciales alliées en 1944*, Paris, Perrin, 2008.

Jamet, Fabienne, *One Two Two, 122, rue de Provence*, propos recueillis par Albert Kautof et René Havard, Paris, Olivier Orban, 1976.

Jeffery, Keith, *MI 6. The History of the Secret Intelligence Service 1909-1949*, Londres, Bloomsbury, 2011.

Joffrin, Laurent, *La Princesse oubliée*, Paris, Robert Laffont, 2002 (roman bien documenté sur la trajectoire de la princesse indienne Noor Inayat Khan).

Rachline, François, *L.R. Les silences d'un résistant*, Paris, Albin Michel, 2015.

Riols, Noreen, *Ma vie dans les services secrets. L'école des espions de Churchill*, Paris, Calmann-Lévy, 2014.

Siedentopf, Monika, *Parachutées en terre ennemie*, Paris, Perrin, 2008.

Stafford, David, *Churchill and Secret Service*, Londres, Murray, 1997.

Tickell, Jerrard, *Odette agent S-23*, préface de Pierre Clostermann, Paris, collection Audace, 1949.

West, Nigel, *The Story of SOE, Britain's Wartime Sabotage Organisation*, Londres, A John Curtis Book, Hodder & Stoughton, 1992.

CHAPITRE 18
DES AMÉRICAINES BIEN TRANQUILLES

Alcorn, Robert Hayden, *Pas de fanfare pour les espions*, Paris, Robert Laffont, 1963.

Alsop, Stewart & Braden, Thomas, *OSS, l'Amérique et l'espionnage*, Paris, Fayard, 1964.

Boot, Max, *Invisible Armies. An Epic History of Guerilla Warfare from Ancient Times to the Present*, New York/Londres, Liveright Publishing Corporation, 2012.

Calvi, Fabrizio, *OSS, la guerre secrète en France*, Paris, Hachette, 1990.

Casey, William, *The Secret War against Hitler*, Londres-Sydney-New York-Tokyo-Toronto, Simon & Schuster, 1989.

Faligot, Roger, *Naisho, enquête au cœur des services secrets japonais*, Paris, La Découverte, 1997.

— , *Les Services secrets chinois de Mao à Xi Jinping*, Paris, Nouveau Monde poche, 2015.

Faligot, Roger & Kauffer, Rémi, *Kang Sheng et les services secrets chinois 1927-1987*, Paris, Robert Laffont, 1987.

— , *Kang Sheng, le maître espion de Mao*, Paris, Perrin (coll. « Tempus », 2014).

Johnson, Thomas B., « Josefina, l'espionne lépreuse », dans *Missions dangereuses et services secrets. Agents, espions et soldats pendant la Seconde Guerre mondiale*, vol. 1, Paris, Bruxelles, Zurich, Montréal, Sélection du Reader's Digest, 1974.

Kauffer, Rémi, *Histoire mondiale des services secrets de l'Antiquité à nos jours*, Paris, Perrin, 2015 (coll. « Tempus », 2017).

— , *Le Siècle des quatre empereurs, Sun Yat-sen, Chiang Kai-shek, Mao Zedong, Deng Xiaoping*, Paris, Perrin, 2014.

McIntosh, Elizabeth P., *Sisterhood of Spies. Women of the OSS*, Annapolis, Naval Institute Press, 1998.
Nouzille, Vincent, *L'Espionne. Virginia Hall, une Américaine dans la guerre*, Paris, Fayard, 2007.
Smith, Bradley F., *The Shadow Warriors, OSS and the Origins of the CIA*, New York, Basic Books, Inc. Publishers, 1983.
The Intelligence War in 1941 : A 50th Anniversary Perspective, An Intelligence Monograph, CIA, Office of Training and Education, Center for Study of Intelligence, mars 1992.
Todd, Ann, OSS. *Operation Black Mail. One Woman's Covert War against The Imperial Japanese Army*, Annapolis, Naval Institute Press, 2017.
Wakeman Jr, Frederic, *Spymaster. Dai Li and the Chinese Secret Service*, Berkeley, University of California Press, 2003.
Yu Maochun, *OSS in China. Prelude to Cold War*, Annapolis, Naval Institute Press, 1996.

CHAPITRE 19
L'UNE MEURT, PAS LES DEUX AUTRES

Aftalion, Florian, *La Trahison des Rosenberg*, Paris, JC Lattès, 2003.
— , « L'affaire Rosenberg, fin d'une longue histoire », in *Communisme* n° 99/100/101, année 2009-2010
Andrew, Christopher & Gordievski, Oleg, *Le KGB dans le monde 1917-1990*, Paris, Fayard, 1990.
Andrew, Christopher & Mitrokhin, Vasili, *The Mitrokhin Archives. The KGB in Europe and the West*, Londres, Allen Lane the Penguin Press, 1990.
— , *Le KGB contre l'Ouest 1917-1991*, Paris, Fayard, 2000.
Comité français pour la réhabilitation des Rosenberg, *Les Amants de la liberté*, Paris, s.d.
Dallin, David J., *Soviet Espionage*, Yale, Yale University Press, 1955.
Feklissov, Alexandre avec Kostine, Serguei, *Confession d'un agent soviétique*, Paris, Le Rocher, 1999.
Gramont, Sanche de, *La Guerre secrète*, Paris, Club des amis du livre, 1963.
Hirsch, Richard, *Espionnage atomique*, Paris, SFLET, 1948.
Kauffer, Rémi, « Les Rosenberg – Bel et bien coupables ! », dans *Les Traîtres et autres Judas de l'Histoire*, François-Guillaume Lorrain, Laurence Devillairs et J.-B. Frossard (dir.), Paris, Belin, 2013.
— , « Les Rosenberg étaient coupables », *Historia* spécial n° 44, novembre-décembre 1996.
Kremer, J. V. en collaboration avec B. 9834, *Le Livre noir de l'espionnage*, Paris, Fleuve noir, 1955.
McIntosh, Elizabeth P., *Sisterhood of Spies. Women of the OSS*, Annapolis, Naval Institute Press, 1998.
Major, John, *The Oppenheimer Story*, New York, Stein & Day, 1971.
Milton, Joyce, & Radosh, Ronald, *Dossier Rosenberg*, Paris, Hachette, 1985.
Radosh, Ronald, *Preuve supplémentaire contre les Rosenberg*, les *Cahiers d'Histoire sociale*, Paris, Albin Michel, 1996.

CHAPITRE 20
LE CHASSE-FEMMES DU « RETOUR À LA NORMALE »

Agranovsky, Valeri, *Les Confessions d'un espion russe*, Paris, Messidor, 1990.
Faligot, Roger, Guisnel, Jean & Kauffer, Rémi, *Histoire politique des services secrets français de la Seconde Guerre mondiale à nos jours*, Paris, La Découverte, 2012.
Fédération nationale Libre Résistance, *Bref historique des Réseaux FFC « Réseaux Buckmaster »*, mars 2014.
Fonde, Jean-Julien, général, « Giap et le maquis de Cho Ra » (mars 1945-mars 1946), *Revue historique des armées*, n° 2, 1976.
Keeler, Christine, *Scandal !*, Londres, Xanadu Publications Ltd., 1989.
Kauffer, Rémi, interview de Jacques Bureau sur la chute du réseau « Prosper », *Historia* n° 632, août 1999.
Kauffer, Rémi, interview d'Alain Montarras *in* Faligot, Roger & Kauffer, Rémi, *Les Maîtres espions. Histoire mondiale du renseignement*, t. 2, Paris, Robert Laffont, 1994.
Krop, Pascal, *Les Secrets de l'espionnage français de 1870 à nos jours*, Paris, JC Lattès, 1993.
Leblanc, Michel, *La Brigade des ménagères*, Paris, France-Empire, 1972.
Macmillan, Harold, *The Macmillan Diaries*, vol. II, Edited and with an Introduction of Peter Catterhall, Londres, Pan Macmillan Publishers Ltd., 2011.
McIntosh, Elizabeth P., *Sisterhood of Spies. Women of the OSS*, Annapolis, Naval Institute Press, 1998.
Nouzille, Vincent, *L'Espionne. Virginia Hall, une Américaine dans la guerre*, Paris, Fayard, 2007.
Patti, Archimedes L. A., *Why Vietnam ? Prelude to America's Albatros*, University of California Press, Berkeley/Los Angeles/Londres, 1980.
Peyrefitte, Alain, *C'était de Gaulle*, t. 2, Paris, Éditions de Fallois-Fayard, 1997.
Prados, John, *Histoire de la CIA. Les fantômes de Langley*, Paris, Perrin, 2019.
Riols, Noreen, *Ma vie dans les services secrets. L'école des espions de Churchill*, Paris, Calmann-Lévy, 2014.
Smith, Bradley F., *The Shadow Warriors, OSS and the Origins of the CIA*, New York, Basic Books, Inc. Publishers, 1983.
West, Nigel (nom d'auteur de Sir Rupert Allason), *MI 5 1945-1972. A Matter of Trust*, Londres, Weidenfeld and Nicolson Ltd., 1982.
— , *Mole Hunt. The Full Story of the Soviet Spy in MI 5*, Londres, Weidenfeld and Nicolson Ltd., 1987.
Wright, Peter avec Greengrass, Paul, *Spycatcher, The Candid Autobiography of a Senior Intelligence Officer*, New York, Dell Publishing, 1987.

CHAPITRE 21
MANIPULÉES

Dielt, Wilhelm, *Espionnes*, Paris, Nouveau Monde, 2008.
Faligot, Roger, *Tricontinentale, quand Che Guevara, Ben Barka, Cabral, Castro et Hô Chi Minh préparaient la révolution mondiale (1964-1968)*, Paris, La Découverte, 2013.

Faligot, Roger, Guisnel, Jean & Kauffer, Rémi, *Histoire politique des services secrets français de la Seconde Guerre mondiale à nos jours*, Paris, La Découverte, 2012.
Léger, Paul-Alain, *Aux carrefours de la guerre*, Paris, Albin Michel, 1983.
Lorentz, Marita, *J'étais l'espionne qui aimait Castro*, Paris, First Document, 2016.
Raffy, Serge, *Castro l'infidèle*, Paris, Fayard, 2003.
Weiner, Tim, *Des cendres en héritage, l'histoire de la CIA*, Paris, De Fallois, 2009.

CHAPITRE 22
LES GUERRIÈRES SECRÈTES D'ISRAËL

Abitbol, Michel, *Histoire d'Israël*, Paris, Perrin, 2018.
Ayache, Georges, *Les Douze Piliers d'Israël*, Paris, Perrin, 2019.
Bar-Zohar, Michel & Haber, Eitan, *Le Prince rouge*, Paris, Fayard, 1984.
Black, Ian & Morris, Benny, *Israel's Secret Wars*, Londres, Hamish Hamilton, 1991.
Dan, Uri, *Mossad, 50 ans de guerre secrète*, Paris, Presses de la Cité, 1995.
Denécé, Éric & Elkaïm, David, *Les Services secrets israéliens. Aman, Mossad et Shin Beth*, Paris, Tallandier, 2014.
Dielt, Wilhelm, *Espionnes*, Paris, Nouveau Monde, 2008.
Enderlin, Charles, *Par le fer et par le feu. Le combat clandestin pour l'indépendance d'Israël 1936-1948*, Paris, Albin Michel, 2008.
Gowers, Andrew & Walker, Tony, *Behind the Myth : Yasser Arafat and the Palestinian Revolution*, Londres, Gorgi Books, 1991.
Habache, Georges, *Les révolutionnaires ne meurent jamais*, conversations avec Georges Malbrunot, Paris, Fayard, 2008.
Kapeliouk, Amnon, *Arafat l'irréductible*, préface de Nelson Mandela, Paris, Fayard, 2004.
Kauffer, Rémi, *Les Maîtres de l'espionnage*, Paris, Perrin, 2018.
— , *La Saga des Hachémites. La tragédie du Moyen-Orient 1909-1999*, Paris, Stock, 2009 (Perrin, coll. « Tempus », 2012).
Kfir, Moti & Oren Ram, *Sylvia, une vie au cœur du Mossad*, Paris, Nouveau Monde, 2013.
Laurens, Henry, *La Question de Palestine*, t. 4 : *1967-1982. Le rameau d'Olivier et le fusil du combattant*, Paris, Fayard, 2011.
Minassian, Gaïdz, *Guerre et terrorisme arméniens*, Paris, PUF, 2002.
Piekalkiewicz, Janusz, *Les Services secrets d'Israël*, Paris, Le Livre de Poche, 1980.
Prazan, Michaël, *Les Fanatiques. Histoire de l'Armée rouge japonaise*, Paris, Seuil, 2002.
— , *Une histoire du terrorisme*, Paris, Flammarion, 2012.

CHAPITRE 23
SEXE, MENSONGES ET ATTENTATS

Dayez-Burgeon, Pascal, *La Dynastie rouge. Corée du Nord 1945-2014*, Paris, Perrin, 2014.
Dietl, Wilhelm, *Espionnes*, Paris, Nouveau Monde, 2008.

Faligot, Roger & Kauffer, Rémi, *Histoire mondiale du renseignement*, t. 2 : *Les Maîtres espions*, préface d'Alexandre de Marenches, Paris, Robert Laffont, 1994.

— « Esquisse d'un portrait de Markus Wolf », in *Communisme* n° 24-25, 4e trimestre 1989/1er trimestre 1990.

Falletti, Sébastien, « La meurtrière inconsolable du vol KAL 858 », *Le Figaro*, 17 août 2019.

Kim Hyon-hui, *Dans la fosse aux tigres*, Paris, Presses de la Cité, 1993.

Mueller, Michael & Schmidt-Eenboom, Erich, *Histoire des services secrets allemands*, Paris, Nouveau Monde, 2009.

Pesnot, Patrick, Monsieur X, *Le Grand Livre des espions*, Paris, Fayard, 2015.

Rosenzweig, Luc & Le Forestier, Yacine, *Parfaits espions. Les grands secrets de Berlin-Est*, Monaco, Éditions du Rocher, 2008.

Wolf, Markus, *Die Troika*, Berlin et Weimar, Aufbau-Verlag, 1989.

— , *L'Œil de Berlin, entretiens de Maurice Najman avec le patron des services secrets est-allemands*, Paris, Balland, 1992.

— , *L'Homme sans visage. Mémoires du plus grand maître-espion communiste*, Paris, Plon, 1998.

Zolling, Hermann & Höhne, Heinz, *Le Réseau Gehlen. Les services secrets allemands dans les pays de l'Est*, Paris, Calmann-Lévy, 1973.

CHAPITRE 24
POUR DIEU ET LA REINE

Aeberhardt, Chloé, *Les espionnes racontent*, Paris, Robert Laffont, 2017.

Andrew, Christopher, *The Defence of the Realm. The Authorized History of MI 5*, Londres, Penguin Books, 2010.

Chalençon, Claude, Faligot, Roger & Kauffer, Rémi, « Guerre secrète en Irlande du Nord », *Le Matin de Paris*, 20, 21 et 22 décembre 1982.

Dietl, Wilhelm, *Espionnes*, Paris, Nouveau Monde, 2008.

Faligot, Roger, *Les Services spéciaux de Sa Majesté*, Paris, Temps actuels, 1982.

Kauffer, Rémi, *Histoire mondiale des services secrets de l'Antiquité à nos jours*, Paris, Perrin, 2015 (coll. « Tempus », 2017).

— , *Les Maîtres de l'espionnage*, Paris, Perrin, 2017.

Macintyre, Ben, *L'Espion et le Traître*, Paris, De Fallois, 2019

Rimington, Stella, *Open Secret : The Autobiography of the Former Director General of MI 5*, Londres, Hutchison, 2001.

CHAPITRE 25
LES DAMES DE LA CIA

Faligot, Roger, *Paris nid d'espions*, Paris, Parigramme, 2009.

Faligot, Roger, Guisnel, Jean & Kauffer, Rémi, *Histoire politique des services secrets français de la Seconde Guerre mondiale à nos jours*, Paris, La Découverte, 2012.

Faligot, Roger & Kauffer, Rémi, *Au cœur de l'État l'espionnage*, Paris, Autrement, 1983.
Joahny, Stéphane, « Les secrets de la guerre froide 2/6 », *Le Monde*, 24 juillet 2010.
Kauffer, Rémi, *Les Hommes du président. Les chefs d'État et leurs services secrets*, Paris, Perrin, 2018.
La CIA et la torture. Le rapport de la Commission sénatoriale américaine sur les méthodes de détention et d'interrogatoire de la CIA, préface de John R. MacArthur & Scott Norton, avant-propos de Dianne Fenstein, présidente de la Commission, Paris, Les Arènes, 2015.
McIntosh, Elizabeth P., *Sisterhood of Spies. Women of the OSS*, Annapolis, Naval Institute Press, 1998.
Prados, John, *Histoire de la CIA. Les fantômes de Langley*, Paris, Perrin, 2019.
Weiner, Tim, *Des cendres en héritage, l'histoire de la CIA*, Paris, De Fallois, 2009.

CHAPITRE 26
LE MIROIR AUX ESPIONNES

Carrère d'Encausse, Hélène, *L'Empire éclaté. La révolte des nations en URSS*, Paris, Flammarion, 1978.
Faligot, Roger & Kauffer, Rémi, *Kang Sheng et les services secrets chinois 1927-1987*, Paris, Robert Laffont, 1987.
— , *Kang Sheng, le maître espion de Mao*, Paris, Perrin (coll. « Tempus », 2014).
Faligot, Roger, Guisnel, Jean & Kauffer, Rémi, *Histoire politique des services secrets français de la Seconde Guerre mondiale à nos jours*, Paris, La Découverte, 2012.
Kauffer, Rémi, interview d'Anne Chopinet, première femme major de l'X dans *Historia* n° 653, mai 2001.
— , *OAS. Histoire d'une guerre franco-française*, Paris, Seuil, 2002.
Kerchouche, Dalila, *Espionnes. Doubles vies sous haute tension*, Paris, Flammarion, 2016.
— , « Nom de code : Cybercombattantes », *Madame Figaro* n° 23 234 des 26 et 27 avril 2019.
— , « DGSE. Classées top secrètes », *Madame Figaro*, 27 et 28 février 2015.
Krop, Pascal, *Les Secrets de l'espionnage français (de 1870 à nos jours)*, Paris, JC Lattès, 1993.
Mafart, Alain, avec la collaboration de Jean Guisnel, *Carnets secrets d'un nageur de combat. Du* Rainbow Warrior *aux glaces de l'Arctique*, Paris, Albin Michel, 1999.
Merveilleux du Vignaux, Sophie, *Désinformation et services spéciaux*, Monaco, Le Rocher, 2007.
Prieur, Dominique, avec la collaboration de Jean-Marie Pontaut, *Agent secrète*, Paris, Fayard, 1995.
Seurin, Thibaut, *L'Affaire Greenpeace dans la presse nationale*, mémoire de master d'histoire contemporaine, Bordeaux, université Michel de Montaigne, 2011-2012.
Wadler, Joyce, *Liaison. The Gripping Real Story of the Diplomat Spy and the Chinese Opera Star whose Affaire Inspired "Mr Butterfly"*, New York, Bantham Books, 1993.

Index

Table

Pour en savoir plus
sur les Éditions Perrin
vous pouvez consulter notre site Internet

www.editions-perrin.fr

lisez!

et nous suivre sur les réseaux sociaux

Editions Perrin

@EditionsPerrin

@editions.perrin

MIXTE
Papier issu de sources responsables
FSC® C003309

L'éditeur de cet ouvrage s'engage
pour la préservation de l'environnement
et utilise du papier issu de forêts gérées
de manière responsable.

Cet ouvrage
a été achevé d'imprimer sur Roto-Page
par l'Imprimerie Floch à Mayenne
pour le compte des Éditions Perrin
12, avenue d'Italie
Paris 13e
en octobre 2019

N° d'impression : 95129
Dépôt légal : octobre 2019
Imprimé en France